Game Mechanics

Game Mechanics

팩맨, 문명, 스타크래프트 II 같은
친숙한 게임으로 살펴보는 고급 게임 디자인

어니스트 아담스 • 요리스 도르만스 지음 | 고은혜 옮김

내부 경제를 갖춘 게임 중 내가 플레이해 본 첫 번째 게임인
〈수메르인The Sumerian〉(이후 함무라비HAMURABI라는 이름으로 유명해짐)의
메인 디자이너 마벨 애디스 머가트Mabel Addis Mergardt를 기리며
- 어니스트 아담스

사랑을 담아 마리지 반 도디워어드Marie van Dodeweerd에게
- 요리스 도르만스

지은이 소개

어니스트 아담스 Ernest W. Adams

현재 영국에서 거주 중인 미국인 게임 디자인 컨설턴트 겸 교사다. 컨설팅 외에 게임 디자인 워크샵을 운영하고 있으며, 컨퍼런스와 대학 강단에서 초대 강연자로 활약하고 있다. 1989년 쌍방향 엔터테인먼트 업계에 발을 들였고, 1994년에는 국제게임개발자협회International Game Developers' Association를 설립했다. 최근에는 불프로그 프로덕션Bullfrog Productions의 리드 디자이너를 역임했으며, 이전 수년간은 일렉트로닉 아츠(EA) 사의 풋볼 게임 〈매든 NFLMadden NFL〉 시리즈의 오디오 및 비디오 프로듀서로 일했다. 소프트웨어 엔지니어로 업계 경력을 시작했으며, IBM 360 메인프레임 시절부터 지금까지 많은 온라인, 컴퓨터, 콘솔 게임을 만들어왔다. 이 책의 자매판 『Fundamentals of Game Design』을 비롯해 네 권의 책을 출간했다. 그 외에 〈가마수트라Gamasutra〉 게임 개발자 웹진에도 '디자이너의 노트북Designer's Notebook' 칼럼을 꾸준히 개제하고 있으며, www.designersnotebook.com을 전문적으로 운영하고 있다.

요리스 도르만스 Joris Dormans 박사

네덜란드 암스테르담에 거주하는 네덜란드인 강사 겸 연구자이자 게임플레이 엔지니어로, 2005년부터 게임 업계와 고등 교육기관에서 일하고 있다. 지난 4년간은 정형적 게임 메카닉 디자인 도구와 방법론을 연구해왔다. 그 외에 정형적 디자인 방법론을 통해 절차적으로 게임 제작에 도움을 줄 수 있는 방법에 대한 연구에도 매진하고 있다. 많은 논문을 발표했으며, 학술 및 업계 컨퍼런스에서 게임 디자인에 대한 워크샵을 진행하기도 한다. 프리랜서 독립 게임 디자이너이기도 하며, 지금까지 여러 편의 비디오와 보드 게임 작업에 참여하고 출시했다. 그중에는 스토리 위주의 어드벤처 게임, 물리 플랫폼 게임, 정치 풍자 카드 게임도 있다. 글로벌 게임 잼Global Game Jams에도 지금까지 빠짐 없이 참여했다. www.jorisdormans.nl을 운영하고 있다.

감사의 글

이 책은 네덜란드 북부 해안에 있는 작은 섬에서 열린 G 아멜란트 스튜턴트 게임 잼G-Ameland student game jam 페스티벌에서 한밤중 두 사람이 했던 회의가 발단이 되어 탄생했다. 요리스 도르만스는 어니스트 아담스에게 머시네이션 Mechination 프레임워크를 보여줬고, 어니스트 아담스는 당장 "게임 메카닉 관련 책을 써 봅시다."라고 나섰다. 하지만 책을 탈고하기까지는 2년이나 걸렸고, 많은 이들의 조언과 도움 없이는 출간이 힘들었을 것이다.

이 자리를 빌어 도움을 주신 분들께 감사 인사를 전하고 싶다. 가장 먼저, 늦은 밤 시간이나 휴일, 주말을 가족과 함께 보내지 못해도 이해해주고, 글을 쓰는 고충 때문에 때로 불평을 늘어놓는 두 저자를 인내로 참아준 우리의 사랑하는 배우자, 매리 엘린 폴리와 마리지 반 도디워어드에게 매우 감사한다. 이제부턴 잘 하겠습니다!

스테파니 뷰라는 정적 버전의 오리지널 머시네이션 다이어그램을 보고 요리스에게 쌍방향 툴을 만들어 보라고 조언해줬다.

제스퍼 쥴은 창의 발생형 게임과 성장형 게임 간의 차이를 밝혀냄으로써 이 책 전체에 도움을 줬다.

렘코 샤는 요리스 도르만스의 박사 과정을 감독하면서 머시네이션 프레임워크를 철저하게 검토하는 데 큰 도움을 줬다.

메리 엘린 폴리는 이 책의 모든 참고문헌을 확인하고 교정해줬다.

암스테르담 응용과학 대학의 동료와 학생들은 이 책에 실린 많은 자료를 기꺼이 테스트해줬다.

또한 이미지 자료를 수록할 수 있도록 허락해준 많은 분들께도 감사드린다. 알렉산더 듀레 루츠는 〈카탄의 개척자The Settlers of Catan〉 사진을, 앤드류 홈즈는 〈크릭스슈필Kriegsspiel〉 사진을, 제이슨 랜더는 〈파워 그리드Power Grid〉 사진을, 요한 비셀 린드가드는 〈요한 세바스찬 저스트Johan Sebastian Joust〉 사진을,

위키미디어 커먼즈의 기고가인 포페리포프는 〈커넥트 포Connect Four〉 사진의 사용을 허가해줬다. 스크린샷의 인쇄를 허락해준 자이언트 밤 웹사이트(www. giantbomb.com)에도 감사드린다.

머시네이션 툴의 프로그래밍에 사용된 오픈소스 개발 툴을 제작한 미카 팔무, 필립 엘사스, 그 밖의 〈플래시디벨롭FlashDevelop〉 기고가들에게도 감사 드린다.

오픈소스 SVG 에디터인 잉크스케이프Inkscape 개발에 도움을 준 수많은 익명의 개발자들께도 매우 감사드린다. 이 에디터가 없었다면 일러스트레이션을 제작하는 데 큰 어려움을 겪었을 것이다.

엘론드의 유명한 말처럼, 영예로운 이름일수록 나중에 언급하는 법이다. 계약서 작성에 많은 도움을 준 어니스트 아담스의 대리인 마고 허치슨에게 감사드린다. 토비 솔니어는 지혜로우면서도 날카로운 눈을 겸비한 기술 감수자였다. 솔니어가 해준 많은 조언이 이 책에 녹아 있으며, 게임 회사의 CEO라는 중책에도 불구하고 귀한 시간을 내서 도움을 준 것에 매우 감사드린다. 포기하는 법이 없는 (그리고 잠도 없는 것 같은) 개발 편집자 로빈 토머스는 타고난 재능과 꼼꼼함으로 무장한 채 애원과 회유, 협박을 골고루 써 가며 전 과정을 감독했다. 마지막으로 우리를 믿고 이 책을 쓰게 해준 Peachpit Press의 선임 편집자 카린 존슨에게 감사드린다.

혹시 오류나 오탈자가 발견된다면 전적으로 저자들의 탓이며, 편집자들은 최선을 다해 줬음을 밝힌다.

이 책에 대한 의견이나 질문, 비평이 있다면 언제든 요리스 도르만스(jd@ jorisdormans.nl)와 어니스트 아담스(ewadams@designersnotebook.com)에게 보내주기 바란다.

기술 감수자 소개

토비 솔니어 Tobi Saulnier

특정 타깃 맞춤형 게임 디자인 및 개발을 전문으로 하는 게임 개발사 퍼스트 플레이어블 프로덕션1st Playerble Productions의 창업자 겸 CEO다. 퍼스트 플레이어블에서는 어린이, 소녀, 중고등학생, 청소년, 전 연령 등 다양한 층이 선호하는 플레이 스타일과 선호도에 맞춰 수많은 장르의 게임을 개발했으며, 교육용 게임도 만들고 있다. 2000년도 게임 업계에 들어오기 전까지 제너럴 일렉트릭 R&DGeneral Electric Research and Development에서 시스템 임베딩과 배포 R&D를 관리하며, 신규 제품 개발, 소프트웨어 품질, 사업 전략, 외주 사업을 이끌었다. 렌셀러 폴리테크닉 대학교Rensselaer Polytechnic Institute에서 전자 공학 학사, 석사, 박사 학위를 받았다.

옮긴이 소개

고은혜(eunego91@gmail.com)

동국대학교에서 영어영문학을 전공했다. 졸업 후 12년간 서구권 TV 애니메이션 제작사에서 통번역을 담당하면서 미디어 콘텐츠 분야의 경력을 쌓았다. 이후 게임 개발/퍼블리셔 웹젠Webzen을 시작으로 게임 쪽에 몸담기 시작했다. 영미권 개발 스튜디오의 게임 개발 자료design documents 번역을 시작으로 게임 로컬라이제이션으로 영역을 넓혔다. 미국의 게임 개발사 라이엇 게임즈Riot Games에서는 로컬라이제이션 팀장으로 일하면서 4년여간 인기 온라인 게임 〈리그 오브 레전드League of Legends〉의 한국 런칭부터 제반 게임 콘텐츠 및 공식 홈페이지의 게임 소개를 포함해 해당 게임 관련 미디어 콘텐츠의 한글화를 총괄했다.

현재는 프리랜서 번역가로 전향해 일상의 여유를 즐기면서 게임 분야를 비롯한 다양한 IT 서적을 번역하고 있다. 독립 IT 기술자의 저술 강연 상호부조 네트워크 GoDev의 일원이다.

옮긴이의 말

2005년에 블레이크 스나이더Blake Snyder가 쓴 『Save the Cat! 흥행하는 영화 시나리오의 8가지 법칙』(비즈앤비즈, 2014)이라는 책이 있다. 이 책은 나오자마자 업계를 엄청난 충격에 빠뜨렸고, 그 영향은 시간이 지나면서 더 강해지면 강해졌지 전혀 사라질 기미가 보이지 않는다. 이 책은 할리우드 블록버스터급 영화 대본을 쓰는 가이드다. 우리가 이름만 들어도 아는 수많은 블록버스터 영화들이 이 책에서 얘기하는 가이드를 따르고 있고, 이 책을 보고 나면 영화를 끝까지 안 봐도 스토리를 예상할 수 있는 예지력이 생길 정도다. 물론 이 책만 따라 한다고 재미있는 영화가 나오지는 않는다. 영화는 종합 예술이며, 다양한 변수가 존재하기 때문이다. 하지만 우리가 주목할 부분은 '공식'이 있다는 것이다. 오랜 기간의 경험이 쌓이면서 완성된 스토리텔링의 공식 말이다.

게임 업계에는 아직 이런 공식 같은 게 없다. 게임 개발 관련 정보 사이트 중 유명한 가마수트라(www.gamasutra.com)만 봐도 수많은 정보들이 있지만, 대부분이 파편화되어 있고 다양한 환경에 적용하기 힘들어서 읽다 보면 머리만 아파온다. 어마어마한 성공을 거둔 수백 편의 게임들이 이미 출시되었고, 게임 시장 전체 매출이 영화 시장의 매출을 넘어선 것은 이미 오래전 얘기지만, 학문적인 입장에서 접근하는 '재미있는 게임을 만들기 위한 방법'은 아직도 걸음마 수준이다. 여러 가지 이유가 있겠지만 가장 큰 이유는 영화에 비해 아직은 많이 짧은 게임의 역사가 아닌가 싶다. 그럼에도 불구하고 게임 개발을 체계화하려는 움직임은 여러 곳에서 시도되고 있다.

이 책은 그중에서도 최전방에 속해 있는 책 중 하나다. 게임 디자인을 작동 구조인 메카닉의 시점으로 접근해 나름의 해답을 도출하고 있다. 메카닉의 주요 개념 정립으로 시작해서 파생되는 다양한 구조와 경제 개념으로 틀을 잡는다. 그리고 머시네이션Machination이라는 비주얼 디자인 언어로 그 개념들을 시뮬레이션해본다. 게임 개발에 종이나 빌드를 통한 프로토타이핑 개념은 이전부터 존재해왔지만 이것은 그 이전 단계인 게임 시스템의 플로우차트 단계부터 프로토타이핑과 테스트를 가능케 하는 것이다. 게임의 요소 요소를 엮고 세부 디자인을 설명하는 플로우차트가 실시간으로 움직인다고 상상해보자. 매우 놀라운 일이다. 이 책은 그 상상을 현실로 만들어준다.

물론 이 책이 모든 것을 해결해주지는 않는다. 아직 게임 개발의 체계화는 걸음마 수준이고, 이 책은 그 중에서 게임 메카닉이라는 부분에 한정되어 있다. 하지만 이 책이 담고 있는 내용은 해당 부분에서는 거대한 한 걸음이라고 생각한다. 그리고 그 거대한 한 걸음을 번역할 수 있는 기회가 주어져 매우 즐겁게 작업한 책이었다. 부디 이 책을 손에 쥐고 읽고 있을 독자 여러분도 그런 느낌이 들었으면 하는 바람이다. 거기에 더해 여러분의 게임 디자인을 더욱더 체계적으로 할 수 있는 능력까지 가지게 되었다면 금상첨화가 아닐까?

마지막으로 번역에 여러 모로 도움을 준 업계 동료들께 고마움을 전한다.

고은혜

차례

들어가며

이 책은 게임을 심층적으로 들여다본다. 게임이 아무리 좋아 보이더라도, 메카 닉mechanic이 지루하고 균형 잡히지 않으면 재미있을 수 없다. 게임 메카닉이야 말로 게임플레이를 만들어내며, 훌륭한 게임을 만들려면 이 과정을 반드시 이 해해야만 한다.

이 책은 게임의 코어 메카닉을 어떻게 디자인하고, 테스트하고, 튜닝할지 안 내한다. 대규모 롤 플레잉 게임에서 캐주얼 모바일 게임, 그리고 보드 게임에 이르기까지 어떤 게임이라도 마찬가지다. 게임 메카닉에 대해 더 잘 이해할 수 있도록, 이 책에서는 〈팩맨Pac-Man〉, 〈모노폴리Monopoly〉, 〈문명Civilization〉, 〈스타 크래프트 2StarCraft 2〉 등 여러분에게 익숙한 기존 게임을 예로 들어 설명할 것 이다.

하지만 언리얼 엔진으로 모드를 구축하거나 최근 유행하는 앱을 따라하며 실습하는 내용을 다루진 않는다. 부제에서 언급한 '고급 게임 디자인'은 그저 거창해 보이려고 붙인 것이 아니다. 이 책은 시대를 초월하는 원칙을 알려주고 메카닉 디자인을 연습하며, 학과 과정에서나 직장에서 평생 활용할 수 있는 디 자인 툴을 소개하기 위해 저작했다.

또한 이 책에는 게임 디자인을 다룬 다른 도서에는 없는 두 가지 독특한 특징이 있다. 첫 번째는 '머시네이션Mechination'이라는 새로운 툴이다. 코드를 작성하거나 스프레드시트를 이용하지 않고도 컴퓨터에서 게임 메카닉을 시각화해 시뮬레이션하는 데 활용할 수 있다. 머시네이션 툴을 구동하면 메카닉 내부적으로 실제 어떤 일이 일어나는지 볼 수 있으며, 통계 데이터도 수집할 수 있다. 여러분이 만들어낸 내부 경제의 밸런스가 적절한지 확신이 서지 않는가? 머시네이션을 통하면 단 몇 초 안에 1,000회의 시뮬레이션을 구동하며 어떤 결과가 나오는지 살펴보고, 손쉽게 모든 데이터를 추출할 수 있다. 요리스 도르만스가 만든 머시네이션은 웹 브라우저에 어도비 플래시 플레이어만 설치되어 있다면 어떤 컴퓨터에서든 쉽게 사용할 수 있다. 하지만 이 책을 100% 활용하기 위해 반드시 머시네이션 툴을 사용해야 하는 것은 아니다. 머시네이션 툴은 책에서 소개하는 개념의 이해를 도와주는 도구일 뿐이다.

이 책만의 두 번째 특징은 디자인 패턴 라이브러리다. 다른 저자들 역시 게임 디자인 패턴을 문서화하려는 노력을 해온 것이 사실이지만, 이 책의 디자인 패턴 라이브러리는 플레이어들이 해결해야 하는 도전과 다양한 피드백 루프를 생성해내는 게임 경제의 심부 구조에 대한 메카닉 디자인의 핵심만을 추려낸 첫 번째 결과물이라 할 수 있다. 이 라이브러리에는 성장 엔진, 마찰, 점증, 그리고 안정적인 싸이클을 형성하는 메커니즘, 군비 경쟁, 거래 시스템 등 다양한 범주의 전형적 패턴들이 망라되어 있다. 또한 이런 패턴은 어느 게임에든 적용할 수 있도록 일반화하되, 머시네이션 툴에 로딩해 어떻게 작동하는지 확인할 수 있게끔 실용적으로 기재했다.

게임 메카닉은 모든 게임 디자인의 핵심이라 할 수 있다. 게임의 월드를 구현해내고, 플레이어들이 게임 월드에서 해결해야 하는 도전을 생성하고, 플레이어의 액션이 월드에 어떤 영향을 미칠지 결정한다. 이런 도전적이면서 재미있고 균형 잡힌 게임플레이를 생성하는 메카닉을 만들어내는 것이 바로 게임 디자이너가 하는 일이다.

이 책은 그런 작업에 도움을 줄 것이다.

이 책의 대상 독자

이 책은 게임 디자인 전공생들과 게임 메카닉의 디자인, 구성, 테스트에 대한 이해를 높이고자 하는 업계 전문가들을 위한 책이다. 가능한 한 이해하기 쉽게 썼지만, 개론서는 아니다. 이 책은 어니스트 아담스가 집필한 『Fundamentals of Game Design』(New Riders)에서 소개된 개념들을 더 자세히 설명한다. 본문 중 자주 언급되므로, 게임 디자인에 대한 기본 지식이 부족하다면 『Fundamentals of Game Design』의 최신판을 먼저 읽어보기를 권한다.

이 책의 각 장 마지막 부분에는 그동안 배운 원칙을 연습해볼 수 있는 실습 과제가 수록되어 있다. 『Fundamentals of Game Design』의 실습 과제와는 달리, 이 책의 실습 과제를 해보려면 컴퓨터가 필요한 경우가 많다.

이 책의 구성

이 책은 12개 장과 중요한 참고 정보를 담은 부록 3개로 나뉘어 있다. 부록 A에는 머시네이션의 빠른 참조용 가이드가 수록되어 있다.

1장, 게임 메카닉 디자인   이 책의 주요 개념을 정립하고 책에서 다루게 될 용어를 정의하며, 게임 메카닉을 언제 어떻게 디자인해야 할지 논의한다. 또한 여러 프로토타이핑을 살펴본다.

2장, 자연 발생과 진행   자연 발생과 진행이라는 두 가지 중요한 개념과 그 차이를 알아본다.

3장, 복잡계와 자연 발생형 구조   복잡성의 특징을 설명하고, 복잡성이 어떻게 자연적으로 발생하며, 예측 불가한 게임 시스템을 만들어내는지 알아본다.

4장, 내부 경제   게임 내부 경제의 개요를 살펴본다. 경제 구조가 게임의 뼈대를 어떻게 잡는지, 게임플레이의 서로 다른 단계를 어떻게 만들어내는지 알아본다.

5장, 머시네이션 비주얼 디자인 언어 머시네이션과 메카닉을 구축하고 시뮬레이션하는 머시네이션 툴을 소개한다. 또한 〈팩맨Pac-Man〉을 이용해 모델링 방법을 상세히 설명한다.

6장, 일반 메커니즘 머시네이션의 고급 기능을 설명하고, 다양한 일반 메커니즘을 어떻게 구축하고 시뮬레이션하는지 인기 게임 장르의 예를 통해 알아본다.

7장, 디자인 패턴 우리의 디자인 패턴 라이브러리에 있는 디자인 패턴들을 살펴보고, 이를 바탕으로 게임 디자인을 위한 새로운 아이디어를 구상하는 방법을 제안한다.

8장, 게임 시뮬레이션과 밸런싱 머시네이션을 활용해 게임을 시뮬레이션하고 밸런스를 조정하는 방법을 설명하고, 〈모노폴리Monopoly〉와 윌 라이트의 〈심워SimWar〉의 사례를 살펴본다.

9장, 경제 구축 〈시저 IIICaesar III〉를 예로 경제 구축 게임을 살펴보고, 우리의 새로운 게임 〈루나 콜로니Lunar Colony〉를 디자인하고 함께 다듬어본다.

10장, 레벨 디자인과 메카닉의 통합 새로운 주제로 넘어가, 게임 메카닉이 레벨 디자인과 어떻게 접목되며, 제대로 조직된 도전을 통해 플레이어는 어떻게 플레이 방법을 배우는지 알아본다.

11장, 진행 메커니즘 진행의 두 가지 방식을 연구한다. 먼저 전통적인 자물쇠와 열쇠 메카닉을 살펴본 다음, 플레이어의 진척이 게임 경제 내에서 자원으로 취급될 수 있는 자연 발생형 진행 시스템이 가능한지 알아본다.

12장, 의미 있는 메카닉 이 책을 마무리하면서, 메카닉을 통해 플레이어에게 의미 있는 메시지를 전달하는 방법을 알아본다. 이 주제는 게임 개발자들이 의료, 교육, 자선용 게임 같은 기능성 게임을 점점 많이 제작하는 추세로 인해 중요성이 더욱 커지고 있다.

부록 A. 머시네이션 참조용 가이드 머시네이션 툴에서 가장 흔히 사용되는 요소들을 알아본다.

부록 B. 디자인 패턴 라이브러리 저자들이 정리한 디자인 패턴 라이브러리 전체 패턴들을 기재했다. 7장에서도 각 디자인 패턴에 대한 상세한 내용을 찾아볼 수 있다.

부록 C. 머시네이션 시작 머시네이션 툴 사용법의 튜토리얼을 제공한다.

웹사이트

www.peachpit.com/gamemechanics에서 이 책에 사용된 많은 머시네이션 다이어그램의 교육용 자료와 디지털 카피, 더 많은 디자인 패턴, 그리고 머시네이션을 사용하기 위한 튜토리얼을 찾아볼 수 있다. 이런 추가 자료를 받으려면 Peachpit 독자로 등록하기만 하면 된다. 웹사이트에서 제공하는 자료는 때때로 업데이트될 수 있으므로 최신 버전을 받아서 사용하기 바란다.

독자 의견과 정오표

이 책의 한국어판에 관한 질문은 이 책의 옮긴이나 에이콘출판사 편집팀 (editor@acornpub.co.kr)으로 문의해주길 바란다. 정오표는 에이콘출판사의 도서 정보 페이지 http://www.acornpub.co.kr/book/game-mechanics에서 관련 내용을 찾아볼 수 있다.

1장

게임 메카닉 디자인

게임 메카닉Game mechanic이란 게임의 핵심이라고도 할 수 있는 게임의 규칙과 절차, 데이터를 모두 아우르는 개념이다. 게임플레이가 어떻게 진행되는지, 무슨 일이 일어나는지, 언제 어떤 조건에 의해 승리와 패배가 결정되는지가 모두 게임 메카닉에 의해 정의된다.

이 장에서는 다섯 가지 대표적인 게임 메카닉을 소개하고, 유명 비디오 게임을 실례로 이런 메카닉이 어떻게 활용되는지 살펴보겠다. 또한 게임 디자인 과정 중 메카닉 기획과 프로토타이핑은 어느 단계에 작업해야 하는지 밝히고, 프로토타이핑 방식 세 가지와 각각의 장단점 역시 알아보겠다. 1장을 다 읽고 나면 게임 메카닉에는 무엇이 있으며 어떻게 디자인해야 하는지 이해할 수 있을 것이다.

게임은 규칙에 의해 정의된다

'게임이란 무엇인가?'란 질문에 대한 정의는 다양하지만 게임에서 가장 중요한 것이 규칙이라는 점에는 이견이 없다. 예를 들어, 어니스트 아담스는 『Fundamentals of Game Design』에서 게임을 다음과 같이 정의한다.

"게임이란 놀이 활동의 한 종류로, 가상의 현실 공간 안에서 참여자들이 **규칙에 따라** 적어도 한 개의 중요한 임의의 목표를 성취하려 노력하는 것이다."

케이티 셀런Katie Salen과 에릭 짐머만Eric Zimmerman은 『게임디자인 원론 3』(지코사이언스, 2013)에서 다음과 같이 이야기한다.

"게임이란 플레이어들이 **규칙에 의해 정의되는** 가상의 갈등 상황에 참여해 계량화할 수 있는 결과를 얻는 시스템을 뜻한다."

또, 제스퍼 쥴Jesper Juul은 『Half-Real』에서 다음과 같이 이야기한다.

"게임이란 **규칙에 따르는 시스템**으로서 가변적이며 수량화할 수 있는 결과를 얻게 되며, 다양한 값에 의해 다른 결과가 배정된다. 플레이어는 이런 결과에 영향을 주기 위해 노력하며, 결과에 감정적인 애착을 갖게 되고, 행동의 결과는 유동적이다."

(이 정의들에서 '규칙'을 언급한 부분은 굵게 표시했다.) 여기에서 서로 다른 정의를 비교하거나, 이 중 어떤 것이 최고의 정의인지 판단하고 싶지는 않다. 중요한 점은 저자들이 한결같이 '규칙'에 대해 언급하고 있다는 점이다. 이처럼 플레이어가 게임에서 무엇을 할지, 게임이 이에 어떻게 반응할지는 모두 규칙에 의해 결정된다.

상태 기계로서의 게임

많은 게임과 게임 컴포넌트는 상태 기계(State Machines)라고 봐도 무방하다(Jarvinen 2003, Grunvogel 2005, Bjork & Holopainen 2005 참고). 상태 기계란 여러 가지 상태로 존재할 수 있는 가상의 기계로, 한 상태에서 다른 상태로의 이행은 규칙에 의해 제어된다. DVD 플레이어를 예로 들어보자. 이 기계는 DVD를 재생할 때 재생 '상태'에 있다. 하지만 멈춤 버튼을 누르면 멈춘 상태로 변하고, 정지 버튼을 누르면 또 다른 상태인 DVD 메뉴로 돌아간다. DVD를 재생하는 도중에 재생 버튼을 누른다면 아무 일도 일어나지 않고, 계속 재생 상태로 유지된다.

이와 유사하게 게임은 초기 상태로 시작되며, 최종 상태에 도달할 때까지 플레이어가 (그리고 종종 메카닉에 의해) 수행하는 행동에 따라 새로운 상태로 전환된다. 많은 싱글 플레이어 게임에서 플레이어는 이기거나 지고, 혹은 중간에 게임을 그만둔다. 게임의 상태는 보통 플레이어의 위치와 다른 플레이어, 아군, 적의 위치, 그리고 필수적인 게임 자원의 현재 분포 상황을 반영해 결정된다. 게임을 상태 기계로 본다면, 게임을 한 상태에서 다른 상태로 진행시키는 규칙을 정의할 수 있다. 컴퓨터를 전공했다면 몇 가지 성공적인 방법론을 활용해 상태 기계를 제한된(유한한) 수의 상태로 디자인하고 모델링해 구현할 수 있다. 하지만 단순한 DVD 플레이어와 비교할 때, 게임에 구현되는 상태의 양은 일일이 열거하기 힘들 정도로 방대하다.

때로 단순한 인공지능(Artificial Intelligence)의 NPC(Non-player Character - 플레이어 가 직접 조종할 수 없는 캐릭터)가 하는 행동을 정의할 때는 유한 상태 기계(finite state machine)가 활용되기도 한다. 예컨대 전투 게임의 유닛들에는 공격, 방어, 순찰 등 같은 몇 가지 전형적 상태만 적용된다. 이 책의 주제는 인공 지능이 아니므로 이런 기술에 대한 설명은 생략하겠다. 상태 기계 이론은 이 책에서 다룰 복잡한 메커니즘을 연구하는 데는 맞지 않는다.

게임은 언제나 예측 불가

게임의 결과는 시작부터 분명하게 정해져 있어선 안 된다. 다시 말해, 게임은 일정 한도 내에서는 예측할 수 없어야만 한다. 결과가 뻔한 게임은 별 재미가 없기 때문이다. 간단히 예측 불가능한 결과를 만들어내려면 보드 게임의 주사위 던지기나 원판 돌리기 같은 기회적인 요소를 넣으면 된다. 블랙잭이나 클론다이크(카드로 혼자서 하는 솔리테어 게임 중 가장 유명함) 같은 짧은 게임은 거의 운에 의존한다. 하지만 좀 더 호흡이 긴 게임을 할 때, 플레이어는 자기만의 기술이나 전략적 판단으로 남들과 차별되기를 원하기 마련이다. 자신의 판단과 게임 실력이 중요하게 작용하지 않는다는 느낌을 받으면 플레이어는 금방 불만스러워한다. 순전히 운이 좌우하는 게임은 카지노에나 어울리며, 다른 대부분의 게임에서는 실력이 승패를 좌우한다. 또한 게임이 길수록 실력이 차지하는 비중이 더욱 높아진다.

기회적인 요소 외에 게임을 예측 불가로 만드는 좀 더 정교한 방법이 두 가지 있다. 바로 플레이어 자신의 선택과 게임 규칙을 통해 만들어내는 복잡한 게임플레이 방식이다.

단순한 게임 중에서도 가위바위보 같은 종류는 플레이어가 내리는 결정에 의해 결과가 좌우되는 특성상 승부를 예측할 수 없다. 가위바위보의 규칙은 어떤 선택을 해도 상대적으로 유리하지 않고, 특별한 전략이 반영될 여지도 없다. 상대방의 결정을 예측하거나 상대에게 영향을 주는 것은 공감 능력이나 역심리학reverse psychology의 영역이며, 이는 엄밀히 따지면 플레이어 개개인이 제어할 수 있는 영역을 벗어난다. 고전 보드 게임 〈디플로머시Diplomacy〉가 바로 이와 유사한 메커니즘을 활용한다. 플레이어는 정해진 숫자의 군대와 함대만 조종할 수 있으며, 전장에 가장 많은 수의 유닛을 출전시킨 쪽이 전투에서 승리한다. 하지만 모든 플레이어가 몰래 자신이 이동할 수를 적어둔 다음 동시에 턴을 실행하기 때문에, 사회적 역량을 최대한 발휘해 상대방이 어디를 공격할지 알아내고, 동맹이 자신의 공격과 방어 작전을 돕도록 설득해야 이길 수 있다.

게임의 규칙이 복잡하면 적어도 사람을 대상으로는 예측 불허로 만들 수 있다. 복잡한 시스템에는 보통 상호작용 요소가 많이 들어간다. 각각의 요소가 어떻게 작동할지는 비교적 쉽게 이해할 수 있으며, 규칙 하나하나는 꽤 단순하다. 하지만 모든 요소의 작동 방식을 합쳐 놓으면 예측하기 어려울 뿐만 아니라 의외성이 발생하게 된다. 체스 같은 게임이 바로 이런 효과를 보여주는 전형적인 예다. 16개의 체스 말 각각에 대한 이동 규칙은 단순하지만 이런 단순한 규칙이 합쳐져서 게임은 극도로 복잡해진다. 체스의 전략을 다룬 책만으로도 도서관을 가득 채울 정도다. 노련한 선수는 다양한 말로 여러 턴을 수행해야 상대가 걸려들 정교한 함정을 준비해 유인하는 플레이를 펼친다. 이런 종류의 게임에서 플레이어의 실력은 게임의 현재 상태를 읽어내고 전략적 복잡성을 이해하는 능력에 의해 판가름난다.

대부분의 게임은 세 가지 요소를 활용해 불확실성을 만들어낸다. 바로 기회적인 요소, 플레이어의 선택, 복잡한 규칙이다. 세상에는 다양한 플레이어가 있는 만큼, 각자가 선호하는 불확실성 요소의 조합도 다양하다. 무작위적 요인이 많은 게임을 좋아하는 플레이어도 있고, 복잡성과 전략이 핵심인 게임을 좋아하는 플레이어도 있다. 세 가지 중 기회적인 요소는 제일 구현하기 쉽지만, 불확실성을 가장 잘 보장하는 방식이라 보긴 어렵다. 하지만 플레이어가 많은 선택을 내려야만 하는 복잡한 규칙 시스템은 디자인하기가 까다롭다. 이 책에서는 바로 이런 복잡한 규칙 시스템을 어떻게 디자인할지 안내하겠다. 많은 장의 주제가 바로 흥미로운 플레이어의 선택을 보장하는 규칙 시스템 디자인에 중점을 뒀다. 하지만 6장에서는 무작위 숫자 생성기(주사위의 역할을 대신하는 소프트웨어)와 관련된 사항들을 살펴보겠다. 비록 메카닉 디자인의 핵심 요소는 아니지만, 기회적인 요소 역시 보조적 요소로 기여할 수는 있기 때문이다.

규칙에서 메카닉으로의 이동

비디오 게임 디자이너들은 게임 규칙game rule보다 게임 메카닉이라는 용어를 선호한다. 게임 규칙은 통상적으로 인쇄물로 만들어 플레이어에게 공개하는 지시서로 인식되는 반면, 비디오 게임 메카닉은 플레이어에게 노출되지도 않고 사용자 인터페이스에 직접 표시되지도 않는, 소프트웨어에 내재된 장치이기 때문이다. 비디오 게임 플레이어는 게임을 시작할 때엔 그 게임의 규칙을 몰라도 상관없다. 보드나 카드 게임과 달리 비디오 게임은 플레이하면서 자연스럽게 배울 수 있기 때문이다. 또한 규칙과 메카닉은 유사한 개념이지만 메카닉 쪽이 더 정교하고 구체적이다. 예를 들어, 〈모노폴리Monopoly〉의 규칙은 몇 쪽 밖에 안되지만, 〈모노폴리〉의 메카닉은 기회Chance와 커뮤니티 상자Community Chest 카드의 가격과 속성, 내용을 망라한다. 다시 말해, 게임 운영에 영향을 주는 요소가 전부 포함되는 것이 메카닉이다. 또한 메카닉은 게임 프로그래머가 코드로 변환할 때 헷갈릴 염려가 없도록 상세하게 작성해야 한다. 메카닉에는 필요한 세부 내용을 모두 명시한다.

가장 영향력이 크고 게임 내의 많은 요소에 영향을 주면서, 한 개의 게임 요소만 제어해 중요도가 낮은 여타 메카닉들과 상호작용하는 메카닉을 종종 코어 메카닉core mechanics이라고 부른다. 예를 들어, 플랫폼 게임이라면 중력을 구현하는 메카닉이 바로 코어 메카닉이다. 이 메카닉은 게임 내의 거의 모든 움직이는 물체에 영향을 주며, 점프 메카닉이나 추락하는 캐릭터가 입는 피해를 제어하는 메카닉과 상호작용한다. 반면, 인벤토리에 있는 아이템을 플레이어가 이리저리 옮기도록 해주는 메카닉이라면 코어 메카닉이 될 수 없다. 자동화된 NPC의 행동 양식을 제어하는 인공 지능 루틴 역시 코어 메카닉으로 분류되지 않는다.

비디오 게임에서는 거의 모두 코어 메카닉이 숨겨져 있으며, 플레이어는 게임을 진행하면서 이를 자연스럽게 터득한다. 노련한 플레이어는 진행되는 게임을 지켜보는 것만으로도 코어 메카닉이 무엇인지 유추할 수 있고, 이 코어 메카닉을 이용해 이득을 취하는 방법까지 파악한다. 그러나 코어 메카닉인지 아닌지를 딱 잘라 구분할 수 있는 것은 아니다. 같은 게임이라 해도 어떤 것이 핵심이고 어떤 것이 비핵심 요소인지는 디자이너 개인의 해석에 따라, 혹은 게임 내에서 어떤 맥락을 중시하는지에 따라 의견이 갈린다.

메카닉은 매체에 독립적이다

게임 메카닉은 다양한 여러 매체로 이식할 수 있다. 예컨대, 보드 게임에서는 게임에 사용되는 보드, 카운터, 말, 원판 등의 매체를 통해 메카닉이 구현된다. 그런데 똑같은 게임이 비디오 게임으로 발매되면 똑같은 메카닉이 전혀 다른 매체인 소프트웨어에 구현된다.

메카닉은 매체 독립적이므로, 대부분의 게임 학자들은 비디오 게임과 보드 게임, 심지어 신체적 게임까지도 서로 구분해서 보지 않는다. 말을 손으로 움직이는 보드에 구현하거나 소프트웨어로 이미지를 이동하는 컴퓨터 화면에 구현하거나 게임 속 다양한 개체 간의 관계는 달라지지 않기 때문이다. 이처럼 같은 게임을 다양한 매체에서 플레이할 수도 있지만, 때로 한 개의 게임에서 하나 이상의 매체를 이용하기도 한다. 오늘날은 간단한 컴퓨터가 들어 있는 보드 게임이나 원격 컴퓨터에 연결된 재미있는 장치들을 활용하는 신체 게임 등 점점 더 많은 게임이 하이브리드 형태로 소개되고 있다.

하이브리드 게임의 예

코펜하겐 게임스 콜렉티브(Copenhagen Games Collective)에서 개발한 〈요한 세바스찬 저스트(Johan Sebastian Joust)〉는 하이브리드 게임 디자인의 훌륭한 예다. 이 게임은 화면 없이 스피커만 놓아둔 널찍한 공간에서 플레이어가 플레이스테이션의 모션 컨트롤러를 손에 들고 하는 게임이다(그림 1.1). 컨트롤러를 너무 빠르게 움직이면 실격 처리되므로, 각자 슬로우 모션으로 자기 컨트롤러를 보호하면서 동시에 다른 플레이어의 컨트롤러를 밀치는 방식으로 게임이 진행된다. 가끔씩 배경 음악이 빨라지는데, 음악의 템포에 맞춰 움직이기만 하면 안전하다. 〈요한 세바스찬 저스트〉는 신체 활동에 단순한 컴퓨터 메카닉을 결합해 만족스러운 플레이어 경험을 만들어낸 하이브리드형 멀티플레이어 게임의 좋은 예다.

그림 1.1 한참 진행 중인 〈요한 세바스찬 저스트〉 (사진 제공: 요한 비셸 린드카드, 크리에이티브 커먼 (cc BY 3.0) 라이선스)

게다가, 게임 메카닉은 매체 독립적이기 때문에 디자이너들이 한 게임용으로 메카닉을 만들어낸 후 다양한 매체에 이식할 수도 있다. 이런 방식에서는 디자인 작업은 한 번만 하면 충분하므로 개발 소요 시간이 줄어든다.

다양한 매체를 사용하면 프로토타입을 생성하기가 수월할 때도 있다. 대개 단순한 보드 게임의 규칙 같은 메카닉 작성보다는 소프트웨어의 프로그래밍이 훨씬 복잡하다. 똑같은 게임을 보드 게임이나 신체 게임의 형태로 플레이할 수 있다면, 규칙/메카닉을 컴퓨터에서 구현하느라 애쓰기보다는 이런 형태로 구성해 보는 것이 좋다. 다음 단락에서 다시 소개하겠지만, 효율적인 프로토타이핑이야말로 게임 디자이너가 꼭 갖춰야 할 자질이다.

대표적인 다섯 가지 메카닉

메카닉이란 용어는 게임 개체 사이에 내재된 여러 관계를 지칭한다. 일반적으로 게임에서 볼 수 있는 다섯 가지 메카닉은 다음과 같다.

▪ **물리 효과:** 게임 메카닉은 게임의 세계 안에서 일어나는 운동과 힘을 결정하는 물리 효과를 정의하는 데 쓰이기도 한다(게임의 물리 효과는 현실 세계의 물리학과 정확히 일치하지는 않는다). 게임에서 캐릭터는 한 장소에서 다른 곳으로 이동하고, 위나 아래로 점프하고, 차량을 운전하게 된다. 따라서 많은 게임에서 개체의 위치, 이동하는 방향, 다른 개체와 만나거나 충돌하는지 여부의 계산이 연산의 대부분을 차지한다. 극사실적인 1인칭 슈팅 게임부터 〈앵그리버드Angry Birds〉 같은 인기 물리 효과 퍼즐 게임에 이르기까지, 많은 현대 게임에서 물리 효과는 큰 역할을 담당한다. 하지만 이런 물리 효과가 엄격하게 적용되는 일은 드물다. 만화 같은 물리cartoon physics를 사용하는 게임들은 캐릭터들이 공중에서 방향을 전환하는 등 뉴턴 역학에 위배되는 행동을 할 수 있도록 뉴턴 역학을 수정한 버전의 물리 효과를 적용하고 있다(타이밍과 리듬을 맞추는 것 역시 게임 물리 효과의 일부로 간주한다).

- **게임 내부 경제:** 수집, 소비, 거래할 수 있는 게임 요소의 거래 메카닉은 게임의 내부 경제를 구성한다. 흔히 자원으로 구분되는 돈, 에너지, 탄환 같은 아이템이 내부 경제의 지배를 받는다. 하지만 실체가 있는 구체적 아이템에만 게임 경제가 적용되는 것은 아니다. 체력, 인기도, 마법 능력 같은 추상적 자원 역시 경제를 이루는 요소다. 예를 들어, 〈젤다Zelda〉 시리즈에서 링크의 생명 에너지를 시각적으로 보여주는 심장은 내부 경제의 요소다. 롤 플레잉 게임에서 스킬 포인트와 그 밖의 수량화할 수 있는 능력 역시 내부 경제를 이룬다. 따라서 이런 게임은 내부 경제가 매우 복잡해진다.

- **진행 메커니즘:** 많은 게임에서 레벨 디자인은 플레이어가 게임 세계 안에서 어떻게 이동할지를 결정한다. 전통적으로 플레이어 아바타가 특정한 장소에 도달해 누구를 구하거나, 중요한 악당을 물리쳐야만 레벨을 완료할 수 있다. 이런 게임에서는 특정 구역에 대한 접근을 막거나 허용해주는 여러 메커니즘에 의해 플레이어의 게임 진행이 제어된다. 특정한 문을 파괴할 수 있게 해주는 레버, 스위치, 마법 칼이 이런 진행 메커니즘의 전형적인 예다.

- **전략적 움직임:** 공격이나 방어적 이점을 얻을 수 있도록 맵에 게임 유닛을 배치하는 메카닉이 있는 게임도 있다. 전략적 움직임은 전략 게임에서 가장 중요하지만 일부 롤 플레잉과 시뮬레이션 게임에서도 역시 중요한 요소로 활용된다. 전략적 움직임을 관장하는 메카닉은 유닛 종류별로 어떤 위치에 있을 때 얻을 수 있는 전략적 이득을 명시한다. 많은 게임이 유닛의 배치는 서로 다른 타일 위로 하도록 제한한다. 체스 같은 고전 보드 게임을 떠올리면 이 개념을 이해하기 쉬울 것이다. 세밀하게 그린 그래픽으로 덮어 숨기긴 하지만, 컴퓨터로 플레이하는 현대 전략 게임조차 대부분 기본적으로는 타일을 사용하고 있다. 전략적 움직임은 체스나 바둑 같은 많은 보드 게임이나 〈스타크래프트StarCraft〉, 〈커맨드 앤 컨커: 레드 얼럿Command & Conquer: Red Alert〉 같은 컴퓨터 전략 게임에서 볼 수 있다.

- **소셜 활동:** 최근까지도 많은 비디오 게임은 결탁을 금지하거나 특정한 지식에 대한 비밀 유지를 요구하는 것 외에 특별히 플레이어 간의 소셜 활동을 관리하지는 않았다. 하지만 점점 많은 온라인 게임이 선물 보내기, 친구 초대, 소셜 활동 참여에 대한 보상 메카닉을 넣는 추세다. 또한 롤 플레잉 게임에는 캐릭터의 액션을 지배하는 규칙이 있고, 전략 게임에는 플레이어 간에 동맹을 맺거나 깨는 방식을 지배하는 규칙이 있다. 어린이들이 주로 하는 보드 게임과 민속 놀이에는 오래 전부터 플레이어 간의 상호작용을 유도하는 메커니즘이 자리잡아왔다.

메카닉과 게임 장르

게임 업계에서는 게임플레이 유형에 따라 게임을 몇 개의 장르로 나눈다. 주로 경제에 의해 대부분의 게임플레이가 좌우되는 게임도 있고, 물리, 레벨 진행, 전략적 이동, 소셜 활동의 영향력이 강한 게임도 있다. 그런데 게임플레이는 메카닉에 의해 구성되므로, 게임 장르는 결국 어떤 규칙이 가장 중요한 영향을 미치는지에 따라 정해진다고 볼 수 있다. 표 1.1에서는 전형적인 게임 분류법과 함께 이런 장르와 게임플레이가 어떤 메카닉에 어떻게 연결되는지 볼 수 있다. 표에 소개된 게임 장르는 어니스트 아담스의 『Fundamentals of Game Design』 2쇄에서 인용한 것이며, 다섯 가지 게임 규칙 및 구조에 대응된다. 해당 장르의 게임 대부분에서 중요하게 여겨지는 규칙은 상자 외곽선을 두껍게 표시해 강조했다.

	물리 효과	경제	진행	전략적 움직임	소셜 활동
액션	이동, 발사, 점프 등에 대한 자세한 물리 효과	파워업, 수집품, 포인트와 생명	점차 과제가 어려워지는 사전 설계된 레벨, 플레이어의 목표를 설정하기 위한 스토리		
전략	이동과 전투를 위한 단순한 물리 효과	유닛 생산, 자원 수확, 유닛 업그레이드, 전투에 유닛 투입	새로운 도전들을 제공하기 위한 시나리오	공격이나 방어적 이점을 얻기 위한 유닛 배치	조직된 액션, 플레이어 간의 동맹과 경쟁 관계
롤 플레잉	이동과 교전을 처리하기 위한 비교적 단순한 물리 효과, 턴(turn) 제일 경우 많음	캐릭터나 파티를 커스터마이즈하는 데 쓰이는 장비와 경험치	플레이어에게 목표와 이유를 주기 위한 스토리와 퀘스트	파티 전술	역할 수행
스포츠	자세한 시뮬레이션	팀 관리	시즌, 대회, 토너먼트	팀 전술	
탈것 시뮬레이션	자세한 시뮬레이션	미션 사이의 탈것 튜닝	미션, 경주, 도전, 대회, 토너먼트		
관리 시뮬레이션		자원 관리, 경제 구축	새로운 도전 제공을 위한 시나리오	자원 관리, 경제 구축	조직된 액션, 플레이어 간의 동맹과 경쟁 관계
모험		플레이어의 인벤토리 관리	게임을 진행시키는 스토리, 플레이어의 진행을 제어하는 자물쇠와 열쇠		
퍼즐	단순하고 종종 비현실적인, 비연속적인 물리 효과에 의한 도전들		점점 더 어려운 도전들을 제공하는 짤막한 레벨		
소셜 게임		자원 채집과 유닛 생산, 개인용 콘텐츠에 투자하는 자원	플레이어에게 목표와 이유를 주는 퀘스트와 도전		플레이어 간의 게임 내 자원 거래, 플레이어 간의 협동이나 분쟁을 조장하는 메카닉

표 1.1 게임 메카닉과 게임 장르

비연속 메카닉과 연속 메카닉

앞서 메카닉의 다섯 가지 종류를 알아봤지만, 메카닉이 서로 분리되어 있는지, 연결되었는지에 따른 구분 역시 중요하다. 현대의 게임들은 (타이밍과 리듬을 포함한) 물리 효과를 정확한 메카닉으로 구현해 매끄럽고 연속적인 플레이 흐름을 제공한다. 예컨대 게임 오브젝트가 반 픽셀가량 왼쪽이나 오른쪽에 배치되는 것만으로도 점프의 결과에는 커다란 차이를 유발하게 된다. 따라서 정확성을 극대화하기 위해 물리 작용은 고정밀 소수값으로 계산해야 하는데, 그렇기 때문에 이를 연속 메카닉continuous mechanics이라 부른다. 반면, 내부 경제를 다루는 규칙은 보통 딱 떨어지는 정수값으로 계산된다. 내부 경제에서 게임 요소와 행동에는 정해진 숫자가 존재하며, 이런 숫자는 대개 점진적으로 변하지 않는다. 쉽게 설명하자면, 파워업 아이템을 절반만 주울 수 있는 게임은 거의 없다. 이런 것을 비연속 메카닉discrete mechanics이라 한다. 게임의 물리 효과와 게임 경제가 지닌 이런 차이는 매체에 대한 게임의 의존도와 플레이어 상호작용의 성격, 심지어는 디자이너가 혁신을 이룰 수 있는지 여부에까지 영향을 준다.

물리 효과 메카닉의 이해

정확한 물리 효과의 연산, 특히 실시간 연산을 하려면 고속으로 여러 건의 수학적 연산을 처리할 수 있어야 한다. 그렇기 때문에 물리 효과 기반의 게임은 컴퓨터 매체에 구현해야만 한다. 플랫폼에서 플랫폼으로 이동하고 점프하는 〈슈퍼 마리오 브라더스Super Mario Bros〉를 보드 게임으로 만들기는 어려울 것이다. 플랫폼 게임에서는 현실에서 축구 경기를 할 때와 마찬가지로 민첩성이 요구된다. 이런 능력은 보드 게임에서는 살릴 수가 없다. 〈슈퍼 마리오 브라더스〉는 오히려 체육 시간에 실제로 달리고 점프하는 능력을 테스트하는 것에 더 가깝다고 볼 수 있다. 요점은 특정 아이템을 획득하면 두 배 높이를 점프할 수 있다는 규칙은 다른 매체에도 쉽게 적용할 수 있지만, 실제 점프 능력은 이렇게 향상시킬 수 없다는 것이다. 게임의 연속되는 물리 효과 메카닉에는 게임 경제를 지배하는 비연속 규칙보다 더 큰 연산 능력이 필요하다.

흥미롭게도, 초창기의 플랫폼 게임이나 초기 아케이드 게임에서는 물리 효과의 연산이 오늘날보다 더 비연속적으로 이루어졌다. 그래서 〈동키 콩Donkey Kong〉의 움직임은 〈슈퍼 마리오 브라더스〉보다 훨씬 뚝뚝 끊긴다. 하지만 〈볼더 대시Boulder Dash〉에서 중력은 바위가 일정한 속도로 매 프레임 한 개의 타일씩 내려가는 방식으로 시뮬레이션됐다. 그래서 〈볼더 대시〉는 플레이 속도는 느릴지 몰라도 보드 게임으로 이식할 수 있다. 초창기에는 게임의 물리 효과 메카닉을 이루는 규칙이 다른 게임 규칙보다 그다지 어렵지 않았다. 초창기 게임 컴퓨터에는 이동 소숫점 연산 지시가 없었기 때문에, 게임 물리 효과 역시 단순할 수밖에 없었다. 하지만 지금은 다르다. 오늘날 플랫폼 게임의 물리 효과는 고도로 정확하고 세밀해져서 보드 게임에 이식하기에 불가능하거나, 이식한다 해도 플레이하기 불편한 수준에 이르렀다.

전략적 게임플레이에 물리 효과 메커니즘 접목

비연속적 규칙에서는 수를 앞서 예측하거나 미리 계획해 복잡한 전략을 짜고 실행할 수 있다. 쉬운 일은 아니지만 가능한 일이며, 많은 플레이어가 이 과정을 즐긴다. 우선 마음 속으로 비연속적 메카닉의 전략을 구상해본다. 그리고 게임의 물리 효과 원칙을 파악하고 나면, 확신하긴 어렵지만 직관적으로 이동과 그 결과를 예측할 수 있게 된다. 이런 상호작용에는 기술과 민첩성이 중요하게 작용한다. 규칙이 연속적이냐 비연속적이냐는 게임플레이에 핵심적인 차이를 만들어내며, 똑같이 물리 효과 메카닉을 전략적 게임플레이에 접목한 〈앵그리버드〉와 〈월드 오브 구World of Goo〉의 차이가 바로 여기에서 온다.

〈앵그리버드〉에서 플레이어들은 투석기로 새를 쏘아서 돼지를 보호하는 구조물을 부순다(그림 1.2). 투석기는 터치로 조작하며, 물리 시뮬레이션이 매우 정확하므로 발사 속도나 각도에 따라 플레이어가 구조물에 주는 피해량이 완전히 달라진다. 새를 발사하는 동작 자체는 신체적 기술에 달려 있다. 하지만 〈앵그리버드〉의 전략은 게임의 이런 양상이 비연속적 규칙에 의해 지배받는다는 데에 있다. 플레이어는 자기 레벨에서 주어지는 새의 숫자와 종류에 따라 가장 효율적으로 돼지우리를 공략할 방법을 생각해야 한다. 그러려면 우리의 약점을 파악하고 공격 계획을 짜야 하는데, 막상 실행할 때는 눈과 손의 협응hand-eye coordination이 핵심적인 역할을 해 결과는 정확히 예측하기 어려워진다.

그림 1.2
〈앵그리버드〉

〈앵그리버드〉에서 보여주는 전략과 기술의 결합을 〈월드 오브 구〉(그림 1.3)와 비교해보자. 〈월드 오브 구〉에서 플레이어들은 한정된 끈끈이 공을 가지고 구조물을 세운다. 이 게임에는 플레이어가 세운 구조물을 제어하는 세밀한 물리 효과 시뮬레이션이 적용되어 있다. 중력, 가속도, 질량 중심 같은 물리 현상이 게임의 메카닉에서 중요한 역할을 한다. 실제로 플레이어들은 〈월드 오브 구〉를 플레이하면서 이런 중요한 개념들을 직관적으로 이해하게 된다. 하지만 더욱 중요한 것은 플레이어들이 가장 중요한 (그리고 서로 연결되지 않은) 자원인 끈끈이 공을 관리해 성공적인 구조물을 세우는 방법을 배운다는 데 있다. 고도로 정밀한 연속 물리 효과의 영향 측면에서 보면 〈앵그리버드〉와 〈월드 오브 구〉

의 차이점은 더욱 분명해진다. 〈앵그리버드〉에서는 한 개의 픽셀 차이에 따라 명중할 수도, 완전히 빗나갈 수도 있다. 하지만 〈월드 오브 구〉에서는 결과가 좀 더 탄력적이다. 〈월드 오브 구〉에서는 끈끈이 공을 좀 더 왼쪽이나 오른쪽에 놓는다고 해도 탄성에 의해 공이 똑같은 위치로 밀려가기 때문에 결과적인 구조물에는 변함이 없다. 이 게임은 심지어 플레이어가 공을 놓기도 전에 어떻게 연결될지를 보여주기까지 한다(그림 1.3). 따라서 〈월드 오브 구〉의 게임플레이가 〈앵그리버드〉보다 더 전략적임을 알 수 있다. 〈월드 오브 구〉는 플레이어 경험 디자인에 있어 연속 메카닉보다 비연속 메카닉에 더 의존하고 있다.

그림 1.3
〈월드 오브 구〉

비연속 메카닉의 혁신

비연속 메카닉에는 지금껏 연속 메카닉이 도달한 것보다 더 높은 혁신을 이룰 여지가 많다. 게임과 장르가 변해감에 따라, 물리 효과 메카닉에 대한 디자이너들의 정의 또한 게임 장르에 좀 더 밀접한 방향으로 진화하고 있기 때문이다. 1인칭 슈팅 게임의 경우 물리 효과를 완전히 뜯어고치는 것은 별 의미가 없다.

사실, 물리 효과 엔진 미들웨어를 이용해 물리 효과를 처리하는 게임들이 늘고 있어 이 분야에서는 혁신을 이룰 여지가 정말 적다. 한편, 모든 디자이너는 독특한 콘텐츠를 만들고 싶어 하며, 많은 1인칭 슈터는 독특한 파워업 시스템이나 수집하고 소모하는 아이템 경제를 통해 경쟁작과 게임플레이적인 차별화를 꾀하고 있다. 게임의 물리 효과보다는 이런 경제를 관장하는 메카닉에서 창의력과 혁신을 이룰 여지가 더 크다. 이 책에서는 이런 비연속 메카닉을 중점적으로 다루겠다.

컴퓨터 게임의 역사가 시작된 이래 40년간, 게임의 물리 효과는 게임의 다른 메카닉보다 더 빠른 진화를 이뤄왔다. 물리 효과는 뉴턴의 법칙과 이를 시뮬레이션할 컴퓨터 연산 능력의 발전으로 인해 디자인에 있어선 비교적 쉬운 영역이 되었다. 하지만 경제 법칙은 더욱 복잡하고 작업하기도 까다롭다. 이 책에서는 물리 효과 외적인 비연속 메카닉에 대한 탄탄한 이론적 틀을 제공해 이 작업을 쉽게 만들고자 한다.

노트 이 책에서 기술하는 게임플레이의 메카닉적 관점은 좁은 의미며, 게임의 여러 다른 면에 대한 메카닉을 관장하는 코어 메카닉에 집중한다. 올바른 이해를 위해서는 게임 자체와 게임플레이에 대한 메카닉 관점이라고 생각하면 좋다. 하지만 이 관점이 유일하다거나 최선이라는 것은 아니다. 많은 게임에서 아트와 스토리, 사운드, 음악 역시 게임플레이에 못지 않게 플레이어 경험에 큰 기여를 한다. 때로 게임플레이보다 더 큰 영향을 줄 때도 있다. 하지만 이 책의 주제는 게임 메카닉과 게임플레이 간의 연관 관계를 살펴보는 것이기에 이 점에 집중하겠다.

메카닉과 게임 디자인 과정

게임을 디자인하는 방법론은 게임 회사의 숫자만큼이나 많다. 『Fundamentals of Game Design』에서 어니스트 아담스는 플레이어의 역할과 이들이 경험하는 게임플레이에 집중하는 플레이어 중심 게임 디자인player-centric game design이란 접근법을 주창한다. 아담스는 게임플레이란 게임이 플레이어에게 부여하는 도전 과제와 플레이어가 수행할 수 있도록 게임이 허용하는 행동들로 구성된다고 정의한다. 즉, 메카닉이 게임플레이를 형성한다는 것이다. 마리오가 협곡을 점프해 넘어갈 때, 협곡 자체의 모양은 레벨 디자인이 정의하지만 마리오가 얼마나 멀리 점프할지, 중력은 어떻게 작용할지, 마리오가 점프에 성공할지 실패할지는 물리 법칙, 즉 물리 메카닉이 결정한다.

메카닉이 게임플레이를 만들어내기 때문에, 우리는 게임플레이에 대한 결정을 마치는 대로 곧 메카닉 디자인을 시작하길 권한다. 이 단락에서 간략하게 보여주는 개발 과정은 복잡하지만 균형 잡힌 게임 메카닉에 중점을 둔 플레이어 중심 게임 디자인이다.

게임 디자인 과정의 개요

간단히 말하자면 게임 디자인 과정은 컨셉, 상세화, 튜닝의 세 단계로 구성된다. 각 단계는 이후 자세히 다루겠으며, 자세히 공부하고 싶다면 『Fundamentals of Game Design』을 읽어보기 바란다.

컨셉 단계

컨셉 단계에서 디자인 팀은 게임의 전체적인 개요와 대상 고객층, 플레이어의 역할을 정한다. 이 단계의 결과물은 비전 문서vision document나 게임 소개서game treatment에 기록한다. 이런 중요한 사항들은 한번 결정하고 나면 이후 디자인 과정 내내 변경해선 안 된다.

컨셉 단계에서 만들고자 하는 게임이 어떤 것인지 확신이 서지 않을 때는 게임 메카닉의 실험 버전을 빠르게 만들어 재미있는 게임플레이가 만들어지는지 확인해보는 것도 좋다. 컨셉을 시험해보는 이런 종류의 프로토타입은 다른 팀원들이나 투자가에게 디자인의 비전을 설명할 때나 핵심 가정들을 테스트할 때도 도움이 된다. 하지만 상세화 단계가 되면 컨셉 단계에서 했던 작업은 버리고 처음부터 다시 시작할 각오도 해야 한다. 그래야만 컨셉 단계에서 결함이 생길 것을 걱정하지 않고 신속하게 일을 진행할 수 있기 때문이다. 이 단계가 완료될 때까지는 실제 최종화된 메카닉의 디자인을 시작해선 안 된다. 계획을 수정하기라도 하면 그간 한 작업이 쓸모 없어지기 때문이다.

상세화 단계

보통 프로젝트의 자금을 확보한 후 시작되는 상세화 단계에서는 게임 개발이 전면적으로 진행된다. 이 단계에서 게임 메카닉과 레벨을 만들고 스토리를 구성하며, 아트 애셋 등을 제작하게 된다. 이 단계에서는 개발팀이 짧은 이터레이션 사이클iterative cycle로 작업을 진행한다. 각 사이클 단위로 플레이어블이나 프로토타입을 부분별로 만들어 테스트를 거치고 평가하는 식으로 디자인이 진행된다. 처음부터 모든 것이 올바르게 되리라 기대하는 것은 금물이다. 이 단계에서는 많은 기능을 거듭 다시 디자인하는 일이 다반사다. 또한 이 단계에서는 팀 외부 인력으로 구성된 플레이어 집단을 통해 게임을 부분별로 테스트하는 것이 좋다. 프로토타입의 플레이 테스트를 개발팀 인력으로만 진행할 경우, 실제 플레이어들이 여러분의 게임에 어떻게 접근하고 어떻게 플레이할지 정확히 파악할 수 없다. 여러분의 개발팀 인원은 게임의 목표 고객층이 아닐 수도 있을뿐더러, 이들은 게임을 이미 너무 잘 알기 때문에 좋은 테스터가 될 수 없다.

튜닝 단계

튜닝 단계는 기능 프리즈freeze, 고정로 시작된다. 이 시점부터는 팀 전체가 지금까지 개발한 게임의 기능들에 만족하고 더 이상 기능을 추가하지 않기로 결정해야 한다. 대신, 이제부터는 이미 만든 기능을 다듬는 것에 집중한다. 기능 프리즈의 실행은 쉬운 일이 아니다. 게임을 만들다 보면 늘 이전 단계에서는 생각하지 못했던 기막힌 아이디어가 떠오르곤 하기 때문이다. 하지만 개발의 후반 단계에서는 작은 변경만 넣어도 게임에 예기치 못한 재앙이 발생할 수 있으며, 디버깅과 튜닝 과정에 큰 부하를 줄 수 있기 때문에 기능 추가는 삼가야 한다! 튜닝 단계는 오히려 불필요한 것들을 빼는 과정이라고 보는 게 맞다. 제대로 작동하지 않거나 게임에 크게 가치를 더하지 않는 것들은 과감하게 덜어내고, 게임을 정말 빛내줄 수 있는, 제대로 작동하는 디자인에 집중해야 한다. 게다가, 게임 프로젝트를 기획할 때는 튜닝에 실제 얼마나 많은 작업이 소요될지 간과하기 쉽기 때문에 기능 프리즈는 더욱 중요해진다. 우리의 경험상, 튜닝과 세부 조정에는 개발의 전체 소요 기간의 1/3 가량이 소요된다.

디자인의 문서화

게임 디자인 문서는 개발 중인 게임의 기획 내용을 기록하는 데 활용된다. 게임 디자인 문서는 게임 회사마다 정해진 표준 양식이 있으며, 게임 회사라면 모두 다양한 방식으로 이 문서를 활용한다. 게임 디자인 문서는 보통 간략한 게임 컨셉과 목표 고객층, 코어 메카닉과 아트 스타일에 관한 설명으로 시작된다. 많은 회사가 메커니즘이 추가될 때나 레벨이 만들어질 때 이런 사항을 해당 문서에 지속적으로 추가해 디자인 문서를 항상 최신으로 유지하는 데 많은 노력을 기울인다. 이렇기 때문에 디자인 문서를 종종 리빙 도큐먼트(living document)라고 부르기도 한다. 디자인 문서는 게임이 만들어질수록 방대해진다.

이처럼 디자인 과정을 문서화하는 데는 몇 가지 중요한 이유가 있다. 우선, 목표와 비전을 적어두면 개발 후반 단계에서 혼선을 피할 수 있다. 그리고 개발이 진행되는 동안 디자인적인 결정 사항을 기록해 둠으로써, 지난 결정 사항에 대해 거듭 재고할 필요를 없애준다. 마지막으로 팀 단위로 일할 때는 전체의 목표를 하나의 문서에 명시하는 것이 큰 도움이 된다. 팀 단위의 역량이 분산되는 일을 피할 수도 있고, 나중에 의견이 갈려 결국은 사용할 수도 없는 기능을 만드느라 에너지를 소모할 필요도 없어지기 때문이다.

1장을 읽고 있는 여러분은 일단 자신에게 제일 잘 맞는 방식을 활용해 디자인을 문서화하는 버릇을 들이기 바란다. 디자인 문서에 대한 더 상세한 논의와 활용할 수 있는 템플릿은 『Fundamentals of Game Design』에서 찾아볼 수 있다.

메카닉 디자인은 초기부터 한다

게임 메카닉은 간단히 설계할 수 있는 게 아니다. 게임 메카닉은 상세화 단계의 초기부터 작성하기 시작해야 한다. 그 이유로는 두 가지를 꼽을 수 있다.

- 게임플레이는 게임 메카닉으로부터 나온다고 해도 과언이 아니다. 쉽지는 않지만, 사실 규칙만 들여다봐도 게임플레이가 재미있을지, 그렇지 않을지 알 수 있다. 그런데 게임 메카닉이 제대로 작동하는지 알아보려면 직접 플레이해 봐야 하고, 그보다 다른 사람이 플레이해 보도록 하면 더 좋다. 이러려면 여러 개의 프로토타입을 만들어야 하는데, 프로토타이핑에 대해서는 다음 장들에서 상세히 살펴보겠다.

- 이 책에서 우리가 공부할 게임 메카닉은 실로 복잡한 시스템이다. 이 시스템의 정교한 밸런스가 게임플레이의 모든 것을 좌우하게 된다. 제대로 작동하는 메카닉을 만들어냈다 해도, 개발 과정 후반에 새로운 기능을 추가하거나 기존 메커니즘에 변경을 가하면 밸런스가 붕괴되기 쉽다.

코어 메커니즘이 제대로 작동하면서 밸런스가 맞고 재미도 있다면, 이제는 레벨 아트 애셋 개발 작업에 돌입해도 좋다.

일단 장난감을 만들자

게임 디자이너 카일 게이블러(Kyle Gabler)는 2009년 글로벌 게임 잼(Global Game Jam)(48시간 이내에 모르는 사람들과 한 공간에 모여 게임을 만듦으로써 아이디어를 쏟아내고 소통하는 행사) 제1회의 기조연설 동영상을 통해 단시간 내에 게임을 개발할 때 염두에 둬야 할 일곱 가지 원칙을 발표했다. 전체 게임 개발 기간이 짧든 길든 관계없이 대부분의 게임 개발에 적용할 수 있는 유용한 팁이다.

이 일곱 가지 원칙 중 우리의 주제에 들어맞는 것을 하나만 꼽자면 '일단 장난감을 만들라'는 것이다. 게이블러는 애셋과 콘텐츠를 만드는 데 시간을 쏟기 전에 메카닉이 제대로 작동하는지 확인해야 한다고 말한다. 이 말의 뜻은, 먼저 이런 메카닉의 컨셉을 증명할 프로토타입을 만들어야 한다는 것이다. 멋진 아트나 분명한 목표, 영리한 레벨 디자인이 없더라도 메카닉만으로 재미있는 플레이를 만들어낼 수 있어야 한다. 다시 말해, 먼저 가지고 놀면 재미있을 장난감을 제대로 디자인한 다음에 게임을 구축해야 한다는 뜻이다. 우리 역시 게이블러의 조언을 따르라고 조언하고 싶다.

게이블러의 위트 넘치는 기초 연설은 www.youtube.com/watch?v=aW6vgW8wc6c에서 볼 수 있다.

제대로 만들자

이미 말했다시피, 게임 메카닉이 제대로 됐는지 확인하려면 먼저 만들어 봐야 한다. 이 책에서 소개하는 방법론과 이론은 메카닉이 어떻게 작동하는지 설명하기 위한 것일 뿐이다. 방법론이나 이론, 초기 프로토타입을 만드는 새롭고 효율적인 툴이 실제 게임을 대신할 수는 없다. 균형감 있는 참신한 메카닉의 게임을 만들려면 먼저 프로토타입을 만든 후, 가능한 한 여러 번 반복 적용하는 단계를 거쳐야 한다.

프로토타이핑 기법

불완전한 예비 단계의 제품 모델, 혹은 완성품을 구축하기 전에 사용성 테스트를 위해 제품이나 공정을 시범적으로 만들어보는 과정을 프로토타입Prototype이라 부른다. 프로토타입은 최종 프로덕트만큼 다듬지 않아도 되기 때문에, 구축하고 수정하는 데에 시간과 비용이 덜 든다. 게임 디자이너는 게임의 메카닉과 게임플레이를 테스트하기 위해 프로토타입을 만든다. 게임 디자이너들은 흔히 이용하는 세 가지 프로토타입 방식에는 소프트웨어 프로토타입, 종이 프로토타입paper prototype, 신체 활동 프로토타입physical prototype 기법이 있다.

용어 소개

소프트웨어 개발자들은 지난 수년간 서로 다른 프로토타입을 설명하기 위해 몇 가지 용어를 만들어냈다. 고충실도high-fidelity 프로토타입은 의도하는 제품과 여러 면에서 굉장히 유사하다. 그래서 고충실도 프로토타입은 다듬어 최종 프로덕트로 출시하는 경우도 가끔 있다. 고충실도 프로토타입은 구축하는 데에 비교적 시간이 많이 든다.

반면, 저충실도low-fidelity 프로토타입은 빠르게 구축할 수 있고, 최종 결과물과 유사하지 않아도 된다. 저충실도 프로토타입은 대개 최종 프로덕트에 사용하는 것과는 다른 기술을 사용한다. 즉, 3D 콘솔 게임의 프로토타입을 2D 플래시 게임으로 만들거나, 심지어는 파워포인트를 이용해 게임의 인터랙티브 스토리보드를 만들어도 괜찮다. 개발자들은 아이디어를 빠르게 테스트하기 위해 저충실도 프로토타입을 구축하며, 이런 프로토타입은 게임의 특정 측면 하나에만 집중하는 경향이 있다.

개발자들이 의도된 제품의 수직적 단면vertical slice을 프로토타이핑할 때도 있다. 그림 1.4처럼 소프트웨어 프로젝트의 단면을 시각적으로 표시했기에 이렇게 부른다. 수직 단면이란 게임 기능 한 개 혹은 몇 개를 구현하는 데 필요한 모든 요소(코드, 아트, 오디오 등)를 포함한 프로토타입이다. 게임의 순간순간을 테스트할 때 유용하며, 완성된 프로덕트를 공개하지 않고도 어떤 게임인지 전체적인 인상을 보여줄 수 있어 유용하다. 반면, 수평적 단면horizontal slice은 게임의 일부 요소만 전부 넣은 프로토타입이다. 예를 들어, 기능하는 메카닉은 없지만 유저 인터페이스는 완성해서 구축했다면 수평적 단면이다.

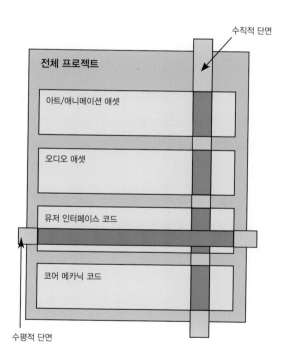

그림 1.4
게임 프로젝트의 수직과
수평적 단면

소프트웨어 프로토타이핑

여러분이 만드는 비디오 게임을 플레이어들이 어떻게 느낄지 알고 싶다면, 여러분의 디자인에 근접한 프로토타입을 가능한 한 빨리 만들어보는 게 최선이다. 프로토타이핑 과정에서 시간을 아끼려면 타깃 플랫폼이 완전히 다르다 해도 때로 오픈소스 게임 엔진이나 게임메이커GameMaker나 유니티Unity 같은 게임 개발 환경을 활용하는 것도 좋다.

임시 아트 애셋을 사용하고, 기능에 버그가 있거나 미완성됐다고 하더라도 게임플레이가 어떤 느낌인지 볼 수 있다는 점이 소프트웨어 프로토타입의 장점이다. 하지만 다른 프로토타입보다 만드는 데 시간이 더 걸린다는 단점도 있다. 어떤 모델을 선택할 수 있으며 개발팀의 능력이 어떤 수준인지에 따라, 소프트웨어 프로토타입 구축에는 실제 게임을 개발할 때와 마찬가지로 긴 시간이 걸릴 수도 있다. 하지만 아트 애셋과 코드를 나중에 재활용하지 못하고 모두 버리는 한이 있더라도 소프트웨어 프로토타입은 만들어 보는 것이 좋다. 초기에 소프트웨어 프로토타입을 만들면 프로젝트가 궤도를 이탈하는 일을 막을 수 있다. 프로그래머들은 어떤 게임 요소가 필요한지 파악할 수 있고, 레벨 디자이너는 디자인이 어떤 방향으로 가야 하는지 확인할 수 있으며, 게임 디자이너에게는 아이디어를 테스트해볼 환경이 생기기 때문이다. 소프트웨어 프로토타입은 디자인 문서와 거의 같은 역할을 한다. 개발팀은 실제 프로덕트를 구축할 때 이 프로토타입을 참조할 수 있다. 프로토타입은 상호작용 기능 같은 게임의 특정 측면을 글로 설명한 것보다 더 생생하게 묘사해준다.

성공적인 소프트웨어 프로토타입의 필수 조건 중 하나는 손쉬운 게임 커스터마이제이션이다. 지금 만들고 있는 3D 플랫폼 게임의 게임플레이에서 게임의 중력이 핵심이라면, 플레이 도중 디자이너가 이 설정값을 쉽게 바꿀 수 있도록 지원해야만 최적의 설정을 적용할 수 있다. 예를 들어 실시간 전략 게임에서 자원을 생산하는 공장이라면, 생산 속도를 쉽게 바꿀 수 있어야만 올바른 밸런스를 빠르게 찾을 수 있는 것이다. 이 작업을 위한 유저 인터페이스는 근사하게 다듬을 필요가 전혀 없다. 프로그램을 구동할 때 읽어들이는 텍스트 파일에 주요 초기값을 저장하기만 하면 그만이다. 이렇게 하면 디자이너들이 파일을 편집한 후 프로그램을 재구동하기만 하면 간단히 값을 조정할 수 있다. 게임을 플레이하는 동안 변경을 가할 수 있도록 간단한 콘솔을 게임에 넣으면 더 좋다. 이런 콘솔이 여러분의 개발-테스트 주기를 더 단축시켜줄 것이다.

종이 프로토타이핑

소프트웨어 프로토타입을 구축하려면 속도도 느리고 비용도 많이 들기 때문에, 점점 더 많은 게임 스튜디오가 종이 프로토타이핑 기법을 활용하는 추세다. 종이 프로토타입이란 여러분이 목표로 하는 게임과 닮은, 컴퓨터를 사용하지 않는 테이블탑 게임tabletop game을 말한다.

　게임 메카닉 중에는 특성상 어느 매체에나 적용할 수 있는 것이 있다. 여러분의 게임이 정확한 타이밍이나 물리 효과, 집중적 연산이 필요 없는 메카닉 기반이라면 비디오 게임 컨셉으로 보드 게임을 만들 수도 있을 것이다. 게임이 집중적 연산을 필요로 하는 메카닉에 의존한다고 해도, 그렇지 않은 측면들을 종이 프로토타입으로 구현해 시간과 노력을 아낄 수 있다면 가치는 충분하다. 기억하자. 프로토타입은 게임의 특정 측면을 살펴보기 위한 것이며, 게임플레이의 대부분이 물리 효과 시뮬레이션에 의존하는 게임이라고 해도 내부 경제가 잘 구축됐는지 확인하고 싶다면 이 프로토타입을 활용할 수 있다. 종이 프로토타입은 디자인하기 전에 먼저 어떤 측면을 살피고자 하는지를 아는 것이 중요하다.

　종이 프로토타입이라고 해서 하찮게 봐선 안 된다. 좋은 보드 게임을 디자인하는 것은 그 자체로 하나의 예술이며, 좋은 비디오 게임을 디자인하기만큼이나 어렵다. 다양한 보드 게임을 알고 있다면 게임 디자인에도 도움이 된다. 보드 게임에는 '주사위를 굴려 나오는 수만큼 칸을 움직인다' 외에도 수많은 메카닉이 있다.

팁　온라인에 〈스포어(Spore)〉의 프로토타입이 여러 개 공개되어 있다. www.spore.com/comm/prototypes에서 몇 개 다운로드해 직접 플레이해보자. 이 프로토타입들을 보면 프로 게임 스튜디오가 최고의 타이틀을 제작할 때 거치는 개발 과정에 대한 힌트를 얻을 수 있을 것이다.

종이 프로토타이핑에 필요한 도구

게임 디자인 전문가 코버스 엘로드(Corvus Elrod)는 프로토타이핑 키트에 갖춰야 할 도구로 다음을 추천한다.

- 뒷면의 색이 서로 다르되, 거의 똑같이 구성된 두 벌의 카드 덱
- 작은 노트(노트가 너무 크면 집중이 흐트러진다)와 품질이 좋은 연필이나 펜
- 포커 칩이나 바둑알 같은 말
- 주사위 몇 개: 주사위 면이 몇 개인지는 관계없고, 숫자가 꼭 클 필요도 없다. 백분율 기준의 메카닉을 디자인할 때는 십면체 주사위 두 개를 사용하면 1부터 100까지의 숫자를 임의로 생성할 수 있다(엘로드, 2011).

여기에 추가로 다음까지 갖추면 좋다.

- 포스트잇
- 3x5 규격의 빈 카드 묶음 종이

프로토타이핑 키트에는 카드 슬리브(card sleeves)도 넣으면 좋다. 카드 슬리브는 〈매직: 더 개더링(Magic: The Gathering)〉 같은 트레이딩 카드 게임에서 플레이어들이 카드를 보호하려고 사용하는 비닐 포장이다. 카드 슬리브는 게임 전문 상점에서 구입할 수 있다. 종이에 표시를 한 다음 슬리브에 넣기만 하면 섞기도 쉽고 사용하기도 편한 플레이용 카드가 된다. 기존 카드 위에 수정본을 끼워 바꿀 수 있어서 특히 편리하다. 이렇게 하면 나중에 구 버전 카드가 뭐였는지 확인할 수 있기 때문에 히스토리 기록 측면에서도 효과적이다.

이제 여러분은 무작위적인 숫자를 생성할 수 있으며, 말 일부는 숫자 대신으로 사용하고(포커 게임에서는 포커 칩이 돈 대용으로 쓰인다), 빈 카드를 게임 보드를 비롯한 기타 여러 용도로 쓸 수도 있으며 아이디어를 적을 노트도 있다. 시작할 준비는 마쳤다고 봐도 좋다.

종이 프로토타이핑에는 두 가지 이점이 있다. 종이 프로토타입은 우선 빠르게 만들 수 있는 데다가, 커스터마이즈하기도 쉽다. 프로그래밍이 따로 필요 없기 때문에 빠르게 만들어지는 것이다. 종이 프로토타입을 만들 때는 카드나 보드의 아트를 잘 만들겠다고 시간을 쏟아부어선 안 된다. 그럴 시간이 있다면 규칙을 짜고 테스트하는 데에 투자해야 한다. 기술과 경험만 있다면 몇 시간만 주더라도 괜찮은 종이 프로토타입을 만들어낼 수 있다. 이렇게 아낀 시간은 메카닉의 플레이 테스트와 밸런싱에 투입할 수 있다.

종이 프로토타입에서는 규칙을 수정하기도 쉽다. 그때그때 즉석에서 바꿔나가도 상관없어서, 플레이하는 도중 뭔가 의도한 대로 작동하지 않는다면 즉시 수정하면 된다. 플레이하면서 동시에 게임을 만들어 나갈 수 있기 때문에 이터레이션 사이클iteration cycle을 최대로 줄일 수 있다.

하지만 종이 프로토타이핑에도 단점은 있다. 바로 테스터를 참여시키기 까다롭다는 것과, 모든 메카닉을 쉽게 보드 게임으로 옮길 수 없다는 점이다. 새로운 플레이어들을 꾸려서 종이 프로토타입을 테스트하려면 직접 규칙을 설명하는 수밖에 없다. 규칙을 계속 수정하므로 적어두는 것 자체가 어렵기 때문이다. 게다가 테스터들이 보드 게임이나 테스팅 쪽에 경험이 부족하다면 종이 게임을 비디오 게임에 연관지어 생각하기 어려워할 것이다.

하지만 무엇보다도 모든 메카닉을 간단히 종이 프로토타입으로 옮길 수 없다는 점이 더 큰 문제다. 이미 언급했지만, 게임의 물리 효과에 관계된 메카닉은 종이 프로토타입으로 옮기기가 어렵다. 연속적 메커니즘에는 엄청난 연산이 필요하기 때문에 컴퓨터에 구현할 수밖에 없다. 종이 프로토타입을 만들 때는 이 방식이 비연속적 메카닉 테스트에 적합하다는 점을 명심해야 한다. 종이 프로토타이핑은 게임의 경제나 진행을 관장하는 메카닉 디자인에 활용하는 게 좋다.

신체 활동 프로토타이핑

프로토타이핑을 반드시 소프트웨어나 종이 게임으로 만들어야 하는 것은 아니다. 규칙을 정한 다음, 실생활에서 몸으로 게임을 해 보는 것도 효과적일 수 있다. 게임에 연속적인 물리 효과 메카닉이 많이 들어간 경우라면 더욱 그렇다. 레이저 태그 건으로 무장하고 사무실 건물을 직접 뛰어다니면 1인칭 슈팅 게임의 느낌을 제대로 파악할 수 있을 것이다. 이런 신체 활동 프로토타이핑physical prototyping은 대개 종이 프로토타이핑보다 준비하는 데 시간이 덜 걸린다. 신체 활동 프로토타이핑은 종이 프로토타이핑처럼 빠르게 만들 수 있으며 조정하기

팁 신체 활동 프로토타이핑의 효과를 극대화하려면 라이브 액션 롤플레이 (LARP, Live-Action Role-Play) 세션에 참여하거나 관찰해보는 것도 좋다. LARP를 할 때는 다양한 방법을 동원해 실제 전투를 안전하게 치르며, 실제 세계에는 없는 마법 주문까지도 적용해 낸다. LARP는 주로 장소를 정해 놓고 하기 때문에, 참여하려면 거주 지역의 LARP 커뮤니티를 먼저 찾아보는 게 좋다. http://larp.meetup.com에 LARP 커뮤니티들이 소개되어 있으니 참고하자.

도 쉽다. 게임 디자이너 중에는 신체 활동 프로토타이핑과 종이 프로토타이핑 기법을 합쳐서 큰 효율을 내는 사람도 있다. 하지만 종이 프로토타이핑과 마찬가지로 신체 활동 프로토타이핑도 쉽지만은 않다. 제대로 만들려면 디자이너나 플레이어 모두 기술과 경험이 필요하다.

프로토타입의 초점

여러분의 프로토타입에 적합한 매체를 택하는 것도 중요하지만 어디에 중점을 두고 만들지도 효과적인 프로토타이핑에는 똑같이 중요하다. 프로토타입 작업에 착수하기 전에, 이 과정을 통해 배우고자 하는 것이 무엇인지 자문해 봐야만 한다. 내부 경제의 밸런스를 확인하고자 한다면 새로운 유저 인터페이스 테스트용 프로토타입과는 다른 방식을 써야 할 것이다. 〈스포어Spore〉의 프로토타입을 다시 한 번 살펴보자(www.spore.com/comm/prototypes). 각각은 특별한 이유에 맞춰 구축한 것이다.

초점을 맞출 측면을 하나로 수렴하면 프로토타입을 더 빠르게 만들 수 있다. 하나의 측면만 집중적으로 살피는데 게임 전체에 대한 프로토타입을 만들 필요는 없다. 또한 초점을 좁혀서 접근하면 테스터들에게서 올바른 피드백을 받는 데도 도움이 된다. 여러분이 확인하고자 하는 문제와 동떨어진 기능이나 버그에 테스터들의 주의가 쏠리는 일을 피할 수 있기 때문이다.

프로토타입이 어디에 초점을 맞추고 있느냐에 따라 어떤 프로토타입 기법을 택해야 하는지도 달라진다. 물리 법칙 중심의 플랫폼 게임에서 파워업 중심의 경제 밸런스를 설계한다고 가정해보자. 이럴 때는 확인하고자 하는 것이 비연속 메카닉이므로 게임의 물리 효과를 재현하기 어려울진 몰라도 종이 프로토타입인 보드 게임으로 프로토타이핑하는 것이 가장 좋다. 하지만 새로운 입력 장치의 작동 방식을 조정하려면 실제 게임과 흡사한 고충실도 소프트웨어 프로토타입이 필요하다.

프로토타입에서는 다음 같은 게임 디자인 측면을 중점적으로 살피는데, 개발 단계의 진행에 따라 다음 순서대로 구축할 때가 많다.

- **기술 데모**Tech demos: 여러분이나 프로그래머 팀은 관련 기술을 늘 실제로 사용할 수 있도록 준비해 두는 편이 좋다. 기술 데모에서는 게임 기술에서 가장 어렵고도 기발한 면을 다루고, 팀 스스로는 가능하면 퍼블리셔에게도 이 게임을 만들어낼 수 있다는 점을 증명해 보여야만 한다. 기술 데모를 일찍 만들수록 개발 후반 단계에서 곤란할 일이 줄어든다. 기술 데모에서는 흥미로운 게임플레이를 구현할 기회를 놓치지 말아야 한다. 특히 참신한 기술을 적용할 때는 간단한 것을 빠르게 만들어보면 후에 더 깊은 통찰력을 더할 수 있다.

- **게임 경제**Game economy: 게임에서 경제는 몇 가지 필수적인 자원을 중심으로 구축된다. 게임 경제의 프로토타입은 저충실도low-fidelity의 종이 프로토타이핑 기법으로 만들 수 있으며, 디자인 초기 단계에서 일찍 해보는 편이 좋다. 플레이 테스트 단계에서는 "이 게임은 밸런스가 잘 맞는가? 어떻게 해도 항상 승리를 보장해주는 지배적 전략이 존재하는가? 플레이어들에게 흥미로운 선택의 기회를 제공하는가? 이런 선택의 결과는 어떻게 될지 충분히 예상 가능한가?"와 같은 전형적인 질문들을 꼭 확인해야 한다. 게임 경제 플레이 테스트에는 반드시 적임자들을 참여시켜야 한다. 여러분과 팀원들이 직접 테스트하는 것이 나쁜 것은 아니지만, 여러분은 게임을 어떻게 플레이해야 하는지 이미 다 알고 있다는 한계가 있다. 보통, 이런 종류의 프로토타입을 테스트하기에 이상적인 플레이어들은 메카닉을 빠르게 파악하고 취약점을 찾아내서 이용해 본 경험이 있는 노련한 파워 게이머들이다. 반드시 이런 사람들에게 게임을 깨 보도록 부탁하자. 악용해 게임을 깰 수 있는 취약점이 존재한다면 반드시 찾아야 한다.

- **인터페이스와 컨트롤 방식:** 플레이어들이 여러분의 게임을 컨트롤할 수 있는지 보기 위해서는 게임의 소프트웨어 프로토타입이 있어야 한다. 이 프로토타입에는 콘텐츠가 많아야 하거나 완성된 레벨이 필요하지는 않다. 오히려, 플레이어들이 게임 요소와 상호작용을 거의 다 경험할 수 있도록 짤막하게 구성하는 편이 좋다. 이 프로토타입에서는 "제공하는 액션을 플레이어들이 올바르게 수행할 수 있는가? 플레이어들이 추가로 원하거나 필요로 하는 다른 액션들이 있는가? 올바른 판단을 내리기 위해 필요한 정보를 제공하고 있는가? 컨트롤 방식은 직관적인가? 게임플레이에 필요한 정보가 플레이어들에게 주어지는가? 피해를 받을 때나 중요한 게임 상태가 변화할 때를 플레이어들이 알아채고 있는가?"를 꼭 확인하자.

- **튜토리얼:** 제대로 된 튜토리얼은 게임 개발의 후반 단계에 가서야 구축할 수 있다. 변경될 수 있는 게임 메카닉에 대한 튜토리얼을 성급하게 만드는 데에 시간과 자원을 낭비하고 싶은 사람이 누가 있겠는가? 튜토리얼을 테스트할 때는 테스터들이 이전에 그 게임을 본 적이 없어야 한다. 게임 개발은 여러모로 길고 상세한 튜토리얼을 개발하는 것과도 같다. 개발자들은 메카닉을 조정하는 데에 엄청난 시간을 쏟아부을 수밖에 없고, 그 과정에서 게임을 숱하게 플레이하게 된다. 그래서 자기 게임에 대한 실력이 얼마나 늘었는지 잊기 쉽다. 그러니 게임의 초기 난이도와 학습 곡선learning curve이 적정한지는 절대 스스로 판단해선 안 된다. 이런 테스트에는 새로운 플레이어들을 투입하고, 이들이 플레이하는 동안 어떻게 게임을 배워가는지 관찰하되 끼어들지 않아야 한다. 튜토리얼 프로토타입에서 확인해야 하는 가장 중요한 질문은 바로, 플레이어들이 게임과 그 플레이 방법을 이해하는가다.

요약

게임 메카닉은 명확하고 정교하게 정한 게임의 규칙으로, 게임의 핵심이라 할 수 있는 개체와 프로세스뿐 아니라 이런 프로세스를 실행하는 데 꼭 필요한 데이터까지 망라하는 개념이다. 메카닉에는 연속형과 비연속형이 있다. 연속 메카닉은 보통 매초 엄청난 부동 소수점floatingpoint 계산이 실시간으로 구현되며, 대개 게임의 물리 효과 구현에 활용된다. 비연속 메카닉은 반드시 실시간으로 구현되는 것만은 아니며, 정수값으로 게임의 내부 경제를 구현하는 데 쓰인다. 플레이 테스트용 프로토타입을 만들려면 반드시 개발 초기에 게임 메카닉을 디자인해야 한다.

창의력 유발형 게임플레이에 크게 영향을 주는 게임 메카닉 구조도 있다. 이어지는 2장과 3장에서는 이런 구조적 관점에서 더 자세히 게임 메카닉을 살펴보고, 게임 메카닉 디자인에 도움을 주는 실용적인 방법론과 디자인 툴을 한번 만들어 보겠다.

실습 과제

1. 프로토타입 기술을 연마한다. 기존의 비디오 게임을 종이 프로토타입으로 옮겨본다.

2. 여러분이 만들고 싶은 게임에 적합한 참고용 게임을 찾아본다. 참고용 게임의 어떤 면이 여러분이 염두에 두고 있는 게임을 묘사하는 데에 유용한지 설명해본다.

3. 이 장에서 설명했던 다섯 가지 게임 메카닉을(물리 효과, 내부 경제, 진행, 전략적 이동, 소셜 활동) 기준으로, 기존에 출시된 게임에서 비연속 메커니즘과 연속 메커니즘의 예를 찾아본다. 다만 이 장에서 예로 든 것은 제외하고 찾아보자.

2장
자연 발생과 진행

이전 장에서 물리 효과, 내부 경제, 진행, 전략적 이동, 소셜 활동 다섯 가지의 게임 메카닉을 소개했다. 이 다섯 가지 중에서 진행 메카닉은 게임학에서 진행형으로 부르는 게임game of progression을 창조해낸다. 나머지 네 가지 메카닉은 다른 범주인 자연 발생형 게임game of emergence을 만든다고 볼 수 있다. 이 장에서는 이해를 돕기 위해 진행 메카닉을 제외한 나머지 네 개의 메카닉을 자연 발생 메카닉이라 부르겠다.

자연 발생형 게임과 진행형 게임은 게임플레이를 형성하는 두 가지 대표적인 방식으로 꼽힌다. 이 장에서는 둘이 어떻게 다른지 자세히 살펴보고, 각 범주의 예에는 무엇이 있는지 살펴보겠다. 또한 자연 발생과 진행을 유발하는 메카닉의 구조적 차이를 알아보고, 디자이너가 한 개의 게임 안에 자연 발생과 진행을 함께 넣으려 할 때 어떤 문제가 발생하며, 또 어떤 가능성이 있는지도 살펴보겠다.

자연 발생과 진행의 역사

몰입과 진행이라는 두 개의 범주는 원래 게임 학자 제스퍼 쥴Jesper Jule이 2002년 논문 '열림과 닫힘: 자연 발생형 게임과 진행형 게임The Open and the Closed: Games of Emergence and Games of Progression'(2002)에서 소개한 개념이다. 간단히 말하자면, '규칙이 비교적 단순하지만 다양하게 변형할 수 있다면 자연 발생형 게임이다.'라는 것이다. 게임의 도전과 이벤트의 흐름이 미리 계획되어 있다기보다는 플레이 도중 자연히 발생하기 때문에 자연 발생형이란 용어를 쓴다. 보드 게임, 카드 게임, 전략 게임, 그리고 일부 액션 게임은 플레이어들이 많은 규칙을 연결하고 조합할 수 있는 자연 발생형 게임이다. 쥴에 따르면, "자연 발생형은 태고부터 있어온 게임 구조다."(324페이지) 다시 말해, 최초의 게임들은 모두 자연 발생형이었으며, 새로운 게임을 만들 때도 많은 이들이 자연 발생형 디자인으로 시작한다.

이런 종류의 게임은 플레이하는 동안 다양한 환경이나 상태로 변화한다. 체스를 예로 들면, 졸 하나를 한 칸만 잘못 놓는다 해도 치명적인 차이를 빚을 수 있기 때문에 말을 배치할 수 있는 가능한 모든 경우가 각각 게임의 상태가 된다. 이렇게 체스판에서 말을 배치할 수 있는 조합은 엄청나게 많지만, 체스의 규칙 자체는 종이 한 장 분량으로도 충분할 만큼 간단하다. 시뮬레이션 게임 〈심시티SimCity〉의 거주 구역 배치나 전략 게임 〈스타크래프트〉의 유닛 배치도 이와 비슷하다.

> ## 비디오 게임 이외의 자연 발생형 게임과 진행형 게임
> 쥴의 분류로 보면 모든 보드 게임은 자연 발생형 게임이다. 카드나 도미노 같은 무작위 요소로 시작하는 게임 역시 그렇다. 이런 게임은 말의 개수가 적고 사전에 기획한 데이터는 거의 혹은 아예 없다. 〈모노폴리〉의 기회와 커뮤니티 상자 카드에 적혀 있는 텍스트가 바로 사전 기획된 데이터라고 볼 수 있는데, 그 내용을 모두 저장하는 데에는 1KB 공간으로 충분하다.

진행형 게임은 디자이너가 미리 기획해 두고 플레이어는 임의의 시점에 접근하는 (무작위 액세스라고도 한다) 방대한 분량의 데이터가 필요하다. 보드 게임이라면 이런 식으로 구현하기 까다롭겠지만, 기가바이트 단위의 데이터를 저장하는 요즘의 비디오 게임에서는 문제 될 것이 없다. 진행형은 1970년대의 텍스트 기반 어드벤처 게임에서 출발한 비교적 새로운 게임 구조다. 그렇다고 컴퓨터에서 구동되는 게임에만 진행 요소를 넣을 수 있는 것은 아니다. 〈던전 앤 드래곤(Dungeons & Dragons)〉 같은 펜 앤 페이퍼 롤플레잉 게임(TRPG)에는 여러 가지 시나리오가 출간되어 있는데, 이런 시나리오는 〈내 맘대로 골라라 골라맨(Choose Your Own Adventure)〉 시리즈의 책과 같은 진행형 게임의 형식을 취한다. 책 또한 방대한 데이터를 처리하면서 손쉽게 무작위적인 접근을 허용할 수 있는 매체다.

반면, 진행형 게임에는 디자이너가 정교한 레벨 디자인을 통해 순서대로 미리 기획해 넣어둔 많은 도전들이 있다. 진행형은 잘 짜인 이벤트의 시퀀스 sequence에 의존한다. 게임 디자이너는 플레이어가 특정한 순서로만 이벤트들을 맞닥뜨릴 수 있도록 레벨을 디자인해 플레이어가 어떤 도전을 만날지 정한다. 쥴에 따르면, 줄거리가 있는 게임은 모두 진행형 게임이다. 극단적인 케이스에서는 플레이어가 한 개의 도전 과제에서 다음 과제로 진행하거나 여기에서 실패하는 과정이 예외가 전혀 없이 단선적으로만 진행되기도 한다. 진행형 게임에서는 게임 상태state의 숫자가 비교적 적고, 게임에 무엇을 넣을지는 온전히 디자이너가 결정한다. 그렇기에 진행형 게임은 스토리를 풀어나가는 게임에 잘 어울린다.

팁 ▨▨ 진행형 게임을 레벨 업, 난이도 곡선, 스킬 트리 같은 게임 속의 성장과 혼동하지 말자. 쥴의 정의를 빌면 진행형 게임은 사전 기획된 도전이 존재하며, 각 도전에는 거의 늘 단 하나의 답만 있고, 순서가 정해져 있거나 아주 약간의 다양성만 허용된다.

자연 발생형 게임과 진행형 게임의 비교

논문에서 쥴은 "이론적으로 자연 발생형이 좀 더 흥미로운 구조다."(2002년, 328페이지)처럼 자연 발생형 게임을 두둔한다. 쥴은 디자이너의 통제와 플레이어의 자유도가 균형 잡힌 게임을 만들 수 있도록 해주는 접근법이 자연 발생형이라고 본다. 자연 발생형 게임에서는 규칙이 특정 이벤트를 발생시킬 가능성이 크지만, 디자이너는 게임이 출시되기 전에 모든 이벤트를 상세히 명시하지 않는다. 하지만 실제론 자연 발생형 구조의 게임도 정해진 패턴을 그대로 따라가는 경우가 많다. 쥴은 〈카운터 스트라이크Counter-Strike〉에서 거의 늘 총싸움이 촉발된다는 점을 그 예로 든다(327페이지) 또한 〈리스크Risk〉에서 처음에는 맵 전역에 플레이어의 영토가 산재해 있지만, 플레이할수록 주인이 바뀌고 대개는 인접한 한 두 개 지역만을 통치하게 되는 것도 이와 비슷한 예다.

데이터 집약도와 프로세스 집약도

게임 디자이너 크리스 크로포드(Chris Crawford)의 프로세스 집약도와 데이터 집약도 개념은 진행형과 자연 발생형 게임 양쪽에 모두 적용할 수 있다. 다른 게임 매체와 비교할 때 컴퓨터는 숫자 처리에 강하다는 점이 컴퓨터 게임의 가장 큰 차이점을 낳는다. 또한 컴퓨터는 방대한 데이터베이스 속의 무작위적인 위치에 빠르게 접근할 수 있게 해주는데, 이는 진행형 게임에서 잘 활용할 수 있는 부분이다. 하지만 컴퓨터의 능력이 가장 빛나는 부분은 그때그때 새로운 콘텐츠를 생성해 내고 복잡한 시뮬레이션을 처리할 수 있다는 점이다. 이전에 존재했던 어떤 매체와도 다르게, 컴퓨터는 플레이어뿐 아니라 디자이너까지도 놀랄 만큼 영리하게 시뮬레이션을 처리하고 자연 발생적 게임플레이를 생성해 낸다. 크로포드는 게임이 컴퓨터의 바로 이런 능력을 최대한 활용해야 한다고 믿는다. 즉, 게임은 데이터 집약적이기보단 프로세스 집약적이어야 한다는 것이다. 그는 비디오 게임은 진행형 게임이 아니라 자연 발생형 게임이어야 한다고 강조한다.

이후에 낸 책 『Half-Real』(2005년)에서 쥴은 자연 발생형과 진행형 게임에 대해 더 자세히 다룬다. 대부분의 현대 비디오 게임은 양쪽 기능을 둘 다 담고 있는 하이브리드형이다. 〈GTA: 산 안드레아스Grand Theft Auto: San Andreas〉는 넓은 오픈 월드open world를 제공하는 동시에, 새로운 요소를 소개하면서 이 세계를 조금씩 열어주는 미션 구조를 보여준다. 스토리를 따라 진행되는 1인칭 슈팅 게임 〈데이어스 ExDeus Ex〉를 보면 스토리를 통해 플레이어가 다음에 어디로 가야 하는지 결정되지만, 플레이어들은 이런 진행 속에서 맞닥뜨리는 문제를 해결하기 위해 다양한 전략과 전술을 사용할 수 있다. 쥴의 분류법에 따라 진행형 게임으로 보면 〈데이어스 Ex〉의 진행 공략을 작성할 수도 있겠지만, 〈데이어스

Ex〉에는 가능한 진행 공략이 너무 많다. 심지어 〈심시티〉조차 적어도 이론상으로는 특정 맵에 어떤 시간대에 이르면 특정 구역이나 인프라를 구축하도록 해 효율적으로 도시를 건설하는 진행 공략을 만들 수 있다. 이런 진행 공략을 그대로 따라가기는 어렵겠지만, 공략 자체는 만들 수 있는 것이다.

그렇다고 해서 자연 발생형이 진행형보다 더 우월하단 뜻은 아니다. 둘은 그냥 다른 것이다. 순수한 자연 발생형과 순수한 진행형 게임은 그 양쪽 끝단에 위치한다. 〈비쥬얼드Bejeweled〉 같은 많은 캐주얼 게임은 순수한 자연 발생형 게임이라 할 수 있다. 반면 순수한 진행형 게임은 드문 편이다. 전형적인 순수 진행형 게임으로는 〈더 롱기스트 저니The Longest Journey〉 같은 어드벤처 게임을 들 수 있지만, 이 장르는 이전만큼 지배적인 인기를 끌지 못하고 있다. 다른 게임들은 보통 두 가지 요소를 모두 담고 있으며, 특정 레벨에서는 자연 발생적인 면모가 강해지지만 이런 레벨들은 플레이어가 벗어날 수 없는 엄격한 순서에 따라(진행형) 제공된다. 오늘날에는 고전적인 어드벤처 게임보다 〈하프 라이프Half-Life〉나 〈젤다의 전설Legend of Zelda〉 시리즈 같은 액션 어드벤처 게임을 더 흔히 볼 수 있다. 액션 어드벤처의 게임플레이에는 일부 자연 발생형 액션이 포함되어 있다. 그리고 대형 게임에서는 하이브리드 형식이 가장 인기를 끌고 있다.

자연 발생형 게임

게임의 자연 발생이라는 용어가 줄의 분류보다 앞서 사용된 유래를 찾아올라가면 복잡성 이론complexity theory에 닿게 된다. 이 이론에서는 자연 발생이 구성 요소로부터 (직접적으로) 유래할 수는 없는 시스템의 행동 양식을 일컫는 용어로 쓰인다. 동시에, 줄은 게임의 자연 발생적 행동 양식을 게임에서 디자이너가 예측하지 못한 행동 양식과 혼동해선 안 된다고 경고한다(2002년). 게임은 여느 복잡한 시스템과 마찬가지로, 전체가 부분의 합보다 더 크다. 바둑이나 체스 같은 게임은 비교적 단순한 요소와 규칙을 가지고 엄청난 깊이의 플레이를 생성해

낸다. 〈테트리스Tetris〉, 〈볼더 대시〉, 〈월드 오브 구〉 같은 비교적 단순한 게임도 이와 비슷하다. 이런 게임들은 비교적 단순한 요소들로 구성되어 있지만, 허용되는 전략과 접근법은 실로 방대하다. 이런 게임은 매 판이 서로 다르다. 이처럼, 게임플레이의 자연 발생 수준은 각 요소의 복잡성보다는 이들의 상호작용에서 얻어지는 결과의 다양성에 의해 결정된다.

복잡한 시스템 내의 단순한 요소들

복잡성 연구는 실생활의 모든 복잡한 시스템을 탐구한다. 복잡성 시스템을 발동하는 요소나 기폭제는 굉장히 정교하지만 단순한 모형으로 시뮬레이션할 수 있다. 예를 들어, 여러 환경에 있는 행인들의 움직임을 연구해 보면, 몇 개 안 되는 행동 규칙과 목표만으로 시뮬레이션해도 실제와 근접한 결과가 나오게 된다(볼Ball, 2004년, 131~147페이지). 이 책에서는 게임에 대해서도 유사한 접근법을 활용한다. 복잡한 요소를 몇 개 넣는 방법으로도 자연 발생형 게임을 만들어낼 수는 있지만, 우리는 단순한 부분들로 잘 작동하면서도 자연히 게임플레이를 발생시키는 시스템적 메카닉에 더 관심이 있다. 이런 접근법은 처음엔 이해하기 좀 어렵더라도 결국은 효율적으로 구축할 수 있다는 장점이 있다.

확률 공간

이전 장에서 우리는 게임이 종종 상태 기계(state machine), 다시 말해 현재의 상태가 존재하며 플레이어들의 입력에 따라 한 가지 상태에서 다른 상태로 진행되는 이론적인 기계로 간주된다는 점을 언급했다. 게임에서 이런 상태의 숫자는 굉장히 빠르게 늘어나며, 모든 상태가 다 가능한 것은 아니다. 체스판에서 말이 놓이는 모든 임의의 결과를 나열하는 것과 실제 게임플레이에서 도달할 수 있는 게임의 상태들은 조금 다르다. 예를 들어, 실제 게임에서는 여러분과 가장 가까운 줄에 자기 색의 졸들이 배치되긴 어렵고, 같은 색깔의 네모 칸에 자기 비숍이 둘 다 오기도 어렵다. 가능한 상태의 개수가 매우 많을 때 게임학자들은 이것을 확률 공간(probability space)이라고 부른다. 확률 공간은 현재 상태에서 도달할 수 있는 가능한 모든 상태를 뜻한다. 확률 공간에는 폭이 넓고 얕거나 좁고 깊은 두 가지 모양이 있다. 공간의 폭이 넓다는 것은 현재 상태에서 도달할 수 있는 상태가 많다는 뜻이다.

> 보통 플레이어들이 선택할 수 있는 옵션이 많을 때가 이렇다. 폭이 좁고 깊은 확률 공간은 이후에 오는 일련의 여러 선택을 이어간 다음 다양한 선택에 도달하게 된다.

섀넌C. E. Shannon은 이전에 쓴 논문 '체스 플레이를 위한 컴퓨터 프로그래밍 (Programming a Computer for Playing Chess)'에서 체스와 바둑 같은 게임에서 가능한 상태의 수는 지구상의 원자 수보다도 많다고 추정했다(1950년). 가능한 상태의 수는 게임의 규칙에 의해 결정되지만, 규칙이 많아진다고 해서 반드시 가능한 상태의 수까지 늘어나는 것은 아니다. 또한 많은 규칙이 없으면서도 방대한 상태를 생성할 수 있다면 이런 게임은 플레이어들이 더 쉽게 접근할 수 있다.

게임플레이와 게임 상태

플레이어들이 가능한 게임 상태들을 겪어나가는 경로를 말할 때, 우리는 때로 이 확률 공간을 궤적이 그리는 길로 묘사하기도 한다. 가능한 게임 상태와 게임 동안 발생할 수 있는 플레이들의 궤적은 게임 규칙 시스템에서 자연 발생을 유발하는 속성이다. 흥미로운 궤적이 다양하게 존재하는 게임의 게임플레이 숫자는 거의 틀림 없이, 궤적이 적거나 흥미가 떨어지는 게임보다 많다. 하지만 규칙만 보고서 게임플레이의 종류와 질적 수준을 판단한다는 것은 불가능하진 않더라도 상당히 어려운 일이다. 〈틱택토tic-tac-toe〉와 〈커넥트 포Connect Four〉의 규칙을 비교해 보면 그것이 얼마나 어려운지 짐작이 갈 것이다. 〈틱택토〉의 규칙은 다음과 같다.

1. 이 게임은 3×3 격자판 위에서 플레이한다.
2. 플레이어들은 순서대로 네모 칸을 점령한다.
3. 네모 칸 하나는 한 번만 점령할 수 있다.
4. 가로세로 방향이나 대각선으로 연결된 세 개의 네모 칸을 먼저 점령하는 플레이어가 승리한다.

〈커넥트 포〉의 규칙은 다음과 같다(두 게임의 차이점은 굵은 글씨로 표시했다).

1. 이 게임은 7×6 격자판 위에서 플레이한다.

2. 플레이어들은 순서대로 네모 칸을 점령한다.

3. 네모 칸 하나는 한 번만 점령할 수 있다.

4. **한 열에서 가장 아래에 비어 있는 네모 칸만 점령할 수 있다.**

5. 가로세로 방향이나 대각선으로 연결된 **네 개**의 네모 칸을 먼저 점령하는 플레이어가 승리한다.

두 게임의 규칙은 조금 다를 뿐이고 규칙을 파악하기도 그리 힘들지 않지만, 게임플레이의 차이는 엄청나다. 상품화되어 시판되는 〈커넥트 포〉를 보면, 가장 복잡한 규칙인 4번은 중력에 의해 강제된다. 판이 수직으로 세워져 있기 때문에 플레이어의 말이 자연히 제일 아래 네모칸으로 떨어지게 되는 것이다(그림 2.1 참조). 이 때문에 플레이어들은 이 규칙을 지키는 데 신경 쓸 필요 없이 규칙이 미치는 영향에만 집중할 수 있다. 이처럼 규칙의 복잡성에는 조금의 차이밖에 없지만, 〈틱택토〉는 아동에게 적합한 게임인 반면 〈커넥트 포〉는 어른들도 즐길 수 있는 수준이다. 〈커넥트 포〉는 여러 전략을 사용할 수 있고, 게임을 완전히 익히는 데에도 훨씬 시간이 오래 걸린다. 노련한 플레이어 두 명이 〈커넥트 포〉를 플레이할 때는 흥미진진한 대결이 펼쳐지지만, 〈틱택토〉는 무승부가 되기 쉽다. 규칙의 차이만 봐서는 이런 차이를 설명하기가 쉽지 않다.

그림 2.1
〈커넥트 포〉에서는 중력 때문에 플레이어의 말이 각 열의 제일 아래 비어 있는 칸으로 반드시 내려가게 된다 (사진 제공: 크리에이티브 커먼즈 3.0 라이선스에 의거, 위키미디어 (Wikimedia)의 공공 기고자 포페리포프의 허가를 받음)

〈문명〉의 예

시드 마이어Sid Meier의 〈문명Civilization〉 역시 자연 발생형 게임의 좋은 예다. 〈문명〉에서 플레이어는 한 문명권을 정해서 약 6천 년에 이르는 진보를 이루어나간다. 게임이 진행되면 도시, 도로, 농장, 광산을 건설하고 군대를 육성한다. 이런 도시는 사원, 병영, 법원, 증권시장 등을 세워서 업그레이드해야 한다. 도시에서는 돈이 생산되어 새로운 기술을 연구하는 데 쓰거나, 사치품으로 바꿔서 인구의 행복도를 유지할 수도 있으며, 유닛과 업그레이드 생산 속도를 높이는 데 투자할 수도 있다. 〈문명〉은 타일로 된 맵에서 진행되는 턴turn을 기준으로 하는 게임으로, 매 턴은 선택한 문명권의 몇 년간의 역사에 해당한다. 플레이어가 내리는 선택에 따라 문명의 성장 속도나 보유 기술의 발달 정도, 군대의 위력이 결정된다. 동시에 컴퓨터가 제어하는 여러 다른 문명들이 한정된 맵의 공간과 자원을 놓고 플레이어와 경쟁을 벌인다.

〈문명〉은 다양한 게임 요소가 존재하는 대규모 게임이다. 하지만 각각의 요소를 보면 깜짝 놀랄 만큼 단순하다. 도시 업그레이드 메카닉은 몇 가지 간단한 규칙으로 쉽게 옮길 수 있다. 예를 들어, 사원에는 턴당 1골드가 소요되며 도시에 있는 불행한 시민의 수를 2만큼 줄여준다. 유닛들에는 이동할 수 있는 타일의 숫자와 상대적인 공격력과 방어력을 표시하는 정수 값이 붙어 있다. 일부 유닛에는 특수한 능력이 있다. 예를 들어, 개척자들은 새로운 도시를 건설하는 데 이용할 수 있고, 포병대는 원거리에서 적 유닛들을 폭격하는 데 쓸 수 있다. 유닛의 능력은 지형의 영향을 받는다. 산을 넘어가려면 이동 포인트가 추가로 소모되지만, 유닛의 방어력도 두 배가 된다. 플레이어들은 도로를 건설해 산 때문에 소요되는 추가 이동 비용을 줄일 수 있다.

〈문명〉의 비연속형 메카닉

〈문명〉을 살펴보면 대부분의 메카닉이 비연속형임을 알 수 있다. 게임 자체가 턴 기준이며, 유닛 배치와 도시의 위치는 타일에 국한되고, 공격력과 방어력은 정수로 구현되어 있다. 메카닉이 비연속형이기 때문에 각각을 이해하기도 쉽다. 이론적으론 최고의 효율을 뽑아내도록 머릿속에서 모든 것을 계산할 수도 있다. 하지만 〈문명〉의 확률 공간은 거대하다. 〈문명〉은 비교적 단순한 비연속형 메카닉으로 엄청나게 다양한 게임플레이를 창출해, 플레이어들이 전략적으로 게임과 상호작용하도록 만드는 훌륭한 예다.

〈문명〉의 모든 메카닉을 설명하려면, 특히 모든 유닛 종류와 도시 업그레이드를 나열한다면 책 한 권을 족히 채울 것이다. 이 게임에는 모든 세부 사항을 수록한 백과사전까지 있다. 하지만 이 모든 요소를 이해하기가 쉬운 것은 아니다. 더욱이, 각 요소 간의 관계도 다양하다. 유닛들은 도시에서 생산되며, 다른 용도로 사용할 수도 있는 필수 자원들을 소모한다. 유닛을 하나 생산하고 나면 턴마다 유지 비용으로 골드를 내야 할 때가 많다. 도로를 건설할 때도 시간과 자원을 투자해야 하지만 대신 병력을 더 효율적으로 배치할 수 있게 되므로 군대를 대형으로 키울 필요성이 줄어든다. 또한 새로운 기술 연구에 투자해 적보다 유닛을 더 강하게 만들 수도 있다. 이렇게 〈문명〉에서는 모든 요소가 다른 요소들과 연결되어 있다. 그렇기에 여러분이 내리는 선택은 다양한 효과를 가져오고, 때로는 예상치 못한 이득이 발생하기도 한다. 강한 군대를 구축하면 맵의 더 넓은 영역을 차지할 수 있지만, 다른 개발이 늦춰지기 때문에 장기적으로는 발목을 잡을 수도 있다. 게다가 여러분을 둘러싼 다른 문명권이 내리는 선택이 여러분의 전략 효율성에 영향을 미치기 때문에 복잡도는 더욱 올라간다.

〈문명〉은 플레이 전략이 매우 다양하며, 플레이어들은 게임을 진행하는 도중에 다른 전략으로 갈아타야 할 때가 많다. 초기에는 문명이 빠르게 확산되도록 영토 확장에 주력해야 한다. 또한 이 단계에서는 기술 개발도 빨리해야 필수 자원들을 확인하고 차지할 수 있다. 그리고 다른 문명권과 접촉하게 되면 공격하거나 우호적인 관계를 맺을 수 있다. 게임 초반에는 쉽게 다른 문명을 완전히 정복할 수 있다. 하지만 게임 후반으로 갈수록 다른 문명의 정복은 훨씬 어려워지며, 그보단 다른 전략을 쓰는 편이 더 유리해진다. 여러분의 문명이 부유해지면 가난한 이웃 문명에 문화적 공세를 시작하거나 자기 세력권에 합병되도록 설득할 수 있다. 이 게임은 초기 확장 단계, 경제 투자 단계, 무력 분쟁 단계, 마지막으로는 기술과 생산을 통한 우주 진출 경쟁 단계로 진행된다. 〈문명〉은 이 모든 전략과 게임 단계가 메카닉으로부터 자연스럽게 발생하도록 잘 짜여 있다.

〈문명〉의 게임플레이 단계와 역사적 시기 및 황금기

〈문명〉에서 여러분의 문명권은 게임이 진행되는 동안 여러 역사적 시기를 맞으며 진보한다. 우선 고대에서 시작해 중세, 르네상스, 현대로 발전해 나간다. 게임에서는 이 시기들을 이용해 그래픽과 시각적 표현을 여러분의 문명권이 현재 이뤄낸 성장에 맞게끔 유지한다. 그런데 새로운 시기로 이동하도록 유발하는 트리거(trigger)가 조금은 제멋대로다. 이런 시기적 변화는 탐험, 개발, 분쟁의 전략적 단계처럼 게임 메카닉에 의해 발생하지 않기 때문이다. 역사적 시기는 시각적 색채를 더해주기 위한 피상적인 기능일 뿐, 자연 발생적 게임의 한 단계가 아니다.

황금기는 여러분의 문명권에서 20턴 동안 생산이 늘어나게 해주는 메커니즘인데, 게임플레이 단계와 역사적 시기 중간쯤에 온다. 황금기를 유발하는 이벤트는 역사적 시기를 유발하는 트리거만큼 자의적이다. 하지만 플레이어는 이런 이벤트를 상당히 통제할 수 있으며, 원할 때 황금기를 발동할 수도 있다. 황금기는 게임플레이에서 발생하지는 않지만 게임플레이 단계에는 영향을 미친다.

〈문명〉 같은 게임의 메카닉 디자인을 의뢰받았다고 상상해보자. 이 과제에 여러분은 어떻게 접근하겠는가? 아마도 무수한 이터레이션과 프로토타입을 통해 메카닉을 디자인하고 조율해야 할 것이다. 영리한 사람이라면 모든 요소를 가능한 한 단순하게 유지하면서, 이들 간에 다양한 관계를 만들어낼 것이다. 이렇게 하면 확실히 복잡한 게임이 나올 수 있다. 하지만 그렇다고 해서 흥미로운 게임플레이가 발생한다고 장담하긴 어렵다. 제대로 하려면 이런 메카닉들의 구조를 잘 알고 있어야 한다. 어떤 구조는 다른 구조보다 더 자연 발생형 행동을 유발할 것이다. 게임 메카닉 중 피드백 루프 같은 구조는 자연 발생형 행동을 만들어낼 수 있는 좋은 방법이다. 피드백이 다양한 규모와 다양한 속도로 작동하면 더욱 그렇다. 지금 당장은 이런 설명이 모호하게 느껴질 것이다. 지금부터 이후의 장들에서는 이런 구조와 피드백에 대해 더 자세히 알아보겠다.

진행형 게임

게임의 자연 발생적 측면이 중요하긴 하지만 게임 디자인 전문가라면 진행 메카닉도 무시해선 안 된다. 많은 게임에는 게임플레이를 추진시키는 스토리가 있으며, 대개 여러 레벨에 걸쳐 진행된다. 각 레벨에는 플레이어의 목표가 되는 뚜렷한 미션이 설정되어 있으며, 해당 레벨을 끝내기 위해 반드시 완료해야 하는 과제 구조가 있다. 디자이너는 플레이어가 일관된 경험을 얻을 수 있도록 게임과 레벨을 기획해야 한다. 즉, 디자이너는 다양한 메카닉을 이용해 플레이어가 게임에서 이동하는 방식을 제어한다. 이 책에서는 이런 메카닉을 진행 메카닉이라고 부르겠다. 진행 메카닉에 대한 이해야말로 멋진 레벨과 흥미로운 쌍방향성 스토리를 갖춘 게임을 디자인하기 위한 핵심 요소다.

학문적 논쟁

게임학의 양대 진영에서는 그간 스토리와 게임이란 주제가 격렬한 논쟁을 빚어왔다. 그 한 축인 서사학자들은 게임을 다른 스토리텔링 매체의 전통 선상에 놓고, 게임의 스토리텔링적 측면에 초점을 맞춘다. 다른 축인 게임학자들은 게임을 이해하려면 다른 무엇보다도 게임 메카닉과 게임플레이를 먼저 살펴봐야 한다고 주장한다. 게임학자들에게 있어 스토리는 게임에 필수적인 요소가 아니다. 〈앵그리버드〉가 바로 이런 예다. 이 게임에도 스토리는 있지만 레벨과 레벨 사이에만 진행되며, 레벨 내에서의 이벤트는 스토리와 아무 연관이 없다. 즉, 스토리와 게임플레이가 서로 영향을 미치지 않는 것이다. 〈앵그리버드〉의 경우에는 게임학자들이 맞다. 하지만 게임플레이가 스토리와 긴밀히 연결된 게임도 있으며, 롤플레잉이나 어드벤처 게임은 특히 게임플레이와 스토리를 떼놓을 수 없다. 이 책에서 게임의 스토리텔링을 언급할 때는 게임플레이의 맥락을 피상적으로 제공하는 게 아니라 게임플레이와 통합되어 있는 스토리를 뜻한다.

진행 메카닉은 게임 레벨 디자인에 있어 중요한 측면이다. 디자이너가 플레이어들이 처음 맞닥뜨릴 게임 요소, 어떤 자원으로 시작할지, 진행하려면 어떤 과제를 수행해야 하는지 정할 때는 진행 메카닉이 핵심적으로 사용된다. 게임 디자이너라면 플레이어가 어떤 능력을 가질지 정하고, 자물쇠, 열쇠, 필수 파워업을 영리하게 배치하는 등 레벨의 레이아웃을 활용해 플레이어가 게임을 어떻게 진행해 나갈지를 제어한다. 이렇게 플레이어들을 게임에 적응시키는 것이다. 플레이어는 게임 공간을 탐험하며 능력과 기술을 습득하는 한편, 레벨에서 일어나는 이벤트들, 게임 내내 발견하는 단서들, 특정 장소에서 발동되는 컷 씬 cut-scene으로 구성된 스토리적인 경험을 하게 된다.

튜토리얼

게임 디자이너는 진행 메카닉을 적용해 튜토리얼tutorial을 만들고 레벨을 디자인
해 플레이어에게 게임을 완료하는 데 필요한 기술을 훈련시킨다. 요즘 출시되
는 비디오 게임에서 규칙, 인터페이스 요소, 게임플레이적인 선택의 수는 보통
대부분의 플레이어가 한 번에 익힐 수 없을 정도로 많아졌다. 인터넷에서 찾을
수 있는 작은 게임이라 해도 플레이어들이 다양한 규칙과 여러 오브젝트를 익
히고 여러 전략을 사용해보기를 요구하는 지경이다. 이런 모든 요소를 한꺼번
에 노출하면 플레이어들이 압도당해서 빠르게 게임을 포기할 수도 있다. 이런
문제를 해결하려면 플레이어들에게 규칙을 한 번에 배우기 쉬운 양만큼 잘라서
알려줄 수 있게끔 레벨을 디자인하는 것이 최선이다. 초기 튜토리얼 레벨에서
는 플레이어들이 안전하고 통제된 환경 속에서 게임플레이적인 선택을 시험해
볼 수 있도록 하며, 실수를 범한다 해도 그 영향이 크지 않게 구성되어 있다.

서사 구성

튜토리얼과 레벨 디자인을 이용해 플레이어를 훈련시킬 수 있는 것은 비디오 게임의 두 가
지 장점 중 하나 덕분이다. 즉, 게임이 시뮬레이션해내는 물리 공간을 이용해 플레이어의
경험을 구성할 수 있다는 점이다. 시간의 흐름에 따라 이벤트를 묘사하는 문학이나 영화
와는 달리, 게임은 공간의 묘사에 탁월하다. 헨리 젠킨스는 논문 '서사 구조로서의 게임 디
자인(Game design as narrative architecture)'(2004년)에서 이런 종류의 공간적 스토리
텔링 기법을 '서사 구성(narrative architecture)'이라고 부르며, 게임을 J.R.R. 톨킨의 현대
문학과 같은 전통적 신화와 영웅의 모험담과 같은 반열의 전통적 공간 이야기에 상정한다
(2004년). 게임 공간을 여행하는 것만으로도 스토리가 진행되는 것이다.

게임의 스토리텔링

많은 게임이 스토리텔링을 통해 큰 효과를 얻는다. 〈하프 라이프〉 시리즈가 이를 가장 잘 보여준다. 이 시리즈는 1인칭 슈팅 액션 게임으로, 플레이어는 광활한 가상의 세계를 여행하는 것처럼 보이지만 실제로는 정해진 좁은 경로를 따라가게 된다. 〈하프 라이프〉의 전체적인 스토리는 게임 내에서 풀려나간다. 게임 외적으로 플레이어에게 보여주는 컷 씬도 없고, 게임 속 캐릭터가 말하는 대사 이외의 내레이션도 없으며, 플레이어는 이런 캐릭터의 대사를 선택적으로 듣거나 무시할 수 있다. 〈하프 라이프〉가 게임 속에서 플레이어를 인도해 가며 잘 짜인 경험을 제공하는 것을 보면 가히 예술의 경지라 할 만하다. 이를 '기찻길 따라가기railroading'라고도 부르는데, 〈하프 라이프〉와 〈하프 라이프 2〉에서 플레이어가 기차를 타고 오는 것은 우연이 아닐지도 모르겠다(그림 2.2 참조). 기찻길 따라가기의 단점은 플레이어의 자유도가 허상에 불과하다는 점이다. 플레이어가 게임이 의도하지 않은 방향으로 이동하면 이런 허상은 금새 깨지고 만다. 플레이어가 다른 방향을 탐험하지 못하도록 막아둔 경계선을 알아챌 수 없게 하려면 상당한 디자인 스킬이 필요하다.

게임의 쌍방향 스토리를 만들기는 쉽지 않은 일이다. 분기식 스토리 트리story tree를 이용하는 것 같은 전통적 기법을 사용하기는 어려우며, 플레이어가 한 번의 플레이 과정을 통해서는 모두 경험할 수 없을 정도로 많은 콘텐츠를 만들어야만 한다. 〈엘더스크롤Elder Scrolls〉 시리즈같이 플레이어가 탐험할 광활한 오픈 월드를 만들면 플레이어에게 상당한 자유도를 줄 수는 있지만, 자칫하면 중심 줄거리를 아예 따라가지 못하고 헤매다가 끝날 위험성도 존재한다. 일관된 스토리 경험을 주는 게임을 만들려면 플레이어에게 자유도를 주면서 동시에 레벨 디자인을 통해 이 자유도를 제한하는 세심한 균형 감각이 요구된다.

그림 2.2
〈하프 라이프 2〉에서 플
레이어는 기차에서 게임을
시작하지만 미리 설계된 경
로를 벗어나는 일은 없다

〈젤다의 전설〉의 예

〈젤다의 전설〉 시리즈는 거의 모든 게임과 레벨이 진행형 게임의 좋은 예다. 진
행형 게임이 어떻게 진행되는지를 자세히 보기 위해, 우선 〈젤다의 전설: 황혼
의 공주Legend of Zelda: Twilight Princess〉에 나오는 숲의 신전을 살펴보자. 이 레벨에
서 플레이어는 게임의 주인공인 링크를 조종해 숲 속의 오래된 신전을 점령한
사악한 존재로부터 여덟 마리의 원숭이를 구하러 떠난다. 이 미션은 여덟 마리
의 원숭이를 풀어주고, 미니 보스(잘못된 길에 빠진 원숭이 왕 우크)를 꺾고, '질풍의
부메랑'을 찾아 사용법을 익힌 다음, 마지막으로 레벨 보스(어둠의 곤충 디아바바)
를 꺾는 것으로 구성되어 있다. 그림 2.3은 숲의 신전 레벨 맵이다. 그림 2.4는
플레이어의 과제를 요약하고 상호 연관 관계를 그래프로 나타낸 것이다. 이 목
표에 도달하기 위해 링크는 레벨 보스와 최후의 결전을 벌여야 한다. 최후의 결

전을 치르려면 링크는 우선 열쇠를 찾아 원숭이 네 마리를 구해야 하고, 이러려면 질풍의 부메랑이 필요하며, 그러기 위해서는 원숭이 왕을 무찔러야 하는 식이다. 어떤 과제는 다양한 순서로 실행해도 된다. 즉, 링크가 원숭이들을 풀어주는 순서는 어떻게 해도 상관이 없다. 또한 선택적으로 주어지는 과제들도 있는데 이런 것들은 보상이 괜찮은 편이다.

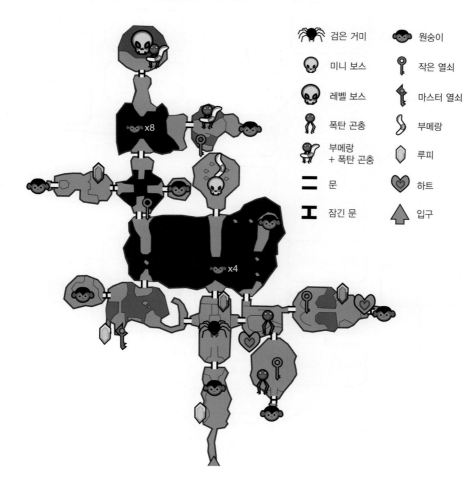

그림 2.3
숲의 신전 맵

검은 거미
원숭이
미니 보스
작은 열쇠
레벨 보스
마스터 열쇠
폭탄 곤충
부메랑
부메랑
+ 폭탄 곤충
루피
문
하트
잠긴 문
입구

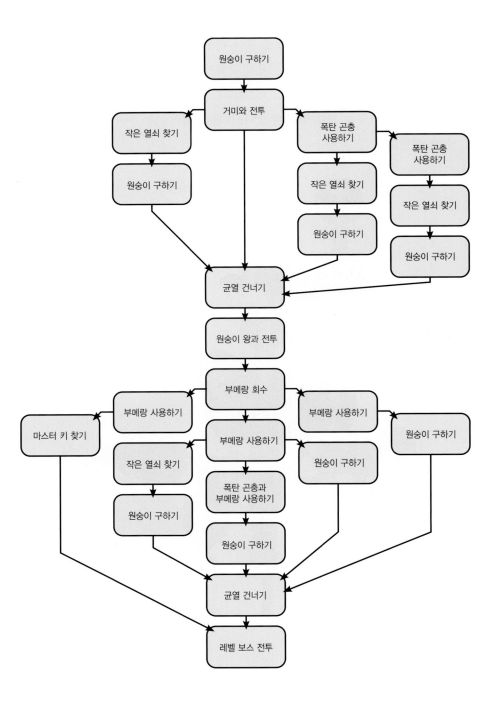

그림 2.4
숲의 신전 미션 그래프

숲의 신전 레벨 미션의 구조를 보면 몇 가지 놀라운 기능이 있다. 그중 하나는 미니 보스와의 전투와 미션 중간쯤 얻게 되는 부메랑으로 형성되는 병목 및 병목 이전과 후에 병렬로 존재하는 두 개의 옵션이다. 게임 공간은 허브-앤-스포크hub-and-spoke(방사형) 레이아웃이어서(다음의 '〈젤다〉 게임의 허브-앤-스포크 레이아웃' 글 참조) 평행한 과제로 이루어진 미션 구조를 가능하게 한다. 큰 거미와의 전투가 벌어지는 중앙의 홀에서 플레이어는 세 방향 어디로나 갈 수 있다. 오른쪽 길로 가면 금세 세 갈래 경로로 갈라진다. 세 갈래 길은 붙잡힌 원숭이들과 미니 보스 중 하나에게 인도한다. 마지막 길은 처음 네 마리의 원숭이를 풀어준 다음에야 갈 수 있게 열린다. 플레이어가 질풍의 부메랑을 얻고 나면 처음의 허브-앤-스포크 구조에서 추가적인 공간이 열리고 새로운 허브로 갈 수 있다.

질풍의 부메랑은 그 자체가 이 시리즈의 특징인 자물쇠와 열쇠 메커니즘의 좋은 예다. 애쉬모어Ashmore와 니쉬Nietsche가 쓴 논문 '가공의 세계 속 퀘스트The Quest in a Generated World'(2007)에서 말했듯이, 많은 액션 어드벤처 게임이 이런 장치를 이용한다. 자물쇠와 열쇠 메커니즘은 미션의 강력한 선결 조건과 과제 간의 관계를 강제적 공간 구조로 풀어내는 한 가지 방식이다. 부메랑은 무기인 동시에 다양한 방식으로 사용할 수 있는 열쇠다. 바람으로 작동하는 스위치의 역할도 한다. 링크는 이 스위치들을 작동해서 새로운 구역으로 통하는 다리 몇 개를 조종할 수 있다. 레벨 보스가 있는 마지막 방으로 통하는 문을 여는 마스터 열쇠를 얻으려면 이 부메랑을 이용해 네 개의 스위치를 정확한 순서로 작동해야 한다. 동시에, 부메랑은 멀리 있는 오브젝트를 수집하는 데에도 사용하고 (작은 아이템과 생물을 주워준다) 무기로도 쓸 수 있다. 그래서 디자이너는 미니 보스를 무찌른 다음 진행되는 후반 미션의 요소들을 미션 전반부에 이용한 것과 같은 공간에 배치할 수 있다. 즉, 플레이어는 처음엔 극복할 수 없는 장애물에 부딪혔다가 부메랑이라는 열쇠를 찾은 후에는 이를 극복할 수 있게 된다.

> ### 〈젤다〉 시리즈의 비연속 메카닉
> 〈젤다〉 게임은 물리 효과 면에서 비연속형 메카닉을 연속형 메카닉에 접목시킨다. 〈젤다〉의 공간은 서로 연결되어 있으며, 대부분의 물리적 도전도 그렇다. 하지만 〈젤다〉의 많은 메카닉은 비연속형이다. 체력 막대의 하트와 링크나 적이 주는 피해는 비연속형이다. 특정한 적이 주는 피해량은 늘 같고, 적을 정수 값으로 된 일정 횟수만큼 검으로 타격하면 무찌를 수 있다. 진행을 제어하는 메카닉 역시 이렇게 비연속형이다. 문을 열려면 작은 열쇠가 하나 필요하고, 바닥의 균열을 넘어가려면 정해진 숫자의 원숭이를 구해야 하는 식이다.

노트 영웅의 여정이라는 스토리 패턴을 여기서 자세히 논하기엔 지면이 부족하지만 이 주제에 대해 더 공부하고 싶다면 참고할 자료들은 많다. 그중에서도 크리스토퍼 보글러(Christopher Vogler)가 쓴 『The Writer's Journey: Mythic Structure for Writers』(1998)를 추천한다.

〈젤다의 전설: 황혼의 공주〉의 숲의 신전 레벨은 특정한 레이아웃과 자물쇠 및 열쇠 요소를 활용해 영웅담처럼 느껴지는 플레이 경로를 구성한다. 링크가 고 빠져나가 던전의 두 번째 부분을 열고, 최후의 격전을 통해 진짜 적을 꺾게 된다. 이런 영웅적인 여정은 옛날 이야기나 모험 영화에서 언제 봐도 질리지 않는 구조이며, 링크의 모험이나 다른 여러 게임에서도 단골로 다뤄지는 주제다.

적, 트리거, 자물쇠는 각각 스토리의 다음 부분으로의 진행을 제어하는 단순한 메커니즘의 역할을 한다. 진행형 게임을 디자인할 때는 세심한 기획이 필요하다. 레벨의 물리적 레이아웃과 그 안에 주요 아이템을 배치하는 것이 플레이어의 진행을 제어하는 가장 중요한 도구임을 명심하라. 이런 요소를 이용해 플레이어에게 매끄러우면서도 일관된 경험을 제공해야 한다. 이와 동시에, 플레이어들이 레벨을 완료하는 데 필요한 기술을 배우고 연습할 기회도 반드시 줘야 한다. 하지만 무엇보다도, 플레이어가 처음에는 꺾을 수 없었던 장애물을 극복해 나가도록 해 성장의 재미를 즐길 수 있도록 해야 한다.

구조적 차이

진행형과 자연 발생형 게임의 차이를 좀 더 정확히 이해하기 위해, 서로 다른 두 종류의 게임플레이를 만들어내는 메카닉의 구조를 살펴보자. 자연 발생형 게임은 규칙의 숫자가 적다는 특징이 있다. 자연 발생형 게임은 규칙이 방대해서가 아니라 규칙 사이에 다양한 연결과 상호작용이 일어난다는 데서 복잡성이 발생한다. 이런 종류의 게임에서 흥미로운 점은 게임플레이의 복잡성이 규칙 자체의 복잡성을 훌쩍 뛰어넘는다는 것이다. 이미 〈틱택토〉에서 〈커넥트 포〉로 가면 게임플레이적 복잡성이 어떻게 수직 상승하는지를 살펴본 바 있다. 그림 2.5는 이런 전환점을 도해화한 것인데, 이 책에서는 이 분기점을 복잡성 장벽 complexity barrier이라고 부르겠다. 일정 지점을 지나가면 규칙 간의 상호작용이 확률 공간의 폭발이라 일컫는 효과를 빚어내게 된다. 일반적으로, 게임의 자연 발생에 기여하는 메커니즘은 게임에 존재할 수 있는 다양한 상태들을 더한다. 확률 공간이 커지면 게임을 다시 플레이할 여지도 높아진다. 플레이어로서 여러분 역시 매 게임이 정확히 똑같지는 않다는 점을 잘 알 것이다. 특히, 플레이할 때마다 전에 예기치 못했던 상황이 펼쳐진다면 게임의 매력은 높아진다.

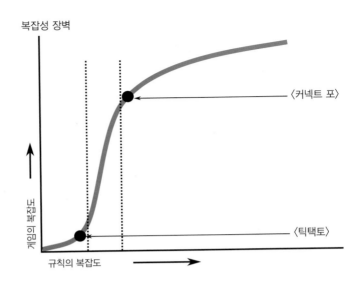

그림 2.5
두 개의 점선 사이에 있는
영역이 복잡성 장벽이다

복잡성 장벽

결과의 복잡도

규칙의 복잡도

〈커넥트 포〉

〈틱택토〉

진행형 게임은 보통 규칙의 수는 많지만, 규칙 간의 상호작용 수는 훨씬 적다. 플레이어의 레벨 진행을 제어하는 메카닉은 게임 속의 유사한 메커니즘과 거의 상호작용하지 않는다. 많은 메커니즘이 플레이어가 어떤 과제를 먼저 완수할 때까지는 특정 장소에 들어가지 못하도록 막는 용도로 쓰인다. 사실, 이런 메커니즘은 단순한 두 개의 상태, 즉, 열리거나 닫힌 문과 찾을 수 있거나 찾을 수 없는 열쇠로 구성되어 있다. 진행에 작용하는 메커니즘은 게임에 다양한 상태를 추가하는 경우가 드문 대신 게임 디자이너가 쉽게 제어할 수 있다. 진행형 메커니즘의 장점은 플레이어가 도전에 맞닥뜨리고 기술을 배우는 순서를 디자이너가 정할 수 있으며, 매우 중요한 스토리를 향해 지속적으로 도전을 짜 넣을 수 있다는 데에 있다. 플레이어의 전체적인 경험은 진행형 게임 쪽이 자연 발생형보다 디자인하기 훨씬 쉽다.

전형적인 자연 발생형 메카닉과 진행형 메카닉이 생성하는 확률 공간의 모양은 확연히 다르다. 자연 발생형 게임은 플레이어에게 많은 옵션을 제공하기 때문에 넓고 큰 확률 공간이 생겨나며, 게임의 방향은 플레이어가 주사위를 굴리는 식으로 직접 제어할 수 없는 외부 요인에 의해 결정될 때가 많다. 반면, 진행형 게임의 확률 공간은 작지만 깊은 편이다. 디자이너의 입장에서는 많은 게임플레이적 선택을 시퀀스로 만들어내며 각 결정 지점에서는 선택지가 적어지도록 구성하고, 가능한 결과에 좋은 아이디어를 보태고 이를 제어하는 편이 더 쉽다. 그렇기에 진행형 게임에서는 자연 발생형 게임보다 더 길고 일관된 스토리를 전개할 수 있다. 〈체커checkers〉 같은 자연 발생형 게임은 길이가 짧은 편이다. 자연 발생형 게임이 길어지면 플레이어가 초기에 저지른 작은 실수가 몇 시간 후 돌이킬 수 없는 결과를 빚어내는 디자인상의 결점이 생길 위험이 있다. 〈엑스컴: UFO 디펜스X-COM: UFO Defense〉는 여러모로 뛰어난 게임이긴 하지만 이런 속성을 잘 보여주기도 한다.

　자연 발생형 메카닉은 넓은 확률 공간을 만드는 데 효과적이다. 진행을 제어하는 메카닉은 정반대다. 플레이어들이 한 번에 선택할 수 있는 옵션의 수를 제한해 확률 공간을 제한함으로써, 특정한 문제를 해결하기까지는 더 이상 진행할 수 없도록 만든다. 디자이너의 입장에서 보면 진행 메카닉은 플레이어의 경험을 신중하게 구축해 재미있는 이야기를 전달할 수 있게 해준다. 또한 플레이어들이 아직 준비되지 않은 도전을 만나는 일이 없도록 해 게임의 난이도를 조정할 수 있게 해주기도 한다. 표 2.1은 이런 난이도를 요약한 것이다.

구조	자연 발생형	진행형
규칙의 수	적음	많음
게임 요소의 수	많음	적음 – 많음
요소 간 상호작용	높음	낮음
반복 플레이율	높음	낮음
확률 공간	넓고 방대함	작고 깊음
디자이너가 제어하는 게임 시퀀스	적음	많음
게임의 길이	짧은 편(〈문명〉은 드문 예외)	긴 편
학습 곡선	가파른 편	완만한 편

표 2.1
자연 발생형과 진행형 메카닉 사이의 구조적 차이점

자연 발생과 진행의 통합

자연 발생과 진행은 게임의 도전을 만들어내는 서로 다른 방식이라고 여겨지긴 하지만 많은 게임에는 두 요소가 공존한다. 자연 발생과 진행을 통합함으로써 디자이너는 자연 발생형 게임을 플레이할 때의 자유도와 진행을 통한 구조적 스토리 체험이라는 두 세계의 장점을 결합시키고자 한다. 진행에는 보통 스토리텔링이 이용되지만, 자연 발생형 게임에서처럼 플레이어의 액션에 큰 자유도를 보장하면 플롯의 일관된 흐름이 흐트러지기 쉽다. 그래서 실제로는 그 대안을 활용하고 있다. 자연 발생형 레벨이나 미션에서 레벨과 레벨 사이에 스토리 전개를 아주 조금 열어준 다음, 이후의 자연 발생형 레벨에서 조금 더 열어주는 식이다. 〈GTA〉 시리즈를 보면 이를 확인할 수 있다. 이 게임에서 플레이어는 다양한 방식으로 미션에 성공할 수 있지만, 게임플레이적 선택이 스토리에 영향을 미치진 않는다. 스토리는 미션과 미션 사이에 진행되기 때문이다. 아직까진 이 두 구조를 성공적으로 통합해 플레이어가 동시에 경험할 수 있게 해낸 게임이 많지 않다. 여기엔 많은 이유가 있다.

- 비디오 게임은 아직 비교적 신생 매체다. 이런 문제들이 벌써 해결되리라고 기대하기는 어렵다.

- 노아 워드립 프룬Noah Wardrip-Fruin의 말처럼('게임과 스토리 메카닉의 차이' 글 참조), 진행형 메카닉과 자연 발생형 메카닉은 정교함에서 차이가 난다. 자연 발생형 메카닉은 지난 수년간 진행형 메카닉보다 더 빠르게, 더 많은 진화를 이뤘다.

- 과거에는 게임 메카닉이 무엇이며 어떻게 구성되었기에 이런 문제에 접근하기 어려운지를 밝힐만한 탄탄한 이론적 토대가 없었다. 이 책의 목표 중 하나가 게임 메카닉 디자인에 대한 방법론적 접근을 가능케 하는 것이며, 이런 방법론을 이용해 앞서 얘기한 문제를 처리하는 것이다.

한편, 비디오 게임의 비교적 짧은 역사 속에서도 이 두 가지 구조를 잘 합친 흥미로운 게임들이 탄생한 바 있다. 최근 게임을 중심으로 살펴보자.

게임과 스토리 메카닉의 차이

노아 워드립 프뤈(Noah Wardrip-Fruin)은 『Expressive Processing』(2009년)에서 게임의 쌍방향성 스토리를 지배하는 메카닉이 게임의 다른 (물리적) 시뮬레이션 측면인 이동, 전투 등을 처리하는 메카닉만큼 진화하지 못했다는 점을 지적한다. 시뮬레이션 메카닉은 현재 고도로 진화해 상세해졌지만, 스토리를 통한 플레이어의 진행은 단순히 마일스톤 역할을 하는 병목이나 관문을 몇 개 설정해 관리할 뿐이다. 플레이어가 한 마일스톤에 관련된 과제를 완수하기만 하면 스토리는 전개된다. 워드립 프뤈이 지적하듯이, 이런 스토리에 내재된 진행 메카닉은 게임의 나머지 요소를 결정짓는 내적 메카닉만큼 흥미롭지가 않다.

〈스타크래프트〉에서 〈스타크래프트 2〉로의 진화

〈스타크래프트〉 오리지널 버전은 자연 발생형 게임의 훌륭한 예다. 〈스타크래프트〉는 실시간 전략 장르를 규정짓는 독보적 작품으로 자리매김했다. 〈문명〉과 마찬가지로 각각의 게임 요소는 상당히 단순하지만 이들 사이에 다양한 상호작용이 존재해 흥미로운 자연 발생적 속성을 다양하게 갖춘 게임 메카닉 시스템을 자랑한다. 싱글 플레이어 캠페인에서는 기지를 세우고 자원을 관리하며, 공격 부대를 구성하고 업그레이드해 적을 궤멸시키는 30개의 미션을 수행해야 한다. 〈스타크래프트〉의 레벨 하나에서의 진행은 거의 늘 똑같고, 뻔히 예측할 수 있기 때문에 어떤 레벨에서든 특별히 스토리가 느껴지진 않는다.

대신, 〈스타크래프트〉는 레벨 외의 부분에서 스토리를 풀어나간다. 여러모로 게임의 스토리텔링을 훌륭히 처리한 케이스로 볼 수 있는데, 동시대에 나온 어떤 게임보다 더 드라마틱한 서사를 자랑한다. 이 게임의 스토리는 고전 비극의 구조와 유사한데, 이는 게임에서는 드문 경우다. 하지만 스토리는 코어 게임플레이를 둘러싼 틀을 제공하는 장치일 뿐이다. 플레이어의 실력과 선택은 미션을 완수해야만 스토리가 진행된다는 점을 빼면 플롯에 어떤 영향도 미치지 못한다. 스토리는 게임을 해야 하는 개연성과 동기를 제공할 뿐, 게임플레이의 일부로 들어와 있지는 않다.

10년도 훨씬 지난 후 〈스타크래프트 2〉가 출시됐을 때, 전작과의 가장 큰 차이점은 아마도 스토리와 게임의 융합이었을 것이다. 〈스타크래프트 2〉는 코어 메카닉에 있어서는 오리지널과 별 차이가 없다. 여전히 기지를 건설하고, 자원을 관리하며 군대를 구축하고 업그레이드할 수 있다. 하지만 싱글 플레이어 캠페인의 미션은 전작보다 훨씬 다양해졌다. 예를 들어, '악마의 놀이터' 레벨에서 플레이가 펼쳐지는 필드의 아래 부분들은 주기적으로 용암 속에 잠겨, 여기 빠지는 것은 무엇이든 다 파괴된다(그림 2.6 참조). 이 미션의 목표는 적 기지를 파괴하는 것이 아니라 이런 악조건에서 살아남으면서 몇 가지 자원을 확보하는 것이다. 이로 인해 오리지널 〈스타크래프트〉의 전형적인 미션들과는 다른 리듬과 진행을 만들어낸다. 또 다른 예로 '대피'라는 초반 미션을 살펴보자. 이 미션의 목표는 외계인에게 점령당한 행성에서 탈출하려는 식민지 거주민들을 보호하는 것이다. 그러기 위해서는 거주민을 태운 네 대의 수송차를 근처 안전지대까지 호위해야 한다. 기지와 공격 부대도 구축해야 하지만 이 경우에는 호송로를 확보하고 주민들을 보호해야 한다. 이 역시 전형적인 〈스타크래프트〉의 미션과는 색다른 플레이 경험을 만들어낸다. 〈스타크래프트 2〉의 싱글 플레이어 캠페인에서는 오리지널 〈스타크래프트〉의 전형적인 미션 단계에서 진행되는 것과 같은 미션은 드물다. 이제는 단순히 기지를 건설하고 맵을 조심스레 탐험하며 적 기지를 하나씩 부술 수가 없다. 〈스타크래프트 2〉에서는 사전에 기획된 이벤트와 시나리오를 진행할 수밖에 없는데, 이는 전통적인 진행 메카닉이다. 그 결과, 미션들은 훨씬 다양하고 흥미로워져서 플레이어들은 전략과 일반 플레이 패턴을 늘 새로운 상황에 맞춰서 플레이해야 한다. 반복적인 패턴을 탈피함으로써 스토리적인 느낌이 강화되는 것이다.

그림 2.6
<스타크래프트 2>의 '악
마의 놀이터' 미션

〈스타크래프트 2〉에서 플레이어는 게임의 큰 스토리 흐름을 더 제어할 수 있다. 플레이어는 어느 정도까지는 미션의 순서를 선택할 수 있고, 때로는 두 가지 옵션 중 하나를 선택할 수도 있다. 하지만 오리지널 〈스타크래프트〉와 비교할 때, 전체적인 스토리의 흐름은 게임에 좀 더 밀접하게 결합됐지만 각각의 미션에서 진행과 자연 발생의 접목은 그다지 정교하진 않다.

요약

이 장에서는 자연 발생형 게임과 진행형 게임을 어떻게 분류하는지 알아봤다. 자연 발생형과 진행형은 게임학에서 자주 논의되는 게임플레이와 게임 속 도전을 풀어가는 서로 다른 두 가지 방식이다. 게임학에서도 그렇지만, 게임 디자이너들도 진행형 게임에 비해 자연 발생형 게임을 더 우위에 두는 경우가 꽤 있다. 자연 발생형 게임을 만들어내는 메카닉의 구조가 더 흥미롭고, 이런 자연 발생형 메카닉에서 생성되는 확률 공간의 크기가 더 넓기 때문이다.

자연 발생형 게임은 규칙의 수가 비교적 적고, 게임 요소 간의 상호작용이 더 많으며, 확률 공간이 넓다는 특징이 있다. 진행형 게임은 비교적 규칙의 수가 많고, 각 게임 요소 간의 상호작용은 적은 편이며, 확률 공간은 작으면서 대개 좁고 깊은 모양을 보인다.

현대 비디오 게임에는 자연 발생형과 진행형의 특징이 함께 들어 있다. 하지만 자연 발생적인 동시에 진행을 경험하게 하기란 그리 쉽지 않다. 이를 위해서는 두 가지 경험을 유발하는 메카닉의 구조에 대해 예리한 통찰이 필요하다. 이 책에서는 메카닉을 살펴보는 좀 더 구조적인 방법론을 알아보겠다. 이어지는 장들에서는 자연 발생과 진행의 통합이란 주제로 돌아가서, 이런 방법론을 이용해 둘의 통합이라는 어려운 과제를 어떻게 풀 수 있을지 힌트를 드리겠다.

실습 과제

체스 게임은 흔히 시작, 중반, 후반의 세 단계로 나뉘지만, 게임 내내 규칙에는 변함이 없다. 이는 규칙 자체에 자연 발생적 속성이 있기 때문이지, 진행 메카닉에 의해 인위적으로 강제되는 것이 아니기 때문이다.

1. 서로 다른 게임플레이 단계로 진행되는 다른 게임의 예를 찾아보자(예를 찾을 때는 비디오 게임뿐만 아니라 테이블탑 게임도 후보로 고려하자).

2. 어떤 이유로 이런 단계가 생기는가?

3. 서로 다른 단계들은 근본적으로 자연 발생적인 것인가, 아니면 사전에 기획된 시나리오나 임의의 트리거가 영향을 주고 있는가?

3장

복잡계와 자연 발생형 구조

1장에서 우리는 게임플레이가 게임의 메카닉에서 어떻게 발생하는지 알아봤다. 그리고 2장에서는 자연 발생형 게임의 메카닉에는 비교적 단순한 규칙으로 다양한 게임플레이 상황들을 창출하는 특별한 구조가 있다는 것을 밝혔다. 이때문에 자연 발생형 게임은 대개 반복 플레이 비율이 높다. 이제 3장에서는 자연 발생형 게임 메카닉 구조들 간의 관계와 게임플레이에 대해 더 자세히 살펴보겠다. 메카닉에서 자연적으로 게임플레이가 발생하려면 메카닉 안에 질서와 무질서의 균형이 제대로 잡혀 있어야 한다. 이 균형은 무너지기 쉽기 때문에 디자이너에게는 만만치 않은 과제다. 사실, 자연 발생형 게임을 디자인하는 것은 역설적인 작업이다. 자연 발생적 행동 양식을 규정하는 요소 중 하나가 바로 시스템이 작동을 시작한 다음에야 발생한다는 점이기 때문이다.

자연 발생은 게임 분야에서만 찾아볼 수 있는 것도 아니다. 자연 발생적 행동 양식을 보여주는 다양한 복잡계complex system에 대해서는 이미 상당 부분 연구가 이루어졌다. 흔히 카오스 이론chaos theory이라고 불리는 복잡성 과학science of complexity이 바로 다른 분야에서의 자연 발생을 다룬다. 이 장에서는 이 학문의 발전 과정을 살펴봄으로써 자연 발생적 행동 양식을 유발하는 복잡계의 구조에 대해 알아보겠다. 그러기 위해서는 우선, 자연 발생과 게임플레이의 연관 관계를 더 자세히 밝혀야 한다.

게임의 자연 발생적 속성으로서의 게임플레이

앞서 게임플레이란 게임이 플레이어에게 부여하는 도전과 플레이어가 게임에서 수행할 수 있도록 허용되는 행동들로 구성된다고 정의한 바 있다. 대부분의 액션은 플레이어가 도전을 극복할 수 있게 해주지만, 레이싱 카나 채팅의 색상을 변경하는 것처럼 도전과는 관계없는 행동들도 있다. 도전에 연관된 액션들은 게임 메카닉의 지배를 받는다. 예를 들어, 점프 메카닉이 게임에 적용된 다음에야 아바타가 점프를 할 수 있게 된다.

모든 도전마다 극복하게 해주는 액션을 단 하나만 정해두는 식으로 게임을 프로그래밍할 수도 있다. 이전 장에서 논의했듯이, 텍스트 어드벤처 게임 같은 고전 진행형 게임들은 이런 방식을 활용해 각 도전을 독자적인 퍼즐로 구성하고, 퍼즐마다 독특한 액션을 수행해야만 풀 수 있게 되어 있다. 하지만 대부분의 게임에서는 적어도 일부 액션과 도전은 서로 다르게 구성되어 있기도 하다. 〈테트리스〉에서 떨어져 내리는 테트로미노(〈테트리스〉의 블록)의 가능한 모든 조합과 순서가 프로그래밍되어 있는 것은 아니다. 이 게임은 단순히 무작위로 테트로미노를 내놓을 뿐이다. 〈테트리스〉에서 도전은 테트로미노의 무작위적 순서의 조합과, 플레이어가 이전에 이를 처리한 액션이 합쳐진 결과다. 이 조합은 매번 달라지며 플레이어들은 자연히 맞닥뜨릴 도전을 일정 수준까지는 제어할 수 있다. 이 게임은 생성해낼 수 있는 무한대의 도전을 제한된 수의 액션만으로 해결해야 한다. 〈솔리테어〉카드 게임 역시 원리는 마찬가지다.

플레이어들이 예상치 못한 방식으로 행동할 수 있게 허용하는 메커니즘을 구현한 게임도 있다. 2001년에 기고된 '게임 디자인의 미래The Future of Game

Design'라는 기사에서 게임 디자이너 하비 스미스Harvey Smith는 플레이어들이 폭넓은 방식으로 행동할 기회를 주는 게임 시스템을 설계해야 한다고 주장했다 (www.igda.org/articles/hsmith_future). 그러려면 게임 디자이너는 사전에 기획된 각각의 도전에 대해 특별한 해결 방식을 배정하기보다는, 결과가 다소 이상해지는 한이 있더라도 흥미로운 방식으로 조합될 수 있는 단순하고 일관된 게임 메카닉을 만들어내는 방향으로 노력해야 한다. 로켓 점프가 바로 그런 경우다. 대부분의 1인칭 슈팅 게임에서 폭발하는 로켓은 주위 오브젝트들을 밀어내므로, 영리한 플레이어들은 이 힘을 이용해 더 높고 멀리 점프해낸다. 스미스는 이런 창의적인 플레이 전략들은 문제가 아니라 오히려 기회라고 본다. 그는 더 많은 게임이 표현 체계expressive system가 허용하는 자유도와 창의력 위주로 디자인되어야 한다고 주장한다.

리얼리즘보다는 일관성

로켓 점프는 의도치 않게 발생한 비현실적이면서도 재미를 주는 게임플레이의 예다. 스티븐 풀(Steven Poole)의 저서 『Trigger Happy』(2000년)에서는 '게임의 경우 리얼리즘보다 일관성이 더 중요하다'는 점을 잘 보여준다. 풀은 게임을 플레이하는 것은 게임 메카닉이 만들어낸 가상의 세계에 자신을 빠뜨리는 일이라고 주장한다. 플레이어들은 이런 메카닉이 완벽히 현실적이길 바라지 않는다. 극사실주의 F1 레이싱 게임이 있다고 가정해보자. 실제로 플레이어들이 경주에 필요한 능력을 갖추려면 몇 년이나 연습해야 할 텐데, 이 과정이 재미있는 사람은 별로 없을 것이다. 또한 우주 공간에서 벌어지는 슈팅 게임을 하는 플레이어라면 〈스타워즈〉 같은 폭발을 기대하지, 광선이 광속으로 발사되며 여러분을 맞힐 때까지 눈에 보이지 않는 사실적인 레이저를 보고 싶지는 않을 것이다. 플레이어들은 현실 세계에서는 불가능하거나 위험한 일을 해 보려고 게임을 하며, 로켓 점프 같은 이상한 효과가 바로 이런 재미를 준다. 하지만 동시에 플레이어들은 게임 메카닉이 일관되기를 기대한다. 메카닉이 무작위적이어서 로켓이 강력한 적은 처치하지만, 허술한 나무문을 부수지는 못한다면 짜증을 낼 것이다.

자연 발생형 게임은 도전 과제와 플레이 과정에서 일어나는 가능한 액션들이 매번 다르기 때문에 반복 플레이할 가능성이 높다. 매 세션이 게임과 플레이어의 상호작용이 빚어낸 독특한 결과다. 하지만 규칙만으로 어떤 게임에서 흥미로운 게임플레이가 발생할지 예측하기는 대단히 어렵다. 이전 장에서 〈틱택토〉와 〈커넥트 포〉에 대해 살펴봤듯이, 단순히 규칙을 많이 넣는다고 자연 발생형 게임이 되는 것은 아니다. 규칙의 복잡도와 게임의 상호작용이 복잡해지는 것은 서로 비례하지 않는다. 규칙을 더 넣는다고 해서 더 흥미로운 게임이 되는 것도 아니다. 때로는 규칙의 수를 줄여야만 정말 흥미로운 자연 발생형 게임플레이를 보여주는 시스템이 만들어지기도 한다.

질서와 무질서 사이

복잡계의 작동 방식은('복잡계란 무엇인가?' 글 참조) 질서와 무질서, 그리고 그 사이의 범주로 나눌 수 있다. 질서 정연한 시스템은 예측하기 쉬운 반면, 카오스 시스템은 시스템을 구성하는 부분들의 방식을 완전히 이해한다고 해도 예측할 수가 없다. 자연 발생은 질서와 무질서 사이 어딘가에서 생겨난다.

> **복잡계란 무엇인가?**
>
> 이 책에서 복잡계라고 부르는 것은 이해하기 어려운 시스템을 뜻하는 것이 아니다. 여러 부분으로 이루어진 시스템이라는 뜻에서 복잡계라는 표현을 쓰는 것이다. 복잡성의 과학에 대한 많은 연구에서 밝혀냈듯이, 각 부분을 따로 보면 오히려 이해하거나 구성하기 쉬울 때가 많다. 하지만 이 부분들을 모두 모으면, 대부분의 복잡계는 부분별로 설명하기 어려운 예측 불가하고 놀라운 행동 방식을 보여준다. 복잡계를 다룬 논문들을 보면 게임이 그 전형적인 예라는 것을 알 수 있다. 게임의 규칙은 개별적으로 보면 상당히 단순하고 이해하기 쉽지만, 이 규칙이 모여 만들어낸 게임의 결과는 예측하기 어렵다. 이 책에서는 게임의 각 부분과 게임의 전체적인 행동 양식 사이의 관계를 상세히 살펴보겠다.

질서와 무질서의 양 극단 사이에는 주기 시스템periodic system과 자연 발생 시스템emergent system이라는 두 가지 단계가 있다(그림 3.1). 주기 시스템은 지속적이고 예측하기 쉬운 순서로, 정해진 숫자의 단계를 통해 진행된다. 큰 규모로 보면 기후나 계절 변화가 이런 특징을 보인다. 지구의 어느 곳에 사는지에 따라

매년 정해진 수의 계절을 보내게 된다. 어떤 지역에서는 계절 변화의 주기가 매우 엄격하며, 매년 거의 같은 날에 한 계절이 시작된다. 계절이 시작될 때의 기온과 날짜에는 다소 변화가 있지만, 기후 시스템은 대체로 균형이 잡혀 있으며 같은 주기로 반복된다(근래에는 지구 온난화가 기후 시스템에 변화를 가져오고 있는 듯 보이지만, 이것이 영구적인 변화일지 좀 더 긴 주기에서 보면 정상적인 범주 내에 들어오는 변화인지에 대해서는 아직 논쟁이 뜨겁다).

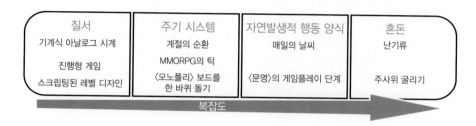

그림 3.1
복잡계의 네 가지 양식

질서
기계식 아날로그 시계
진행형 게임
스크립팅된 레벨 디자인

주기 시스템
계절의 순환
MMORPG의 틱
〈모노폴리〉 보드를
한 바퀴 돌기

자연발생적 행동 양식
매일의 날씨
〈문명〉의 게임플레이 단계

혼돈
난기류
주사위 굴리기

복잡도

자연 발생 시스템은 주기 시스템보다는 무질서하다. 자연 발생 시스템은 안정된 행동 양식을 보일 때가 많지만, 시스템 자체가 예측하지 못한 때에 갑자기 한 패턴에서 다른 패턴으로 바뀔 수도 있다. 기후 시스템이 좋은 예다. 특정 지역에서는 계절의 주기가 대체로 정해져 있지만, 그래도 어떤 한 해의 기후를 예측하기는 어렵다. 기압계와 해수 온도, 기온이 복잡하게 연관되어 기후가 결정되기 때문에, 언제 다음 번 혹한이 올지, 또 겨울에 눈이 얼마나 내릴지는 정확하게 예측할 수 없는 것이다. 통계학적 기준에 따라 "4월 초에는 콩을 심자."는 식의 어림짐작을 하거나 어느 정도 추측을 할 수는 있지만, 매년 맞아떨어지지는 않는다.

게임에서도 행동 양식의 패턴을 찾아볼 수 있으며, 많은 게임에서는 동시에 여러 패턴을 볼 수도 있다. 진행형 게임은 가능한 모든 도전 과제와 액션이 사전에 기획되어 있으므로 질서 정연한 시스템으로 볼 수 있다. 플레이어가 이후 일어날 일을 알 수는 없지만, 메커니즘을 보는 디자이너는 확실히 알고 있다. 보드 게임에서는 턴이 돌아가는 것이 미묘한 주기 시스템을 발생시킨다. 대부분의 대규모 멀티플레이어 온라인 롤플레잉 게임MMORPG에서 이용되는 비연속적 시간 단위(틱tick)는 플레이어의 전략에도 영향을 미친다. 〈시드 마이어〉의 〈문명〉에서 뚜렷이 구분되어 있는 확장, 병합, 전쟁, 식민지화, 우주 진출로의 경쟁이라는 발달 단계는 게임의 자연 발생형 양식의 대표적인 예다. 마지막으로 주사위나 무작위 숫자 생성기, 그리고 다른 플레이어들이 게임에 무질서적 요소를 더하게 된다. 자연 발생형 게임을 디자인하려면, 디자이너는 게임의 전체적인 행동 양식이 자연 발생형 범주에 들어맞도록 모든 요소의 밸런스를 잡아야 한다.

자연 발생을 디자인할 수 있는가?

자연 발생은 복잡계가 작동을 시작한 후에야 생겨날 수 있다. 게임 디자인에서 프로토타입 구축과 게임 테스팅에 대한 의존도가 커지는 이유가 바로 이것이다. 게임은 복잡계이며, 게임플레이가 흥미롭고 재미있으며 균형 잡혀 있는지 확인하려면 일단 사람들이 어떤 형태로든 그 게임을 플레이해봐야만 한다.

우리는 보통 디자이너가 뭘 만들지, 또 어떻게 하면 만들어낼 수 있는지 다 알고 디자인한다고 생각할 때가 많다. 하지만 자연 발생형 시스템은 자기가 만들어낼 시스템의 최종 상태를 디자이너 자신도 잘 모르는 채로 이런 경험을 디자인해야 하기에 역설적인 작업이다. 그렇지만 1장에서 설명했듯이, 게임 메카닉의 어떤 구조들은 특정한 유형의 결과를 빚는 경향이 있다. 이런 구조를 이해하고 있다면, 프로세스상 많은 테스트가 필요할지라도 효과적으로 디자이너가 원하는 효과를 만들어낼 수 있다. 이 책은 이런 구조를 알아내고, 여러분의 (그리고 다른 이들의) 게임에서 이런 요소를 찾아보면서 그 결과 여러분이 원하는 게임플레이를 만드는 데에 도움을 드리고자 한다.

이후 장들에서는 다시 게임으로 주제를 돌리겠지만, 잠시 복잡성 과학에서 몇 가지 대표적인 예를 살펴보자.

복잡계의 구조적 특징

일반적으로 복잡성 과학에서는 방대한 복잡계를 다룬다. 그 대표적인 예가 기후 시스템이다. 이 시스템에서는 작은 변동만 가해도 시간이 흐름에 따라 커다란 영향이 발생한다. 흔히 나비 효과라고 알려진 것이 바로 이 효과다. 지구 한쪽 편에서 나비가 날갯짓을 하면 이론적으로는 여기에서 발생한 공기의 흐름이 커져, 지구 반대편에서 태풍을 일으킬 수도 있다는 것이다. 복잡성 과학에서 연구하는 다른 시스템으로는 증권 시장, 교통, 행인의 이동, 새떼, 천체의 움직임 등이 있다. 그런데 이런 시스템은 게임에서 볼 수 있는 시스템들보다 훨씬 복잡하다. 다행히 자연 발생형 행동방식을 보여주는 더 단순한 시스템도 많이 있으니, 이런 시스템을 통해 자연 발생적 행동 방식에 기여하는 구조적 특징을 추출해보자.

부분들의 활동성과 상호 연관성

수학, 컴퓨터 과학, 게임의 경계지역에 셀 자동자cellular automata(셀룰러 오토마타라고도 하며, 주변 셀의 일정한 변화에 따라 규칙적으로 변하는 세포 단위의 어레이, 물리계나 생물계 등의 여러 가지 현상을 시뮬레이션하는 데 활용된다)를 연구하는 특이한 분야가 있다. 셀 자동자는 선이나 그리드상에서 공간 또는 셀의 출현을 제어하는 단순한 규칙의 모음이다. 각 셀은 검은색이거나 흰색이다. 규칙은 무엇 때문에 셀이 검은색에서 흰색으로 혹은 그 반대로 변하는지, 셀의 색깔이 어떻게 주변 셀에 영향을 주는지를 결정한다. 보통 셀의 색상을 바꾸는 규칙은 셀의 현재 색깔과 이 셀을 둘러싼 여덟 개의 셀(2차원 그리드의 경우), 혹은 인접한 두 셀(선일 경우)의 색깔만 고려한다.

수학자들은 이 규칙의 집합을 인간의 개입 없이 스스로 작동하는 가상의 기계로 간주한다. 그래서 이를 자동자automata라고 부르는 것이다.

셀 자동자는 주어진 설정에 따라 일부 셀은 흰색, 일부는 검은색으로 시작한 다음 규칙에 따라 각 셀의 색깔을 바꾼다. 이때 셀의 색깔은 바로 바뀌는 게 아니라, 그리드에 있는 모든 셀을 확인한 다음 변해야 하는 것들을 표시하고 나서 다음 번 적용을 실행하기 전에 바꾼다. 그런 다음 이 과정을 반복한다. 매 적용iteration은 세대generation라고 부른다.

자연 발생적 행동 양식을 보이는 최초의 단순한 셀 자동자를 창안한 것은 영국의 과학자 스티븐 울프럼Stephen Wolfram이다. 이 자동자에서는 한 줄로 된 셀들을 이용한다. 각 셀의 상태, 즉 색깔은 해당 셀과 인접한 두 셀의 이전 상태에 의해 결정된다. 셀에는 흰색과 검정 두 개의 상태만 가능하므로, 가능한 조합은 여덟 개가 된다. 그림 3.2는 가능한 규칙 조합 하나(맨 밑)와 그 결과를 보여주는 데, 이전에 기반해 시스템의 새로운 세대를 출력하면 놀라울만큼 복잡한 패턴이 만들어진다. 시작은 한 개의 셀만 검은색이고 나머지는 모두 흰색이었는데도 말이다.

그림 하단의 이미지는 셀의 색깔을 변환하는 규칙을 보여준다. 가장 왼쪽에 있는 규칙은 '검은색 셀의 양쪽이 검은색 셀로 둘러싸여 있으면 다음 세대에서 셀은 흰색으로 바뀐다.'는 뜻이다. 네 번째 규칙은 '흰색 셀의 왼쪽에만 검은색 셀이 있다면 다음 세대에서 흰색 셀은 검은색으로 변한다.'를 뜻한다.

셀 자동자 규칙에는 무작위적인 요소가 전혀 없는데도, 분명 무작위적 특징이 있는 뚜렷한 패턴을 만들어낸다.

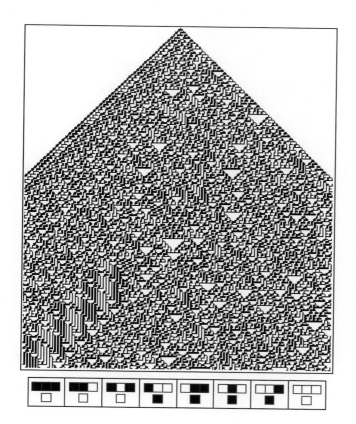

그림 3.2
스티븐 울프럼의
셀 자동자

울프럼Wolfram은 저서 『A New Kind of Science』(2002년)에서 연구 내용을 상세히 설명했다. 울프럼은 폭넓은 연구를 통해 동적 행동 양식을 보이는 시스템에서 대단히 중요한 세 가지 특징을 밝혀냈다.

- 주변에만 규칙이 적용되는 단순한 셀로 구성되어 있어야 한다. 다시 말해, 비교적 격리하기 쉬운 부분들로 구성된 시스템이어야 한다. 울프럼의 셀 자동자에서는 각 셀의 행동 양식이 여덟 개의 간단한 규칙으로 결정된다.

- 시스템은 장기간의 커뮤니케이션을 허용해야 한다. 복잡한 시스템 속 한 부분의 상태 변화가 공간이나 시간상으로 멀리 떨어져 있는 부분들을 변화시킬 수 있어야 한다. 장기간의 커뮤니케이션이 나비 효과를 가능하게 해준다. 울프럼의 셀 자동자에서 부분들 간의 커뮤니케이션은 각 셀이 바로 인접한 셀에 직접적으로 영향을 주기 때문에 일어난다. 이런 이웃 셀에도 이웃 셀이 있으므로, 이 시스템에서 각 셀은 간접적으로 다른 모든 셀에 연결되어 있다.

- 셀의 활성화 수준은 시스템의 행동 방식이 얼마나 복잡한지를 보여주는 척도다. 흥미롭게도, 활성화된 셀이 몇 개 안 되는 시스템에서는 복잡한 행동 양식이 발생할 가능성이 작다. 울프럼의 자동자에서 활동성은 셀의 상태 변화로 파악할 수 있다. 검은색에서 흰색으로, 혹은 흰색에서 검은색으로 변하는 셀은 활성화된 것이다.

또 한 가지 흥미로운 사실은 각 셀의 행동 양식을 관장하는 규칙을 통해 이런 특징을 일부 '읽어낼' 수 있다는 점이다. 각 셀이 자신과 두 인접한 셀의 입력을 받아들인다는 사실은 장기적 커뮤니케이션이 발생할 여지가 높다는 점을 시사한다. 모든 셀은 서로 연결되어 있다. 게다가 그림 3.2의 여덟 개의 규칙 중 네 개는 셀의 색깔이 변하게 하는데, 이 정도면 시스템이 활동적이 될 가능성이 꽤 커진다.

셀 자동자는 복잡성이 발생하는 한계치가 놀라울 만치 낮다는 점을 보여준다. 비교적 단순한 규칙도 충분한 부분과 활성성, 연결만 있다면 복잡한 행동 양식을 보일 수 있는 것이다. 대부분의 게임이 이와 유사한 방식으로 구성된다. 게임은 비교적 단순한 메카닉에 의해 지배되는 다양한 요소로 구성되어 있다. 보통 각 게임 요소 사이에는 다양한 상호작용이 가능하다. 게임 시스템에서 일어나는 활동에는 당연히 플레이어가 중요한 시발점이지만, 셀 자동자에서 볼 수 있듯 사람의 입력이 없다고 해도 자연 발생은 유발될 수 있다.

타워 디펜스 게임이 이런 속성을 잘 보여준다(그림 3.3). 타워 디펜스 게임은 비교적 단순한 부분 몇 개로만 구성된다. 적들은 미리 계획된 경로를 따라 플레이어의 포탑 쪽으로 전진한다. 적마다 각각 속도와 HP, 때로 흥미를 더할 몇 가지 속성이 정해져 있다. 플레이어는 자기 위치를 방어하기 위해 포탑을 설치한다. 각 포탑마다 특정 범위까지 정해진 속도로 탄도체를 발사한다. 어떤 포탑은 피해를 가하고, 어떤 포탑은 적의 속도를 늦추는 등의 효과를 준다. 때로 포탑이 인접한 포탑의 성능을 강화하기도 한다. 타워 디펜스 게임에서는 지엽적 메커니즘(적과 포탑)에 의해 정의되는 요소들이 많다. 셀 자동자처럼 이런 요소들은 활동적이며 (적의 이동, 적에 대한 포탑의 반응이) 서로 연결되어 있다(포탑은 적에게 발사하고, 다른 포탑의 성능을 강화한다).

요소들의 활동성과 요소들이 연결된 수준을 기준으로 자연 발생형 게임과 진행형 게임을 구분할 수 있다. 전형적인 진행형 게임에서는 모든 요소(퍼즐, 캐릭터 등)가 플레이어의 아바타와만 상호작용하며, 서로 간의 상호작용은 없다. 또한 화면 안에 보일 때만 활성화된다. 진행형 게임에서 현재 화면에 보이지 않는 요소들은 보통 비활성화 상태가 된다. 또한 요소 간의 연결 수준 역시 낮다. 게임 요소들은 사전에 기획된 제한된 방식으로만 상호작용한다. 덕분에 디자이너는 진행형 게임에서 발생하는 이벤트를 수월하게 통제할 수 있겠지만, 이전 장에서 살펴봤듯이 결과가 뻔한 게임이 되기 때문에 플레이어의 입장에서는 가능한 옵션을 다 탐험해 보고 나면 더 이상의 재미는 없을 것이다.

그림 3.3
〈타워 디펜스: 로스트 어
스 HD(Tower Defense:
Lost Earth HD)〉

시스템을 안정시킬 수도, 불안정하게 할 수도 있는 피드백 루프

생태계 역시 전형적인 복잡계다. 생태계는 균형이 잘 잡혀 있는 듯이 보이며,
생태계 안에 있는 다양한 동물의 개체 수는 시간이 지나도 그다지 변하지 않는
다. 더욱이, 자연은 균형을 유지할 수 있게 해주는 모든 장치를 다 갖춘 것 같
다. 포식자와 사냥감의 개체 수를 보면 이 점이 극명히 드러난다. 사냥감의 개
체 수가 많을 때는 포식자가 먹이를 쉽게 얻을 수 있다. 따라서 개체 수가 증가
한다. 하지만 포식자가 점점 늘어나면 사냥감의 개체 수가 줄어들게 된다. 그러
다 일정 수준에 다다르면 포식자의 수가 너무 많아지고 상황이 뒤바뀐다. 이제
포식자들은 먹이를 쉽게 구할 수 없고, 따라서 개체 수가 줄게 된다. 이렇게 포
식자 수가 줄어들면 더 많은 사냥감이 살아남아 자손을 남기고, 다시금 사냥감
의 개체 수가 늘어난다.

생태계 속 포식자와 피식자 간의 균형은 바로 피드백 루프(순환 구조feedback loop) 덕분이다. 피드백 루프란 포식자의 수처럼 시스템 속의 한 부분이 변화하면 그로 인해 시간이 흐르면서 그 부분에 영향이 발생하는 것을 뜻한다. 이 경우, 포식자 수의 증가가 사냥감 개체 수의 감소를 가져오고, 그로 인해 점차 포식자 수의 감소가 일어난다. 이런 포식자 개체 수의 규모 변화가 말 그대로 같은 포식자 집단의 개체 수에 고스란히 영향을 주는 것이다.

시스템 안의 균형을 유지하는 방식의 피드백 루프는 부정 회귀 구조negative feedback loop라고 부른다. 부정 회귀 구조는 흔히 전자 기기 설계에 활용된다. 실내 온도 조절기가 대표적인 예다. 온도 조절기는 기온을 감지하고, 너무 낮아지면 난방을 켠다. 난방으로 인해 온도가 올라가면 온도 조절기가 다시 난방 장치를 끈다. 기계의 속도 조절기도 마찬가지다. 작업할 물량이 줄어들어서 기계의 속도가 올라가면 조절기는 기계의 출력을 줄여 속도를 늦춘다. 기계가 느려지면 조절기가 출력을 올려서 다시 속도를 높인다. 이렇게 기계의 속도는 일정하게 유지된다. 속도 조절기는 기계가 가장 효율적인 속도로 돌아가면서, 작업 물량이 갑자기 제거되더라도 위험할 정도로 빨라지는 일이 없도록 하는 안전장치로 쓰인다.

게임에서는 부정 회귀 구조를 자주 볼 수 있다. 예를 들어 〈문명〉에서(그림 3.4) 도시의 인구는 생태계의 포식자/피식자와 다를 바 없는 부정 회귀 구조에 의해 조절된다. 도시가 성장하면서 인구가 늘면 더 많은 식량을 요구하게 된다. 이 때문에 도시는 영토에서 나오는 수확과 플레이어의 현재 기술 수준에서 유지 가능한 규모로만 커진다.

그림 3.4
〈문명 V〉 테베 시의 인구
와 식량 공급 현황

부정 회귀 구조의 반대는 양성 순환 구조positive feedback loop다. 변화에 반해 균형을 유지하는 방식으로 피드백 루프를 발동시키는 대신, 양성 순환 구조는 변화를 발생시킨 요소를 강화해준다. 노래방의 스피커에서 소음이 울리는 현상을 보면 이를 쉽게 이해할 수 있다. 마이크가 소리를 잡아내면 앰프에서 이를 증폭하고, 스피커는 원래의 소리를 더 크게 재생한다. 그런 다음 마이크가 스피커에서 나오는 새로운 소리를 잡아내서 다시 증폭한다. 이때 고음의 찢어지는 소리가 스피커에서 나오면 마이크를 스피커에서 멀리 치워야만 멈출 수 있다.

양성 순환 구조 역시 게임에서 흔히 볼 수 있다. 예컨대, 체스에서 상대의 말을 하나 잡고 나면 상대보다 가진 말이 많아지므로 다른 말을 잡기가 더 쉬워진다. 양성 순환은 빠르게 변화하는 불안정한 시스템을 만들어낸다.

피드백에 대해서는 앞으로도 여러 번 다룰 것이다. 대부분의 자연 발생형 게임에서는 다양한 피드백 루프가 동시에 작용한다. 지금은 복잡계에 피드백 루프가 존재할 수 있다는 것만 기억해 두면 된다. 부정 회귀 구조는 시스템의 균형을 유지해주고, 양성 순환 구조는 시스템의 불안정을 유발할 수 있다.

다양한 규모로 발생하는 다양한 행동 양식의 패턴

스티븐 울프럼 이외에도 셀 자동자를 연구한 수학자는 있었다. 아마도 가장 유명한 셀 자동자는 존 콘웨이John Corway가 고안한 생명 게임Game of Life일 것이다. 콘웨이의 자동자에서는 셀들을 2차원 그리드에 배열한다. 이론적으로 이 그리드는 사방으로 무한대까지 뻗어 나간다. 그리드 위의 한 셀에는 각각 가로 세로와 대각선 방향으로 8개의 인접한 셀이 있다. 각 셀마다 상태는 죽었거나 살아 있는 두 가지가 존재한다. 대부분의 경우, 죽은 셀은 흰색으로, 살아있는 셀은 검은색으로 칠한다. 이터레이션별로 각 셀에는 다음 규칙을 적용한다.

- 살아있는 셀은 이웃 셀 중 살아있는 수가 2개 미만이면 외로워서 죽는다.
- 살아있는 셀은 이웃 셀 중 살아있는 수가 3개를 넘으면 붐벼서 죽는다.
- 살아있는 셀은 이웃 셀 중 살아있는 수가 2개나 3개면 계속 살아남는다.
- 죽은 셀은 이웃 셀 중 살아있는 수가 정확히 3개일 때 살아난다.

생명 게임을 시작하려면 그리드를 설정하고, 살아있는 셀의 수를 정해야 한다. 이 규칙을 적용할 때 발생하는 효과의 예는 그림 3.5에 묘사되어 있다. 하지만 생명 게임의 자연 발생적 측면을 제대로 맛보려면 온라인으로 구할 수 있는 상호작용 버전 중 하나를 실제로 진행해보기를 권한다.

팁 http://golly.source forge.net에서 생명 게임의 오픈소스 크로스 플랫폼 버전을 내려받을 수 있다. 또한 위키피디어의 '라이프 게임' 항목에는 온라인에서 구할 수 있는 다른 버전의 링크가 실려 있다.

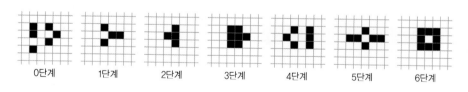

| 0단계 | 1단계 | 2단계 | 3단계 | 4단계 | 5단계 | 6단계 |

그림 3.5
생명 게임의 이터레이션

작동을 시작하면 생명 게임은 처음 살아있던 셀로부터 폭발적인 활동을 보이며 상당히 혼란스러운 결과를 보여준다. 하지만 일단 몇 단계의 이터레이션을 거치면 상당히 안정적인 배열을 보이는 경우가 많고, 몇 개의 그룹이 두 가지 상태를 오갈 때도 있다.

초기에 생명 게임을 연구하던 이들이 던진 질문 중 대표적인 것이 바로 "살아있는 셀들이 영구적으로 확장되는 초기 배치가 있는가?"였다. 이들은 빠르게 놀라운 행동 양식을 보여주는 배열을 찾기 시작했다. 이런 배열 중 하나가 바로 글라이더glider라는 것이다. 이 배열은 5개의 살아있는 셀 그룹을 네 번의 이터레이션 후에 한 개의 타일에 복제하도록 한다. 글라이더는 조그만 생명체가 그리드를 가로질러 가는 결과를 낳는다(그림 3.6). 이 외에도 한 자리에 패턴이 유지되지만 새로운 글라이더들이 30번째 이터레이션마다 이동해가는 글라이더 건glider gun 같은 더욱 흥미로운 패턴들도 발견됐다.

그림 3.6
생명 게임의 글라이더

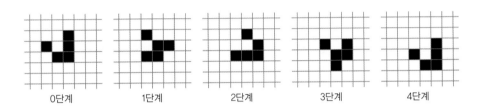

0단계   1단계   2단계   3단계   4단계

글라이더와 글라이더 건은 복잡계에서 가장 흥미로운 행동 양식은 각 부분의 수준이 아니라 부분들의 합으로 이루어진 그룹 단위로 일어난다는 점을 보여준다. 다른 복잡계를 봐도 같은 현상을 관찰할 수 있다. 새떼가 바로 이런 예다. 새떼는 마치 하나처럼 움직이는데, 그룹 전체가 뚜렷한 형태와 방향, 목적을 가지고 있는 듯 보인다(그림 3.7). 이 경우, 새와 새의 군집이 둘 다 '규칙'에 따라 움직이는 것이다. 새 하나하나가 그룹의 중앙으로 이동하는 방식의 균형을 잡고, 이웃 새에 속도와 방향을 맞추며, 이웃 새와 너무 가까이 붙지 않도록 하면 새떼를 시뮬레이션할 수 있다.

그림 3.7
새떼

　게임에서도 이와 비슷한 효과를 볼 수 있다. 수년간 플레이어들은 〈팩맨Pac-Man〉의 유령들이 힘을 합쳐 플레이어를 잡을 수 있도록 덫을 놓는 것이 아닌지 의심했다. 사실, 유령들은 서로 협동하지 않는데도 행동 양식을 종합해보면 실제보다 훨씬 영리해 보인다. 〈팩맨〉의 유령은 간단한 규칙을 따르는 단순한 기계 장치들이다. 이 게임은 흩어지고 추적하는 두 개의 상태를 오간다. 흩어지는 상태에서는 유령들이 플레이어를 쫓지 않고 각기 미로의 다른 구석들을 찾아간다. 하지만 게임은 대부분 추적 상태에 있으며, 유령들은 플레이어를 쫓아간다. 플레이어를 잡으려면 유령들은 미로의 교차로에 닿을 때마다 결정을 내려야 한다. 여기에 쓰인 알고리즘은 유령이 플레이어에게 가까이 다가갈 수 있는 방향을 고르는 것이다. 이때 유령과 플레이어 사이에 있는 벽은 그냥 무시한다. 이 행동 양식은 유령별로 아주 조금씩만 다르게 구현되어 있다. 블링키(빨간색 유령)는 플레이어의 현재 위치로 간다. 핑키(분홍색 유령)는 플레이어의 네 타일 앞 위치로 간다. 잉키(파란색 유령)는 플레이어의 위치와 블링키가 가기로 한 위치를 조합한 곳으로 간다. 그리고 마지막으로 클라이드(주황색 유령)는 플레이어가 멀

팁 〈팩맨〉 속 유령의 행동 양식에 대한 심도 높은 논의는 http://gameinternals. com/post/ 2072558330/ understanding-pacmang host-behavior에서 찾아볼 수 있다.

리 있으면 쫓아가고, 가까워지면 미로의 아래 왼쪽 구석으로 간다. 이 행동 양식들을 합치면 유령들의 이동이 놀라울 만큼 영리해지는 것이다. 블링키는 플레이어를 쫓아가고 핑키와 잉키는 플레이어를 앞서가려고 하며, 클라이드가 난이도를 더한다. 유령들을 뭉쳐놓고 보면, 나머지 유령이 실제 어디에 있는지를 모르면서도 효과적으로 사냥을 하게 된다. 이런 단순한 행동 양식의 조합 때문에 플레이어들은 서로 보완하는 전략을 쓰고 있을 뿐인 유령들이 협공 작전을 펴고 있다는 인상을 받게 된다.

자연 발생의 분류

과학자들은 복잡계에서의 변이를 여러 수준으로 나눈다. 이 중에서 특히 변이 효과가 큰 것도 있다. 복잡계 내에 존재하는 피드백 루프와 서로 다른 규모가 합쳐져 다양한 변이의 수준을 발생시킨다. 과학자 요헨 프롬Jochen Fromm은 논문 '변이의 유형과 형태Types and Forms of Emergence'에서 자연 발생을 피드백과 규모를 통해 다음과 같이 분류한다(2005년).

가장 단순한 형태인 명목상, 혹은 의도한 변이에서는 피드백이 일어나지 않거나, 같은 조직 수준의 주체 사이에서만 피드백이 일어난다. 의도된 대로(그리고 디자인한 대로) 기능하게끔 사람이 만든 거의 모든 기계류가 바로 이런 부품 단위의 변이 속성을 보여준다. 의도된 변이를 보여주는 기계의 행동 양식은 결정론적이고 예측할 수 있지만 유연성이나 적응력은 없다. 속도 조절기와 온도 조절기가 이런 예측 가능한 순환의 예다.

프롬의 정의에 따른 두 번째 변이의 유형인 약한 변이weak emergence에는 시스템 내에서 서로 다른 수준 사이에 나타나는 하향식 피드백이 도입된다. 프롬은 군집을 통해 이런 종류의 행동 양식을 묘사한다. 새 한 마리는 다른 새들 근처에 있을 때 반응하는(주체 대 주체의 피드백) 동시에 무리를 그룹으로 인지한다(그룹 대 주체의 피드백). 새 떼는 각각의 새와는 다른 규모를 구성한다. 새는 이 둘 모두에 반응한다. 이런 행동 양식은 비단 새에 국한된 것이 아니고, 물고기 떼도 비숫한 행동 양식을 보인다. 군집은 자기 주변과 전체적 그룹의 상태를 동시에 인지할 수 있는 어떤 종류의 개체에도 적용할 수 있는 개념이다.

약한 변이 시스템에서 복잡성을 한 단계 높이면 다발적 변이가 일어난다. 이 시스템에서는 조직의 여러 수준에서 다발적인 피드백이 오간다. 프롬은 이 범주를 짧은 주기로는 양성 순환 구조를, 장기적으로는 부정 회귀 구조를 보이는 시스템에서 찾을 수 있는 흥미로운 변이로 설명한다. 증권 시장이 바로 이런 행동 양식을 보인다. 주가가 오를 때는 사람들이 이를 알아채고 주식을 더 사들여서 가격을 더 올린다(단기적 양성 순환 구조). 사람들은 경험을 통해 주가가 결국은 상한가를 찍을 것임을 알고 있고, 상한가라고 믿는 시점에 주식을 팔려고 하기에 가격은 하락하게 된다(장기적 부정 회귀 구조). 이 현상은 반대로도 작용한다. 사람들은 가격이 떨어지면 주식을 팔지만, 나중에 하한가를 찍고 싸졌다고 생각되면 다시 산다. 존 콘웨이의 생명 게임 역시 이런 유형의 변이를 보여준다. 생명 게임에는 양성 순환 구조와(셀의 탄생을 관장하는 규칙) 부정 회귀 구조가(셀의 죽음을 관장하는 규칙) 둘 다 들어 있다. 또한 생명 게임은 조직 내의 다양한 규모도 보여준다. 즉, 가장 낮은 곳에는 각각의 셀이 위치하고, 좀 더 높은 수준에서는 글라이더나 글라이더 건 같은 지속적인 패턴과 행동 양식을 볼 수 있다.

프롬이 마지막으로 꼽은 범주는 강한 변이strong emergence다. 이 범주는 유전적 시스템이 변이의 속성을 보이는 생명체, 그리고 언어와 글쓰기에서 변이의 속성을 보이는 문화를 두 가지 대표적인 예로 꼽을 수 있다. 강한 변이는 변이가 작동하는 규모와 시스템 내의 중간 규모의 존재 사이의 큰 차이 때문에 생긴다. 강한 변이는 다단계의 변이로, 체계의 최상위 수준에서 일어나는 변이적 행동 양식의 결과를 가장 낮은 수준의 주체들과는 분리해 살펴볼 수 있다. 예를 들어, 생명 게임에 사용하는 셀들의 그리드를 상위 수준에서는 단순한 연산을 수행할 수 있는 컴퓨터로 작동할 수 있도록 놓고, 여기에서 게임과 같은 새로운 복잡계를 구축할 수도 있다. 이 경우, 컴퓨터가 보이는 행동 방식과 생명 게임 자체 간의 의존도는 최소한이 된다.

이런 범주 구분은 게임에서도 다양한 변이적 행동 양식이 동시에 존재하는 경우가 잦다는 것을 암시한다. 더욱 중요한 것은 게임 메카닉의 구조적 특성이 (피드백 루프와 다양한 규모의 존재 등) 복잡하고 흥미로운 행동 양식의 변이에 중요한 역할을 한다는 것을 보여준다.

게임의 자연 발생 활용

게임은 예상치 못한 결과를 만들어낼 수 있는 복잡계지만, 자연스럽고 잘 짜인 사용자 경험을 전달해야만 한다. 이러기 위해서 게임 디자이너는 창의 발생적 행동 양식의 특성이 무엇인지, 특히 자신의 게임에서는 어떠한지를 제대로 이해해야 한다.

우리는 활동적이며 상호 연관된 많은 부분, 피드백 루프, 다양한 규모를 시스템으로서의 게임의 구조적 특징으로 본다. 게임에서 이런 구조적 특징은 자연 발생형 게임플레이에 필수적인 역할을 한다. 게임 메카닉을 연구해보면 이런 (그리고 다른) 구조를 더 자세히 확인할 수 있다. 이 책의 나머지 장에서는 이러한 연구를 다루겠다.

3장에서 주로 살펴본 세 가지 구조적 특징은 게임의 자연 발생을 정면으로 다루는 응용 이론적 프레임워크인 머시네이션Machinations을 구축하는 디딤돌이기도 하다. 머시네이션 프레임워크는 게임 디자이너로서 여러분이 자연 발생적 행동 양식을 보이는 수준 높은 게임을 만드는 어려운 과정을 좀 더 잘 이해할 수 있게 해준다. 다음 장에서는 게임 내부 경제의 메카닉을 상세히 알아보고, 이를 통해 머시네이션 프레임워크가 게임 메카닉을 시각화하는 데 어떻게 활용되는지, 그리고 이런 시각 자료에서 메카닉의 구조적 특징을 어떻게 읽어낼 수 있는지 설명하겠다. 10장과 11장에서는 더 큰 규모의 메카닉을 어떻게 그룹화하고 진행과 자연 발생 양쪽에 어떻게 활용해 흥미로운 레벨을 디자인할지 상세히 다루겠다.

요약

이 장에서는 복잡계가 무엇인지 정의하고, 이로 인해 게임플레이가 어떻게 발생하는지 알아봤다. 그리고 질서 정연한 시스템과 완전히 혼돈 상태인 시스템이 어떻게 연결되어 있는지 설명하고, 변이는 양극단의 중간에서 일어난다는 점을 살펴봤다. 복잡계는 활동적이며 상호 연결된 부분들, 피드백 루프, 다양한 규모의 상호작용이란 세 가지 구조적 특징이 변이를 유발한다.

셀 자동자를 통해 변이를 발생시키는 단순한 시스템을 살펴보고, 셀 자동자처럼 작동하는 타워 디펜스 게임의 작동 방식도 알아봤다.

마지막으로 다양한 피드백 루프의 조합과 시스템 내의 부분들이 다양한 규모로 상호작용해 발생하는 프롬의 변이 범주를 소개했다.

실습 과제

1. 그림 3.2 울프럼의 규칙을 수정해 가능한 여덟 가지 조합이 울프럼의 원래 이론과는 다른 결과를 낳도록 하자. 모눈종이와 연필을 준비하고, 한 개의 셀로 시작해 새로운 규칙을 반복 적용해 종이를 채워보자. 결과는 그림과 어떻게 다른가?

2. 콘웨이의 생명 게임은 사각형 그리드 위에서 셀이 인접한 여덟 개 셀의 상태에 따라 변화하는 규칙이 적용되어 있다. 육각형 그리드에서는 각 셀마다 인접한 셀이 여덟 개가 아니라 여섯 개가 되고, 삼각형 그리드에서는 각 셀에 인접한 셀이 세 개이다. 육각형이나 삼각형 생명 게임을 고안해보고, 결과가 어떤지 확인하자.

4장

내부 경제

1장에서 게임에는 물리 효과, 내부 경제, 진행 메커니즘, 전략적 움직임, 소셜 활동 다섯 가지 메카닉이 있음을 알아봤다. 이 장에서는 그중 내부 경제를 집중적으로 살펴보겠다. 실생활에서 경제란 자원이 생산되고 소비되며 정량적인 수량으로 교환되는 시스템을 일컫는다. 게임에서도 자원이 활용되며, 이런 자원이 어떻게 생산되고 소비되는지를 규정하는 경제가 있다. 하지만 게임의 내부 경제에는 실생활에서는 경제에 속하지 않는 온갖 종류의 자원이 다 포함된다. 게임에서는 체력, 경험치, 스킬 같은 것들이 돈, 상품, 용역과 마찬가지로 경제의 요소가 된다. 〈둠Doom〉에는 돈은 없지만 무기, 탄환, 체력, 방어력 포인트가 존재한다. 보드 게임 〈리스크〉에서 여러분의 군대는 국가들을 정복하기 위한 도박에 활용하며 걸어야 하는 필수적인 자원이다. 〈마리오 갤럭시Mario Galaxy〉에서는 별과 파워 업을 모아서 추가 생명을 얻고 게임을 진행한다. 거의 모든 장르의 게임에는 실생활의 경제와 비슷하진 않을지 몰라도 내부 경제가 존재한다(1장의 표 1.1을 참고하자).

노트 이 책에서는 경제라는 용어를 넓은 의미로 정의한다. 경제가 돈에만 국한되는 것은 아니다! 정보 경제를 보면 데이터 생산업자와 데이터 가공자, 데이터 소비자가 존재한다. 정치 경제학에서는 정치 세력이 정부 정책에 어떻게 영향을 끼치는지를 연구한다. 그리고 화폐에 관한 경제는 시장 경제라고 부른다. 이 책에서 다루는 경제라는 용어는 좀 더 추상적인 것으로, 어떤 시스템상에서든 종류에 관계없이 자원이 생산되고 교환되며 소비되는 과정을 칭한다.

어떤 게임의 게임플레이를 이해하려면 그 경제를 파악하는 것이 필수다. 경제의 규모가 작고 단순한 게임도 있지만, 경제의 규모가 크든 작든 이를 만들어내는 것은 게임 디자인에 있어 매우 중요한 작업이다. 또한 디자이너만이 할 수 있는 몇 안 되는 작업이기도 하다. 게임의 물리를 제대로 구현하려면 프로그래머와 긴밀한 협업이 필요하고, 레벨이 잘 나오려면 스토리 작가와 레벨 디자이너와 협업해야 하지만, 경제는 고스란히 디자이너 혼자서 만들어야 한다. 이 부분은 디자이너의 핵심 업무라 할 수 있다. 다시 말해, 재미있고 도전적인 게임 시스템을 만들어낼 메카닉이 바로 여러분의 손에 달려 있는 것이다.

『Fundamentals of Game Design』에서 어니스트 아담스는 게임의 내부 경제에 대해 심도 있게 다룬다. 이 책에서는 이런 논점들을 살펴보고, 내부 경제가 무엇인지 자세히 살펴보겠다.

내부 경제의 요소

이 절에서는 자원과 개체 같은 게임 경제의 기본 요소, 그리고 자원을 생산하고 교환하며 사용하게 해주는 네 가지 메카닉을 짧게 소개하겠다. 여기에서는 요약만을 제공하며, 상세히 알아보고 싶다면 『Fundamentals of Game Design』의 10장, '코어 메카닉'을 참고하면 좋다.

자원

모든 경제는 자원의 흐름을 중심으로 돌아간다. 자원은 수치적으로 계량화할 수 있는 모든 것을 지칭한다. 게임에서는 거의 모든 것이 자원의 역할을 한다. 돈, 에너지, 시간, 플레이어가 조종하는 유닛이 모두 자원에 속한다. 아이템, 파워 업, 플레이어의 상대방인 적도 마찬가지다. 플레이어가 생산하고 모으고 수집하거나 파괴할 수 있는 모든 것이 자원이라 할 수 있지만, 그렇다고 플레이어가 모든 자원을 제어할 수 있는 것은 아니다. 대표적으로 시간은 저절로 사라지며, 플레이어가 이를 바꿀 수는 없다. 속도 역시 자원인데, 다만 내부 경제의 일부라기보단 물리 엔진의 일부로 활용된다. 그렇다고 해서 게임의 모든 것이 다 자원인 것은 아니다. 플랫폼, 벽, 기타 활성화할 수 없거나 고정된 사물은 자원이 아니다.

자원에는 유형과 무형 두 가지가 있다. 유형의 자원은 게임 세계 안에서 물리적 속성을 띤다. 이들은 특정한 장소에 있으며, 다른 곳으로 옮겨야 할 때가 많다. 〈워크래프트Warcraft〉에서 아바타가 인벤토리에 넣고 다니는 아이템이나 수확할 수 있는 나무가 여기에 해당한다. 전략 게임의 유닛들 역시 플레이어가 월드 내에서 방향을 지정해줘야 하는 유형의 자원이다.

무형 자원은 게임 세계 안에서 물리적 속성은 없이, 공간을 차지하지도 특정한 장소에 존재하지도 않는 것들을 일컫는다. 예를 들어, 〈워크래프트〉의 나무는 일단 수확하고 나면 무형 자원인 목재로 바뀐다. 목재는 숫자일 뿐, 어떤 장소에 실재하지 않는다. 플레이어가 새로운 건물을 세울 때 현장으로 목재를 가져갈 필요는 없다. 건물을 짓기에 충분한 목재가 모이기만 하면, 목재를 수확한 곳에서 멀리 떨어진 곳을 지정하더라도 건물은 세워진다. 〈워크래프트〉의 나무와 목재 처리는 게임이 자원을 어떻게 유형과 무형으로 바꿔가며 처리하는지 잘 보여준다. 슈팅 게임의 치료 아이템(유형)과 체력(무형) 역시 이런 예다.

때로는 자원이 추상적인지 실물인지 구분할 필요가 있다. 추상적인 자원은 게임에 실제로 존재하는 것은 아니고, 게임의 현재 상태에서 연산으로 처리된다. 예를 들어, 체스에서 말을 하나 희생해 적보다 전략적인 우위를 차지하는 경우를 보면, 여기서 얻는 '전략적 이득'은 추상적 자원으로 취급된다(추상적 자원은 무형 자원이다. 당연히 이런 '전략적 이득'이 특정 장소에 저장될 수는 없다). 이와 유사하게, 플랫폼이나 전략 게임에서는 여러분의 아바타나 유닛의 고도가 이득이 될 때가 있다. 이 경우, 특정 위치를 점령하는 데 있어 전략적 값을 계산하는 요인으로만 사용할 때는 이런 고도를 자원으로 볼 수도 있다. 일반적으로 게임에서는 플레이어에게 추상적 자원에 대해 명확하게 알려주지 않고, 내부 연산을 위한 용도로만 활용한다.

비디오 게임에서는 추상적으로 보이는 자원이 실제로는 유형 자원일 때가 있으니 주의하자. 예컨대 롤 플레잉 게임에서 경험치는 추상적 자원이 아니다. 경험치는 오히려 돈처럼 획득해 (때로는) 사용해야 하는 유형의 물자다. 행복도와 명성 역시 무형이긴 하지만 많은 게임에서 실체적인 부분으로 작동한다.

게임의 내부 경제를 디자인하거나 기존 게임의 내부 경제를 연구할 때는 주요 자원을 먼저 확인한 다음, 이들 간의 관계를 관장하는 메커니즘과 자원이 어떻게 생산되고 소비되는지를 설명하는 것이 가장 좋다.

개체

자원의 수량은 개체에 저장된다(프로그래머라면 개체는 기본적으로 변수라는 점을 알아두자). 자원은 일반적인 개념이지만 개체는 자원의 특정 수량을 저장한다. 예를 들어, '타이머'라는 개체라면 자원의 시간(아마도 게임이 끝나기까지 몇 초가 남았는지)를 저장한다. 〈모노폴리〉에서 각 플레이어에게는 사용할 수 있는 현금 자원을 저장하는 개체가 있다. 플레이어가 건물을 사고 팔 때, 임대료와 벌금을 낼 때 이 개체의 현금 액수는 변한다. 플레이어가 다른 플레이어에게 임대료를 내면 첫 번째 플레이어의 개체에서 두 번째 플레이어의 개체로 현금이 흐른다.

하나의 값을 저장하는 개체들은 단순 개체라고 부른다. 복합 개체란 서로 연관된 단순 개체의 그룹이므로, 복합 개체에는 하나 이상의 값이 담긴다. 예를 들어, 전략 게임에서 한 유닛에는 보통 체력, 피해량, 최대 체력 등의 단순한 개체가 여러 개 포함되어 있다. 이 개체들이 합쳐져서 복합 개체를 이루며, 그 구성 요소인 단순 개체들은 흔히 속성이라고 부른다. 따라서 유닛의 체력은 그 유닛의 속성이 된다.

네 가지 경제 기능

경제에는 흔히 자원에 영향을 주고 그 이동에 관여하는 네 가지 기능이 있다. 바로 원천, 고갈, 변환, 거래 메카닉이다. 이제 이 메카닉들을 알아보자. 다시 말하지만 이것은 요약일 뿐이며, 상세한 내용은 『Fundamentals of Game Design』의 10장을 참고하기 바란다.

- '원천'은 무에서 새로운 자원을 생성하는 메카닉이다. 특정 시간이 되거나 특정 조건을 만족시키면 원천에서 새로운 자원이 생겨나 어딘가의 개체에 저장된다. 원천은 게임의 이벤트에서 트리거될 수도 있고, 지속적으로 작동하며 정해진 생산 속도에 따라 자원을 생산할 수도 있다. 또한 켜고 끌 수도 있다. 시뮬레이션 게임에서 돈은 주기적으로 원천에서 생성되며, 돈의 양은 인구에 비례한다. 전투가 결합된 게임에서 시간이 흐르면 체력이 자동으로 회복되는 것도 이런 경우에 속한다.

- '고갈'은 원천과 정반대 개념이다. 게임에서 자원을 소모하며, 개체에 저장된 수량을 줄이고 영구적으로 제거한다. 시뮬레이션 게임에서는 현재 인구를 먹여 살리기 위해 인구에 비례한 비율로 식량이 고갈된다. 이 식량은 어디로 이동하거나 다른 것으로 바뀌는 게 아니라 그냥 사라지는 것이다. 슈팅 게임에서는 무기를 발사할 때 탄환이 고갈된다.

- '변환'은 자원을 다른 것으로 바꿔준다. 이미 언급했듯이, 〈워크래프트〉에서 나무(유형 자원)를 채집하고 나면 목재(무형 자원)로 바뀐다. 채집 행위는 나무를 정해진 비율의 목재로 바꿔주는 변환 메카닉이다. 정해진 수의 나무를 채집하면 정해진 수의 목재가 생산된다. 기술 업그레이드가 있는 많은 시뮬레이션 게임에서 플레이어들은 이 변환 메카닉의 효율을 향상시킬 수 있는데, 이를 통해 기존 자원에서 새로운 자원을 더 생산해낸다.

- '거래'는 자원을 한 개체에서 다른 개체로 옮기고, 교환 규칙에 따라 다른 자원을 다시 반대편으로 옮겨준다. 플레이어가 대장장이에게 3골드를 주고 방패를 하나 사면 거래 메카닉은 플레이어의 현금 개체에서 대장장이의 현금 개체로 골드를 이동시키고, 대장장이의 인벤토리에서 플레이어의 인벤토리로 방패를 이동시킨다. 거래는 변환과 같은 것이 아니다. 새로 생성되거나 파괴되는 것은 없고, 물건이 그저 교환되는 것뿐이다.

경제 구조

경제를 구성하는 개체와 자원을 확인하는 것은 그리 어려운 일이 아니지만 시스템 전체를 제대로 파악하기는 그렇게 쉽지 않다. 여러분의 게임에서 경제 요소에 대한 그래프를 만든다면 어떤 모양이 될까? 어떤 자원의 양이 시간이 갈수록 늘어나는가? 자원의 분포는 어떻게 변하는가? 자원이 특정 플레이어에게 모이는 경향이 있는가, 아니면 시스템이 이를 분산시키고 있는가? 경제의 구조를 이해하면 이에 대한 답을 찾기도 쉬울 것이다.

경제의 형태

현실에서는 경제의 특징을 차트와 그림으로 표시한다(그림 4.1). 이런 그래프에는 몇 가지 흥미로운 속성이 있다. 또한 소규모 수준에서는 선이 무질서한 흐름을 보이지만 큰 그림으로 보면 패턴이 드러난다. 곡선이 장기적으로 상향인지 하향인지가 뚜렷이 보여 호황기와 불황기를 확인할 수 있다. 다시 말해, 이런 차트를 통해 뚜렷한 형태와 패턴을 확인할 수 있는 것이다.

그림 4.1
검은 목요일의 주식 시장 붕괴 이후 대공황으로 이어지는 시기의 그래프. 전반적으로 무질서한 흐름이지만, 검은 목요일 사태의 영향은 뚜렷이 보인다

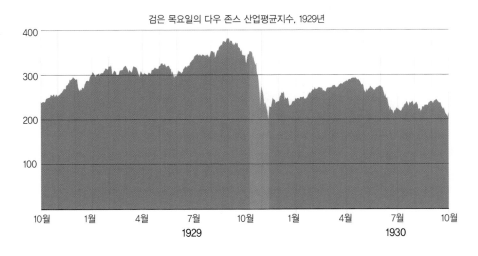

게임 내에서 플레이어가 보유한 재산에 대해서도 비슷한 차트를 그릴 수 있다. 그림에서 볼 수 있듯이, 게임 내부 경제에서도 뚜렷한 형태와 패턴이 나타난다. 하지만 수준 높은 게임플레이를 증명하는 형태가 따로 있는 것은 아니다. 게임에 대해 여러분이 세운 목표와 이를 둘러싼 맥락에 따라 좋은 게임플레이가 만들어질 수 있기 때문이다. 예를 들어, 플레이어가 오랜 시간 힘들게 노력을 한 후에야 최고에 이를 수 있는 게임을 만들고 싶을 수도 있다(그림 4.3). 한편, 빠른 반전을 통해 훨씬 빠르게 플레이를 마치는 것을 목표로 삼을 수도 있다(그림 4.3).

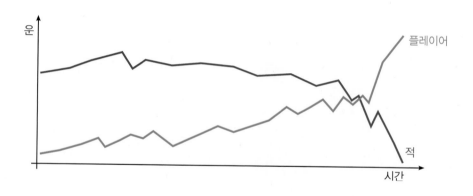

그림 4.2
플레이어가 장시간 강력한 적과 분투를 벌이다가 승리하는 긴 게임

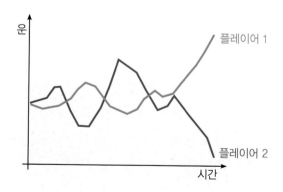

그림 4.3
운이 빠르게 뒤집히는 짧은 게임

체스의 그래프 형태

게임 경제의 형태를 연구할 때는 체스에서 플레이어의 운이 어떻게 변하는지를 기준으로 삼을 수 있다. 체스에서는 플레이어의 말이 중요한 자원이다. 체스 선수들(혹은 컴퓨터 체스 프로그램)은 말의 종류에 따라 각각에 값을 부여한다. 예를 들어, 폰은 1점, 루크는 5점, 퀸은 9점인 시스템이 있을 수 있다. 한 선수가 체스판 위에 가지고 있는 모든 말의 값을 합산하면 자원의 숫자가 나온다. 선수들은 체스판 위에서 말을 교묘하게 이동시켜 전략적 거점을 차지한다. 전략적 이득은 게임의 추상적 자원으로 측정된다. 그림 4.4는 체스를 두는 두 선수 간의 경기 흐름을 묘사한 것이다.

그림 4.4
체스 한 판의 진행 과정.
선수에 따라 다른 색의 선
으로 구분한다

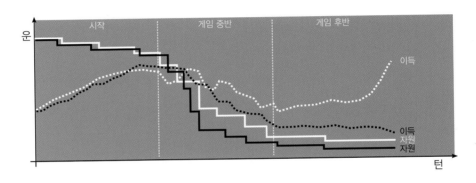

이 차트에서는 몇 가지 중요한 패턴을 볼 수 있다. 우선, 플레이어의 주된 자원은 장기적으로 하향세를 보인다. 즉, 플레이를 진행할수록 플레이어는 말들을 잃거나 희생시키게 되는 것이다. 자원을 얻기는 매우 힘들다. 체스에서 말을 얻을 수 있는 방법은 판의 반대편으로 폰을 이동시켜 다른 강한 말로 진급시키는 것뿐인데, 이때는 자원이 증가한다. 이런 일은 드물게 발생하며 대개 플레이어의 운을 극적으로 반전시킨다. 자원만 놓고 보면 체스는 소모전처럼 보인다. 자원을 더 오래 유지하는 플레이어가 최고의 자리에 오를 가능성이 높을 것이다.

그런데 게임에서 전략적 이득은 더 역동적으로 작용하며, 플레이 과정 내내 유리할 때도 불리할 때도 생긴다. 플레이어들은 전략적 이득을 얻거나 상대방의 전략적 이득을 줄이기 위해 자원을 활용한다. 플레이어가 가진 자원의 양과 전략적 이득을 얻는 능력에는 간접적인 상관 관계가 있다. 다시 말해, 자원이 더 많으면 플레이어가 전략적 이득을 챙기기가 더 쉬워진다. 게다가, 상대방의 말을 빼앗아 그 플레이어의 자원을 줄이면 전략적 이득이 더 커진다. 때로 말 하나를 희생해 전략적 이득을 취하거나 상대방이 전략적 이득을 잃도록 유인할 수도 있다.

체스는 일반적으로 시작, 중반, 후반의 세 단계로 진행된다. 단계별로 게임에서 정해진 역할이 있으며 분석하는 방식이 각기 다르다. 시작 단계에는 보통 치밀하게 준비하고 연구한 수를 연속해서 두게 된다. 시작 단계에서 플레이어들은 유리한 위치를 차지하기 위해 분투한다. 후반 단계는 남은 말이 몇 개 되지 않고, 왕과의 교전이 상당히 안전해질 때 시작된다. 중반은 시작과 후반 단계 사이를 일컫지만, 각 단계를 명확하게 구분지을 수 있는 것은 아니다. 이 세 단계는 그림 4.4의 경제 분석에서도 확인할 수 있다. 시작 단계에서는 말의 숫자가 서서히 줄어들면서 두 플레이어가 서서히 전략적 이득을 쌓아간다. 중반은 양 플레이어가 전략적 이점을 활용해 상대방의 말을 뺏을 때부터 시작된다. 차트에서 자원이 급격히 감소하기 시작하는 것이 게임 중반 단계의 특징이다. 후반에 가면 플레이어들이 전략적 이득을 통해 승리를 위한 마지막 결전을 준비하면서 자원이 다시 안정된다.

노트 체스를 분석한 것은 친숙한 게임을 통해 경제 원칙을 추상화해 보여주기 위한 것이다. 체스에서 중요한 것은 말을 더 많이 유지하는 게 아니라 장군을 부르는(체크메이트) 것이기 때문에 체스의 고전 이론에서는 경제적인 면을 다루지 않는다. 하지만 이 책에서는 게임 자체가 경제에 관한 것이 아닐지라도 게임플레이와 게임의 진행을 경제적 관점으로 이해할 수도 있다는 것을 보여주기 위해 체스의 경우를 다뤄봤다.

메카닉에서 형태로

특정한 경제 형태를 만들어내려면 그런 형태를 만들어내는 역학 구조가 무엇인지 알아야 한다. 다행히, 게임의 경제 형태와 그 메카닉의 구조는 직접적으로 연관되어 있다. 다음 절에서는 경제 형태의 가장 중요한 구성 요소가 무엇인지 알아보겠다.

평형을 만들어내는 부정 회귀 구조

역동적인 시스템의 안정성을 담보하는 데에 부정 회귀 구조(3장 참조)가 활용된다. 부정 회귀 구조는 냉장고 내부의 온도가 외부 기온 변화와 관계없이 일정하게 유지되는 것처럼, 변화에 저항하는 시스템을 만들어준다. 시스템이 안정화되는 시점을 평형 상태라 부른다. 그림 4.5는 부정 회귀 구조의 영향을 보여준다.

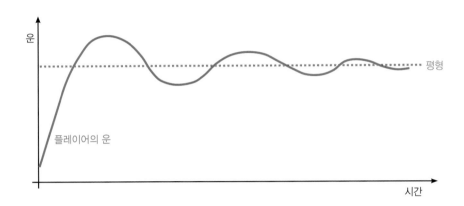

그림 4.5
부정 회귀 구조의 영향

평형을 보여주는 가장 단순한 형태는 쭉 뻗은 수평선이지만, 일부 시스템에서는 다른 평형 상태도 존재할 수 있다. 시간이 흐름에 따라 꾸준하게 변화하거나 주기적으로 변화하는 경우도 평형 상태라고 볼 수 있다(그림 4.6). 변화하는 평형에는 부정 회귀 역학에서 독립적인 역학적 요인이 필요하다. 연중 기온 변화는 주기적인 일조시간과 일사광의 상대적인 변화에 의해 일어나는 주기적 평형 상태의 예다.

그림 4.6
변화하는 평형 상태의 부정 회귀 구조. 좌측은 상승형 평형 상태이고 우측은 주기적으로 변화하는 평형 상태다

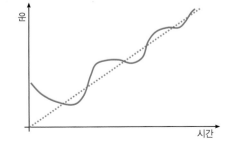

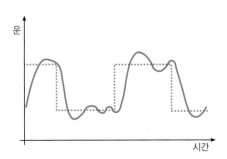

군비 확장 경쟁을 촉발하는 양성 순환 구조

양성 순환 구조는 지수 곡선을 만들어낸다(그림 4.7). 예금 계좌의 이자가 이런 곡선의 대표적인 예다. 예금 계좌에서 이자만 떼어놓고 보면 잔액은 가파르게 상승하며, 총액이 늘어날수록 이자가 늘어나는 속도도 빨라진다. 게임에서 이런 양성 순환 구조는 종종 여러 플레이어 사이의 군비 경쟁을 촉발시키는 데 활용된다. 〈스타크래프트〉 및 유사한 RTS 게임의 원자재 수집이 바로 이런 경우다. 〈스타크래프트〉에서는 50 미네랄을 소모하면 채굴 유닛(흔히 SCV라고 부르는 우주 건설 차량)을 만들어 새로운 미네랄을 수집하는 데에 투입할 수 있다. 〈스타크래프트〉 플레이어들이 새로운 SCV를 만들기 위해 일정량의 미네랄을 따로 모으면 예금 계좌의 잔고 곡선과 같은 결과를 얻을 수 있다.

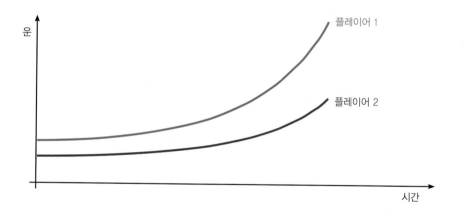

그림 4.7 양성 순환 구조는 가파른 상승 곡선을 만든다

당연히, 〈스타크래프트〉 플레이어들은 SCV 유닛에만 자원을 투자하지 않는다. 군대 유닛을 생산하고 기지를 확장하고, 새로운 기술을 개발하는 데에도 자원을 사용해야 한다. 하지만 〈스타크래프트〉에서는 장기적으로 기지를 확장할 수 있는 경제적 능력이 필수적이다. 많은 플레이어가 우선 방어 병력을 키우고 많은 자원을 채집한 다음에야 군인 유닛 생산 능력의 우위를 활용해 적을 섬멸하러 진군한다.

교착 상태와 상호 의존성

양성 순환 구조는 교착 상태와 상호 의존성을 만들어낼 수 있다. 〈스타크래프트〉에서 미네랄을 얻으려면 SCV 유닛이 필요하고, SCV 유닛을 생산하려면 미네랄이 필요하다. 이 두 가지 자원은 상호 의존적이며, 이 의존성 때문에 교착 상태가 발생한다. 미네랄과 SCV 유닛이 떨어지면 절대 생산을 시작할 수 없다. 사실, 본부를 지으려면 충분한 미네랄과 함께 SCV 유닛이 최소 하나는 필요한데, 본부는 이런 양성 순환 구조를 만들어낼 수 있는 세 번째 자원이다. 교착 상태는 위험 요소가 된다. 적 플레이어가 여러분의 SCV를 모두 파괴할 수도 있는데, 병력 유닛을 생산하는 데에 미네랄을 전부 소진한 상태라면 문제는 심각해진다. 레벨 디자인의 기본에도 이런 특징을 활용할 수 있다. 병력 유닛과 미네랄 약간은 있지만 SCV 유닛이나 본부가 없는 채로 시작되는 미션도 있을 것이다. 이럴 땐 우선 SCV 유닛을 찾아서 구조해야 한다. 교착 상태와 상호 의존성은 메카닉의 특정 구조에서 보여지는 특징이다.

게임에서 양성 순환 구조를 가장 잘 이용한 예는 현격한 차이가 벌어지고 나면 빠르게 승리할 수 있도록 하는 장치다. 그림 4.7에서 분명히 볼 수 있듯이 양성 순환 구조는 작은 차이를 더 크게 벌려놓는다. 이율은 똑같지만 최초 입금액이 다른 두 은행 계좌의 잔액 차이는 시간이 지날수록 점점 커진다. 이런 양성 순환 구조의 특징은 게임에서 현격한 차이가 벌어지고 나면 바로 결말로 연결시키는 데에 이용할 수 있다. 결국, 누가 이길지 분명해진 시점에서도 게임을 오래 끌고 싶은 사람은 아무도 없을 것이다.

파괴적 메커니즘의 양성 순환 구조

양성 순환 구조는 플레이어의 승리를 가져오는 데에만 사용되지는 않는다. 패배로 이끄는 데에도 활용된다. 체스를 예로 들면 말을 잃을수록 약해지고, 많은 말을 잃을수록 패배할 확률이 커진다. 이것은 모두 양성 순환 구조 때문이다. 양성 순환 구조는 파괴적 메커니즘 destructive mechanism에도 적용될 수 있다(체스의 자원 손실을 떠올려보자). 이런 경우를 하향세라고도 부른다. 하지만 파괴적 메커니즘의 양성 순환 구조는 부정 회귀 구조와는 다르다는 점에 주의해야 한다. 부정 회귀는 파급력을 완화하고 평형 상태를 만들어낸다. 파괴적 메커니즘에도 부정 회귀 구조를 적용할 수는 있다. 실제로 슈팅 게임 〈하프 라이프〉는 플레이어의 HP가 낮아지면 헬스 팩을 더 많이 생성해준다.

장기 투자 vs. 단기 이득

〈스타크래프트〉가 다른 요인은 전혀 생각하지 않고 그저 가능한 한 많은 미네랄을 수집하는 경주였다면 최고의 전략은 충분한 미네랄을 모을 때마다 새로운 SCV 유닛을 만드는 것이었을까? 꼭 그렇진 않다. 수입을 새 SCV에 모두 투자하면 미네랄 저장고가 바닥날텐데, 이 게임을 이기기 위해서는 여분의 미네랄이 필요하다. 미네랄을 모으려면 일정 시점 이후에는 SCV 생산을 멈추고 재고 비축을 시작해야 한다. 최적의 시점은 게임의 목표와 제약 사항에 따라, 그리고 상대 플레이어가 무엇을 하는지에 따라 달라진다. 목표가 제한 시간 내에 가장 미네랄을 많이 모으는 것이거나 가능한 빠르게 정해진 양의 미네랄을 모으는 것이라면, 생산해야 하는 최적 수량의 SCV 유닛이 존재하게 된다.

이 효과를 이해하려면 그림 4.8을 보자. 새로운 SCV에 투자를 계속해 나가면 미네랄이 쌓이지 않는다는 것을 볼 수 있다. 하지만 SCV 생산 투자를 멈추면 바로 미네랄이 꾸준한 속도로 증가하기 시작한다. 이 속도는 보유한 SCV 유닛 숫자에 비례한다. 그래서 SCV가 많으면 많을수록 미네랄도 빠르게 늘어난다. SCV 생산 투자를 더 오래 할수록 미네랄이 비축되기 시작하는 시점은 늦어지겠지만, 결국은 여러분보다 앞서 미네랄을 비축하기 시작한 이들을 따라잡고 앞서가게 될 것이다. 그러므로 어떤 목표를 좇느냐에 따라 가장 효율적인 그래프가 달라진다.

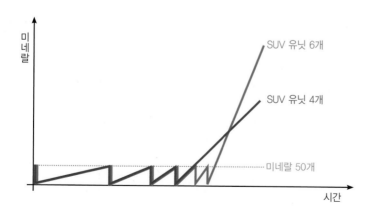

그림 4.8
비축 경쟁

다행히 〈스타크래프트〉는 그저 미네랄을 모으는 게임이 아니다. 언젠가 적의 공격을 받게 되므로 SCV에 미네랄을 전부 투자하는 것은 좋지 않은 전략이다. 장기적인 목표와 기지 방어 같은 단기 과제 사이에서 균형을 찾아야 한다. 게다가 〈커맨드 앤 컨커: 레드 얼럿Command and Conquer: Red Alert〉에서 유명세를 타게 된 '탱크 러쉬tank rush', 즉 신속하게 공격 부대를 구축해 상대방이 방어진을 미처 갖추기 전에 과감하게 압도해 버리는 전술을 좋아하는 플레이어도 있다. 일부 맵에서는 초기에 자원에 접근하기 어렵기 때문에, 자원을 확보하기 위해서는 일단 빠르게 맵 여기저기로 이동해야 한다. SCV 유닛에 대한 투자는 장기적으로는 좋은 전략이지만 초반에는 위험이 따르며, 탱크 러쉬를 통한 빠른 군사적 이점을 포기해야 할 가능성이 높다.

> **다양한 플레이어의 실력과 자원 분포**
> 〈스타크래프트〉에서 미네랄 채취 속도를 결정짓는 것은 SCV 유닛의 숫자만이 아니다. 미네랄은 크리스탈 광맥에서 얻을 수 있는데, 크리스탈은 맵의 특정 지역에만 있다. 기지를 짓기에 최적의 장소를 찾고 SCV 유닛을 세심하게 관리해 크리스탈 광맥으로부터 미네랄을 효율적으로 채취하는 것 자체가 실력이다. 그야말로 플레이어의 실력과 게임 월드의 지형이 합쳐져서 게임 경제가 다양한 영향을 받는다는 것을 제대로 보여주고 있다. 당연한 얘기지만, 플레이어의 잦은 입력이 경제에 영향을 미쳐야 하며, 한 번의 입력만으로도 큰 영향을 주지 않게 하는 편이 바람직하다.

상대적 점수에 따른 피드백

1999년 게임 개발자 컨퍼런스GDC에서 마크 르블랑Marc LeBlanc은 게임 속 피드백 메커니즘에 대해 강의하면서 새롭게 해석한 두 가지 농구 스타일을 소개했다. '부정 회귀 구조형 농구'에서는 앞서가는 팀이 5점을 올릴 때마다 뒤진 팀에서 경기장에 선수 한 명을 더 투입할 수 있다. '양성 순환 구조형 농구'에서는 그 반대의 규칙이 적용된다. 앞서가는 팀은 5점을 더 앞설 때마다 선수 한 명을 더 투입할 수 있다. 그런데 두 플레이어 간의 차이에서 오는 영향을 이용하는 피드백 메커니즘은 이렇게 정수값을 이용하는 메커니즘과는 다소 다르다. 피드백 메커니즘의 효과는 절대적 자원이 아니라 플레이어 간의 실력 차이에 영향을 미치기 때문이다. 그래서 직관적인 예상에 반하는 효과가 발생할 수 있다. 예컨대, 부정 회귀 구조형 농구에서는 실력이 떨어지는 팀이 선수를 추가로 투입해도 우세한 팀의 강세는 안정적으로 유지된다(그림 4.9).

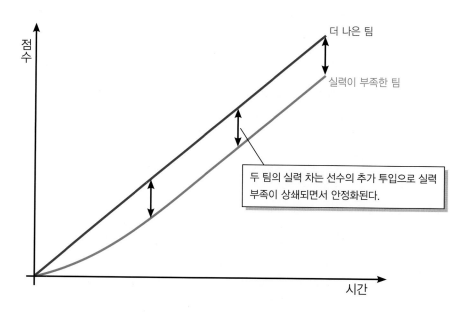

그림 4.9
부정 회귀 구조형 농구의
점수 그래프

동적 균형

두 플레이어 간의 자원 차이를 기준으로 한 부정 회귀 메커니즘에서 발생하는 균형을 동적 균형(dynamic equilibrium)이라고 부른다. 이 차이는 고정값이 정해져 있는 것이 아니라 게임 속의 변화하는 요인들에서 영향을 받는다. 이런 면에서 볼 때, 게임에서 부정 회귀 구조가 적용된 흥미로운 예들은 역동적이라고 볼 수 있다. 여러 플레이어 간의 상대적인 부, 혹은 게임 속의 다른 요인들에 따른 부정 회귀 구조에서 발생하는 균형은 비동적 균형으로 구축한, 너무 뻔한 평형 상태를 피할 수 있는 고급 기술이다. 경험과 지식, 실력만 있다면 여러분도 여러 요인을 합쳐 주기적이고 점진적으로, 혹은 다른 바람직한 형태로 구성되는 동적 균형 상태를 디자인할 수 있다.

두 팀이 양성 순환 구조형 농구를 할 때는 실력 차이가 가중된다. 한쪽이 다른 쪽보다 뛰어날 때는 일방적인 경기로 끝나게 된다. 하지만 양쪽의 실력이 비슷할 때는 다른 패턴이 유발된다. 막상막하의 시합이 한동안 지속되다가, 한 팀이 결정적으로 우세를 보이고 나면 일방적인 추세로 흐르게 마련이다. 실력이 비등한 경우에는 아주 작은 실력 차이나 노력, 때로는 운이 결정적 요인으로 작용한다. 농구에서 양성 순환 구조와 부정 회귀 구조가 게임플레이적으로 어떤 영향을 주는지에 대해서는 6장에서 자세히 다룬다.

러버밴딩: 상대적 위치에 따른 부정 회귀 구조

레이싱 게임에서는 필드에서 플레이어가 현재 어떤 위치에 있는지를 기준으로 부정 회귀 구조를 활용해 긴박하고 흥미진진한 레이싱 경험을 지속시키는 경우가 많다. 이 메커니즘을 흔히 러버밴딩(rubberbanding – 고무줄 효과)이라고 부르는데, 플레이어의 입장에서는 다른 차들이 고무줄로 자기 차와 연결되어 앞으로도 뒤로도 너무 멀리 떨어지지 않는 듯이 보이기 때문이다. 선두 차들의 속도는 줄이고 따라오는 차들의 속도는 높이는 식으로 간단히 러버밴딩을 적용하는 게임들도 있다. 하지만 좀 더 미묘한 부정 회귀 메커닉을 활용해 비슷한 효과를 내는 게임들도 많다. 〈마리오카트(MarioKart)〉에서 파워 업을 획득하면 플레이어에게 무작위적인 파워가 부여된다. 하지만 선두 카트보다는 따라오는 카트들이 더 강력한 파워 업 아이템을 획득할 가능성이 크다. 게다가 〈마리오카트〉에 있는 대부분의 무기류 파워 업 아이템은 앞에 있는 플레이어에게 사용하는 것이므로, 꼴찌보다는 1등을 하고 있는 플레이어가 공격 대상이 될 확률이 높다. 이로 인해 선두가 자주 바뀌고 게임의 몰입도도 높아지며, 막판 뒤집기가 발생할 여지도 높아진다.

게임에서 내부 경제의 활용

앞서 게임 내부 경제의 요소와 일반적 구조에 대해 알아봤다. 그럼 지금부터 다양한 게임 장르별로 게임 경제가 어떻게 활용되는지 살펴보겠다. 표 1.1에서 이런 경제를 구성하는 주요 메카닉을 개략적으로 소개했다. 그럼, 장르의 구분 없이 모든 게임에서 찾아볼 수 있는 경제 구조에 대해 살펴보자.

내부 경제로 물리 효과 보완

액션 게임의 코어 메카닉에서는 분명히 물리가 가장 큰 부분을 차지한다. 물리는 플레이어의 민첩성, 타이밍, 정확성을 시험하는 데 쓰인다. 그렇지만 대부분의 액션 게임은 내부 경제를 추가해 필수적인 보상 시스템이나 자원을 필요로 하는 파워 업 시스템을 구축한다. 어떤 면에서는 간단한 점수 시스템만으로도 많은 액션 게임에 경제 메카닉이 추가된다고 볼 수 있다. 포인트를 올리는 시스템에서는 적을 맞닥뜨릴 때 이 적과 싸워야 할지 플레이어가 고민하게 된다. 아바타를 위험에 노출해야 하고, 쉽게 다시 얻기 힘든 탄환이나 에너지를 낭비하게 될 수도 있기 때문이다.

〈슈퍼 마리오 브라더스〉 같은 플랫폼 게임은 단순한 경제를 통해 보상 시스템을 구축한다. 〈슈퍼 마리오 브라더스〉에서 동전을 모으면 추가 생명을 얻을 수 있다. 그러려면 동전을 꽤 많이 모아야 하므로, 디자이너가 레벨 전역에 잔뜩 동전을 배치하고서 플레이 테스트 과정에서 추가하거나 빼더라도 경제에 큰 영향이 미치지 않는다. 이렇게 동전으로 플레이어에게 레벨을 정복할 경로를 만들어주는 것이다(플레이어에게 길을 안내할 용도로 사용하는 수집용 오브젝트를 보통 빵부스러기breadcrumbs라고 부른다). 이 동전은 모두 획득할 수 있게 되어 있으므로, 동전이 보이면 동전에 닿을 방법도 분명히 있다. 그래서 능숙한 플레이어들은 동전을 보고서 게임의 까다로운 부분까지 접근할 수 있다. 이런 식으로 구성하면 게임의 내부 경제는 매우 단순해진다. 하지만 이렇게 단순한 경제에도 피드백 루프는 적용되어 있다. 플레이어들이 무리해서 동전을 모을 때는 생명을 더 얻게 되므로, 이렇게 위험을 무릅쓰며 동전을 모아도 큰 손실을 보지는 않는다.

이런 식으로 시스템을 구성할 때는 위험과 보상 사이의 균형에 유의해야 한다. 동전 하나로 치명적인 덫에 빠지게 유인한다면 결국 동전 하나에 목숨을 잃도록 하는 것이기 때문이다. 이는 공평하지도 않을뿐더러, 플레이어 입장에서는 속은 기분이 들 수밖에 없다. 디자이너로서 여러분은 특히 초급 플레이어들이 택하는 경로 가까이에 위험과 보상을 적절히 배치해야 할 책임이 있다(뻔히 눈에 보이는데 절대 획득할 수는 없는 보상을 두는 것은 더 나쁘다. 플레이어들이 절대 얻을 수 없는 보상 때문에 위험을 무릅쓰게 되기 때문이다).

1인칭 슈팅 게임의 무기와 탄환 같은 파워 업 역시 비슷한 경제를 구성한다. 파워 업과 탄환은 그 자체가 보상으로, 플레이어가 레벨 내에 있는 모든 적을 섬멸하도록 부추긴다. 게임 디자이너로서 여러분은 이 균형을 제대로 맞춰야 한다. 일부 게임에서는 평균적으로 적의 숫자가 플레이어가 시체에서 루팅할 수 있는 탄환보다 더 많아도 괜찮다. 하지만 플레이어가 보스 캐릭터와 대결해야 하는 상황에 왔을 때 탄환이 부족하게 되면 게임의 중요한 난관에 도전하는 것 자체를 벌칙으로 느끼게 만든다. 서바이벌이 중심인 1인칭 슈팅 게임에서 무기와 탄환을 부족하게 설계하는 것은 긴장감과 극적 효과를 더할 수 있어 좋은 접근이지만, 이때에도 균형 감각이 제대로 받쳐줘야 한다. 더구나 액션 중심의 슈팅 게임이라면 플레이어에게 탄환을 충분히 공급하는 것이 좋고, 적들을 많이 처치하면 이에 비례해 보상을 줘야 한다.

내부 경제가 진행에 미치는 영향

게임 내부 경제는 이동을 통한 게임 진행에 영향을 줄 수 있다. 예를 들어, 파워 업과 고유한 무기는 액션 게임의 경제에서 특별한 역할을 한다. 즉, 새로운 장소로 진행하는 데에 이런 요소가 활용된다. 플랫폼 게임에서 더블 점프 능력은 플레이어가 처음에는 갈 수 없던 더 높은 플랫폼으로 진행하는 데에 활용된다. 경제적인 면에서 보면 이런 능력은 추상적 자원에 접근하도록 해주는 새로운 자원으로 볼 수 있다. 이렇게 새로운 장소를 열어주는 것은 더 많은 보상을 얻게 하거나 게임의 진행에 필수적인 요소로 이용할 수 있다.

둘 중 어떤 경우로 활용하든, 디자이너로서 여러분은 교착 상태가 발생하지 않도록 주의해야 한다. 예를 들어, 레벨의 출구에 특별한 적 보초병을 넣는다고 가정하자. 이 적은 레벨 어딘가에 숨겨져 있는 고유 무기를 찾아야만 한 방에 처치할 수 있는데, 이 무기는 레벨 전역에서 사용할 수 있다. 플레이어가 무기를 발견할 당시에는 탄환이 10발 장전되어 있고, 다음 레벨에 도달할 때까지 더 이상은 탄환을 얻을 수 없다. 하지만 처음 플레이할 때는 이 사실을 아는 플레이어가 없다. 이제, 처음으로 게임을 진행하는 플레이어가 무기를 찾고, 시험 삼아 두어 발을 발사하고는 다른 적들에게 몇 발 더 쏘고 나서 출구에 도달했을 때는 총알이 하나밖에 남지 않은 것을 깨닫는다. 그리고 적에게 총을 쏘지만 빗나간다. 이제 플레이어는 교착 상태에 빠지게 된다. 즉, 다음 레벨로 진행해야만 총알을 더 얻을 수 있는데 다음 레벨로 진행할 방법이 없는 것이다.

〈젤다〉의 교착 상황

〈젤다〉 시리즈에서는 화살이나 폭탄 같은 소모성 아이템을 통해 새로운 지역을 열 때가 많다. 이때 플레이어에게 필요한 아이템이 떨어지면 교착 상태가 발생할 수 있다. 〈젤다〉 시리즈의 디자이너들은 이렇게 승산이 없는 상황이 발생하지 않게끔, 필요한 자원을 얻을 수 있는 보상을 충분히 배치했다. 던전 안에는 플레이어가 깨뜨렸을 때 이런 자원을 주는 단지가 잔뜩 들어 있다(그림 4.10). 깨진 단지는 플레이어가 다른 방으로 이동하면 다시 복구되어 주기적으로 자원이 재공급된다. 단지에는 뭐든 다 넣을 수 있기 때문에, 디자이너로서 여러분은 이런 메커니즘을 이용해 플레이어에게 필요한 어떤 자원이든 제공할 수 있다. 심지어 단지를 이용해 게임플레이의 힌트를 제공할 수도 있다. 화살을 잔뜩 발견하게 되면 곧 화살이 필요한 상황이 올 것을 짐작할 수 있는 것이다.

그림 4.10 〈젤다〉 시리즈에서는 단지가 유용한 보상의 원천으로 쓰인다

내부 경제로 전략적 게임플레이 추가

실시간 전략 게임에서 얼마나 많은 전략적 도전이 경제에 기반을 뒀는지 확인하면 아마 놀랄 것이다. 〈스타크래프트〉에서는 전투를 벌일 때보다 경제를 관리하는 데에 더 많은 시간을 투입하는 것이 일반적이다. 내부 경제는 게임에서 대부분의 물리적 혹은 전술적 액션보다 더 장기간 작용하며 전략적 면을 강화해준다.

대부분의 실시간 전략 게임에서 내부 경제에 공을 들이는 이유 중 하나가, 이런 경제를 통해 게임의 보상 체계를 구축할 수 있고 장기적인 투자가 가능해지기 때문이다. 군사 분쟁을 다루고 있지만 계획이나 장기적 투자는 그다지 필요 없는 게임이라면 전장에서 유닛을 조종하는 데에만 치중할 수밖에 없으므로 전략 게임이라기보다는 전술 게임이 된다. 전략적 상호작용을 유지하려면 액션 게임의 물리를 보완하는 수준 이상으로 복잡한 내부 경제를 갖춰야 한다. 전략 게임의 경제는 보통 다양한 자원과 많은 순환 구조, 긴밀한 상호 관계라는 특징을 보인다. 이런 경제 구조는 기획하기도 힘들지만 올바른 균형점을 찾기는 더 어렵다. 디자이너로서 여러분은 경제의 요소들을 이해하고 각 요소의 역동적 효과를 제대로 판단하는 눈을 갖춰야 한다. 다년간 경험을 쌓아온 디자이너라도 실수를 저지르기 쉽다. 〈스타크래프트〉 같은 게임은 출시된 지 오래 지난 후까지도 플레이어들이 새로운 전략을 찾아낼 때마다 이에 맞춰 게임 경제에 많은 밸런스 조정이 이루어졌을 정도다!

〈스타크래프트〉의 미네랄과 SCV 유닛 같은 생산 경제에 초점을 맞추지 않는다 해도, 어떤 게임이든 내부 경제의 존재는 전략적 깊이를 더해주게 된다. 활용 가능한 자원을 현명하게 사용하도록 계획하게끔 유도하기 때문이다. 이미 언급했지만, 체스의 경제는 자원(말)과 전략적 이득의 측면에서 이해할 수 있다. 체스는 생산과는 관계가 없으며, 새 말을 얻는 경우는 드물다. 오히려 이 게임은 내가 가진 자원을 희생해 가능한 한 많은 전략적 이득을 취해야 한다. 즉, 체스는 말을 활용해 가장 큰 이득을 취하는 게임이다.

〈페르시아의 왕자: 시간의 모래Prince of Persia: The Sands of Time〉 같은 게임이 이와 유사하다. 이 액션 어드벤처 게임에서 플레이어는 민첩성과 전투 능력으로 여러 레벨을 헤쳐나가게 된다. 플레이어는 게임 초반에 시간을 조정하게 해주는 마법의 단검을 얻는다. 그리고 뭔가 잘못되면 단검에서 흘러나오는 모래를 이용해서 시간을 되돌려 다시 시도해볼 수 있다. 이 능력은 전투 중에도 사용할 수 있어, 적에게서 큰 타격을 받은 후에 시간을 되돌릴 수도 있다. 게다가 모래의 마법을 활용해 시간을 멈출 수도 있다. 여러 명의 적과 전투할 때 바로 이 능력이 도움이 된다. 그렇다고 모래가 무한정으로 나오는 것은 아니다. 플레이어는 잘 판단해서 시간을 되돌려야 하지만 다행히 적을 쓰러뜨리면 모래가 새로 생긴다. 따라서 일반적인 액션 위주의 게임플레이에 더해 필수적인 자원까지 관리해야 한다. 즉, 모래를 언제 써야 할지 잘 판단해야 하는 것이다. 플레이어마다 모래를 활용하는 순간은 각기 다를 것이다. 전투 상황에서 모래를 더 자주 사용하는 플레이어도 있을 것이고, 까다로운 점프 퍼즐에 활용하려고 아껴두는 사람도 있을 것이다. 이렇게 모래는 다용도로 활용하는 자원이 되어, 플레이어들이 가장 필요한 순간에 자기 능력을 가장 강화할 수 있는 방향으로 사용한다.

내부 경제를 이용한 넓은 확률 공간 구성

내부 경제가 복잡해질수록 게임의 확률 공간은 빠르게 넓어진다. 확률 공간이 넓은 게임은 대개 한 번의 플레이로는 모든 옵션을 다 확인할 수 없기 때문에 다시 플레이하는 비율이 높아진다. 또한 이런 게임은 플레이어의 능력과 선택에 따라 탐험할 수 있도록 열리는 확률 공간이 결정되기 때문에 더욱 개인화된 경험을 준다는 이점이 있다.

내부 경제를 통해 캐릭터의 발전, 기술, 성장, 혹은 탈 것의 업그레이드를 관리하는 게임들은 플레이어에게 게임 내 화폐를 활용해 이런 옵션을 선택하게 하는 경우가 많다. 롤 플레잉 게임은 플레이어들이 인 게임 머니를 써서 캐릭터를 꾸미고, 경험치 포인트를 써서 스킬과 능력을 키울 수 있도록 하는 대표적인 장르다. 일부 레이싱 게임에서도 플레이어가 경주와 경주 사이에 (일부는 경주 도중에) 차량을 튜닝하거나 업그레이드하는 데에 내부 경제를 활용한다. 선택할 수 있는 옵션이 충분하고, 제시된 옵션이 게임 내에서 맞닥뜨리게 되는 문제에 의미 있는 해결책을 마련해주거나 어떤 식으로든 플레이어에게 중요하게 느껴진다면 이런 내부 경제의 도입은 좋은 전략이다.

그런데 내부 경제를 활용해 게임플레이를 조정할 때는 주의할 점이 있다. 우선, 온라인 롤 플레잉 게임에서 특정 아이템과 스킬의 조합이 다른 조합보다 효율이 훨씬 뛰어날 경우 플레이어들이 이를 빠르게 간파하고 정보를 공유하므로 경제 밸런스가 무너지기 쉽다. 이렇게 되면 플레이어들이 효율 높은 조합만을 선택하기에 확률 공간이 대폭 좁아지면서 단조로운 경험을 창출하거나, 효율 높은 조합을 사용하는 플레이어들을 따라잡을 수 없다고 불평하게 된다. 이런 게임에서는 부정 회귀 구조를 활용해 커스터마이제이션 기능의 밸런스를 잡을 수 있다는 점을 이해해야 한다. 그래서 롤 플레잉 게임은 많은 부정 회귀 메커니즘을 도입하는 것이 일반적이다. 즉, 캐릭터의 레벨이 오르고 스킬이 강화되면 다음 레벨에 도달하기 위해 더 많은 경험치 포인트를 올려야 한다. 이를 통해 레벨과 능력 차가 벌어질 여지를 효과적으로 줄이고, 플레이어는 레벨이 올라갈수록 더 많은 투자를 하게 된다.

두 번째는 플레이어들이 한 번의 플레이를 통해 모든 요소를 다 맛볼 수 없을 정도로 넓은 확률 공간을 구성해야 한다는 점이다. 예를 들어, 롤 플레잉 게임에서 힘, 민첩성, 지력의 능력치가 각각 1에서 5까지 있고 이따금 이 중 하나를 선택해 올린다고 할 때, 게임을 끝낼 때쯤 이 모든 속성 능력치를 모두 최고치로 업그레이드하도록 기획했다면 좋은 디자인이 아니다. 이와 비슷하게, 플레이어가 어떤 순서로 속성을 업그레이드할지 선택할 폭이 굉장히 제한적이면 이런 선택의 결과 역시 제한된다. 의미 있는 선택을 가능하게 하려면 상호 배타적인 선택을 가능하게 해야 한다. 예컨대, 롤 플레잉 게임에서는 캐릭터의 클래스를 보통 하나만 선택하게 되어 있고 각 클래스에는 고유한 스킬과 능력들이 정해져 있다. 〈데이어스 Ex〉에서는 플레이어의 선택에 따라 사이보그 캐릭터를 강화할 때 게임플레이에도 영향이 있다. 플레이어는 잠깐동안 캐릭터를 투명하게 만들어주는 모듈과 캐릭터가 피해를 더 견딜 수 있도록 해주는 피하 이식용 특수 방어구 둘 중 하나를 선택해야 할 때가 있다.

세 번째로, 플레이어가 다양한 전략으로 완료할 수 있도록 레벨을 디자인하는 것이 좋다. 예를 들어 〈데이어스 Ex〉에서 플레이어는 캐릭터를 다양한 방식으로 육성할 수 있다. 전투, 은신, 해킹 세 가지 중 하나에 집중해 게임의 많은 도전을 해결해야 한다. 즉, 거의 모든 레벨에 다양한 해법이 있다는 뜻이다. 이런 게임의 밸런스를 잡기는 대단히 어렵다. 플레이어가 특정 레벨에 도달하기 전에 세 가지 옵션 모두를 업그레이드할 수 있도록 하겠다면, 전투 능력을 세 번, 은신 능력을 세 번, 해킹 능력을 세 번 업그레이드하거나 이 모두를 한꺼번에 업그레이드할 수 있도록 해야 한다. 〈데이어스 Ex〉에서는 업그레이드에 필요한 경험치 포인트의 원천이 모두 재생될 수 있어 문제가 더 심각했다. 즉, 게임을 진행하며 특정 보조 퀘스트를 수행하면 이런 것들을 얻을 수 있었던 것이다. 이전 지역으로 돌아가 경험치를 더 올리도록 하는 것은 좋은 방식이 아니다.

앞의 예를 보면, 전통적인 액션 게임보다 게임에서 허용하는 커스터마이제이션의 수준이 더 유연하다. 플레이어의 아바타가 정확히 어떤 능력을 갖게 될지 알 수 없기 때문이다. 〈데이어스 Ex: 휴먼 레볼루션Deus Ex Human Revolution〉에는 결함이 있다. 플레이어들이 다양한 방식으로 게임을 진행할 수 있도록 허용하는데도 보스 캐릭터를 무찌를 방법은 하나뿐이므로, 플레이어들이 아바타를 커스터마이즈할 이유가 사라지는 것이다.

경제 건설 게임을 위한 팁

경제를 구축해 나가는 건설이나 경영 시뮬레이션 게임은 내부 경제가 거대하고 복잡한 경향이 있다. 〈심시티〉가 바로 그렇다. 구역을 나누고 인프라를 구축할 때, 플레이어들은 이 빌딩 블록을 이용해 자원을 더 크게 키워갈 경제 구조역시 구축하게 된다. 이런 게임을 만들 때 디자이너는 플레이어가 다양하고 흥미롭게 조합할 수 있는 메카닉들을 마련해줘야 한다. 이는 완결되고 제대로 작동하며 균형 잡힌 경제를 설계하는 것보다 한층 더 어려운 일이다. 경제와 연관된 빌딩 블록을 조합하는 다양한 방식을 모두 인지하고 있어야 하기 때문이다. 하지만 제대로만 하면 플레이를 통해 구축하는 경제가 직접 플레이어의 선택과전략에 반영되기 때문에 게임을 진행하면서 성취감을 느낄 수 있게 된다. 〈심시티〉에서 판에 박힌 듯 똑같은 도시가 생겨나지 않는 것도 이 때문이다.

그럼 경제 구축 게임을 디자인하는 복잡한 과제에 도움이 될 세 가지 전략을 살펴보자.

- **모든 플레이어의 빌딩 블록을 한꺼번에 노출하지 말자:** 건설과 경영 시뮬레이션은 플레이어가 경제에 영향을 주는 초급 유닛과 빌딩 블록으로 농장이나 공장, 도시 등을 짓게 되어 있다(〈심시티〉에는 지구와 특화된 건물들이 있다). 이때는 플레이어들에게 게임의 다양한 요소들을 한 번에 몇 개씩 차근차근 소개해주는 것이 좋다. 그러면 최소한 처음에는 확률 공간을 쉽게 통제할 수 있다. 특정 빌딩 블록은 허용하되 다른 빌딩 블록들은 잠가둠으로써 시나리오를 마련하고 특별한 도전을 넣을 수 있다. 여러분의 게임에 뚜렷한 레벨이나 정해진 시나리오가 없다면 처음부터 모든 건설 옵션을 다 열어주진 않도록 하자. 새로운 고급 빌딩 블록을 사용할 수 있게 되기 전까지 플레이어들이 자원을 비축할 수 있게 해줘야 한다. 〈문명〉은 게임 초기에는 대부분의 빌딩 블록이 잠겨 있어서 하나씩 잠금을 해제하면서 진행하도록 구성된 경제 구축 게임의 교본과도 같다.

- **메타 경제 구조에 유의하자:** 이상적인 경제 구축 게임에서는 경제 빌딩 블록을 조합할 수 있는 방식이 무한대다. 하지만 이런 게임에는 최고의 접근법이 있게 마련이다(특히, 승리 조건이 있는 게임이라면 어떤 접근법에는 승산이 전혀 없다). 디자이너로서 여러분은 메타 경제 구조meta-economic structure라고 불리는 특수한 구조를 알아야 한다. 예를 들어 〈심시티〉에서는 공업, 주거, 상업 지구를 특정 방식으로 배치하면 효율이 극대화된다. 그리고 플레이어들이 이런 구조를 빠르게 파악해 따라 할 가능성이 높다. 이런 지배적인 패턴을 처리하는 까다롭지만 효과적인 방법은 게임 초반에 효율이 높은 패턴은 후반에 비효율적이 되게끔 만드는 것이다. 예를 들어, 초반에 인구를 성장시킬 수 있는 효율적인 구역 배치는 장기적으로 심한 공해를 유발하게 한다. 이런 효과를 만들어내려면 느리지만 파괴적으로 작용하는 양성 순환 구조를 도입하면 된다.

■ **다양성을 주고 확률 공간을 제한하도록 맵을 활용하라:** 〈심시티〉와 〈문명〉에서 이상적인 땅에 도시나 제국을 건설한다면 그렇게 재미있지는 않을 것이다. 이 두 게임은 가상 현실의 땅이 가하는 제약을 해결하는 것도 재미의 일부이기 때문이다. 디자이너로서 여러분은 플레이어들에게 제약을 가하거나 기회를 주는 요소로 맵을 활용할 수 있다. 그러므로 경제를 구축하는 최상의 방식이 있을지는 몰라도(지배적인 메타 경제 구조라 칭할 수 있겠다), 특정 지형에는 맞아떨어질 수 없다. 이로 인해 플레이어들은 상황에 맞는 해법을 찾아내야 하고, 유연하고 융통성 있는 플레이어에게는 그만큼의 보상이 따르게 된다. 〈심시티〉에서 도시에 발생하는 여러 자연재해 등의 재난 시나리오는 이와 유사하게 플레이어에게 유연한 대처 능력을 요구하게 된다. 물론, 〈심시티〉 역시 무작위로 재난을 발생시켜 플레이어의 진척을 뒤로 돌리고 있다.

요약

4장에서는 내부 경제의 기본 요소인 자원과 개체를 소개하고, 이를 조작하는 메카닉인 원천, 소모, 변환, 거래를 살펴봤다. 그래프를 통해 경제 형태의 컨셉을 확인하고 다양한 메카닉 구조가 어떻게 다른 형태를 만들어내는지도 알아봤다. 부정 회귀 구조는 균형을 창조하고, 양성 순환 구조는 군비 확장 경쟁을 촉발한다. 양성 순환 구조를 다른 방식으로 적용하면 플레이어가 경제를 키워나가기가 점점 어려워지므로 하향세를 촉발하기도 한다. 피드백 시스템은 두 플레이어가 비등한 게임을 유지하거나 한쪽이 앞서나가기 시작할 때 이를 심화시키는 역할도 한다.

게임 디자이너는 내부 경제를 다양하게 활용해 게임을 흥미롭게 만들고, 게임의 진행과 플레이어의 전략적 선택을 의미 있게 만들 수 있다. 내부 경제는 멀티플레이어 게임에서 플레이어 사이에 경쟁을 촉발시키는 역할도 할 수 있다. 마지막으로 〈심시티〉같이 플레이어가 경제를 구축하는 게임을 어떻게 만들어야 할지 몇 가지 조언을 했다.

실습 과제

1. 기존에 출시된 게임에서 자원과 경제 기능을 기술하라(연구할 게임은 강사와 상의해도 좋다).

2. 다음 중 한 가지를 잘 보여주는 게임을 (4장에서 언급한 게임은 제외) 찾아보자. 주기적 평형 상태를 유발하는 부정 회귀 구조, 하향세, 상반된 단기와 장기 투자 결과, 플레이어의 점수에 따른 영향, 러버밴딩 어떤 자원이 활용되었으며, 게임의 메카닉이 어떤 결과를 가져오는지를 설명하자.

3. 〈젤다〉 시리즈 외에 교착 상태가 발생할 수 있는 게임의 예를 들어보자. 이 게임은 교착 상태를 해결할 수 있는 수단을 제공하는가? 어떻게 해결하는지 설명하자.

5장

머시네이션

이전 장에서는 게임 메카닉에서 내부 경제가 얼마나 중요한지 알아봤다. 또한 도표를 통해 경제 구조가 미치는 영향을 시각적으로 살펴봤다. 이제 5장에서는 게임 메카닉을 시각화해주는 비주얼 랭귀지visual language, 머시네이션Machination 프레임워크를 자세히 알아보자. 머시네이션은 디자이너와 게임 디자인과 학생들의 게임 내부 경제 개발, 문서화, 시뮬레이션, 테스트 작업을 돕기 위해 요리스 도르만스가 고안한 툴이다. 이 프레임워크의 핵심은 바로 게임 내부 경제를 시각적으로 표현해주는 머시네이션 다이어그램이다. 머시네이션 다이어그램은 문법syntax 구조가 분명히 정의되어 있는 것이 장점이다. 즉, 머시네이션 다이어그램을 이용하면 디자인을 더욱 분명하고 일관된 방식으로 기록하고 전달할 수 있다.

이 책에서는 머시네이션 다이어그램을 계속 다룰 것이므로, 읽는 방법을 잘 배워두기 바란다. 이 장에서 머시네이션 다이어그램을 구성하는 요소를 대부분 설명하긴 하겠지만, 한 번에 이해하기에는 어려우므로 유의하기 바란다. 이 프레임워크의 요소들은 서로 긴밀하게 연관되어 있어, 함께 아울러야만 그 개념을 이해할 수 있다. 따라서 자연스럽게 설명할 수 있는 시작점을 찾기가 어렵다. 그럼에도 불구하고 머시네이션 다이어그램의 요소들을 논리적인 순서로 소개하기 위해 많은 노력을 기울였지만, 읽으면서 이전에 다룬 개념들이 자꾸 반복될 수 있다는 점을 미리 일러두겠다.

머시네이션은 단순히 다이어그램을 만드는 비주얼 랭귀지가 아니다. 도르만스는 다이어그램을 그려 실시간으로 시뮬레이션할 수 있는 온라인 툴도 만들었다. 이 툴로 머시네이션 다이어그램을 쉽게 구성해 저장할 수 있으며, 여러분의 게임 내부 경제의 행동 양식을 연구해볼 수도 있다. 이 툴은 www.jorisdormans.nl/machinations에서 찾아볼 수 있다.

부록 C는 머시네이션 툴 사용법 튜토리얼로 구성됐으며, 머시네이션 다이어그램의 가장 중요한 요소들은 부록 A에 간략히 정리했다.

머시네이션 프레임워크

게임의 메카닉과 그 구조적 특징이 뻔히 보이는 게임은 없다 해도 과언이 아니다. 플레이어에게 분명히 인지되는 메카닉도 있겠지만, 대부분은 게임 코드 안에 숨겨져 있다. 그래서 이런 메카닉을 묘사하고 논의할 별도의 수단이 필요하다.

불행히도, 게임 메카닉을 표현하는 데 활용되는 프로그램 코드나 유한 상태 다이어그램finite state diagrams, 페트리 네트Petri nets 같은 모델은 디자이너가 사용하기엔 복잡하고 접근성도 떨어진다. 더욱이, 이런 모델은 게임을 충분히 추상화해 피드백 루프 같은 구조적 기능을 즉각적으로 살펴보기에 적합하지 않다. 머시네이션 다이어그램은 게임 메카닉을 접근성 있게 표시하면서도 게임의 구조적 특징과 역동적 작동 방식을 고스란히 유지하도록 설계되어 있다.

머시네이션 프레임워크의 배경에 있는 이론은 게임플레이란 결국 게임 시스템 전체에 있는 유형과 무형의 추상적 자원의 흐름에 의해 결정된다는 것이다. 머시네이션 다이어그램은 이런 자원의 흐름을 보여주며, 게임 시스템 내의 피

드백 구조를 확인하고 연구할 수 있게 해준다. 결국 피드백 구조가 게임 경제의
역동적 작동 방식을 결정하기 때문이다. 머시네이션 다이어그램을 이용함으로
써 디자이너는 정상적으로는 눈에 보이지 않는 게임 시스템을 관찰할 수 있게
된다. 그림 5.1은 머시네이션 프레임워크의 개요와 가장 중요한 요소들을 도해
화한 것이다.

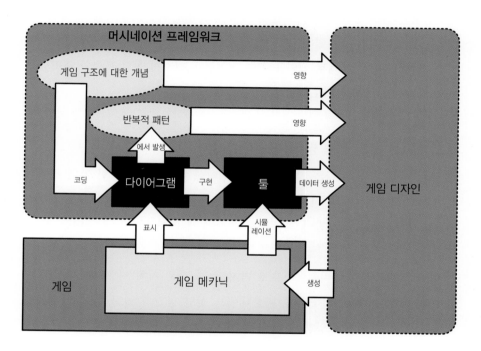

그림 5.1
머시네이션 프레임워크

머시네이션 툴

머시네이션 다이어그램은 종이나 컴퓨터의 그림판에 그릴 수 있다. 랭귀지의
문법도 고스란히 유지된다. 이 다이어그램은 내부 경제의 다양한 요소가 어떻
게 상호작용하는지 명료하게 표시해준다. 머시네이션 랭귀지의 문법은 컴퓨터
에서 해석하고 실행하기에 충분할만큼 정형화되어 있다. 즉, 게임 메카닉을 표
시하도록 디자인된 시각적 프로그래밍 언어에 가깝다고 할 수 있다.

디지털 머시네이션 다이어그램은 게임 메카닉을 역동적인 상호작용의 측면에서 표시해준다. 하지만 안타깝게도, 이 책에 인쇄된 고정된 일러스트레이션에는 역동적 상호작용을 표시할 수가 없다. 다행히 도르만스가 만든 무료 온라인 애플리케이션 '머시네이션 툴Machinations Tool'로 머시네이션 다이어그램을 그리면 실시간으로 시뮬레이션하고 상호작용을 확인할 수 있다. 머시네이션 웹사이트에서는 이후 장들에서 다룰 많은 예의 상호작용 버전을 찾아볼 수 있다. 게다가 머시네이션의 디지털 버전은 어느 정도 진짜 게임처럼 플레이할 수 있다. 일부 다이어그램은 실제로 게임을 하는 것처럼 느껴져서 실험 과정이 재미있고도 도전적으로 느껴질 정도다.

노트 머시네이션 툴과 이 툴에 활용할 수 있는 자료들은 www.jorisdormans.nl/machinations에서 찾아볼 수 있다.

머시네이션 툴의 작동 방식

이 책에 수록된 것과 같은 정적static 머시네이션 다이어그램은 한 가지 자원의 분배만 표시할 수 있다. 하지만 머시네이션 툴을 사용하면 다이어그램의 디지털 버전들을 로딩해, 시간이 흐름에 따라 어떻게 변화하는지 그 추이를 볼 수 있다.

머시네이션 툴은 마이크로소프트 비지오Visio 같은 객체 지향 2D 드로잉 애플리케이션과 모양이 비슷하다. 가운데에는 작업 공간이 있고, 사이드 패널에 선택할 수 있는 툴이 다양하게 배치되어 있다. 이 작업 공간에 다이어그램을 직접 그릴 수도 있고 파일에서 불러올 수도 있다.

노트 부록 C에 머시네이션 툴 사용법을 설명하는 튜토리얼이 수록되어 있다.

툴을 구동시키면 다이어그램에 명시된 이벤트들을 스텝별, 혹은 이터레이션iteration별로(이 두 용어에는 특별히 차이를 두지 않고 병행해서 사용하겠다) 연속해서 수행하며 다이어그램의 상태를 변경시킨다. 한 번의 이터레이션이 완료되고 나면 툴이 다이어그램에 새로운 상태를 실행하고, 이런 식으로 정지 명령을 내릴 때까지 반복한다(농구에서 타이머가 0이 될 때와 같이, 특정 조건이 만족되면 자동으로 다이어그램의 이터레이션을 멈추게 하는 기능을 넣을 수도 있다). 간격 값을 설정해 각 시간대의 길이를 조정할 수도 있다. 툴이 천천히 구동되게 하고 싶다면 시간대 별로 몇 초 정도 간격을 설정해두면 된다.

범위와 정밀도

이전 장에서 시스템을 단순화하거나 세부 사항을 제거해, 덜 복잡하고 연구와 조정을 쉽게 만드는 과정인 추상화에 관해 논의한 바 있다. 예를 들어, 〈심시티〉의 초기 버전에는 이 게임을 구동하는 컴퓨터의 CPU 파워가 부족해 자동차를 하나씩 묘사할 수가 없었다. 그 대신, 각 도로의 교통 밀집도를 간단히 계산해 밀집도를 묘사한 애니메이션을 보여줬다.

머시네이션 다이어그램은 원하는 수준까지 추상화할 수 있고, 게임 메카닉 전부나 일부에 초점을 맞춰 활용할 수도 있다. 머시네이션 다이어그램을 활용하면 게임의 메카닉을 다양한 상세 수준으로 디자인하고 테스트할 수 있다. 어떻게 사용할지는 각자가 어떤 목적으로 활용하느냐에 달려 있다. 예를 들어, 실제로는 멀티 플레이어용이라 해도 싱글 플레이어 관점에서 모델링하는 것만으로 충분한 게임도 있다. 일단 싱글 플레이어 관점에서 모델링하고 나면 다이어그램이 어떻게 복제되고, 복제된 다이어그램들이 합쳐져서 멀티플레이어 상황을 보여줄지는 쉽게 상상할 수 있기 때문이다.

또한 한 명의 플레이어에 대해서만 더 상세하게 메카닉을 모델링하는 편이 나을 때도 있다. 플레이어들 간에 턴이 돌아가는 것 같은 게임의 특정 측면을 배제해야 할 때도 있을 것이다. 고도의 추상화를 적용하면 실시간 플레이와 턴제 플레이에 별 차이가 없어지기도 한다.

이 책에서 예를 들 때는 상세화 수준은 낮추고 추상화 수준을 높여 다이어그램이 너무 복잡해지지 않도록 했다. 내부 경제의 구조적 특징이 쉽게 눈에 들어와야만 이런 구조가 어떻게 자연 발생적 게임플레이를 만들어내는지 이해하는 데 도움이 될 것이다. 따라서 머시네이션 다이어그램의 범위는 자연히 싱글 플레이어, 그리고 게임 시스템에 대한 해당 플레이어의 개인적 관점이 된다. 현재 이 툴은 멀티플레이어 시스템과 턴제 플레이의 프레임워크를 모델링하는 것도 가능하긴 하지만 특별히 멀티플레이어 게임을 지원하는 기능을 포함하고 있진 않다. 머시네이션 다이어그램에 사용하는 입력 기기는 마우스이며, 여러 입력 장치를 허용하는 멀티 플레이어를 지원하지 않는다. 툴은 상호작용할 차례를 강제하거나 한 플레이어가 다른 플레이어에게 속한 다이어그램을 클릭하는 일을 방지해 주지 않는다. 게임의 플레이어블playable을 만드는 툴이 아니라 시뮬레이션 툴이기 때문이다.

마지막으로 한 가지 주의 사항이 있다. 여러 실제 게임을 모델링하는 데에 머시네이션 다이어그램을 사용하긴 했지만, 앞서 말한대로 이 책에서는 단순화해 묘사했다. 머시네이션 프레임워크와 다이어그램은 게임을 이해하는 데에 도움을 줄 뿐이며, 게임 자체를 연구하는 용도로 활용할 순 없다.

머시네이션 다이어그램의 기본 요소

머시네이션 프레임워크는 게임의 내부 경제 요소 간의 활동, 상호작용, 커뮤니케이션을 모델링하는 도구다. 이전 장에서 살펴봤듯이, 게임의 경제 시스템은 자원의 흐름에 의해 좌우된다. 게임의 내부 경제를 모델링할 때, 머시네이션 다이어그램은 자원을 끌어당기고 밀어내고 수집하고 분산시키는 여러 종류의 노드를 이용한다. 자원의 연결은 자원이 요소 사이에서 이동하는 방식을 결정하며, 상태의 연결은 현재의 자원 분포가 다이어그램의 다른 요소를 어떻게 바꾸는지를 결정한다. 이런 요소가 모여 머시네이션 다이어그램의 핵심을 이룬다. 그럼 이 기본 요소를 하나씩 살펴보자.

저장고와 자원

머시네이션 다이어그램의 가장 기본적인 노드 유형은 저장고pool다. 저장고는 다이어그램에서 자원이 모이는 곳이다. 저장고는 비어 있는 원으로, 저장고에 저장된 자원은 칠해진 더 작은 원이 빈 원 안에 쌓여있는 형태로 표시된다(그림 5.2). 저장고에 쌓인 형태로 넣기에 자원이 너무 많을 때는 툴이 대신 숫자를 표시한다.

팁 ▦ 툴이 저장고에 있는 자원을 언제 쌓인 형태에서 숫자로 전환하는지는 조정할 수 있다. 저장고가 강조된 상태에서 사이드 패널의 한계치(Limit) 디스플레이 박스에 숫자를 입력한다. 기본값은 25다. 0을 입력하면 저장고 안이 비어 있지 않은 한 항상 숫자가 표시된다. 저장고를 만들 때마다 각기 다른 값을 설정할 수 있다.

그림 5.2
저장고와 자원

자원이 5개인
저장고

비어 있는
저장고

자원이 125개인
저장고

저장고는 개체들을 모델링하는 데 사용된다. 예를 들어, 돈이라는 자원과 플레이어의 은행 잔고라는 개체가 있을 때, 은행 계좌를 모델링하는 데 저장고를 사용한다. 하지만 저장고는 소수값이 아닌 정수값만 저장할 수 있다는 데 유의하자. 즉, 미화로 치면 은행 계좌에는 달러 단위의 정수만 넣거나, 아니면 센트 단위로 지정해야만 한다.

머시네이션은 다양한 색상으로 여러 자원을 구분한다. 저장고에는 여러 종류의 자원이 들어갈 수 있어 복합적인 개체를 모델링할 수 있다. 하지만 머시네이션 프레임워크에 익숙해지기 전에는 한 개의 저장고에 다양한 자원을 섞어 넣지 않는 편이 좋다. 즉, 싱글 플레이어의 체력, 에너지, 탄환을 대표하는 각각의 저장고를 넣는 편이 한 개의 저장고에 여러 색상의 자원을 전부 넣는 것보다 더 쉽다.

자원 연결

머시네이션 다이어그램에서 각각의 자원은 다이어그램의 노드들을 연결한 실선의 화살표로 표시되는 자원 연결Resource Connection을 따라 노드에서 노드로 이동한다(그림 5.3).

그림 5.3
자원 연결

3

속도 3인 자원 연결

속도 1인 자원 연결

5

속도 5인 자원 연결

모두

흐름 속도에 제한이 없는
자원 연결

자원 연결별로 각기 다른 속도로 자원이 이동할 수 있다. 자원 연결 옆에 붙은 라벨은 얼마나 많은 자원이 한 번의 스텝에 연결을 따라 이동할지 표시해준다. 자원 연결에 라벨이 없을 때는 이동하는 자원 수가 1이라고 간주한다. 또한 자원 연결의 라벨에 '모두'라는 단어를 넣으면 한 번의 스텝에 무제한의 자원

노트 저장고는 노드의 한 종류라는 점을 기억하자. 이 밖에도 각기 특별한 목적에 부합하는 일곱 가지의 다른 노드가 있다. 이런 노드들은 '고급 노드 유형' 절에서 설명하겠다.

을 이전하는 자원 연결을 만들 수도 있다. 내부 경제가 어떻게 작동하는지 보여주기 위해, 머시네이션 툴은 자원 연결을 따라 이동하는 자원의 흐름을 애니메이션으로 표시한다. 툴을 구동하면 연결된 선을 따라 자원이 한 노드에서 다른 노드로 이동하는 것을 볼 수 있다.

입력, 출력, 원천, 대상

노드로 들어가는 연결은 해당 노드로의 입력, 노드에서 나가는 연결은 해당 노드의 출력이라고 부른다. 이와 유사하게, 연결이 출발하는 노드는 근원, 연결이 끝나는 노드는 대상이라고 부른다(그림 5.4).

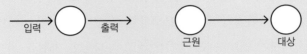

그림 5.4 입력, 출력, 근원, 대상

팁 머시네이션 툴에서 자원 연결에 고정 흐름 값을 넣으려면, 자원 연결을 선택한 다음 사이드 패널의 라벨 박스에 숫자나 '모두'를 입력한다.

무작위적인 흐름 속도

앞서 설명했듯이, 게임에서는 불확실성을 위해 무작위 숫자 생성기를 자주 활용한다. 이런 게임을 정확하게 모델링하려면 머시네이션 다이어그램의 라벨 박스에 무작위적 흐름 속도를 입력하면 된다. 무작위적인 속도를 표시하는 방식에는 여러 가지가 있다. 간단히 D를 입력하기만 하면 자원 연결 옆에 주사위 기호(⊞)가 나타나서 불특정한 무작위적 요소라는 것을 표시해준다. 이것은 속도가 다소 변화하지만 정확히 지정하고 싶지는 않다는 것을 의미한다(머시네이션 툴에서 이 다이어그램을 실제로 시뮬레이션하면 사이드 패널의 주사위 박스에 들어간 값이 기본으로 적용된다).

머시네이션 툴은 펜 앤 페이퍼 롤 플레잉 게임에서 흔히 쓰는 것과 같은 주사위를 사용한다. 이런 게임에서는 6면 주사위를 한 번 굴려서 나올 수 있는 무작위적인 숫자를 d6, 똑같은 주사위를 굴려 나오는 결과에 3을 더한 값을 d6+3, 6면 주사위 두 개를 굴려 나온 값을 더한 결과, 즉 2에서 12까지는 2d6이라고 부른다. 물론 다른 주사위도 사용할 수 있다. 2d4+d8+d12는 4면 주사위 두 개에 8면과 12면 주사위에서 나온 값을 더한 총합을 뜻한다. 펜 앤 페이퍼 롤 플레잉 게임과는 달리, 머시네이션 툴에서는 시중에서 판매하는 주사위만 사용할 수 있는 것은 아니다. 예를 들어, 5면, 7면, 심지어는 35면 주사위도 사용할 수 있다.

백분율을 이용한 무작위 값도 만들 수 있다. 25% 라벨이 붙은 자원 연결이 있다면, 해당 자원이 한 번에 연결을 이동할 확률이 25%라는 뜻이다. 백분율을 이용할 때는 100% 이상으로 조정할 수도 있다. 예를 들어, 250%라면 흐름 속도가 최소 두 배 + 50%라는 뜻이다. 그림 5.5는 다양한 무작위 흐름 속도의 예다.

그림 5.5 여러 무작위 흐름 속도

팁 ▨▨▨ 자원이 자원 연결을 통해 이동하는 것을 보고 싶지 않다면 머시네이션 툴을 빠른 구동(quick run) 모드로 구동하면 된다. 이 옵션은 사이드 패널의 구동(run) 탭 밑에 있다. 이 옵션을 선택하면 툴이 훨씬 빠르게 구동된다.

활성화 모드

머시네이션 다이어그램의 노드들은 이터레이션마다 발동될 수 있다. 노드가 발동되면 연결된 선을 따라 자원을 밀어내거나 당겨온다(자세한 설명은 다음 절에서 한다). 노드 발동은 활성화 모드에 의해 좌우된다. 머시네이션 다이어그램의 노드에는 다음과 같은 네 가지 활성화 모드가 있다.

▪ 노드가 자동으로, 즉 이터레이션마다 발동된다. 모든 자동화 노드는 동시에 발동된다.

▪ 노드가 플레이어의 액션을 의미하는 상호작용성으로 설정되어, 해당 액션에 반응해 발동한다. 머시네이션 다이어그램의 디지털 버전에서 상호작용성 노드는 사용자가 클릭하면 발동한다.

▪ 노드가 시작 액션이어서 첫 번째 이터레이션 전에 단 한 번만 발동한다. 머시네이션 툴에서 시작 액션은 사용자가 구동run 버튼을 클릭한 후 바로 발동한다.

▪ 노드가 수동적일 때는 다른 요소에서 생성된 트리거trigger에 대한 반응으로만 발동한다(트리거에 대해서는 곧 설명한다).

노드는 종류에 따라 모양이 달라서 쉽게 구분할 수 있다(그림 5.6). 자동화 노드는 별표(*)로 표시되고, 상호작용성 노드는 외곽선이 두 줄이며, 시작 액션은 s가 붙고 수동적 노드에는 별다른 표식이 없다.

그림 5.6
활성화 모드

자동   상호작용성   시작 액션   수동

자원 당기기와 밀어내기

저장고는 발동되면 연결된 입력으로부터 자원을 당겨오려고 시도한다. 당겨오는 자원의 수는 연결된 입력 자원 각각의 속도, 즉 줄 옆에 적혀 있는 숫자에 의해 결정된다. 저장고를 밀어내기 모드로 설정할 수도 있다. 이 모드에서 저장고가 발동되면 출력 연결을 따라 자원을 밀어낸다. 밀어내는 자원의 수 역시 출력 자원 연결의 흐름 속도에 의해 결정된다. 저장고가 밀어내기 모드일 때는 p자가 붙는다(그림 5.7). 그런데 저장고에 출력만 존재할 때는 늘 밀어내기 모드라고 간주되므로 p자를 생략한다.

저장고가 연결된 모든 입력에 있는 것보다 많은 자원을 당겨오려고 할 때는 두 가지 방식으로 처리한다.

■ 노드는 기본적으로 입력의 흐름 속도 안에서 가능한 한 많은 자원을 당겨온다. 자원이 충분하지 않을 때는 있는 만큼 당겨온다.

■ 또는 노드가 모든 자원을 당기거나 전혀 당기지 않도록 설정할 수도 있다. 이 모드에서는 자원이 모두 갖춰지지 않으면 어떤 자원도 당겨오지 않는다. 전부가 아니면 아무 자원도 당겨오지 않는 노드에는 &자를 붙여서 표시한다(그림 5.7).

이 규칙은 밀어내는 노드에도 적용된다. 기본적으로 밀어내는 노드는 출력 자원 연결을 따라 출력의 흐름 속도 안에서 가능한 한 많은 자원을 내보낸다. 밀어내는 노드가 전부, 아니면 아무것도 밀어내지 않도록 설정되면 출력에 모두 공급할 수 있을 때만 자원을 보내준다. 그래서 밀어내기 모드의 이런 노드에는 p와 &을 모두 붙여 표시한다.

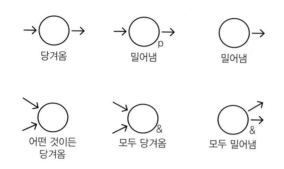

그림 5.7
당기기와 밀어내기 모드

그림 5.8은 자원이 요구치만큼 존재하지 않는 두 가지 상황을 보여준다. 노드 A는 사용자가 활성화하는 상호작용성이므로 외곽선이 이중이다. 이 노드는 위의 입력에서 3개의 자원을 당겨오고 아래쪽 노드에서는 2개를 당겨오지만, 연결된 저장고에는 충분한 자원이 들어 있지 않다. 이때 노드 A를 클릭하면 가져올 수 있는 자원만 끌어온다. 노드 B를 클릭하면 1에서 6까지 무작위적인 숫자의 자원을 입력으로부터 당겨오려고 시도한다. 이 무작위적 숫자가 4, 5, 6일 때는 보급할 수 있는 3만큼만 끌어오게 된다.

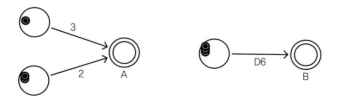

그림 5.8
요구 수량보다 자원이 적은 두 가지 경우

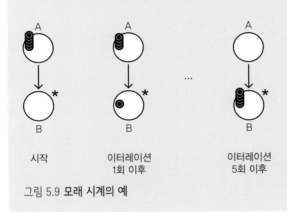

모래시계의 예

저장고와 자원 연결을 활용해 간단한 모래시계를 구성해볼 수 있다(그림 5.9). 여기서는 두 개의 저장고가 자원 연결을 통해 하나로 연결되어 있다. 위의 저장고(A)는 수동적이며 다섯 개의 자원이 있고, 아래쪽 저장고(B)는 자동이며 자원이 없이 시작한다. 이터레이션마다 B는 A에서 자원을 하나씩 당겨와서 모든 자원이 A에서 B로 이동할 때까지 반복한다. 그런 다음에는 이 다이어그램의 상태가 변화하지 않는다.

시작   이터레이션 1회 이후   이터레이션 5회 이후

그림 5.9 모래 시계의 예

팁 머시네이션 툴에서는 다이어그램에서 아무 요소도 선택하지 않았을 때 사이드 패널에 표시되는 시간 모드(Time Mode) 풀다운 메뉴를 이용해 다이어그램의 시간 모드를 설정할 수 있다. 동기화 모드든 비동기화 모드든 상관없이 간격(Interval) 박스에서 초 단위로 길이를 설정할 수 있다. 간격 박스에는 소수값을 넣을 수 있으므로, 2.5를 입력하면 각 스텝이 2.5초 간격이 된다.

시간 모드

게임마다 시간을 다른 방식으로 처리한다. 보드 게임은 턴제일 때가 많은 반면, 대부분의 비디오 게임은 플레이어가 아무것도 하지 않아도 활성화 상태가 유지된다. 이렇게 서로 다른 방식의 게임을 표현하기 위해 머시네이션 다이어그램은 다음 세 가지 시간 모드 중 하나로 작동한다.

- 동기화 시간 모드synchronous time mode에서는 모든 자동화 노드가 시스템 전체에 지정한 규칙적인 간격으로 발동한다. 여러분이 클릭하는 모든 상호작용 노드는 다음 번에 자동화 노드가 발동할 때 함께 발동한다. 이 모드에서는 한 스텝에 모든 액션이 동시에 발생한다. 사용자는 다양한 여러 상호작용 노드를 한 스텝에 활성화할 수 있지만, 각 상호작용 노드는 한 번의 스텝에만 활성화될 수 있다.

- 비동기 시간 모드asynchronous time mode에서도 다이어그램의 자동화 노드는 사용자가 임의로 지정한 길이의 규칙적인 간격으로 활성화된다. 하지만 플레이어들은 이 간격 내에서 언제든 상호작용 노드를 활성화할 수 있으며, 그 결과 발생하는 액션은 다음 스텝까지 기다리지 않고 즉시 실행된다. 이 경우, 상호작용성 노드는 한 스텝에서 여러 번 활성화될 수 있다. 이것이 머시네이션 툴의 기본 설정값이다.

- 또한 머시네이션 다이어그램은 턴제 모드turn-based mode로 처리할 수도 있다. 이 모드에서는 시간대가 규칙적인 간격으로 실행되지 않는다. 대신, 플레이어가 정해진 숫자의 액션을 수행하고 나면 새로운 스텝이 발동한다. 이는 각각의 상호작용성 노드에 액션 포인트 수를 배정하고 턴당 플레이어에게 정해진 액션 포인트의 예산을 배정해 구현한다. 액션 포인트를 모두 사용하고 나면 모든 자동화 노드가 발동하고, 새로운 턴이 시작된다.

팁 머시네이션 툴에서 시간 모드를 턴제로 설정하면 간격 박스가 액션/턴 박스로 대체되어 한 번의 턴에서 허용되는 액션 포인트의 숫자를 지정할 수 있다. 상호작용성 노드를 클릭했을 때 소모되는 액션 포인트의 숫자를 지정하려면 노드를 선택한 다음 사이드 패널의 액션 박스에 값을 입력하면 된다. 이 값은 0으로 넣을 수도 있다. '턴 종료(end turn)'라는 이름의 상호작용성 노드(그 외에는 다른 영향을 주지 않음) 한 개를 제외하고 어떤 상호작용성 노드도 액션 포인트를 소모하지 않을 때는, 이 방식으로 플레이어가 완료했다고 표시할 때까지 몇 번이건 액션을 수행할 수 있는 게임을 만들 수 있다.

당기기의 충돌 해결

두 개의 저장고가 동시에 같은 원천에서 자원을 당기려고 할 수도 있다. 이때 두 저장고의 요구치만큼 자원이 없다면 충돌이 발생하게 된다. 예를 들어, 그림 5.10을 보면 저장고 B가 자동으로 A에서 자원을 하나 당기는 스텝마다 C와 D는 B에서 자원을 하나 당기려고 시도한다. 즉, 한 번의 스텝 이후에는 B에 자원이 하나 있고 C와 D가 동시에 이를 당기려고 시도하게 된다. 이런 문제는 시간 모드로 해결할 수 있다. 동기화 시간 모드에서는 C나 D 둘 다 자원을 당기지 못한다. 두 번의 이터레이션이 지나고 B가 두 번째 자원을 당긴 다음에는 C와 D 모두 B에서 자원을 하나씩 당겨온다. 다이어그램이 구동되는 동안에는 C와 D 둘 다 두 번의 스텝마다 동시에 자원을 하나씩 당긴다. 9개의 자원으로 시작하므로, 9번의 스텝이 지나면 C와 D에는 자원이 네 개씩 담기고, B에는 자원이 하나만 남는다. 이때부터는 다이어그램의 상태가 변하지 않는다.

비동기화 및 턴제 모드에서는 C나 D 중 하나가 자원을 하나 당기게 된다. 어떤 저장고가 우선 순위를 가져가는지는 처음에 무작위로 결정된다. 그 다음부터는 스텝마다 우선 순위를 번갈아 가져간다. 즉, C와 D가 둘 다 스텝별로 번갈아가며 B에서 자원을 하나 당겨가서, 결국 C에는 자원이 네 개 D에는 다섯 개, 또는 그 반대가 된다.

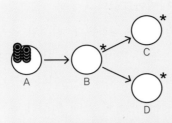

그림 5.10 머시네이션 다이어그램의 시간 모드에 따라 동시에 당기는 처리가 어떻게 이루어지는지를 보여준다

상태 변화

머시네이션 다이어그램의 상태란 현재 여러 노드에 자원이 분포된 상황을 일컫는다. 따라서 자원이 한 곳에서 다른 곳으로 이동하면 상태가 변한다. 머시네이션 프레임워크에서는 상태 변화를 이용해 자원 연결의 흐름 속도를 조정할 수 있다. 그리고 자원 분배의 변화에 반응해 노드들이 발동하도록 트리거하거나 활성화 및 비활성화할 수도 있다.

이를 위해 머시네이션에서는 상태 연결state connections이라는 두 번째 연결 클래스를 제공한다. 상태 연결은 노드의 현재 상태(노드 안의 자원 수)가 변화할 때 다이어그램의 다른 부분에 어떻게 영향을 미치는지를 표시한다. 상태 연결은 점선으로 된 화살표로, 제어하는 노드(근원)에서 대상인 노드, 혹은 자원 연결이나 드물게 다른 상태 연결로 연결된다. 상태 연결의 라벨은 대상을 어떻게 변화시키는지를 표시한다. 연결하는 요소의 유형과 라벨에 따라 상태 연결은 라벨 변경자label modifier, 노드 변경자node modifier, 트리거trigger, 활성제activator 네 가지로 나뉜다. 그럼 각각을 자세히 알아보자.

라벨 변경자

정해진 스텝에서 자원 연결을 통해 얼마나 많은 자원이 이동할지는 자원 연결의 라벨이 결정한다는 것을 기억할 것이다. 라벨 변경자는 근원 노드를 자원 연결의 대상 라벨(L)에 (혹은 다른 상태 연결에도) 연결한다. 라벨 변경자는 근원 노드

팁■■ 머시네이션 툴을 구동하고 나면 라벨 변경자 자체의 라벨이 양수임에도 라벨 변경자 때문에 대상이 줄어드는 것을 보고 혼동될 수도 있을 것이다. 이때는 이런 식으로 생각해보자. 라벨 변경자의 양수값 라벨은 대상이 근원 노드를 작동시켜서 근원이 올라가면 함께 올라가고 근원이 줄어들면 함께 줄어든다. 라벨 변경자의 음수값 라벨은 대상이 거꾸로 근원으로 흐르게 만들어, 근원이 올라가면 내려가고, 근원이 줄어들면 오히려 올라간다.

(ΔS)의 상태 변화가 상태 연결 자체의 라벨(M)에서 표시된 현재 스텝(L_t)에서 대상 라벨의 현재 값을 어떻게 변경하는가를 표시한다. 새로운 값은 다음 스텝에서 영향을 받는다(L_{t+1}). 근원 노드의 변경은 라벨 변경자 자체에 있는 라벨의 곱이다. 따라서 라벨 변경자가 +3이고 근원 노드가 2씩 증가한다면 대상 라벨은 다음 스텝에서 6만큼 증가하게 된다(근원 노드의 변경에 따라 한 번씩, 3을 두 번 더한 값이다). 하지만 라벨 변경자가 +3이고 근원 노드가 2씩 감소한다면 대상 라벨은 6만큼 줄어든다. 이렇게, 한 라벨 변경자의 대상 라벨의 새로운 값 (L_{t+1})은 다음 공식에 따라 정해진다.

$$L_{t+1} = L_t + M \times \Delta S$$

여러 라벨 변경자의 대상이 라벨일 경우, 모든 변경의 합을 구해야만 새로운 값을 찾을 수 있다.

$$L_{t+1} = L_t + \sum (M \times \Delta S)$$

라벨 변경자의 라벨은 항상 +나 – 기호로 시작한다. 예를 들어, 그림 5.11에서 저장고 A에 추가된 모든 자원은 저장고 B와 C 사이의 자원 흐름 값에 2를 더해준다. 따라서 B가 처음 활성화되면 A로 자원 하나가, C로는 자원 세 개가 흘러간다. 두 번째에는 A로는 하나의 자원이 흘러가지만 C로는 이제 다섯 개의 자원이 흘러간다.

라벨 변경자는 게임의 여러 작동 방식을 모델링하는 데에 자주 활용된다. 예를 들어, 〈모노폴리〉에서 플레이어가 모은 땅을 표시할 때 저장고를 이용할 수 있다. 플레이어의 땅이 늘어갈수록 해당 플레이어가 다른 플레이어로부터 돈을 많이 걷을 확률도 높아진다. 이는 그림 5.12의 다이어그램으로 나타낼 수 있다. 이럴 때 라벨 변경자에 정확한 값을 지정하지 않는다는 데에 주의하자. 라벨 변경자에는 무작위적인 흐름 속도의 효과가 양수라는 것만 표시한다. 또한 이 다이어그램에는 〈모노폴리〉의 많은 메카닉이 생략되어 있다. 예를 들어, 다이어그램에는 플레이어가 어떻게 땅을 획득하는지는 표시하지 않았다. 〈모노폴리〉를 더 완전히 묘사한 다이어그램은 6장과 8장에서 볼 수 있다.

노트 머시네이션 다이어그램에서 처음으로 색상을 사용해 봤다. 지금은 시각적으로 분명히 구분되도록 넣은 것이지만, 머시네이션 툴에는 다이어그램에 컬러 코드를 넣는 특수 기능도 있다. 컬러 코딩은 6장에서 더 상세하게 다룬다.

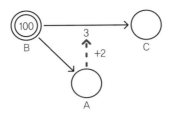

그림 5.11
두 저장고 사이의 흐름 속도에 영향을 주는 라벨 변경자. 한 스텝에서 B에서 C로의 흐름은 A에 있는 숫자의 3+2배가 된다

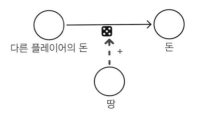

그림 5.12
<모노폴리>에서는 땅의 상태가 다른 플레이어로부터 흘러들어오는 현금 확보 기회에 긍정적으로 작용한다

노드 변경자

노드 변경자는 두 개의 노드를 연결한다. 노드 변경자는 한 노드(근원)의 상태를 바꿔 다른 노드(대상 노드)의 자원 수를 노드 변경자의 라벨(M)에 따라 변경하게 해준다. 근원 노드가 변하면 다음 스텝에서 대상 노드에 영향을 준다. 하나 이상의 근원 노드가 대상 노드를 변경할 수도 있다. 여기에 적용되는 공식은 라벨 변경자에 사용되는 공식과 거의 똑같다.

$$N_{t+1} = N_t + \sum (M \times \Delta S)$$

노드 변경자로 인한 부족 상태 발생

노드 변경자를 음수로 넣거나, 양수의 입력 노드 변경자가 붙은 노드에서 자원을 재분배함으로써 노드에 있는 자원의 수를 음수로 만들 수 있다. 이때 자원이 음수라는 것은 부족하다는 뜻이다. 노드에 부족 상태가 발생하면 자원을 당겨갈 수 없고, 부족 상태인 노드로 흘러들어가는 자원은 우선 부족 상태를 해소하는 데 사용된다.

그림 5.13은 두 개의 변경자가 있는 노드다. C의 자원 수는 A의 3배 빼기 B의 2배다.

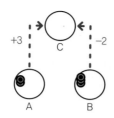

그림 5.13
노드 변경자는 저장고에
있는 자원의 수에 영향을
미친다

노드 변경자에는 +1/3이나 -2/4처럼 분수로 된 라벨이 붙을 수 있다. 이럴 때는 근원의 자원 수가 변할 때마다 근원 노드의 자원 수가 분모 값으로 나머지가 없이 나눠지면 분자 값만큼 대상 노드를 변경한다. 따라서 근원 노드의 자원 숫자가 7에서 8로 변하면 대상의 자원 수는 변경자가 -2/4일 때 2만큼 내려가지만, 변경자가 +1/3일 때는 대상 노드의 자원 수에 변화가 없다.

복잡하게 들리겠지만, 실제 게임에서는 노드 변경자를 사용한 단순한 예를 쉽게 찾을 수 있다. 〈카탄의 개척자Settlers of Catan〉에서 플레이어들은 보유한 마을 하나당 1포인트, 보유한 도시 하나당 2포인트를 얻는다. 마을의 수는 하나의 근원 노드에 들어가고, 도시의 수는 두 번째 근원 노드에 들어가며, 둘 다 대상 노드를 변경해 플레이어의 포인트가 변한다.

트리거

트리거trigger란 두 개의 노드가 연결되거나 근원 노드를 자원 연결의 라벨에 연결하는 상태 연결로, 라벨에 별표(*)를 넣어 표시한다. 트리거는 라벨과 노드 변경자처럼 숫자 값을 변경시키지는 않는다. 대신 모든 근원 노드의 입력이 충족되었을 때(각각의 입력에서 정의된 흐름 속도대로 자원을 노드에 가져올 때) 발동 트리거는 대상을 발동시킨다. 대상이 자원 연결일 때, 자원 연결은 흐름 속도에 지정된 대로 자원을 당겨온다. 입력이 없는 노드는 발동될 때마다 내보내는 트리거를 발동시킨다(자동이나 혹은 플레이어의 액션이나 다른 트리거에 의해 발동한다).

트리거는 보통 게임이 자원의 재분배에 반응하도록 하는 데 활용된다. 예를 들어, 〈모노폴리〉에서 플레이어들은 땅이 은행에서 자기 소유로 이전되는 것을 트리거하기 위해 현금을 은행으로 이전할 수 있다. 다이어그램으로 나타내면 그림 5.14가 된다.

노트 트리거는 트리거가 발동되기까지 아무것도 하지 않는 수동적 노드를 발동시키는 데에 흔히 사용된다. 이를 통해 게임에서 특정 상황이 발생했을 때만 수동적 노드가 발동하도록 설정할 수 있다.

그림 5.14

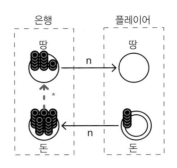

활성제

활성제는 두 개의 노드를 연결해, 근원 노드의 상태와 특정 조건에 의해서 대상 노드를 활성화하거나 제약을 가한다. 활성제의 라벨은 그 조건을 명시한다. 조건은 ==0, 〈3, 〉=4, !=2와 같은 연산식이나 3-6 같은 범위 값으로 작성한다. 근원 노드의 상태가 조건을 충족하면 대상 노드가 활성화(발동)된다. 조건이 충족되지 않으면 대상 노드는 억제되어 발동되지 않는다.

활성제는 다양한 게임 메카닉을 모델링하는 데 사용된다. 예를 들어, 보드게임 〈케일러스Caylus〉에서 플레이어는 일꾼(자원)들을 보드에 있는 특정 건물에 배치해 해당 건물에 연관된 특수한 액션을 수행하게 한다. 예컨대 금광에 일꾼을 보내서 금을 채취하도록 하는 것이다(그림 5.15). 하지만 그림의 트리거에 지정되어 있듯이, 〈케일러스〉에서는 플레이어가 금을 채굴할 때마다 플레이어의 인부 저장고에 일꾼이 돌아오게 되어 있다.

그림 5.15
〈케일러스〉

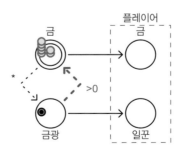

고급 노드 타입들

머시네이션 다이어그램에서 사용할 수 있는 노드가 저장고뿐인 것은 아니다. 이 절에서는 이전 장에서 다룬 네 개의 경제 기능(원천, 고갈, 변환, 거래)을 담당하는 특수 노드를 포함해 추가로 사용할 수 있는 일곱 가지 노드 유형을 더 살펴보겠다. 하지만 이 중 일부 노드는 사실 저장고, 자원 연결, 상태 연결을 응용해 재현할 수 있다. 도르만스는 다이어그램을 해석하기 쉽게끔 이런 특수 노드 유형을 만들었다. 머시네이션 다이어그램에서 자원 노드들만 사용한다면 다이어그램이 금세 너무 복잡해지기 때문이다.

게이트

게이트gate는 저장고와 달리 자원을 수집하지 않고, 즉시 자원을 재분배한다. 게이트는 여러 출력이 존재하는 다이아몬드 형태로 표시한다(그림 5.16). 각 출력의 라벨에는 흐름 속도 대신 확률이나 조건이 들어간다. 첫 번째 출력 유형은 확률 출력probable output, 나머지는 조건 출력conditional output이라고 부른다. 한 게이트의 모든 출력은 같은 종류여야 한다. 출력 중 하나가 확률이라면 나머지도 전부 확률이어야 하고, 한 출력이 조건이면 나머지도 모두 조건이어야 한다.

그림 5.16
머시네이션 다이어그램의
다양한 게이트 유형

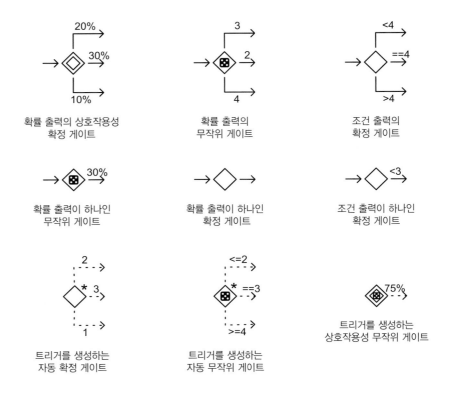

확률 출력의 상호작용성
확정 게이트

확률 출력의
무작위 게이트

조건 출력의
확정 게이트

확률 출력이 하나인
무작위 게이트

확률 출력이 하나인
확정 게이트

조건 출력이 하나인
확정 게이트

트리거를 생성하는
자동 확정 게이트

트리거를 생성하는
자동 무작위 게이트

트리거를 생성하는
상호작용성 무작위 게이트

확률은 퍼센트 단위나(예: 20%) 1단위 숫자로(예: 1, 3...) 표시한다. 첫 번째 그림에서 게이트로 흘러가는 자원에는 각 출력에 기입된 퍼센트에 해당하는 확률이 적용된다. 이 확률의 합은 100%를 넘어선 안 된다. 총합이 100% 미만일 때는 자원이 어떤 출력으로도 보내지지 않고 파괴될 수 있다. 숫자로 된 경우, 자원이 특정 출력을 통해 흘러갈 가능성은 해당 출력을 게이트의 모든 출력에 붙은 숫자를 더한 값으로 나눈 숫자가 된다. 다시 말해, 출력이 두 개이고 하나는 1, 하나는 3으로 값이 지정됐다면 첫 번째 출력으로 자원이 흘러나갈 가능성은 1/4, 두 번째로 흘러나갈 확률은 3/4이 된다.

확률 출력 게이트는 기회와 위험을 표현할 때 사용할 수 있다. 예를 들어 보드 게임 〈리스크〉에서는 플레이어가 위험한 지역에 군대를 투입해 땅을 차지하는데, 이런 위험성은 게이트에 성공과 실패 확률을 표시한 확률 출력을 넣어 표시할 수 있다.

출력에 조건 라벨이 붙으면 조건 출력이 된다(예: >3, ==0, 3-5). 이럴 때는 해당 게이트에 자원이 올 때마다 모든 조건을 체크하고, 조건이 충족된 모든 출력에 자원을 보낸다. 조건은 중복될 수 있는데, 이때 자원은 복제되거나 충족되는 조건이 없을 때는 파괴된다.

저장고와 마찬가지로 게이트에도 수동적, 상호작용성, 자동, 시작 액션의 네가지 활성화 모드가 있다. 상호작용성 게이트는 외곽선 두 줄로, 자동 게이트는 별표를 붙여, 다이어그램이 시작되기 전에 한 번만 활성화되는 게이트는 s를 붙여 표시한다. 게이트에 입력이 없을 때는 발동될 때마다 트리거된다. 이렇게 게이트는 자동으로, 혹은 플레이어의 액션에 반응하는 트리거를 만드는 데에 사용된다.

게이트에는 확정 분배deterministic distribution와 무작위 분배 이렇게 두 가지 분배 모드가 있다. 확정 게이트는 확률 출력에 표시된 퍼센트나 숫자에 따라 분배 확률을 계산해 고르게 분배한다. 조건 출력이 있을 때는 스텝마다 지나가는 자원의 수를 세서 출력 조건에 맞는지 확인한다(조건 출력이 있는 확정 게이트는 숫자를 세는 게이트라고 생각하는 쪽이 편하다). 확정 게이트에는 특별히 기호를 붙이지 않고, 비어 있는 작은 다이아몬드로 표시한다.

무작위 게이트는 임의의 값을 생성해 들어오는 자원을 어디에 분배할지 결정한다. 확률 출력이 있을 때는 적정한 숫자를 생성한다(0%에서 100% 사이, 혹은 출력의 숫자 총합보다 작은 값). 출력이 조건일 때는 다이어그램이 6면체 주사위를 굴릴 때처럼 1에서 6까지의 값을 생성해 조건과 대조한다(이 값을 다른 유형의 무작위 분배에 넣으면 왜 위험한지는 이후에 살펴보겠다). 무작위 게이트는 주사위 기호로 표시한다.

게이트에는 하나의 출력만 있을 수도 있다. 하나의 출력만 있는 게이트도 여러 출력이 있는 게이트와 작동 방식은 같다. 그림 5.16의 가운뎃줄에 있는 게이트들은 왼쪽에서 오른쪽으로 각각 30%의 자원을 무작위로 이동시키고, 출력의 흐름 속도와는 관계없이 자원을 출력으로 즉시 이동시키며, 첫 번째 두 개의 자원만 이동시킨다. 게이트로부터 모든 출력으로 이어지는 상태 연결은 트

팁 툴의 머시네이션 다이어그램에 게이트를 넣은 후에는 사이드 패널의 유형(Type) 아이콘 중 하나를 클릭해 게이트의 유형을 정할 수 있다. 비어 있는 다이아몬드(디폴트 값)는 확정 게이트다. 주사위 기호를 누르면 무작위 게이트로 변한다.

리거다. 게이트들은 자원을 축적하지 않으므로 게이트에서 시작되는 라벨 변경자, 노드 변경자, 활성제는 어떤 역할도 하지 않는다. 이런 트리거 역시 조건이나 확률 둘 다 될 수 있다. 이렇게 게이트는 자원의 흐름을 제어하는 데에 사용할 수 있다(그림 5.17).

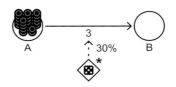

그림 5.17 두 개의 수동 저장고 사이에서 자원의 흐름 속도를 제어하는 자동 무작위 게이트. 이 경우 스텝마다 A에서 B로 세 개의 자원이 흘러갈 확률은 30%다

원천

원천은 자원을 생성하는 노드로, 위를 향하는 삼각형 형태로 표시한다(그림 5.18). 머시네이션 다이어그램에서는 어떤 노드든 디폴트로 자동, 상호작용성, 수동, 혹은 다이어그램이 시작될 때만 한 번 활성화될 수 있다. 자동 원천의 예로는 〈스타워즈: X-윙 얼라이언스Star Wars: X-Wing Alliance〉에서 플레이어가 타는 스타 파이터 우주선에 지속적으로 보호막이 재생되는 것을 들 수 있다. 보드 게임 〈리스크〉에서 군대를 양성하는 행동도 상호작용성 군대 원천으로 모델링할 수 있으며, 〈모노폴리〉에서 보드를 한 바퀴 도는 액션은 게임 이벤트에 의해 트리거되는 수동적인 돈 자원으로 재현할 수 있다. 원천에서 자원이 생산되는 속도는 원천의 본질적인 속성으로, 출력의 흐름 속도에 지정된다.

그림 5.18 무제한적 원천과 제한적 원천

무제한 원천   무제한 원천과 동일   무제한 원천

원천은 여러모로 입력이 없이 충분히 큰 (심지어는 무한대의) 자원 공급에서 시작되는 저장고와 똑같이 작용한다. 하지만 한정된 자원을 모델링하려면 들어 있는 자원의 수를 명시한 저장고를 활용하는 편이 낫다(4장의 '네 가지 경제 기능' 절을 참고하자).

고갈

고갈은 자원을 소모하는 노드로, 고갈로 들어가는 자원은 영구적으로 사라진다. 머시네이션 프레임워크에는 아래쪽을 향한 삼각형으로 표시되는 특수한 고갈 노드가 있다(그림 5.19). 고갈 속도는 입력 자원 연결의 흐름 속도에 의해 결정된다. 일정한 속도로 자원을 소모하는 고갈도 있고, 무작위적인 속도나 간격으로 자원을 소모하는 고갈도 있다. 또한 자원 연결에 '모두' 라벨을 넣으면 고갈에 붙어 있는 입력 자원 연결을 모두 소모하게 할 수 있다(화장실이 바로 이런 예다. 레버를 내리면 물이 얼마나 많이 있든 한꺼번에 전부 배수된다). 원칙적으로 고갈은 출력이 없는 저장고로 표시할 수 있지만, 고갈로 흘러가는 자원이 소모되어 더이상 게임에 미치는 영향이 없다는 것을 분명히 하려면 고갈 노드를 이용하는 편이 낫다.

그림 5.19
고갈

고갈은 경제에서 자원이 영구적으로 제거되는 과정을 묘사할 때 유용하다. 여기에는 실체가 있는 시스템이 닳는 효과나 슈팅 게임에서 무기를 발사할 때 탄환이 소모되는 효과도 포함된다.

변환

변환은 하나의 자원을 다른 자원으로 바꿔준다. 오른쪽을 향한 삼각형에 세로선을 그어 표시한다(그림 5.20). 변환은 원자재를 완제품으로 바꿔주는 공장 등을 모델링하는 데 쓰인다. 밀을 밀가루로 바꿔주는 풍차가 여기에 해당된다. 변환은 하나의 자원을 소모해 다른 자원을 생산하는 원천을 트리거하는 고갈과도 같다. 원천이나 고갈과 마찬가지로, 변환은 자원의 소모와 생산 속도를 입력과 출력에 명시해 서로 다르게 설정할 수 있다. 예를 들어, 제재소의 변환은 나무 한 그루를 목재 50개로 바꿀 수도 있다.

그림 5.20
변환

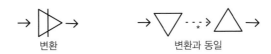

변환은 고갈과 원천으로 구성되므로, 정해진 수량의 무언가만 출력으로 생산하는 한정적 변환이라는 특수한 경우도 만들 수 있다. 한정적 변환은 제한된 원천과 고갈을 합친 것이다. 그림 5.21은 한정적 변환을 구성하는 두 가지 방식을 보여준다.

그림 5.21
한정적 변환을 구성하는
두 가지 방식

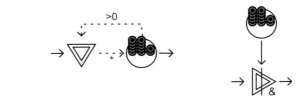

거래

거래trader는 발동되면 자원의 주인이 바뀌는 노드다. 두 명의 플레이어는 거래를 이용해 자원을 교환할 수 있다. 머시네이션 다이어그램에서 거래는 왼쪽과 오른쪽을 향한 두 개의 삼각형에 세로 선을 그어 표시한다(그림 5.22). 정해진 숫자의 한 가지 자원이 정해진 숫자의 다른 자원으로 교환될 때(변환될 때가 아니다) 거래를 사용한다. 이 노드는 쇼핑과 같은 상황을 처리할 때 이상적이다. 상인은 돈을 받고, 소비자는 정해진 비율(가격)대로 상품을 받는다. 상인이나 소비자에게 필요한 자원이 없을 때는 거래가 성립할 수 없다. 〈폴아웃 3Fallout 3〉에서 모든 거래의 공급이 제한적인 것이 그 예다. 거래 메커니즘은 하나의 트리거로 연결된 게이트 두 개로 구성되어, 자원 하나를 받으면 다른 자원이 반드시 교환되도록 한다.

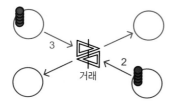 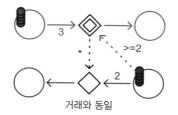

거래와 동일

그림 5.22
거래

노트 이것은 컬러 코드 다이어그램의 예로, 자원의 종류에 따라 다른 색상을 사용한다. 그림 5.22에서 빨간색은 돈이고 파란색은 상품을 뜻한다. 상호작용성 거래 아이콘을 클릭하면 세 개의 돈 자원이 두 개의 상품 자원과 교환된다. 컬러 코드 다이어그램은 6장에서 자세하게 다룬다.

변환 vs. 거래

플레이어의 입장에서 변환과 거래는 거의 같은 역할을 한다. 일정 숫자의 자원을 통과시키면 다른 자원을 받게 되기 때문이다. 하지만 디자이너의 관점에서 보면 둘은 확연히 다르다. 두 노드의 차이는 머시네이션 다이어그램의 구성을 보면 확실해진다. 변환은 고갈과 원천이 합쳐져 있다. 변환을 활성화하면 자원은 실제로 소모되고 생산되며, 게임 내의 총 자원 수가 변할 수 있다. 반면, 거래를 활성화하면 교환만 일어난다. 즉, 게임 내의 자원 수는 항상 그대로 유지된다.

종료 조건

특정 조건이 충족되면 게임은 종료된다. 때로 플레이어가 정해진 목표를 완수하거나 타이머가 종료될 때, 또는 플레이어가 하나만 빼고 모두 제거되면 종료된다. 머시네이션 다이어그램은 종료 상태를 명시할 때 종료 조건을 이용한다. 머시네이션 툴이 다이어그램에서 스텝마다 종료 조건을 체크해, 종료 조건이 충족되면 즉시 구동을 멈추는 것이다. 종료 조건은 사각형 노드 안에 속이 채워진 더 작은 사각형을 넣어 표시한다(대부분의 오디오나 비디오 플레이어에 있는 정지 버튼과 같은 모양이다). 종료 조건은 활성제에 의해 활성화되어야 한다. 활성제는 게임의 종료 상태를 명시하는 데에 활용된다. 그림 5.23에 두 가지 예가 묘사되어 있다. 왼쪽의 다이어그램에서는 25개의 자원이 고갈되면 자동으로 멈춘다. 오른쪽의 예에서는 세 개 이상의 사과와 오렌지를 키우면 승리한다.

그림 5.23
종료 조건

〈팩맨〉의 모델링

클래식 아케이드 게임 〈팩맨〉을 통해, 머시네이션 다이어그램으로 단순한 게임의 메카닉을 어떻게 시뮬레이션할 수 있는지 알아보자. 지금부터 〈팩맨〉의 모델링 과정을 6단계로 나누어 머시네이션 다이어그램에 하나씩 추가하면서 어떻게 작동하는지 살펴보겠다. 우선 게임의 가장 중요한 자원들을 알아본 다음 각각의 메커니즘을 모델링한다. 쉽게 구분할 수 있게끔 주요 메커니즘에는 각기 다른 색깔을 넣는다. 그리고 마지막으로 이런 메커니즘을 모두 연결해 〈팩맨〉의 최종 다이어그램을 만들어보겠다.

우선 이 모델은 〈팩맨〉 소프트웨어를 그대로 시뮬레이션한 것이 아니라 유사하게 재현한 것이라는 점에 유의하기 바란다. 예를 들어, 유령이 유령의 집에서 나오는 것은 규칙적인 속도로, 5번째 스텝마다 하나씩으로 구현했다. 실제 게임에서 유령이 언제 나올지는 좀 더 복잡한 알고리즘에 의해 결정된다. 이렇게 모델링할 수도 있지만, 그러면 다이어그램이 복잡해진다. 이 책에서는 머시네이션 프레임워크를 어떻게 사용할지를 배우는 것이 목적이지, 실제 게임을 그대로 재현하는 것이 중요한 것은 아니므로 다소 단순화했다는 점을 양해하기 바란다.

자원

〈팩맨〉의 모델링에는 다음과 같은 자원들을 활용한다.

- **점:** 미로를 따라 팩맨이 다 먹어야만 레벨이 완료되는 점들이 흩어져 있다. 점들은 팩맨이 모두 파괴해야만 승리할 수 있는 유형의 자원이다. 게임은 정해진 숫자의 점을 가지고 시작된다. 점들은 플레이 도중에는 생산되지 않는다(다음 레벨로 바뀔 때는 예외다).

- **알약:** 모든 레벨은 팩맨이 먹었을 때 유령을 먹어치울 수 있는 능력이 생기는 알약 네 개로 시작한다. 이 알약은 플레이어가 현명하게 사용해야 하는 희귀 자원이다. 점과 마찬가지로 소모되기만 하며, 플레이 도중에 생산되지는 않는다.

- **과일:** 가끔씩 미로에 과일이 나타난다. 팩맨이 과일을 먹으면 추가 포인트가 올라간다.

- **유령:** 미로에서 팩맨을 쫓는 유령에는 네 가지 종류가 있다. 유령들은 화면 중앙에 있는 '유령의 집'이나 미로 안에서 추격을 벌이는 위치에 있다. 유령들 역시 유형 자원이다(자원이 늘 플레이어에게 유리한 역할을 하는 것은 아니다!).

- **생명:** 〈팩맨〉은 세 개의 생명으로 시작한다. 생명은 무형 자원으로, 팩맨이 생명을 모두 잃으면 게임이 종료된다.

- **위협:** 추격하는 유령의 영향을 시뮬레이션하기 위해 위협이라는 추상적 자원을 모델링할 것이다. 위협이 일정 수준을 넘어서면 팩맨이 잡히고, 생명을 하나 잃는다. 미로 자체의 모양은 머시네이션에서 처리할 수 없으므로 모델링하지 않고, 자원의 흐름과 게임의 상태만 모델링할 것이다.

- **포인트:** 팩맨은 점과 과일, 유령을 먹을 때마다 이를 소모해 정해진 수의 포인트를 올린다. 게임의 목표는 가능한 한 많은 포인트를 올리는 것이다. 포인트는 무형 자원이다.

이것이 〈팩맨〉의 경제에서 분명한 자원들이며, 이 자원들을 중심으로 시스템을 구축해 모델링을 시작하겠다. 위협은 시뮬레이션을 위해 우리가 만들어낸 자원이며, 위협을 모델링하는 방식 역시 원래의 게임과는 달리 우리가 정한 것이다.

점

우선 단순한 메카닉으로 시작하겠다. 팩맨은 점을 먹고, 이 점들을 포인트로 변환한다. 이 메카닉은 두 개의 저장고와 변환으로 표현할 수 있다(그림 5.24). 하나의 저장고는 미로 안의 점을 뜻하는 50개의 자원을 담은 채 시작한다. 포인트를 수집하는 저장고는 빈 상태로 시작한다. 또한 모든 점을 다 먹으면 레벨이 완료된다는 것을 결정하는 종료 조건도 추가했다. 먹는 액션을 표시하는 변환은 상호작용성 노드다. 변환을 클릭해 점을 먹을 수 있다. 하지만 변환의 입력에는 무작위적 흐름 속도가 지정됐다는 데 유의하자. 여러분이 클릭할 때마다 액션이 성공할 가능성은 낮은 수준이다. 점의 개수가 많을수록 먹기도 쉽다. 처음에는 점을 먹을 확률이 100%로 시작하지만 점을 먹어갈수록 총 개수가 줄어들기 때문에 이터레이션당 확률이 1%씩 감소한다. 이는 플레이어가 미로를 돌면서 점을 먹기가 점차 어려워지는 점을 반영한 것이다.

그림 5.24
점을 먹어 포인트 올리기

실제 게임에서 팩맨은 원래 있었던 곳으로 돌아오기 전까지는 점을 먹을 확률이 100%고, 일단 돌아오고 나면 점을 먹을 확률이 0%가 된다. 이를 유사하게 재현하게 위해 점 먹기 변환을 클릭할 때마다 점을 먹는 데 성공하는 확률을 점차 줄였다. 이 책의 모델에서 점을 먹을 확률은 최초에는 100%로 설정되

어 있고, 이 확률이 점 저장고의 변화에 따라 라벨 변경자에 의해 반영되도록
했다. 점 저장고에 있는 점의 숫자가 한 번의 스텝에서 다음 번 스텝 사이에 변
하면, 이 변화는 상태 연결의 라벨 값으로 곱해져서 결과가 자원 연결의 백분율
에 적용된다. 점이 50에서 49로 소모되면 점 저장고의 상태는 -1만큼 변한다.
이를 +1%로 곱하면 -1%를 얻게 되고, 따라서 다음 번 스텝에서는 점을 먹을
성공 확률이 1% 낮아진다.

머시네이션으로 게임을 모델링할 때는 이런 근사값을 구하는 과정이 제일
까다로운 것 중 하나이며, 이런 결정을 내릴 때는 어떤 뜻인지 잘 생각해야 한
다. 우리는 1%를 적정한 값으로 택했지만, 여러분의 생각은 다를 수도 있을 것
이다. 예컨대, 점을 먹을 성공 확률의 변화를 1% 대신 0.25%로 잡으면 아주 능
숙한 플레이어가 미로에서 이미 지나갔던 곳에서 보내는 시간을 반영할 수 있
다. 숙련된 플레이어라면 대부분의 시간을 새로운 점을 먹는 데에 보낼 것이기
때문이다.

어떤 면에서는 기존 게임보다 새로운 게임을 모델링하는 편이 쉬울 수도 있
다. 새로운 게임을 디자인할 때 머시네이션을 쓴다면 원하는 것은 뭐든지 설정
할 수 있기 때문이다. 이 툴의 장점은 원하는 수준까지 상세하게 실험하고 조정
할 수 있다는 것이다.

과일 메커니즘

과일 메커니즘은(그림 5.25) 점 메커니즘과 비슷하게 작동한다. 하지만 점과 달
리, 과일은 가끔씩 나타났다가 팩맨이 먹지 않으면 자동으로 사라진다. 이 추
가적인 메카닉은 과일 저장고에 연결된 원천과 소모로 표현된다. 비율이 분수
라는 것은 과일 원천이 20이터레이션마다 과일 하나를 생산하고, 5번의 이터
레이션마다 하나씩 소모한다는 것을 뜻한다. 따라서 과일은 20이터레이션마
다 하나씩 나타나고, 5이터레이션이 지나면 사라진다. 과일을 먹는 액션을 표
시하는 상호작용성 노드에는 실제 성공할 확률이 50%로 고정되어 있다. 이는

팁 점을 먹는 데 성공
하는 확률을 제어하는 상태
연결의 라벨이 +1%인데도
점을 먹을 확률이 점차 내
려가는 데에 당황하지 말
자. 상태 연결의 기능은 원
천 저장고의 변화를 (라벨
을 곱해서) 전달하는 것이
다. 이 경우 변화는 항상
음수이기 때문에, 상태 연
결은 실제론 음수 값을 전
달하게 되는 것이다.

노트 실제 게임에서 과일
은 레벨당 두 번씩만 나타
나며 레벨에 따라 보너스
포인트가 점점 올라간다.
우리는 게임의 다양한 레벨
을 구현하지 않았으므로 관
찰하기 쉽도록 더 짧고 단
순하게, 과일이 더 자주 나
타나게 했다.

미로를 따라가며 과일을 따라잡을 난이도를 실제와 비슷하게 잡은 것이다. 하지만 점 하나를 먹을 땐 1포인트가 오르지만, 과일을 하나 먹으면 5포인트가 오른다.

그림 5.25
다이어그램에 추가된 과일
메커니즘(보라색)

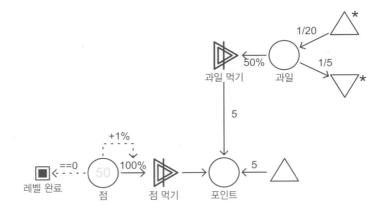

위협을 만들어내는 유령

노트 실제 게임에서는 유령이 집을 나서는 것을 결정하는 알고리즘이 상당히 복잡하다. 이 책에서는 학습의 편의를 위해 알고리즘을 단순화했다. 또한 유령에는 제한적인 인공 지능이 있어 이동 방식을 제어한다. 이 역시 미로의 레이아웃을 시뮬레이션하지 않기 때문에 우리의 다이어그램에는 나오지 않는다.

네 마리의 유령이 유령의 집에서 시작하고, 5번째 이터레이션마다 한 마리씩 고정된 비율로 미로에 들어선다. 미로 안에 있는 각각의 유령은 자동 원천에서 생성되는 검은색 자원으로 표시되는 위협을 생산한다. 그림 5.26은 이 메카닉을 표현한 것이다. 이 다이어그램에서 미로 저장고는 5번째 이터레이션마다 유령 한 마리를 당겨간다. 미로 안의 유령은 각각 위협을 생산하는 원천의 출력을 늘린다. 플레이어는 무작위의 상호작용성 회피 게이트를 클릭해 위협을 줄일 수 있다. 클릭하면 이 게이트는 50% 확률로 아홉 개의 위협 자원을 소모하는 트리거를 발동한다(실패하면 회피 게이트는 아무 영향도 끼치지 않지만, 플레이어가 이 게이트를 다시 클릭해 재도전할 수는 있다). 우리는 유령을 피하려는 시도가 늘 성공하지 않도록 임의로 이 값을 택했다. 더 능숙한 플레이어를 표현하도록 다이어그램을 변경하고 싶다면 백분율을 높이면 된다.

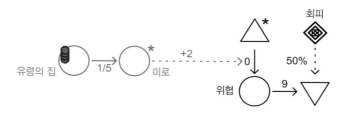

그림 5.26
유령은 위협을 만들어내지만 회피할 수 있다

팁 리셋 게이트의 상태 연결 라벨은 〉100이라는 점에 주의하자. 이는 상태 연결이 활성제라는 것을 의미한다. 활성제는 두 개의 노드를 연결한다. 첫 번째 노드는 조건이 충족되면 두 번째 노드를 활성화하는데, 이 경우에는 위협 저장고에 100 이상의 위협 자원이 쌓인 것이 그 조건이 된다.

잡힐 때의 생명 소모

위협 저장고에 있는 위협 자원이 100을 넘으면 팩맨이 잡히고, 플레이어는 생명을 하나 잃는다(그림 5.27). 이러면 유령은 유령의 집으로 돌아가고, 플레이어는 게임을 새로 시작하거나 마지막 생명이었을 때는 게임이 끝난다. 이 과정은 위협 자원이 100을 넘어서면 활성화되는 자동 트리거(검은색 점선)로 표시된다. 그러면 리셋 게이트로 가서 생명이 하나 소모되는 소모, 유령을 미로에서 유령의 집으로 돌려보내는 자원 연결, 그리고 쌓인 위협을 고갈시키는 소모의 세 방향(녹색 점선) 트리거로 전달된다.

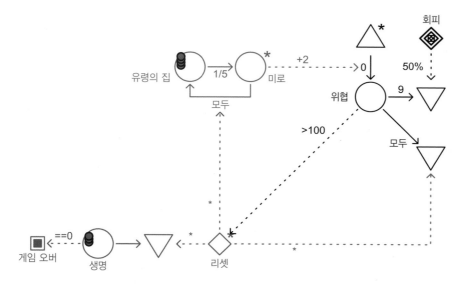

그림 5.27
잡힐 때의 리셋

노트 미로의 레이아웃을 시뮬레이션하지 않으므로 플레이어가 유령에 잡힐지 결정하는 위협 수준의 값은 임의로 100을 넣었다. 하지만 실제 게임에서처럼, 플레이어는 유령을 피해서(상호작용성 회피 게이트 이용) 위협을 낮출 수 있다.

알약

마지막으로 다이어그램에 추가할 메커니즘은 플레이어가 알약을 먹었을 때 유령을 먹을 수 있게 해주는 메커니즘이다. 그림 5.28은 다이어그램에 이 메커니즘(하늘색)을 추가해 게임이 완성된 모습이다. 알약은 제한된 공급으로 시작된다. 플레이어는 알약 먹기 변환을 클릭해 알약을 자동으로 고갈되는 추상적 자원인 파워업 시간으로 변환할 수 있다. 파워업 시간이 남아 있는 동안에는 유령이 위협 생산을 멈추고, 위협의 소모가 활성화된다. 동시에, 유령을 먹는 새로운 액션이 가능해진다. 잡아먹힌 유령은 유령의 집으로 돌아가며, 추가로 5포인트가 오른다.

완성된 다이어그램

그림 5.28은 실제 〈팩맨〉에 근접한 플레이어블이다. 이미 설명했지만, 특정 메커니즘은 생략했으며 게임의 세부적인 측면은 원작과 다르다. 머시네이션 다이어그램에 이런 상세한 면을 추가할 수는 있지만, 이런 데에서는 새로 배울 만한 것이 별로 없다. 대신, 이렇게 단순화한 다이어그램에서도 중요한 것들을 몇 가지 발견할 수 있다. 그중 하나가 〈팩맨〉의 플레이어들은 점을 먹고 유령을 피하고 과일을 먹는 여러 과제를 균형 있게 수행해야 한다는 점이다. 이런 액션 중하나인 과일 먹기는 게임의 나머지 부분과는 상당히 고립되어 있다. 과일 먹기는 추가 포인트를 올려주지만 다른 데에는 도움이 되지는 않는, 즉 점을 먹고 안전하게 유령을 피하기에도 바쁜 초보 플레이어들은 무시할 만한 행동이 된다. 그러나 알약은 현명하게 사용해야 할 중요한 자원이다.

　이 디지털 〈팩맨〉 다이어그램 버전을 플레이할 때는 실제 게임에서 주어지는 전략적 옵션까지도 경험해볼 수 있다. 즉, 알약은 유령을 먹고 추가 포인트를 올리는 데 이용할 수도 있지만, 마지막 점을 안전하게 먹고 더 빠르게 진행하는 데 활용할 수도 있는 것이다.

노트 　실제 게임에서 알약의 지속 시간과 유령을 먹어서 올리는 포인트는 레벨에 따라 변화하므로, 다이어그램에서는 단순화해 표현했다.

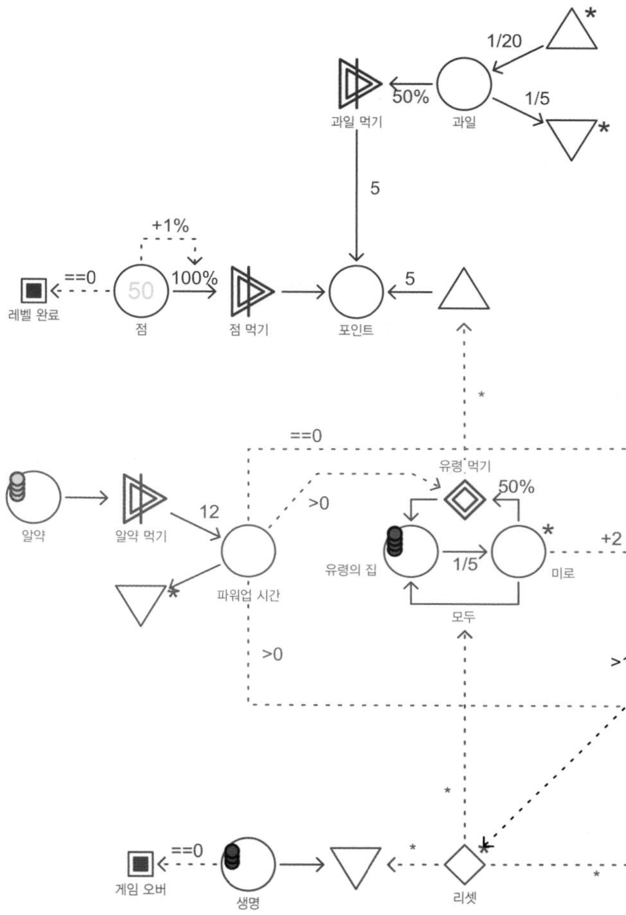

그림 5.28
완성된 〈팩맨〉의 다이어
그램

요약

이 장에서는 머시네이션 프레임워크를 좀 더 자세히 설명했다. 머시네이션 다
이어그램은 자원에 대한 기능을 수행하는 노드들로 구성된다. 가장 기본적인
노드는 저장고로, 자원을 저장한다. 노드들은 자원 연결이라고 부르는 화살표
로 연결되며, 이 연결은 어디서, 언제, 얼마나 많은 자원이 한 노드에서 다른 노
드로 이동하는지를 관장한다. 점선 화살표로 표시되는 상태 연결은 메카닉이

자원 연결의 행동 방식을 변경하게 해주며, 저장고에 있는 아이템의 수와 이벤트의 발동 및 억제를 가능하게 해준다.

몇 가지 특수한 노드는 내부 경제에서 흔히 활용되는 기능을 수행한다. 원천은 새로운 자원을 생성하고, 고갈은 자원을 파괴하며, 변환은 한 가지 자원을 다른 자원으로 바꾼다. 게이트는 자신을 통과하는 자원의 흐름을 분배하며 트리거를 생산하는 데 사용할 수도 있다.

이 장의 끝부분에서는 〈팩맨〉을 머시네이션으로 모델링하면서 하나씩 시스템을 추가해 작동 방식을 알아봤다. 머시네이션은 다양한 게임 메카닉과 경제를 시뮬레이션할 수 있으며 액션 게임도 다룰 수 있다.

이제 다음 장에서는 더욱 특수한 노드들을 소개한 다음, 머시네이션으로 피드백과 무작위성을 어떻게 모델링하는지 확인하겠다. 또한 머시네이션을 여러 게임 장르에 적용할 수 있다는 점을 다양한 예를 통해 보여주겠다.

실습 과제

다음 실습 과제는 머시네이션 프레임워크에 얼마나 익숙해졌는지, 이 툴의 작동 방식을 이해했는지 테스트하기 위한 것이다. 확인하기 쉽게끔 다이어그램의 모든 저장고에는 담고 있는 자원을 쌓아두는 대신 숫자로 명시했다.

1. 다음 8개의 다이어그램에서 한 번 클릭한 다음 저장고 A에 있는 자원의 수는 각각 몇 개인가?

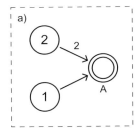 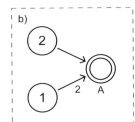 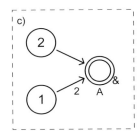

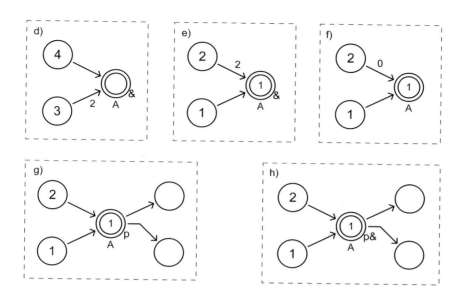

2. 다음 6개 다이어그램에서 모든 자원을 저장고 A로 옮기려면 각각 최소 몇 번 클릭해야 하는가?

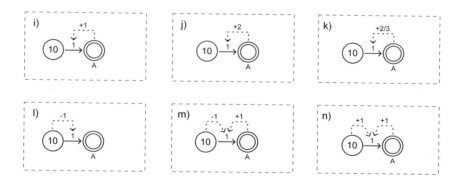

3. 다음 6개 다이어그램에서 모든 자원을 저장고 A로 옮기려면 각각 최소 몇 번 클릭해야 하는가?

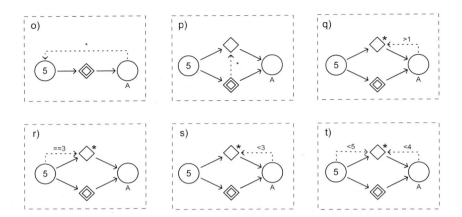

4. 다음 6개 다이어그램에서, 게임에 승리하려면 각각 최소 몇 번 클릭해야 하는가? 일부 다이어그램에는 상호작용 요소가 하나 이상이라는 점에 주의하자.

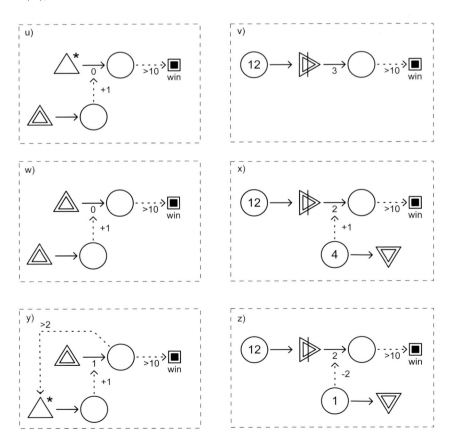

6장
일반 메커니즘

이전 장에서는 머시네이션 프레임워크를 소개하고, 머시네이션 다이어그램을 이용해 어떻게 게임의 내부 경제를 모델링하는지 살펴봤다. 이제 6장에서는 머시네이션 프레임워크에서 좀 더 복잡한 경제를 시뮬레이션하고 연구하는 데 도움이 되는 몇 가지 고급 기능을 소개하겠다. 또한 머시네이션 다이어그램에서 어떻게 피드백 구조를 읽어낼 수 있는지도 알아보겠다. 3장에서 살펴봤듯이 피드백은 자연 발생적 행동 양식을 만들어내는 데에 중요한 역할을 한다. 이 장에서는 피드백 구조의 일곱 가지 중요한 특성을 설명하겠다. 그리고 이 장의 마지막 부분에서는 무작위성을 이용해 여러분의 내부 경제에 불확실성을 추가하고 행동 양식의 변형을 가하는 방법도 알아보겠다. 디자이너들은 정적 버전이나 디지털 버전의 머시네이션 다이어그램을 이용해, 자기 게임의 게임플레이를 진행시키는 게임 메카닉의 다이내믹한 시스템적 특성을 이해할 수 있다.

머시네이션 컨셉 더 보기

우선, 5장에는 수록하지 않았던 디지털 머시네이션 다이어그램의 추가 기능을 몇 가지 알아보자.

등록

때로 머시네이션 다이어그램에서 간단한 계산을 하거나, 플레이어의 입력으로 발생하는 수치를 이용하고 싶을 때가 있을 것이다. 이런 기능은 대부분 저장고, 상호작용성 원천, 상호작용성 고갈, 상태 연결로 모델링할 수 있긴 하지만 그러면 다이어그램을 읽기가 어려워진다. 디지털 머시네이션 다이어그램에는 이런 것을 간단히 처리하기 위한 추가 노드 타입인 등록register이 있다. 등록은 속이 채워진 사각형에 현재의 숫자가 들어 있는 형태로 표시된다.

등록은 여러모로 숫자 값을 늘 표시해 두는 저장고와 똑같이 작용한다. 등록은 수동적일 수도 상호작용성일 수도 있는데, 수동적 등록에는 입력 상태 연결에 값이 설정된다. 다이어그램이 구동되지 않을 땐 이 값이 아직 결정되지 않았으므로 x로 표시한다. 상호작용성 등록의 초기값은 다이어그램을 디자인할 때 설정한 값이 된다. 또한 다이어그램이 구동 중일 때 사용자가 값을 변경할 수 있게끔 두 개의 버튼이 있다. 상호작용성 등록은 상호작용성 원천과 상호작용성 고갈에 연결된 저장고와 똑같다(그림 6.1).

그림 6.1
상호작용성 등록 및 이와
동일한 구성

상호작용성 등록을 활용해
설정한 생산 속도

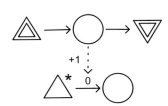

저장고와 상호작용성 원천 및
고갈을 활용해 만든 동일한 구조

등록은 저장고처럼 자원을 수집하지 않으므로 등록에 자원 연결을 넣어선 안 된다. 하지만 저장고에 상태 연결을 넣는 것과 같이 노드 변경자 상태 연결을 등록에 연결할 수는 있다. 수동적 등록은 더욱 복잡한 계산을 수행할 수 있게 해준다. 등록에 입력으로 연결하는 상태 연결에는 모두 자동으로 글자가 배정되고, 이 글자를 이용해 등록의 값을 결정하는 식을 넣을 수 있다(그림 6.2). 또한 수동적 등록에 입력의 최대나 최소값을 설정할 수 있도록 최대와 최소 라벨을 이용할 수도 있다.

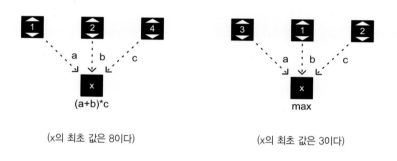

그림 6.2
수동적 등록을 이용한 계산 실행

(x의 최초 값은 8이다)   (x의 최초 값은 30이다)

간격

머시네이션 다이어그램에 스텝보다 낮은 빈도로 활성화되길 원하는 노드가 있을 수도 있다. 이럴 때는 노드의 흐름 속도를 간격intervals으로 설정하면 된다. 간격은 흐름 속도에 슬래시(/)를 넣어서 표시한다. 출력 속도가 1/5인 원천은 5번의 스텝당 1개의 자원을 생산한다(그림 6.2의 세 가지 예를 참고하자). 출력 속도가 0.2일 때도 이와 비슷한 결과가 나온다. 하지만 간격을 이용하면 제어하기가 더 쉽고, 자원을 한꺼번에 생산할 수도 있다. 예를 들어, 5/10의 생산 속도라면 10스텝마다 단번에 5개의 자원이 생산된다.

그림 6.3
간격

규칙적 간격   규칙적 간격의 무작위 속도   무작위 간격의 규칙적 속도 간격과 함께 무작위 흐름 속도도 이용할 수 있다. D6/3의 생산 속도라면 3스텝마다 1에서 6 사이의 자원을 생산한다. 간격 역시 무작위로 넣을 수 있다. 1/(D4+2)의 생산 속도는 3에서 6스텝마다 자원 하나를 생산한다는 뜻이다. 무작위 간격을 넣으면 플레이어가 게임에 계속 주의를 집중하게 된다('게임에 무작위적 간격 활용' 글 참조). D6/D6 같은 생산 간격도 가능하다. 이때는 1에서 6스텝마다 1에서 6개의 자원이 생산된다.

게임에 무작위적 간격 활용

존 홉슨(John Hopson)은 기사 '행동 양식에 따른 게임 디자인(Behavioral Game Design)' (2001년)에서 행동 심리학적 실험 결과, 플레이어의 행동 방식은 플레이어가 수행한 액션에 대한 보상을 받을 확률과 간격에 영향을 받는다고 보고했다. 다시 말해, 정기적으로 보상을 받을 때는 해당 간격 단위로 플레이어의 주의력과 활동이 높아진다는 것이다. 그런데 이런 간격을 무작위적으로 배치하면 플레이어들은 새로운 보상으로 이끌어줄 액션이 무엇이 될지 잘 모르기 때문에 거의 게임 내내 활동적으로 임한다. 다만, 이런 강력한 장치는 주의 깊게 활용해야 한다.

간격은 다이내믹하게 변경될 수도 있다. 변경 단위가 i인 라벨 변경자는 (예: +1i 혹은 -3i) 대상의 간격을 바꿔준다. 예를 들어 그림 6.4에서 원천 A의 출력 간격은 저장고 B에 자원이 더 많이 들어올수록 늘어난다.

그림 6.4
다이내믹한 간격

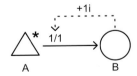

배수

무작위의 흐름 속도로 작업할 때는 여러 확률을 하나의 값으로 합치면 좋다. 예를 들어, 한 원천에 스텝마다 자원 하나를 생산할 기회가 두 번 있다고 가정하자. 이럴 때는 두 개의 출력에 각각 확률 흐름 속도를 넣을 수도 있지만(그림 6.5

의 왼쪽 다이어그램), 각 기회의 확률이 똑같다면 배수Multipliers를 이용하는 쪽이 더 편리하다. 배수는 3*50%, 2*10%, 3*D3처럼 흐름 속도 앞에 n*을 추가해서 만든다(그림 6.5의 오른쪽). 두 구성은 똑같지만 오른쪽이 덜 복잡하다. 하지만 서로 다른 확률을 이용해야 할 때는 왼쪽의 다이어그램 구성을 이용해야 한다.

그림 6.5
흐름 속도의 곱셈

간격과 마찬가지로 배수 역시 다이내믹하게 변화한다. 변경하는 유닛이 m인 라벨 변경자는(예: +2m 혹은 -1m) 대상의 배수에 영향을 준다. 예컨대, 그림 6.6의 소모에 있는 입력의 배수는 등록 B에 의해 제어된다. 이 다이어그램을 툴에서 구동하고 A를 클릭하면 (상호작용성 고갈) 해당 저장고에서 아이템 두 개를 고갈시키려 하며, 각각 성공할 확률은 50%이다. 등록 B의 값을 변경하려면 A가 고갈시키려 하는 아이템의 숫자를 늘리거나 줄이면 된다. 다른 라벨 변경자와 똑같이, 라벨에 m이 붙은 라벨 변경자 역시 원천 노드의 변화를 전달한다. 그림 6.6의 등록 B의 값은 자원 연결과 동일하지만 늘 그래야 하는 것은 아니다. 라벨 변경자의 연결이 +2m이라면 B의 변화를 두 배로 전달한다.

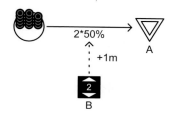

그림 6.6
다이내믹한 배수

지연과 대기열

많은 게임에서 자원의 생산, 고갈, 거래에는 시간이 걸린다. 액션을 완수하기까지 걸리는 시간은 게임 밸런스에 중요한 역할을 할 수도 있다. 머시네이션 다이어그램에서는 자원이 이동할 때 흐름의 지연에 활용하는 특수한 노드가 있다. 지연은 안에 모래시계가 그려진 작은 원으로 표시한다(그림 6.7).

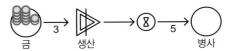

지연의 출력 라벨은 자원이 몇 스텝 지연되는지 표시한다(일반적으로 흐름 속도를 표시하는 자원 연결의 라벨들과는 다르다는 점에 유의하자). 이 스텝은 늘 유동적이다. 즉, 다이어그램의 다른 요소들이 라벨 변경자를 통한 지연 설정에 영향을 줄 수 있다. 또한 주사위 기호를 넣으면 지연 시간이 무작위가 된다. 또한 지연은 여러 자원을 동시에 처리할 수 있다. 다시 말해, 현재 지연되고 있는 자원의 수와는 관계없이 지정된 스텝 수만큼 들어오는 모든 자원이 지연될 수 있다.

지연 대신 대기열을 쓸 수도 있다. 대기열은 모래시계 두 개를 넣어 표시한다. 대기열은 한 번에 하나의 자원만 처리하므로 그림 6.8에서는 다섯 스텝마다 하나의 자원이 통과한다.

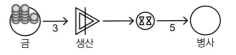

지연과 대기열은 (대기열에서 처리를 기다리는 자원의 수를 포함해) 현재 처리 중인 자원의 수를 상태 연결을 통해 통신용으로 사용할 수 있다. 정기적으로 영향을 주고 싶을 때 유용한 기능이다. 예를 들어 그림 6.9에서 지연 A를 활성화하면 원천 B가 10스텝 동안 활성화되고, 저장고 C에 자원이 있는 한 지연을 활성화할 수 있다. 이런 구성은 5장의 '알약' 단락에서 설명한 〈팩맨〉의 알약 구성을 개선하는 데 활용할 수 있다.

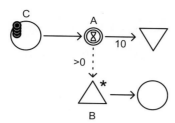

그림 6.9
지연을 이용해 주기적인
효과를 만들어낸다

역 트리거

어떤 게임에서는 플레이어에게 자동이나 무작위로 트리거되는 요소가 발생할 때 요구하는 자원이 없으면 불리한 일이 발생하기도 한다. 예를 들어, 〈문명〉에서 도시의 발전을 유지하기 위해 필요한 골드가 부족하면 게임이 자동으로 일부 업그레이드를 팔아버린다. 머시네이션 다이어그램에는 역 트리거reverse trigger로 이런 이벤트를 시뮬레이션한다. 역 트리거는 ! 라벨이 붙는 상태 연결이다. 원천 노드가 자원을 당기려고 하는데 원천의 입력 연결에 표시된 자원을 모두 당길 수 없을 때는 대상 노드에 역 트리거가 발동한다. 그림 6.10은 역 트리거가 〈문명〉의 도시 업그레이드를 어떻게 자동으로 파는지 보여준다.

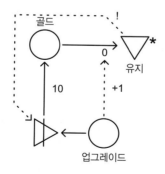

그림 6.10
〈문명〉에서 플레이어에게
골드가 떨어졌을 때 도시
업그레이드를 자동으로 파
는 과정

역 트리거는 종료 조건을 트리거시켜 게임을 종료하는 데에도 사용할 수 있다. 예를 들어, 그림 6.11 같은 구성은 플레이어의 HP가 고갈된 다음 추가적인 피해를 입으면 게임을 종료하는 데 활용된다(그림에서 피해는 사용자가 상호작용성 피해 고갈을 클릭할 때 유발된다. 대부분의 게임에서 피해는 다른 메커니즘에서 만들어낸 트리거에 의해 유발된다).

그림 6.11
플레이어의 HP가 고갈됐
을 때 피해를 입으면 게임
이 종료된다

컬러 코드 다이어그램

머시네이션 다이어그램에는 여러 가지 자원이 흘러갈 때 알아보기 쉽게 다양한 색상을 이용할 수 있다. 온라인 툴에서 컬라 코드 다이어그램을 만들려면 사이드 패널의 다이어그램 설정 대화상자에서 컬러 코드Color-Coded 옵션을 선택하기만 하면 된다.

컬러 코드 머시네이션 다이어그램에서 자원과 연결의 색상에는 각각 다른 의미가 있다. 자원 연결이 자원과 다른 색상일 때는 자기 색깔과 같은 자원만 당긴다. 마찬가지로, 상태 연결이 자원과 다른 색상일 때는 해당 색상의 자원에만 반응하고 다른 자원은 무시한다. 컬러 코딩은 같은 저장고에 다양한 자원을 저장할 수 있게 해주므로, 어떤 게임에는 이 기능이 대단히 유용할 수 있다. 이 장의 후반에서 컬러 코딩을 이용해 전략 게임의 다양한 유닛 타입을 어떻게 효과적으로 모델링하는지 알아보겠다.

컬러 코드 다이어그램에서 하나의 원천이나 변환은 출력이 원천이나 변환과 다른 색상일 때 다른 색상의 자원을 생산할 수 있다. 게이트는 다른 색상의 출력을 이용해 다양한 색깔의 자원을 분류해줄 수 있다.

그림 6.12는 컬러 코딩이 어떻게 쓰일 수 있는지 보여준다. 원천 A는 활성화될 때마다 무작위적 숫자의 주황색과 파란색 자원을 생산한다. 두 자원은 모두 저장고 B에 모인다. B에 있는 주황색 자원의 수가 늘어나면 A에서 생산되는 파란색 자원이 늘어나고, 그 반대도 마찬가지다. 사용자는 저장고 B에 최소한 20개의 주황색과 20개의 파란색 자원이 있을 때만 소모 C를 활성화할 수 있다.

팁 툴에서 컬러 코드 옵션을 체크하지 않아도 다이어그램에서 색상이 적용되긴 하지만 이는 식별의 편의를 위한 것일 뿐 시뮬레이션 자체는 컬러 코딩이 적용되지 않은 것처럼 처리된다.

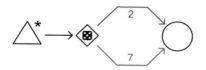

그림 6.12
컬러 코드 다이어그램

컬러 코드 다이어그램에서 게이트는 자신을 통과하는 자원의 색깔을 바꾸는 데 활용할 수 있다. 게이트에 컬러 코드된 출력이 있다면 해당 색상으로 자원을 걸러, 빨간색 자원은 빨간색 출력으로 보낸다. 하지만 들어오는 자원의 색상과 맞는 출력이 없을 때는 게이트가 적당한 출력을 선택해 자원을 해당 색상으로 바꿔준다(무작위 게이트일 때는 무작위적인 숫자를 이용하고, 확정 게이트일 때는 출력에 있는 수치에 따라 자원을 분배한다).

예를 들어, 그림 6.13에서는 이런 구성을 이용해 무작위로 평균 7/2 비율의 빨간색과 파란색 자원을 생산한다.

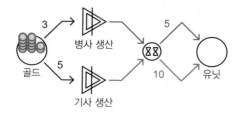

그림 6.13
무작위적 색상으로 자원 생산

지연과 대기열에도 컬러 코드를 적용할 수 있다. 서로 다른 색상의 출력을 주면 해당 출력에 표시된 수의 시간 단계에 따라 맞는 색상의 자원을 지연 처리한다. 그림 6.14는 플레이어가 기사와 병사를 만들어내는 게임 메카닉이다. 기사는 빨간색 자원으로, 병사는 파란색 자원으로 표시된다. 기사는 더 많은 골드와 시간을 투입해야 만들 수 있다.

그림 6.14
컬러 코딩을 이용해 하나의 생산 대기열에서 서로 다른 유닛을 생산한다

게임의 피드백 구조

게임의 내부 경제 구조는 게임의 다이내믹한 행동 양식과 게임플레이에 중요한 역할을 한다. 그중에서도 피드백 루프feedback loop는 특별한 역할을 한다. 게임 피드백의 고전적인 예는 〈모노폴리〉에서 땅을 구매하려고 돈을 쓰면 자산이 늘어나 더 많은 수익을 생성해 결국 이익으로 돌아오는 것을 들 수 있다. 이런 피드백 루프는 〈모노폴리〉의 머시네이션 다이어그램을 보면 쉽게 읽어낼 수 있다 (그림 6.15). 이 게임의 다이어그램은 돈과 땅 저장고를 연결하는 자원과 상태 연결의 닫힌 회로로 구성된다.

그림 6.15
〈모노폴리〉

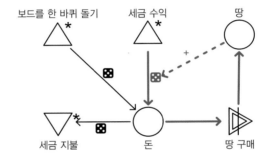

닫힌 회로의 피드백 생성

머시네이션 다이어그램의 피드백 루프는 닫힌 회로의 연결로 만들어진다. 피드백은 상태 변화가 궁극적으로 원래의 요소에 영향을 미칠 때 일어난다는 점을 기억하자. 닫힌 구조의 연결이 이런 효과를 유발한다.

자원 연결만의 닫힌 회로로는(그림 6.16) 아주 복잡한 행동 양식을 보여줄 수 없다. 이런 회로에서는 자원이 회로 안의 저장고들을 순환하며 단순한 주기 시스템을 만들어내지만, 그 이상 흥미로운 일은 발생하지 않는다.

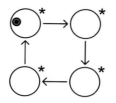

그림 6.16
하나의 자원 연결로 만든 피드백. 자원은 단순히 순환을 반복한다

가장 흥미로운 피드백 루프는 자원 연결과 상태 연결을 뒤섞은 닫힌 회로로 구성된다. 루프에는 최소 하나의 라벨 변경자나 활성제가 들어 있어야 한다. 예를 들어, 그림 6.17의 메커니즘은 활성제를 이용해 저장고 안의 자원을 20개 정도로 유지한다. 추운 지방에서 난방 시스템이 실내 온도를 유지하는 방식을 생각하면 이해하기 쉬울 것이다. 온도가 20도 이하로 떨어지면 고정된 출력으로 히터를 켠다. 같은 그림의 그래프를 보면 시간이 흐르면서 온도가 어떻게 변하는지 확인할 수 있다.

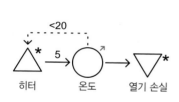

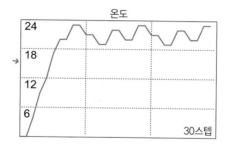

그림 6.17
활성제를 이용한 히터의 피드백 메커니즘

머시네이션 다이어그램의 차트 기능

머시네이션 다이어그램의 온라인 툴을 이용하면 시간의 흐름에 따라 저장고 안에 있는 자원의 수를 추적하는 차트를 쉽게 그릴 수 있다. 그림 6.17의 차트는 이 툴을 이용해 그린 것이다. 차트는 다른 요소처럼 다이어그램에 추가할 수 있다. 자원의 수를 측정하기 시작하려면 그냥 상태 연결로 차트를 저장고에 연결하면 된다. 선택하면 연결이 정상적으로 표시되지만, 선택하지 않으면 보는 데에 방해되지 않도록 작은 화살표 두 개로 축소된다.

이 대신 라벨 변경자를 이용해도 유사한 시스템을 만들 수 있다(그림 6.18). 이 경우 히터의 출력 비율은 실제 기온에 의해 조정되어 더욱 미세한 온도 변화가 만들어진다. 이때에는 그림 6.17처럼 고정된 열이 아니라 변화하는 열을 가하는 히터를 시뮬레이션하게 된다.

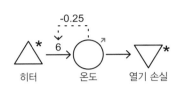

그림 6.18
라벨 변경자를 이용한 히터의 피드백 메커니즘

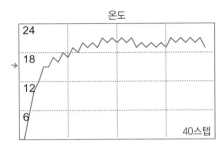

출력에 영향을 주는 피드백

한 요소의 출력에 영향을 주는 연결 회로에 의해서도 피드백 루프를 만들 수 있다. 예를 들어, 에어컨을 머시네이션 다이어그램으로 표현한다고 해보자(그림 6.19). 기온이 높아질수록 온도는 더 빨리 낮아진다.

그림 6.19
머시네이션으로 재현한 에어컨

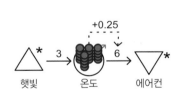

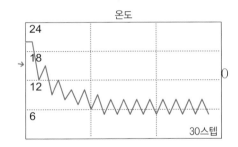

노드의 출력에 영향을 주는 변화는 피드백 루프를 닫을 수도 있다. 이 경우, 출력은 (그림 6.20의 소모, 변환, 게이트처럼) 자원을 당길 수 있는 끝단에 영향을 주는 라벨 변경자나 트리거, 혹은 활성제에 의해 직접적으로 영향을 받을 수 있다.

그림 6.20
출력에 영향을 줘 피드백 루프를 닫음

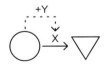

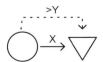

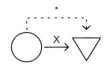

양성 순환 구조와 부정 회귀 구조형 농구

4장에서 잠깐 게임의 양성 순환 구조와 부정 회귀 구조의 영향을 설명하면서 마크 르블랑의 양성 순환 구조와 부정 회귀 구조형 농구에 대해 간략히 설명했었다. 이 절에서는 이 개념을 더 자세히 알아보고 머시네이션으로 모델링해보겠다.

양성 순환 구조형 농구는 보통 농구와 똑같이 플레이하되 "양 팀의 점수 차이가 N점일 때마다 앞선 팀은 선수를 한 명 더 투입할 수 있다."는 규칙이 적용된다. 그림 6.21은 양성 순환 구조형 농구 모델이다. 아주 단순한 구성으로 농구를 모델링했으며, 한 팀의 선수 모두는 스텝마다 점수를 올릴 기회가 정해져 있다. 처음에는 양 팀이 다섯 명이므로, 점수를 올릴 기회를 뜻하는 최초의 원천 생산 속도가 5로 되어 있다(단순화하기 위해 골을 넣을 때 2점이 아니라 1점이 오른다고 가정하고, 3점 슛과 프리 드로우는 무시했다). 그 다음에는 퍼센트율이 지정된 게이트가 온다. 여기에는 골을 시도한 선수가 실제로 점수를 낼 성공 확률이 표시된다. 보다시피, 파랑 팀은 빨강 팀보다 훨씬 실력이 좋아서 파랑 팀의 득점 기회는 40%인데 반해 빨강 팀의 득점 기회는 20%에 불과하다. 차이라는 이름의 저장고는 매번 파랑 팀이 점수를 낼 때 차이 저장고에 1점이 추가되고, 빨강 팀이 점수를 내면 1점이 깎여서 양 팀의 점수 차이를 추적해준다. 그리고 각 팀은 5점을 앞서 갈 때마다 경기장에 한 명의 선수를 추가 투입할 수 있다. 5점을 앞서면 선수 한 명, 10점을 앞서면 두 명을 추가 투입할 수 있는 식이다. 점수와 점수 차이의 진행은 차트에서 시간에 따라 일어난다. 실력이 뛰어난 팀은 점수가 빠르게 상승하면서 차이가 벌려져, 점점 더 많은 선수를 경기장에 투입하는 것을 볼 수 있다.

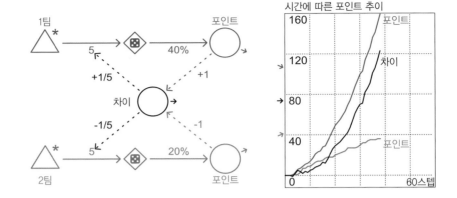

그림 6.21

양성 순환 구조형 농구. 최소값을 5로 설정해 팀의 규모가 5명 아래로 내려가지 않도록 한다

부정 회귀 구조형 농구에서는 이 추가 규칙이 반대로 적용된다. 이기는 팀이 아니라 지는 팀이 N점 차이가 날 때마다 선수를 한 명 추가 투입하는 것이다. 이 역시 머시네이션 다이어그램에서 몇 개의 상태 연결만 거꾸로 적용하면 되므로 쉽게 모델링할 수 있다. 그런데 이 다이어그램을 구동해 만들어지는 차트는 예측하기 더 어려워진다. 우선 그림 6.22를 보지 않은 채 양 팀의 점수와 점수 차가 어떻게 되는지 예상해보자.

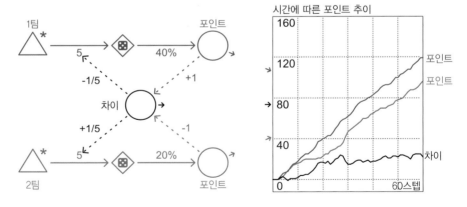

그림 6.22

부정 회귀 구조형 농구

우리는 그림 6.22의 차트를 처음 보고 깜짝 놀랐다. 부정 회귀 구조로 인해 실력이 낮은 팀이 실력이 뛰어난 팀을 앞서가리라 생각했다면 오산이다. 실제로 부정 회귀 구조는 양 팀의 차이를 안정시키는 역할을 한다. 일정 시점이 되

면 약한 팀은 선수 보강으로도 낮은 실력을 메꾸지 못하며, 이 시점을 지나면 차이는 일정하게 유지된다.

이 피드백 구조의 또 한 가지 흥미로운 면은 실력이 비슷한 두 팀이 양성 순환 구조형 농구를 할 때 발생한다. 이때에는 양 팀이 비슷한 비율로 점수를 올린다. 하지만 한 팀이 우세를 보이기 시작하면 양성 순환 구조가 힘을 발휘해 더 많은 선수를 투입하게 해준다. 결과는 그림 6.23과 비슷하게 나온다.

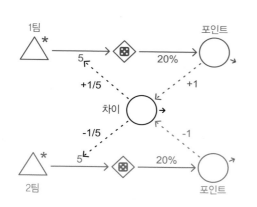
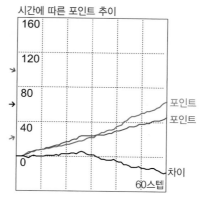

그림 6.23
실력이 비슷한 팀 간의 양성 순환 구조형 농구. 대략 30스텝 이후 양 팀 간 점수 차가 가팔라지는 구간을 눈여겨보자

다중 피드백 루프

3장의 '자연 발생의 분류' 절에서 우리는 요켄 프롬의 자연 발생적 시스템의 종류를 알아봤다. 프롬은 다양한 피드백 루프가 있는 시스템이 피드백 루프가 하나뿐인 시스템보다 더 자연 발생적인 행동 양식을 보이게 된다고 했다. 게임 역시 마찬가지다. 대부분의 게임은 하나 이상의 피드백 루프를 통해 흥미로운 자연 발생적 행동 양식을 제공한다. 보드 게임 〈리스크〉가 바로 이런 경우로, 네개 이상의 피드백 루프가 상호작용한다.

팁 〈모노폴리〉처럼 〈리스크〉도 메카닉의 원칙이 잘 디자인되어 있다. 〈리스크〉를 잘 모른다면 www.hasbro.com/common/instruct/risk.pdf에서 규칙을 내려받을 수 있다. 〈리스크〉의 위키피디어 항목에도 광범위한 분석이 이루어져 있으므로 한 번 확인하기 바란다.

이상적인 피드백 루프의 숫자

여러 피드백 루프가 있는 게임이 피드백 루프가 하나거나 아예 없는 게임보다 더 자연 발생적 측면을 보일 것은 분명하다. 하지만 피드백 루프가 과연 몇 개여야 이상적인지는 정하기 까다롭다. 우리는 대부분의 게임에서 주요 피드백 루프는 두 개에서 네 개면 충분해 보인다는 점을 발견했다. 게임이 얼마나 복잡하길 원하는지에 따라 더 많은 피드백 루프를 넣을 수 있겠지만, 그러면 게임을 이해하기도 어려워질 수 있다. 여러분은 디자이너이기에 게임에서 작동하는 피드백 루프를 잘 파악할 수 있겠지만, 플레이어의 입장에서는 전혀 다른 얘기다.

또 한 가지 중요한 차이는 주요 피드백 루프와 주변적 피드백 루프의 차이다. 때로 피드백 루프는 지엽적으로만 작용하며 다른 메커니즘에는 별다른 영향을 미치지 않는 주변적 피드백 루프가 될 때가 있다. 반면, 주요 피드백 루프는 게임에서 여러 중요한 메커니즘에 영향을 주며, 게임플레이에 엄청난 영향력을 가진다. 규칙을 복잡하게 만들 염려가 없는 주변적 피드백 루프라면 네 개까지 넣어도 괜찮지만, 주요 피드백 루프를 네 개 이상 넣으면 플레이어들이 게임을 숙달하기 어려워질 수도 있으니 주의하자.

보드 게임 〈리스크〉의 핵심 피드백 루프는 군대와 영토 두 가지 자원에 연관되어 있다. 즉, 넓은 영토를 차지할수록 더 큰 군대를 구축해야 한다. 그림 6.24는 이 핵심 피드백 루프를 묘사한 것이다. 플레이어는 상호작용성 공격 게이트를 클릭함으로써 군대를 확장해서 영토를 차지하게 된다. 이에 성공하는 군대는 변환을 통과해 영토로 변한다. 상호작용성 원천인 구축의 출력 흐름 속도를 설정하는 라벨의 라벨 변경자 +1/3은 플레이어가 소유한 영토 3개마다 하나를 뜻한다.

그림 6.24
〈리스크〉의 군대와 영토 관련 핵심 피드백 루프

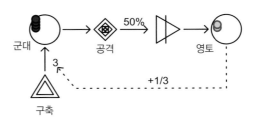

플레이어가 영토를 얻으면 카드를 한 장 받게 된다. 이렇게 모은 카드는 세트를 구성하거나 다른 카드로 교환해 군대의 규모를 키우는 데 사용한다. 〈리스크〉의 두 번째 피드백 루프는 공격에 성공해 얻는 카드에서 생겨난다(그림 6.25). 턴마다 카드는 한 장만 획득할 수 있으므로 카드의 흐름은 제한기limiter 게이트를 먼저 통과한다. 세 장의 카드 한 세트를 모으면 새로운 군대를 생성하는데에 사용할 수 있다. 상호작용성 변환인 '카드 거래'는 세 장의 카드를 무작위적 숫자의 군대로 바꿔준다.

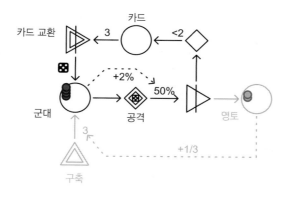

그림 6.25
〈리스크〉에서 카드와 군대에 적용되는 두 번째 피드백 루프

플레이어가 대륙 전체를 손에 넣으면 활성화되는 세 번째 피드백 루프는 플레이어에게 턴마다 추가 군대를 제공한다(그림 6.26). 〈리스크〉의 게임 보드에는 대륙에 사전 설정된 영토 그룹들이 표시되어 있다. 다이어그램에서는 이런 세부 사항까지 재현할 수 없으니, 대신 저장고 하나를 다른 저장고에 노드 변경자로 연결해 표현한다. 이 경우에는 다섯 개의 영토가 대륙 하나로 간주되어, 대륙 하나가 추가 원천을 활성화한다.

노트 실제 게임에서는 세 장의 카드만 모은다고 해서 군대가 생성되지 않으며, 어떤 카드는 세 장을 모으면 더 많은 군대를 획득할 수 있다. 이런 특성은 카드와 군대가 교환되는 비율을 무작위로 설정해 단순화했다. 그림 6.25에서는 '카드 교환' 변환의 출력 라벨에 주사위 기호를 넣어 표시했다.

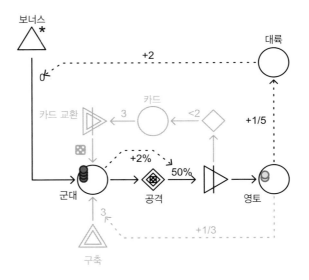

그림 6.26
〈리스크〉의 세 번째 피드
백 루프: 대륙 정복을 통
한 추가 군대 획득

마지막으로 플레이어의 액션에 의해 영토를 잃으면 활성화되는 네 번째 피
드백이 있다. 어떤 플레이어가 어떤 플레이어를 공격하기로 할지는 공격자의
위치, 전략, 선호도를 포함한 여러 가지 요인의 영향을 받는다.

약한 플레이어를 공략해 영토나 카드를 획득할 수도 있지만, 때로 강한 플레
이어들을 상대해 이들이 이기지 못하도록 방해해야 할 때도 있다. 한 플레이어
가 보유할 수 있는 대륙 수는 여기에 큰 영향을 미친다. 대륙은 추가 군대를 생
성해주므로, 플레이어들은 다른 이들이 대륙을 사수하지 못하게 공세를 펼치게
마련이다(그림 6.27). 여기에서 중요한 것은 〈리스크〉에서는 다른 플레이어들에
의해 마찰이 생기게 되어 있고, 해당 플레이어가 대륙을 차지하면 이런 마찰의
영향이 커진다는 점이다. 마찰은 플레이어들이 서로를 상대하는, 특히 선두 플
레이어에 대항해 연합을 구성하는 부정 회귀 구조의 대표적 예로서, 멀티플레
이어 게임에서는 거의 늘 찾아볼 수 있다.

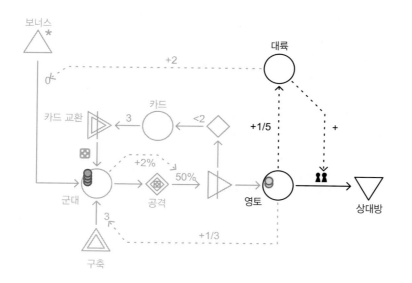

그림 6.27
〈리스크〉의 네 번째 피드백 루프: 대륙을 정복하면 다른 플레이어로부터의 공격이 잦아진다

노트 이 다이어그램에서는 다른 플레이어의 공격으로 영토를 잃는 것이 상대방 고갈로의 자원 흐름에 영향을 주는 멀티플레이어 다이내믹 라벨로 (두 개의 졸 모양 아이콘) 표시된다. 이런 비결정적 행동 양식에 대한 자세한 정보는 표 6.2를 참고하자.

그림 6.28은 〈리스크〉의 완성된 다이어그램이다. 5장의 〈팩맨〉 다이어그램처럼 게임 전체를 정확히 묘사한 것은 아니고 비슷하게 재현한 것이다. '상세화 수준' 글을 참고하자.

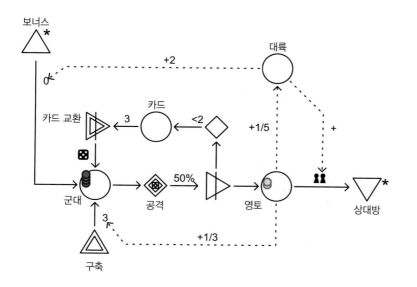

그림 6.28
완성된 〈리스크〉의 다이어그램

피드백의 특징

〈리스크〉에서 첫 번째 세 개의 피드백 루프는 모두 양성 순환 구조다. 더 많은 영토나 카드를 얻으면 군대가 커지고, 그러면 영토와 카드를 더 얻게 된다. 하지만 이 두 가지는 사실 똑같지 않고 뚜렷한 차이를 보인다. 영토를 점령해 군대를 키우는 피드백은 단순하고 느린 편이며, 상당한 규모의 군대를 투입해야 한다. 플레이어들은 한 번의 생산으로 다시 얻을 수 있는 군인의 수보다 더 많은 영토를 정복하려 하다가 많은 군대를 잃곤 한다. 이 때문에 여러 연속 턴에 걸쳐 군대를 키우는 전략이 흔히 활용된다. 한 편, 카드 피드백은 영토 피드백보다 훨씬 느리게 진행된다. 플레이어는 턴마다 한 장의 카드만 획득할 수 있고, 최소 세 장을 모아야 한 세트를 완성할 수 있다. 게다가 카드 피드백은 영토 피드백보다 훨씬 강력하다. 모으는 세트에 따라 플레이어는 네 개에서 열 개까지 군대를 획득할 수 있다. 대륙을 정복하는 데에서 오는 피드백은 턴마다 추가 군대를 생성해주므로 더 빠르고 강력하게 작용한다. 사실, 이 피드백은 너무 강력해서 다른 플레이어들의 치열한 반격을 초래하기도 한다.

이런 속성은 게임의 역학에 큰 영향을 주는 피드백 루프의 중요한 특징이다. 다음 번에 받을 카드로 희귀 세트를 완성할 가능성이 높다면 플레이어들은 위험을 무릅쓰고 공격을 감행할 것이다. 전투에서 이길 가능성이 높아지진 않았지만 이겼을 때의 보상이 더 커졌기 때문이다. 마찬가지로, 대륙을 정복할 기회가 보이면 플레이어는 적정한 수준보다 더 큰 위험을 감수하게 된다. 이처럼 〈리스크〉에서 플레이어에게 주어지는 위험과 보상은 계속 변하며, 이런 역학을 이해하고 게임을 읽어내는 능력은 대단히 중요한 기술이다. 이 세 가지 양성 순환 구조는 중요한 역할을 하지만 이들을 단순히 양성 순환 구조로만 분류하면 메카닉을 제대로 이해했다고 볼 수 없다. 각 피드백이 얼마나 빠르게, 얼마나 강력하게 작용하는지 이해해야만 한다.

피드백의 일곱 가지 특징

표 6.1에는 다음에 논의할 결정력과 더불어 피드백 루프에서 중요한 일곱 가지 자세한 특징이 정리되어 있다. 언뜻 보면 서로 조금씩 겹치는 것처럼 보이겠지만 사실은 그렇지 않다. 또한 양성 순환 구조를 건설적 피드백으로, 부정 회귀 구조를 파괴적 피드백으로 혼동하기도 쉽지만 양성 파괴적 피드백도 있다. 예를 들어, 체스에서 말을 잃으면 더 많은 말을 잃고 게임에 질 확률도 높아진다. 이와 비슷하게 〈문명〉에서도 도시가 대형화되면 부패로 인해 도시의 성장 속도가 둔화될 수 있다. 부정 회귀 구조가 건설적인 영향을 주는 것이다.

특징	값	설명
유형	양성 음성	차이를 증폭시켜 게임을 불안정하게 만든다. 차이를 완화해 게임을 안정시키고 균형을 잡아준다.
효과	건설적 파괴적	플레이어가 승리하도록 작동한다. 플레이어가 패배하도록 작동한다.
투자	높음 낮음	피드백을 활성화하려면 많은 자원을 투자해야 한다. 적은 자원을 투자해도 피드백이 활성화된다.
보상	높음 적음 불충분	순수익이 높다. 순수익이 낮다. 수익이 투자를 넘어서지 못한다(순수익이 마이너스 값이다).

표 6.1
피드백의 일곱 가지 특징

(이어짐)

특징	값	설명
속도	즉각	피드백이 즉시 효과를 발휘한다.
	빠름	피드백이 효과를 발휘하려면 약간 시간이 걸린다.
	느림	피드백이 효과를 발휘하려면 많은 시간이 걸린다.
범위	짧음	피드백이 몇 스텝에 걸쳐 직접 작용한다.
	김	피드백이 여러 스텝에 걸쳐 간접적으로 작용한다.
내구성	없음	피드백이 한 번만 작용한다.
	제한적	피드백이 짧은 기간 동안만 작용한다.
	장기적	피드백이 오랜 기간 동안 작용한다.
	영구적	피드백의 효과가 영구적 영향을 준다.

피드백 루프의 강점은 게임에 미치는 영향이 비공식적이라는 점이다. 이런 강점은 하나의 특징에서 오는 것이 아니라 여러 특징이 상호작용하며 만들어진다. 예를 들어, 보상이 적더라도 영구적 피드백이라면 게임에 큰 영향을 미칠 수 있다.

피드백 루프의 특징에 변화를 가하면 게임에 극적인 영향을 가져올 수 있다. 예컨대 간접적이고 느리지만 보상이 크고 오래가지 않는 피드백은 강한 불안정을 초래하게 된다. 이런 식으로 부정 회귀 구조라 해도 변덕스럽게 적용하거나, 영향력은 강하지만 느리고 간접적으로 적용하면 시스템을 불안정하게 만드는 데에 활용할 수 있다. 이런 적용은 게임의 후반에 커다란 일이 발생할 수 있게 하는 동시에, 이를 예측하거나 막기 어렵게 하기 때문이다.

〈리스크〉에서 특정 플레이어를 지목해 공격하는 것같이 멀티플레이어 게임에서 직접적 상호작용으로 발생하는 피드백은 플레이어의 전략에 따라 그 특징이 바뀔 수 있다. 직접적인 상호작용으로부터 발생하는 피드백은 부정적이고 파괴적일 때가 많다. 플레이어들이 서로 대항하거나 선두 주자를 막기 위해 공모하는 것이 이런 경우다. 또한 누군가가 더 약한 플레이어를 공략하기 시작하면 양성의 파괴적 피드백으로 변할 수 있다.

일부 파악하기 다소 어려운 특징도 있긴 하지만 머시네이션 다이어그램으로 변환하면 피드백의 특징을 파악하기 쉽다. 다음 항목들을 지침으로 삼아 보자.

- 피드백 루프의 영향을 파악하려면 다양한 종료 조건에 어떻게 연결되어 있는지 살핀다. 피드백 메커니즘이 승리 조건에 직접 연결되어 있다면 건설적 피드백일 가능성이 높다. 패배 조건에 직접 연결되어 있다면 파괴적 피드백이라 볼 수 있다.

- 피드백 루프의 투자는 해당 메커니즘을 활성화하는 데에 얼마나 많은 자원이 소모되는지 보면 판단할 수 있다. 또한 플레이어들이 많은 요소를 활성화해야만 하는 피드백 메커니즘은 대개 활성화하는 데에 더 많은 시간이나 턴을 요구하므로 투자 비용이 높다.

- 피드백 루프의 보상은 해당 메커니즘에 의해 얼마나 많은 자원이 생산되는지 보면 판단할 수 있다. 보상은 투자와 비교해야만 제대로 파악할 수 있다.

- 피드백 루프의 속도는 해당 피드백 루프를 활성화하는 데 필요한 액션과 요소의 수로 판단할 수 있다. 지연과 대기열을 포함하는 피드백 루프는 이런 요소들을 포함하지 않는 루프보다 당연히 느리다. 자동화 노드만을 포함하는 피드백 루프는 많은 상호작용성 노드가 들어 있는 피드백 루프보다 빠른 편이다. 마찬가지로, 거의 상태 연결만으로 이루어진 피드백 루프는 거의 자원 연결만으로 이루어진 피드백 루프보다 빠른 편이다.

- 피드백 루프의 범위는 구성하고 있는 요소의 수를 보면 알 수 있다. 많은 요소로 구성된 피드백 루프는 범위가 더 크다.

- 대부분의 피드백 루프는 게임 경제에서 핵심적인 역할을 하므로 장기적이거나 영구적으로 작동한다. 내구성이 떨어지는 피드백 루프를 찾으려면 루프에서 어느 부분이 복구할 수 없거나 오랜 간격으로만 복구되는 한정적인 자원에 의존하는지 보면 된다. 아마도 머시네이션 다이어그램을 보는 것만으로 판단하기 가장 까다로운 특징은 피드백 루프의 종류 구분일 것이다. 생산 메커니즘의 흐름에 영향을 주는 양성 라벨 변경자는 양성 순환 구조를 만들어내지만, 소모나 변환으로 흐르는 데에 영향을 주는 양성 라벨 변경자는 부

정 회귀 구조를 만들어내는 경향이 있다. 피드백 루프에 활성제가 연관되어 있을 때는 피드백의 종류를 판단하기가 더 어려워진다. 피드백 메커니즘의 종류를 파악하려면 메커니즘 전체와 세부를 모두 고려해야 한다.

확정성

많은 게임에서 피드백 루프의 강도는 기회, 플레이어의 실력, 다른 플레이어들의 액션 같은 요인들의 영향을 받는다. 머시네이션 다이어그램은 이런 요인들을 비확정적 메커니즘을 의미하는 다양한 기호로 표시한다. 표 6.2에 다양한 비확정적 행동 양식의 종류를 표시하는 기호들을 정리했다. 이런 아이콘들을 활용하면 다이어그램의 연결과 게이트들에 주석을 달 수 있다. 단일 피드백 루프는 다양한 여러 종류의 비확정적 자원 연결이나 게이트들에서 영향을 받을 수 있다. 예를 들어, 〈리스크〉의 카드를 통한 피드백은(그림 6.25) 무작위적 게이트와 무작위적 흐름에 영향을 받으며, 불확실성을 증가시킨다. 영토의 상실은 멀티 플레이어 역학, 즉 다른 플레이어들의 공격에 영향을 받는다.

표 6.2
확정성의 종류

종류	아이콘	설명
확정적	(없음)	특정한 게임 상태에서는 메커니즘이 항상 동일하게 작동한다.
무작위	🎲	무작위적 요인에 의존하는 메커니즘. 무작위성에는 피드백 루프의 속도 및 보상, 혹은 피드백 자체가 일어날 가능성이 영향을 미친다. 간헐적인 보상을 생성할 수 있으며, 무작위적 피드백은 플레이어가 가늠하기 어렵고 교착 상태가 발생할 확률을 높인다.
멀티플레이어 역학	👥	플레이어 간의 직접적인 상호작용에 의해 메커니즘의 종류, 강도, 게임에 미치는 영향이 변화한다.
전략	♟	플레이어 간의 전술이나 전략적 상호작용에 의해 메커니즘의 종류, 강도, 게임에 미치는 영향이 변화한다.
플레이어의 실력	♙	플레이어가 액션을 수행하는 실력에 따라 메커니즘의 종류, 강도, 게임에 미치는 영향이 변화한다.

194

특정 과제를 수행하는 플레이어의 실력 역시 피드백 특성적으로 보면 결정적 요인으로 볼 수 있고, 많은 컴퓨터 게임에서 실제로 이런 예를 볼 수 있다. 〈테트리스〉를 보면 블록이 쌓일수록 게임이 점점 어려워지는데, 블록을 없애는 속도는 플레이어의 실력에 의해 결정된다. 그림 6.29는 이 메커니즘을 변환을 제어하는 상호작용성 게이트로 표현한 것이다. 실력이 뛰어난 플레이어들은 그렇지 않은 플레이어보다 더 오랜 시간 게임을 끌고 갈 수 있을 것이다. 따라서 플레이어의 실력은 게임의 운영이나 전술적 수준에 영향을 주는 요인이 된다. 기회나 전술이 필요한 게임, 혹은 확정적 피드백만 있는 게임에서는 전반적인 전략적 능력에 의해 결과가 결정될 수 있다. 〈테트리스〉의 피드백 루프 역시 무작위성의 영향을 받는다. 어떤 모양이 블록이 떨어질지는 게임에서 무작위적으로 결정한다. 〈테트리스〉에서는 일반적으로 실력이 더 결정적 영향을 주지만, 운 역시 그에 못지않게 중요하다.

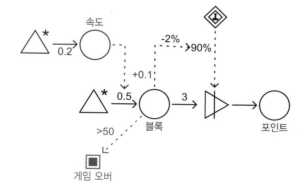

그림 6.29
〈테트리스〉

머시네이션 툴에서 비확정적 기호 사용

디지털 머시네이션 다이어그램에서는 행동 양식의 확정성을 기호로 표시할 수 있다. 연결 라벨을 D로 설정하면 주사위 기호가 표시된다. 멀티플레이어 기호는 라벨을 M으로, 플레이어의 실력 기호는 라벨을 S로, 전략 기호는 라벨을 ST(strategy의 약어)로 설정하면 표시할 수 있다.

머시네이션 툴이 플레이어의 실력이나 다른 플레이어의 액션으로 빚어지는 영향을 실제로 시뮬레이션할 수는 없기 때문에, 이 기호들은 기능적으로 툴이 구동하는 것과 똑같은 방식으로 작동한다. 즉, 1에서 6까지 중에서 무작위의 값을 생성하는 것이다. 다이어그램의 설정을 변경해 원하는 다른 값을 명시할 수도 있다. 똑같은 방식으로 작동하기는 하지만 요리스 도르만스는 다이어그램을 읽기 쉽게끔 비확정적 기호를 제공했다. 조이스틱 기호가 보인다면 플레이어의 실력 수준에 영향을 받는다는 뜻으로 해석하면 된다.

무작위성 vs. 자연 발생

무작위적 요인이 많은 게임을 예측하는 것이 불가능하지는 않다고 해도 매우 까다롭다. 무작위적 요인이 너무 많을 때 플레이어들은 종종 자기가 하는 행동이 게임에 별 영향을 미치지 못한다고 느끼게 된다. 그렇기 때문에 자연 발생적 게임플레이가 특징인 게임의 강점은 게임에서 다이내믹한 행동 양식 대부분이 주사위를 굴려 나온 숫자가 아니라 시스템의 복잡성에서 초래된다는 점이다.

우리는 순전히 운을 기반으로 하는 게임 중 디자인이 훌륭한 게임은 드물다고 확신한다. 확정적 피드백 루프가 아주 적은 게임은 놀라울 만큼 역동적인 행동 양식을 보이게 된다. 무작위성 대신 자연 발생을 활용해 결과가 확실치 않은 역동적 게임플레이를 만들어내면 플레이어가 내리는 모든 결정이 중요해진다. 이럴 때 플레이어는 게임에 더욱 주의를 쏟고 몰입하게 된다.

무작위성의 빈도와 영향

무작위성을 이용할 때는 그 빈도와 영향이 게임에 어떻게 영향을 미칠지 잘 알고 있어야 한다. 메카닉적 무작위성의 영향은 무작위적으로 생성된 숫자의 범위와 분포에 의해 정해질 때가 많다. 예컨대, 보드 게임을 보면 주사위 하나를 굴려 이동하는 게임과 두 개를 굴려 이동하는 게임이 있다. 주사위를 하나만 굴릴 때는 1~6칸 사이에서 이동할 기회가 균등하다. 하지만 두 개를 굴린다면 2~12칸 사이로 이동할 수 있는 범위는 커지지만, 숫자의 분포 확률이 불균등해진다. 다시 말해, 7이 나올 확률이 다른 숫자가 나올 확률보다 더 커진다.

자연 발생적 게임을 디자인할 때, 무작위적 메카닉은 자주 발생하되 게임에 미치는 영향이 상대적으로 낮게 하는 것이 가장 좋다. 또한 무작위적 메커니즘의 영향을 줄이는 것보다는 빈도수를 높이는 것이 일반적으로 더 좋은 방법이다. 장기적으로는 차이가 점차 줄어들게 되어 있기 때문이다.

무작위성을 추가하는 것이 디자인적 전략적으로 좋은 경우가 두 가지 있다. 바로 플레이어들이 임기응변으로 반응하도록 강제할 때와 지배적인 전략에 대응하는 다른 전략이 나오게끔 해야 할 때다.

임기응변을 강제하는 무작위성

많은 게임에서 플레이어가 즉흥적으로 반응하게끔 강제하는 상황을 만드는 데에 무작위성을 활용한다. 예를 들어, 〈문명〉과 〈심시티〉처럼 무작위로 맵을 생성하는 게임들은 플레이어가 새로운 게임을 시작할 때마다 새롭고 독특한 도전을 구성해준다. 카드 수집 및 트레이딩 게임인 〈매직: 더 개더링〉에서는 각각의 플레이어가 모아둔 컬렉션에서 40여 장의 카드를 선택해 덱deck을 구성한다. 그리고 새로운 게임을 시작할 때마다 이 덱을 섞어야 한다. 즉, 플레이어들이 자기 덱의 카드를 어느 정도 통제할 수는 있지만, 무작위적인 순서로 게임을 진행해야 한다. 덱을 기획하고 구성하는 것까지도 〈매직: 더 개더링〉을 플레이하는 실력이고, 게임을 진행하면서 기회를 만들어내고 포착하는 것도 실력이다.

무작위적이지만 모든 플레이어에게 평등한 전장을 제공하는 게임에서는 임기응변이 매우 중요한 역할을 한다. 게임에서 모든 플레이어에게 똑같이 영향을 주는 무작위적 이벤트가 발생하면, 플레이어가 이에 어떻게 반응하며 이런 이벤트에 어떻게 대비하는가가 결정적 대응 요인이 된다. 많은 현대 유럽 스타일의 보드 게임이 이런 식으로 무작위성을 활용하고 있다.

현대 보드 게임에서의 무작위성 vs. 자연 발생

현대 유럽 스타일의 보드 게임들은 운보다는 플레이어의 실력과 전략이 더 결정적 역할을 하는 역동적 시스템으로 기획 및 제작된 경우가 많다. 〈파워 그리드〉가 그 대표적인 예다 (그림 6.30). 이 게임에서 플레이어들은 연료를 사서 에너지를 생산하고, 에너지를 판매해 자신의 전력망에 연결된 도시들의 네트워크를 키워나간다. 이 게임에는 무작위적 요인이 단 두 개뿐이다. 플레이어들의 순서가 무작위로 결정되는 것과, 플레이어들이 살 수 있는 발전소가 무엇인지를 결정해주는 카드 덱이 섞인다는 점이 그것이다. 또한 최초의 무작위성이 주는 영향을 상쇄할 수 있는 메커니즘도 있다. 즉, 턴마다 플레이하는 순서가 바뀌어서 앞서가는 플레이어에게 불리해질 수 있다는 점과(부정 회귀 구조의 일종), 대부분은 제일 싼 발전소만 얻을 수 있고 가장 비싼 발전소는 덱으로 돌아간다는 점이다(이렇게 덱으로 돌아간 값비싼 발전소는 게임 후반에 다시 출현하게 된다). 게임 도중 플레이어가 내리는 결정에는 주사위를 굴리는 등의 무작위적 요인을 활용하지 않는다. 발전소를 사려면 플레이어가 상대방보다 더 비싼 값을 불러야 하는데, 이는 멀티플레이어 역학적 메커니즘이긴 하지만 무작위적 요소는 아니다. 〈푸에르토 리코(Puerto Rico)〉, 〈케일러스〉, 〈아그리콜라(Agricola)〉 같은 호평을 받는 많은 인기 게임들이 이런 면에서 다 유사하다. 이런 게임의 메카닉은 꼭 분석해보길 권한다.

지배적 전략에 대항하기 위한 무작위성 활용

지배적 전략이란 어떤 상황에서도 플레이어가 선택할 수 있는 최고의 행동을 종합한 것이다(이런 전략을 사용한다고 해서 플레이어가 반드시 이긴다는 것은 아니고, 다만 가장 좋은 선택이라는 뜻이다). 디자이너는 반드시 지배적 전략을 구성하는 메카닉을 피해야 한다. 지배적 전략이 존재하는 게임은 플레이어들이 결국 같은 패턴만 반복하게 되므로 플레이하는 재미가 떨어지기 때문이다. 여러분의 게임에 지배적 전략이 있다면 메카닉의 밸런스를 더 잘 조정해야만 한다(이 내용은 8장에서 논의한다). 이런 밸런싱 작업은 까다로울 뿐 아니라 시간도 만만치 않게 걸린다. 이럴 때는 메커니즘에 무작위성을 더 추가하는 것이 손쉬운 해결책일 수 있다.

예를 들어, 2인용의 간단한 에너지 채집 게임이 있다고 가정해보자. 양 플레이어는 턴마다 0.1의 에너지를 모으는 채집기 하나를 가지고 시작한다. 그리고 에너지 3을 지불하면 채집기를 하나 추가로 사서 채집 속도가 높아진다. 게임의 목표는 에너지 30을 모으는 것이고, 먼저 모으는 쪽이 이긴다. 그림 6.31에서는 두 플레이어가 (빨간색과 파란색) 게임을 하고 있다. 빨간색 플레이어의 전략은 에너지를 모두 투입해서 새 채집기를 7개 만든 다음 에너지 채집을 시작하는 것이다. 파란색 플레이어의 전략은 새 채집기를 두 개 만든 다음 채집을 시작하는 것이다.

이 게임은 완전히 확정적이기 때문에 결과는 늘 똑같이 빨간색 플레이어가 이기게 된다. 빨간색 플레이어의 전략으로는 119턴이 되면 에너지 30을 모으는 반면, 파란색 플레이어의 전략으로는 146번째 턴에 에너지 30이 모인다. 사실, 머시네이션 다이어그램을 이용해 0에서 11개의 새 채집기를 만드는 가능한 모든 옵션을 시뮬레이션해 에너지 30이 모이는 타이밍을 검증하면 추가로 7개의 채집기를 만드는 것이 지배적 전략임을 확인할 수 있다. 플레이어가 목표에 가장 빨리 도달할 수 있는 전략인 것이다(표 6.3).

그림 6.31

단순한 확정적 채집 게임.
빨간색이 항상 이긴다

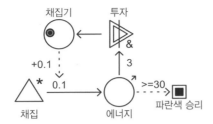

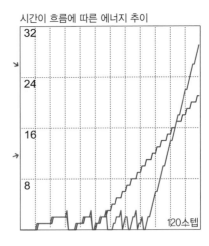

시간이 흐름에 따른 에너지 추이

노트 4장의 '장기 투자
vs. 단기 이득' 절에서 이런
패턴의 차트를 본 기억이
있을 것이다. 동일한 현상
이다.

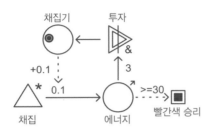

표 6.3
확정적 채집 게임의 여러
전략 비교

전략(추가로 만든 채집기의 수)	목표 완료까지 필요한 턴 수
0	300
1	181
2	146
3	133
4	125
5	121
6	120
7	119
8	120
9	120
10	121
11	121
12	122

그런데 무작위성을 활용하면 이 패턴을 깰 수 있다. 같은 게임을 플레이하되 채집기 하나가 턴당 에너지 0.1을 모으는 게 아니라 에너지 채집 기회를 10% 늘려준다고 하면 결과는 완전히 바뀐다. 그림 6.32는 이런 식으로 설정된 채집 게임의 구동 샘플이다. 이 게임을 1,000번 시뮬레이션해 구동한 결과, 이제는 파란색 플레이어가 이길 확률이 약 15%가 됐다.

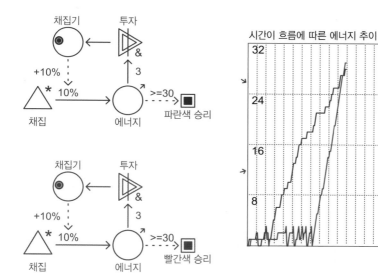

그림 6.32
무작위적 채집 게임. 이제는 파란색이 이길 확률이 15%가 됐다

대표적 메카닉

그럼 이제 다양한 장르의 게임들에서 공통적으로 찾아볼 수 있는 몇 가지 메카닉을 살펴보겠다. 머시네이션 다이어그램을 통해 이런 메카닉을 어떻게 모델링하는지 알아보는 동시에, 메커니즘 자체를 더 상세히 살펴보는 데에도 활용하겠다. 여기에서 든 예들은 온라인 디지털 버전으로도 확인할 수 있다.

예로 든 메카닉들을 살펴보면 다양한 메커니즘을 각각 별도로 떼어서 모델링했음을 알 수 있을 것이다. 이는 게임을 통째로 모델링한다면 급속도로 복잡해지기 때문이다. 게임을 하나의 다이어그램으로, 특히 이 책처럼 인쇄된 형태로 볼 때는 모든 메카닉을 파악하기가 어렵다. 또한 게임의 모든 메카닉을 다 볼 필요는 없고 중요한 것들만 이해하면 되기 때문이기도 하다. 결국, 게임들은 다이내믹한 여러 요소로 구성되기 마련이다. 전체가 부분의 합보다 더 큰 경우라 해도(대부분의 자연 발생형 게임들이 그렇다) 게임의 역동적 행동 양식을 전체적으로 이해하려면 우선 가장 중요한 개별적 요소들을 제대로 이해해야 한다.

액션 게임의 파워 업과 수집 아이템

액션 게임의 게임플레이는 우선 흥미로운 물리 효과와 이에 대한 플레이어의 상호작용에서 발생한다. 많은 액션 게임의 레벨은 상당히 단순하다. 플레이어는 단순히 정해진 숫자의 과제를 수행해 나가며, 과제마다 실패할 확률이 정해져 있다. 게임의 목표는 생명을 다 잃기 전에 레벨을 끝까지 진행하는 것이다. 그림 6.33은 세 개의 과제(A, B, C)가 있는 액션 게임의 작은 레벨을 표현한 것이다. 각 과제는 1에서 100까지의 숫자를 생성하는 실력 게이트로, 플레이어는 저장고에서 저장고로 이동하는 자원으로 표시했다. 플레이어가 과제 수행에 실패하면 두 가지 옵션 중 하나가 발동한다. 즉, 죽거나(과제 A와 C) 레벨 내의 이전 위치로(과제 B) 돌려보내진다.

그림 6.33
액션 게임에서의 레벨 진행

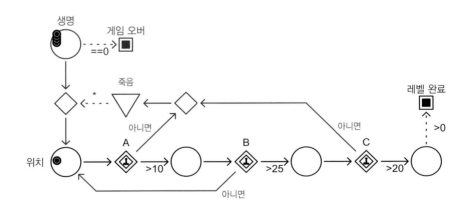

하지만 대부분의 액션 게임은 단순한 과제의 연속으로만 구성되지 않으며, 대개 파워 업과 수집 아이템으로 구성되는 내부 경제가 존재한다. 예를 들어, 〈슈퍼 마리오 브라더스〉에서는 플레이어가 동전을 모아 추가 포인트와 생명을 획득하며, 파워 업은 플레이어에게 제한된 시간 동안 특수한 능력을 준다. 머시네이션 다이어그램에서 파워 업과 수집 아이템은 특정 장소에서 수확할 수 있는 자원으로 표시된다. 그림 6.34는 다양한 색상의 자원을 이용해 여러 파워 업과 수집 아이템들을 구분해 모델링할 수 있는지를 보여준다. 이 다이어그램에서 플레이어는 특정 장소에 가야만 파워 업을 수집할 수 있다. 또한 이 다이어그램은 파워 업과 수집 아이템을 이용해 플레이어에게 어떻게 다양한 전략적 선택을 제공할 수 있는지도 보여준다. 이 경우, 플레이어가 즉시 장소 I에서 II, 그리고 V로 이동하면 꽤 쉽고 빠르게 레벨을 돌파할 수 있다. 하지만 III과 IV를 지나는 더 위험한 루트를 택할 수도 있는데, 이때에는 빨간색 하나와 노란색 두 개의 자원을 더 모을 수 있다.

팁 ■■ 그림 6.34에서 파란색 파워 업과 이를 필요로 하는 과제는 자물쇠와 열쇠 메커니즘의 예가 된다. 자물쇠와 열쇠 메커니즘은 플레이어가 레벨을 진행하는 방식을 제어하는 데에 활용된다. 진행형 게임에서 가장 중요한 메커니즘이다. 자물쇠와 열쇠 메커니즘에는 피드백 루프가 적용되는 일이 드물기 때문에 자연 발생적 행동 양식을 보이는 경우도 거의 없다. 자물쇠와 열쇠 메커니즘은 10장에서 더 자세히 알아보겠다.

그림 6.34
액션 게임의 다양한 장소에서 수집하는 파워 업(생명은 다이어그램에서 생략했다)

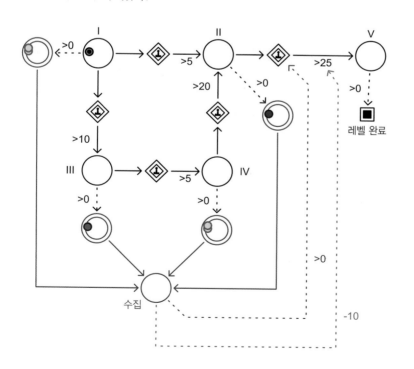

게임을 진행하는 데에 파워 업이 필요할 때가 있는데, 이럴 땐 올바른 파워 업을 찾는 것이 레벨 완료 조건이 된다. 다른 파워 업은 꼭 필요하진 않지만 도움이 될 수 있다. 이때 플레이어는 파워 업 하나를 수집할 때 얼마나 큰 위험을 감수해야 하며 얼마나 버틸 수 있는지 결정해야 한다. 예를 들어 그림 6.34에서 파란색 파워 업은 최종 과제를 수행해 레벨을 완료하는 데에 반드시 필요한 반면, 빨간색 파워 업은 이 과제 수행을 좀 더 쉽게 해주는 것이다.

시간제한이 있는 파워 업

파워 업은 제한된 시간 동안만 작동하는 경우가 많다. 그림 6.35의 구성을 보면 지연을 활용해 시간제한이 있는 파워 업으로 과제를 완료하는 방법을 알 수 있다. 파워 업은 소모하고 나면 재생성된다.

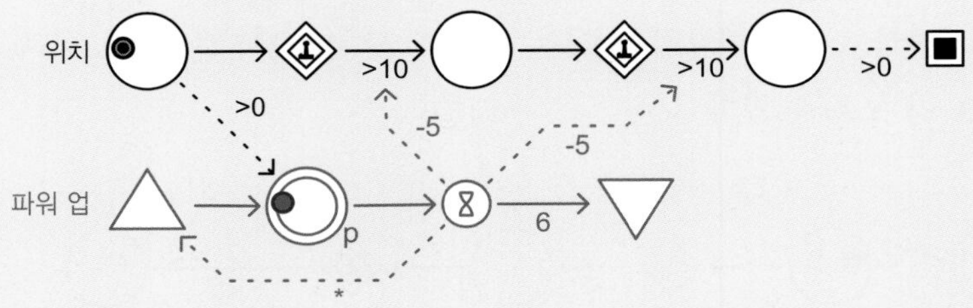

그림 6.35 시간제한이 있는 파워 업

수집용 아이템은 플레이어에게 전략적인 옵션도 제공한다. 예를 들어, 플레이어가 동전을 모으기 위해 목숨을 걸어야 하는 동시에, 동전을 모아야만 추가 생명을 획득할 수 있다면 플레이어가 무릅써야 하는 위험과 몇 개의 동전을 모아야 생명을 획득할 수 있는지의 균형을 잡는 것이 대단히 중요해진다. 이 경우, 추가 생명을 얻을 수 있는 동전 수에 가까워질수록 위험을 감수하는 것이 괜찮은 전략이 된다. 그림 6.36은 이 메커니즘을 묘사한 것이다. 이 메커니즘이 피드백 루프를 형성하고 있다는 데에 주목하자. 여기에서 피드백은 양성이지만, 플레이어의 실력에 따라 투자에 비해 감수하는 위험이 균형적인지 아닌지가 결정된다.

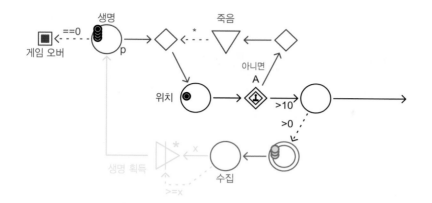

그림 6.36
동전을 모아 새로운 생명
을 획득하는 피드백

레이싱 게임과 러버밴딩

레이싱 게임은 경제적인 관점에서 플레이어의 목적이 거리를 '생산해 내는' 것
이라고 보면 틀을 잡기 쉽다. 즉, 충분한 거리를 제일 먼저 모으는 플레이어가
게임을 이기는 것이다. 그림 6.37은 이 메커니즘을 풀이한 것이다. 이 생산 메
커니즘은 적용하기에 따라 기회, 실력, 전략, 플레이어의 탈것의 수준, 또는 이
런 요인들의 조합에서 영향을 받는다. 순전히 운이 게임의 결과를 좌우하는 레
이싱 게임으로는 〈거위 게임Game of Goose〉이 있다. 대부분의 아케이드 레이싱
비디오 게임은 실력이 승자를 결정한다. 그리고 탈것을 튜닝할 수 있는 대표적
레이싱 게임들은 이 외에도 장기적 전략이 요인으로 작용한다.

그림 6.37
레이싱 메커니즘

그림 6.37의 단순한 레이싱 메커니즘에는 커다란 약점이 있다. 실력이나 전
략이 결정적인 요인일 때는 게임의 결과가 거의 늘 똑같다는 점이다. 그림 6.38
의 메커니즘을 한 번 보자. 두 명의 플레이어가 레이싱을 펼치며, 둘의 실력은
서로 다른 기회로 표현되고 거리를 생산해낸다. 차트에는 게임 세션과 가능한
결과의 분포가 묘사되어 있다. 거의 언제나 파란색 플레이어가 이기게 된다.

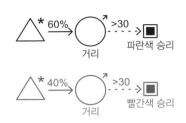

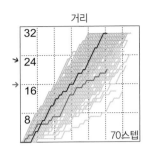

　　많은 레이싱 게임이 이런 효과를 상쇄하는 데에 러버밴딩rubber banding이라는 기법을 활용한다. 러버밴딩이란 플레이어와 A.I. 상대방 사이의 거리에 부정적 인 건설적 피드백을 적용해 주자 사이의 거리가 가까이 유지되도록 하는 것을 일컫는다. 이런 구조는 이미 르블랑의 부정 회귀 구조형 농구에서 살펴본 바 있 다. 부정 회귀 구조형 농구에서는 이런 방식으로 활용한 부정적 피드백이 플레 이어 간의 격차를 줄일 수 있었지만, 그렇다고 해서 실력이 부족한 플레이어가 이길 확률이 올라가진 않았다. 그러나 러버밴딩 메커니즘에 몇 가지 조정을 가 하면 실력이 부족한 사람이 이길 승산이 높아지게 된다. 부정 회귀 구조가 시 간이 흐를수록 더 강력하게 지속된다면 그 영향이 달라지는 것이다. 그림 6.39 는 이런 유형의 러버밴딩을 도해화한 것이다. 파란색 플레이어의 실력 수준은 60%, 빨간색 플레이어의 실력 수준은 40%이므로 파란색이 빨간색보다 더 빠 르게 거리를 생산한다. 오른쪽의 등록은 거리의 차이를 계산하며, 어느 쪽이 앞 서느냐에 따라 부스터 원천에 신호를 보내 부스터를 생성하게 한다. 부스터는 20스텝 동안 유지되며, 부스터 하나당 플레이어의 능력이 5%씩 향상된다. 차 트는 하나의 게임 세션에서 이 메커니즘이 어떤 결과를 낳는지를 보여준다. 차 트에서 빨간색과 파란색이 번갈아가며 선두를 뺏는 것을 잘 보자.

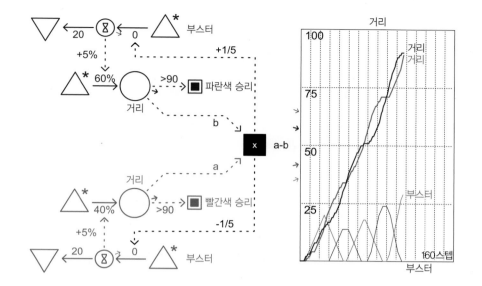

그림 6.39
강력하고 지속되는 부정
회귀 구조 러버밴딩

RPG 요소

많은 게임에서 플레이어는 자기 아바타나 여러 캐릭터를 육성하고 속성을 커스터마이즈할 수 있는데, 이에 관련된 메카닉을 흔히 게임의 RPG 요소라고 부른다. 이런 경제에서는 플레이어 캐릭터의 스킬과 기타 속성들이 특정 과제를 수행하는 능력에 영향을 주는 중요한 자원이 된다. RPG 경제에서 가장 중요한 구조는 양성 순환 구조다. 즉, 플레이어 캐릭터는 과제들을 성공적으로 수행해야 능력을 키울 수 있고, 그러면 더 많은 과제를 더 성공적으로 수행할 확률이 높아진다.

고전적 롤플레잉 게임에서 경험치와 캐릭터 레벨은 경제를 구성하는 별도의 자원 역할을 한다. 그림 6.40을 보면 전형적인 판타지 롤플레잉 게임의 이런 메카닉을 어떻게 모델링하는지 알 수 있다. 이 경우, 플레이어는 전투, 마법, 은신세 가지의 서로 다른 액션을 수행할 수 있다. 이런 액션을 성공적으로 수행하면 경험치가 오른다. 플레이어가 경험치 10을 모으면 레벨이 오른다. 경험치 포인트는 더 높은 캐릭터 레벨과 함께 능력을 향상시키는 데 쓸 수 있는 두 가지 업그레이드로 변환된다(어떤 게임에서는 경험치 포인트가 소모되지 않고, 정해진 한계점마다 업그레이드를 발동시킨다. 원천에서 업그레이드와 이를 발동시키는 활성제를 생산하도록 하면 된다). 좀 더 흥미로운 게임이 되도록 이 다이어그램에는 과제들의 난이도를 간헐적으로 올려주는 구조를 추가했다. 컬러 코딩을 활용해 여러 과제의 진행 난이도를 각각 확인할 수 있다. 보통 던전 마스터dungeon master(테이블탑 롤 플레잉 게임의 진행자)나 게임 시스템이 이렇게 플레이어들이 적절한 과제를 받도록 해준다.

그림 6.40
**경험치 포인트와 레벨로
구성된 RPG 경제**

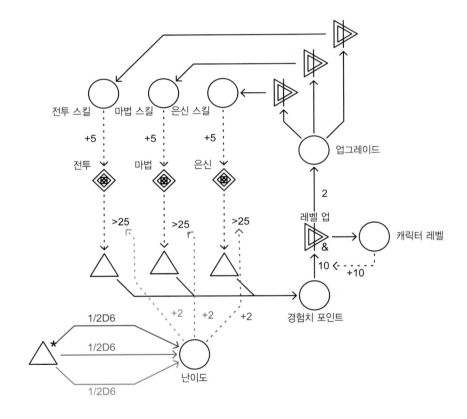

그림 6.40에서 양성 순환 구조는 플레이어가 레벨업할 때마다 다음 레벨에 도달하기 위해 쌓아야 하는 경험치 포인트가 점점 더 커지는 데에서 오는 부정회귀 구조에 의해 부분적으로 상쇄된다. 많은 롤 플레잉 게임의 내부 경제를 디자인할 때 흔히 활용되는 방법으로, 이런 구조는 특성화에서 특히 자주 볼 수

있다. 플레이어가 레벨을 올리려면 점점 더 많은 포인트를 올려야 하므로, 자연히 경험치를 올릴 가능성이 높은 쪽을 따라서 자기가 더 잘하는 과제를 집중적으로 수행하게 된다. 이는 능력별로 업그레이드 비용이나 그 효과에 부정 회귀 구조를 적용해 상쇄할 수 있다(그림 6.41). 레벨업에 필요한 비용 대신 넣거나 추가하면 된다.

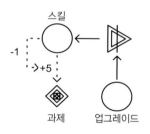

결과에 대한 부정 회귀 구조   비용에 대한 부정 회귀 구조

그림 6.41
RPG 경제에 부정 회귀 구조를 적용하는 두 가지 방식

이와는 달리, 액션에 성공하든 못하든 경험치를 주는 RPG 경제도 있다. 예를 들어, 〈엘더 스크롤〉 시리즈에서는 액션을 수행할 때 반드시 성공하지 않더라도 플레이어 캐릭터의 능력이 향상되는 경우가 많다. 〈엘더 스크롤〉에서는 능력을 다음 레벨로 올리려면 액션을 여러 번 수행하도록 해 부정 회귀 구조를 적용했다. 이런 메커니즘은 그림 6.42를 보면 알 수 있다.

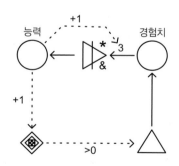

그림 6.42
플레이어가 제어하는 경험치 포인트가 없는 RPG 경제

FPS 경제

대부분의 1인칭 슈팅 게임 경제의 중심에는 공격적인 전투(이를 통한 탄환의 소모)와 체력 소진 사이에 직접적인 연관이 있다. 이를 보완하기 위해 적들은 죽을 때 탄환과 체력을 떨구기도 한다. 그럼 머시네이션 다이어그램에서 두 단계로 이런 구조를 모델링하는 법을 알아보자(그림 6.43과 그림 6.44).

먼저, 탄환은 자원 저장고로 표시한다. 플레이어가 적과 교전을 벌이기로 하면 2에서 4개의 탄환 유닛을 사용해 적을 처치할 기회를 얻게 된다. 이는 교전과 처치 고갈 사이에 실력 게이트를 넣어 모델링한다. 이 경우, 실력 게이트는 발사할 때마다 1에서 100 사이의 숫자를 무작위로 생성하도록 설정되어 있다. 생성된 숫자가 50보다 크면 처치 고갈이 활성화되고 적 하나가 제거된다. 실력이란 라벨이 붙은 등록은 이 기회를 높이거나 낮추는 데 활용해 다양한 실력의 플레이어들을 처리할 수 있다. 적 하나를 처치하고 나면 비슷한 구성을 활용해 50% 확률로 탄환 드롭 원천에서 탄환 자원을 5개 추가로 생성해 탄환 저장고로 들어가게 한다. 흥미를 더하려면 새로운 적들이 가끔 생성되도록 하면 된다.

그림 6.43
FPS 게임의 탄환과 적들

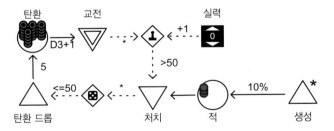

그림 6.44는 다이어그램에 플레이어의 체력을 추가한 것이다. 이 경우, 플레이어가 적과의 교전을 잘 치르지 못하면(실력 게이트에서 75 이하의 숫자가 생성됐을 때) 플레이어의 체력 고갈이 활성화된다. 그리고 처치한 적은 탄환뿐 아니라 플레이어의 체력 회복에 사용할 수 있는 메디컬 킷(헬스 팩)을 떨어뜨릴 확률도 20%가 된다.

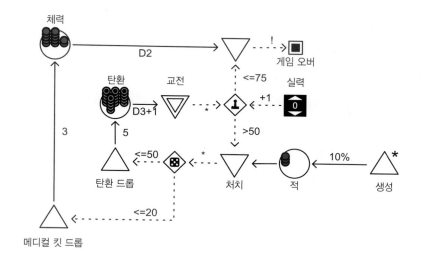

그림 6.44

FPS 게임 경제에 체력을 더했다. 실력 게이트와 무작위 게이트가 1에서 100 사이의 숫자를 생성한다

그림 6.44의 메카닉을 분석해보면 기본적인 FPS 게임 경제에는 두 가지 양성 순환 구조가 있다는 걸 알 수 있다. 하지만 각 피드백 루프가 가져오는 영향은 플레이어의 실력에 따라 달라진다. 실력이 뛰어난 플레이어라면 탄환과 체력을 덜 소모하면서 적과 교전을 통해 더 많은 탄환을 얻지만, 그렇지 않은 플레이어어는 적을 피하는 편이 나을 수도 있다. 적을 하나 처치하는 데 필요한 탄환의 수와 처치한 적이 새 탄환이나 메디컬 킷을 떨어뜨릴 확률이 게임의 밸런스에 중요한 역할을 한다.

추가적인 피드백 루프들을 더해서 기본적인 게임 경제를 더 복잡하게 만들 수도 있다. 예를 들어 적의 숫자를 조정해 적을 처치하는 난이도를 높이거나, 교전 중 플레이어가 체력을 잃을 확률을 높여 파괴적인 양성 순환 구조(하향세)를 만들어내는 것이다. 또한 플레이어의 탄환 수가 적을 처치할 확률을 낮추는 부정적인 건설적 피드백을 만들 수도 있다. 탄환 수가 적은 플레이어가 신기하게도 적을 더 잘 처치하고, 탄환이 많으면 오히려 전투에 고전하는 방식으로 말이다. 이렇게 하면 탄환 수에 비례하는 기복을 어느 정도 완화할 수 있다.

RTS의 채집

실시간 전략 게임에서는 일꾼들을 만들어서 자원을 채집해야 한다. 그림 6.45는 금이라는 자원 하나만을 가지고 이 메커니즘을 단순하게 표현한 것이다. 여기에서 금은 한정적인 자원이다. 원천을 사용하는 대신 금광이라는 저장고 하나에 100개의 자원을 가지고 시작한다. 이 저장고는 자동으로 작동해 플레이어의 인벤토리(금이라는 저장고)에 금을 밀어 넣기 시작한다. 흐름 속도는 플레이어의 일꾼 숫자에 의해 결정된다. 일꾼을 만드는 데에는 금 유닛이 두 개 소모된다. 일꾼을 만드는 변환은 금이 두 개 있을 때만 금을 당겨온다는 데에 주의하자. 이것은 & 기호로 표시하는 '전부 당기기' 모드다.

그림 6.45
RTS 게임의 금 채굴

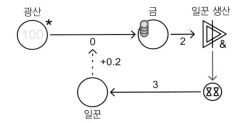

대부분의 실시간 전략 게임에는 채집할 자원이 여러 가지여서 플레이어들이 일꾼들에게 다양한 과제를 배정해야 한다. 그림 6.46은 이전의 다이어그램에 두 번째 자원인 목재를 더한 것이다. 이 다이어그램에서는 플레이어가 일꾼을 두 장소 중 하나로 보내면 해당 장소를 나타내는 두 개의 저장고가 활성화된다. 각 장소에 있는 일꾼들은 한 가지 자원을 채집한다. 이 다이어그램에서는 목재도 숲 저장고에서 나오는 제한된 자원이다. 그리고 목재의 최초 채집 속도는 금보다 약간 높다. 하지만 일꾼들이 숲을 벌목해 갈수록 더 먼 거리를 이동해야만 나무를 찾을 수 있으므로 채집 속도가 점점 느려진다(〈워크래프트〉를 떠올리면 쉽게 이해할 수 있을 것이다). 이 메커니즘은 목재의 채집 속도에 숲에 남은 자원의 수를 반영하는 약간의 부정 회귀 구조로 구현할 수 있다.

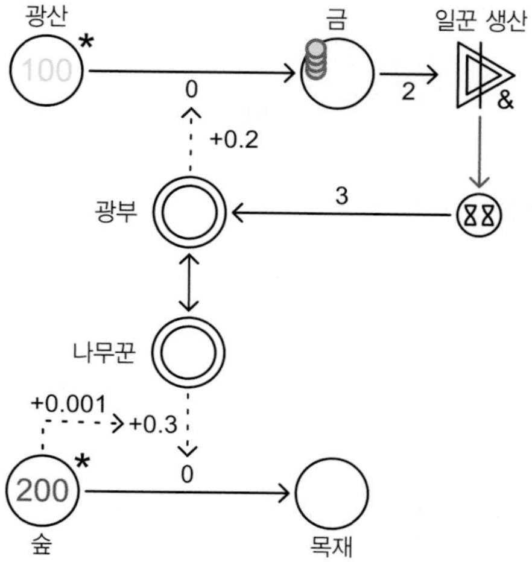

그림 6.46
금 채광과 목재 채집

RTS 게임의 건물

실시간 전략 게임에서 자원을 채집하는 것은 바로 기지와 군사 유닛을 구축하기 위한 것이다. 그림 6.47은 자원을 이용해 건물과 유닛들을 어떻게 구축하는지 보여준다. 이 다이어그램에는 컬러 코딩이 적용되어 유닛의 종류별로 색깔이 다 다르다. 병사는 파란색, 궁수는 보라색이다. 건물도 종류별로 다른 색이 적용되어 병영은 파란색, 풍차는 보라색, 타워는 빨간색이다. 그리고 서로 다른 색깔의 활성제가 적용되어 유닛을 생산하려면 병영이 필요하고 궁수와 타워를 생산하려면 풍차가 있어야 하는 등 건물의 옵션에 대한 의존성을 보여준다.

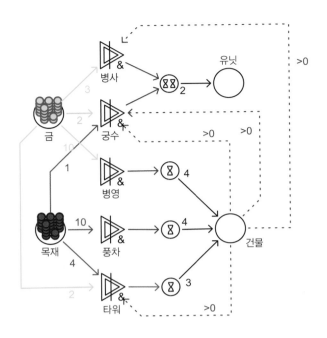

그림 6.47
RTS 게임의 건물 메카닉

RTS 게임의 전투

유닛 간의 전투를 효과적으로 모델링하려면 모든 유닛에 스텝별로 상대방 유닛 하나를 파괴할 기회를 부여하면 된다. 이러려면 배수를 적용하는 게 제일 좋다. 그림 6.48이 이 메커니즘을 보여준다. 두 군대(빨간색 대 파란색)의 일반 유닛 각각을 저장고에 배치한다. 파란 군대는 유닛이 20개, 빨간 군대는 30개다. 매 유닛은 스텝별로 적 유닛을 하나 파괴할 확률이 50%다. 이것은 저장고의 상태 연결로 (+1m 표식이 붙은 점선) 파란 군대의 유닛이 몇 개나 빨간 군대에 의해 고갈되고 또 반대의 경우는 몇 개인지를 제어한다. 파란 군대는 구동을 시작할 때는 유닛이 20개고 빨간색 저장고와 자원 연결이 존재하므로 고갈은 20*50%, 즉 20개의 파란색 유닛은 빨간색 유닛을 처치할 (고갈시킬) 확률이 각각 50%다. 마찬가지로, 빨간색 30개 유닛도 파란 유닛을 처치할 확률이 각각 50%다. 첫 번째 스텝에서 연산이 구동되면 각 군대의 유닛이 일정 수 고갈된다. 그 다음 상태 연결이 자원 연결의 흐름 속도를 업데이트해 각 저장고에 남아 있는 숫자를 반영한다.

노트 상태 연결은 항상 근원 노드의 변경을 추적한다는 점을 기억하자. 그림 6.48에서 상태 연결은 근원 저장고가 고갈되고 있으므로 가리키는 배수를 줄인다.

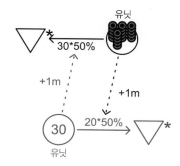

그림 6.48
실시간 전략 게임의 기본적
전투

숫자로 조정하기

머시네이션 툴로 그림 6.48처럼 전투 메커니즘을 간단하게 구성하려면 다이내믹 시스템에 대한 이해가 우선되어야 하므로 다소 시간이 걸릴 것이다. 예를 들어, 스텝별로 양쪽이 적을 하나 파괴할 확률을 유닛당 10%로 낮출 때 파란색이 이길 확률이 어떻게 변할지 예측할 수 있는가? 혹은, 양쪽의 상대적 위력은 그대로지만 양쪽의 유닛 수가 줄어들면 파란색이 이길 확률이 증가할 것인가? 그림 6.49는 양쪽이 모두 20개 유닛이고 적을 파괴할 확률은 10%인 경우를 구동해 얻어낸 차트다. 이 차트를 연구해보면 빨간색과 파란색 유닛 사이에 차이가 벌어지기 시작하는 시점은 중반 정도부터. 이제는 여러분도 파란색이 전투에서 결정적인 우세를 얻은 다음 영향이 커지는 양성 순환 구조의 형태임을 알 것이다. 이 다이어그램의 다른 차트에서는 피드백이 즉각 발동해 이기는 플레이어에게 남은 유닛 수가 많을 때도 있고, 피드백이 별 힘을 발휘하지 못하고 양쪽이 끝까지 막상막하의 대결을 벌이다가 몇 개의 유닛만 남긴 채 승자가 결정되기도 한다.

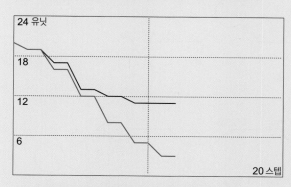

그림 6.49 **빨간색과 파란색 유닛이 20개인 전투의 차트**

이 기본적 전투 구성은 두 가지로 확장할 수 있다. 먼저 컬러 코딩을 이용해 유닛의 종류별로 구분할 수 있다. 예를 들어, 유닛의 종류에 따라 서로 다른 고갈을 활성화하도록 해 강하고 약한 공격 유닛을 구분할 수 있다. 그림 6.50이 이 경우를 묘사한 것이다. 파란색 유닛은 녹색 유닛보다 적을 파괴할 확률이 높으므로 더 공격력이 강한 것이다.

직교형 유닛 구분

이상적으로는 실시간 전략 게임의 모든 유닛 종류는 힘의 차이만 있고 나머지는 똑같은 게 아니라 어떤 식으로든 고유한 특징이 있어야 한다. 이 디자인 원칙은 디자이너 하비 스미스(Harvey Smith)가 2003년 GDC에서 소개한 직교형(orthogonal) 유닛 구분이라고 부른다. 그림 6.50에서는 파란색 유닛들이 녹색 유닛보다 적을 무찌를 확률이 훨씬 크지만, 그 외에는 차이가 없으므로 이 원칙에 위배된다. 이런 디자인을 다소 개선할 수 있는 한 가지 방법은 파란 유닛의 가격을 낮추면서 값비싼 건물을 지은 후에만 생산할 수 있도록 하는 것이다. 이렇게 하면 게임에 미치는 영향이 차별화된다. 즉, 파란색 유닛에 투자하면 녹색 유닛처럼 위험도 낮지만 이득도 적은 전략에 비해 위험은 커지되 얻을 수 있는 이익도 커진다.

그림 6.50
다양한 유닛들을 이용한 전투

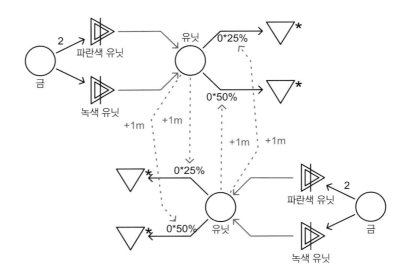

216

또한 공격과 방어 모드를 오가며 선택하게 할 수도 있다. 이런 방식은 공격과 방어를 두 개의 저장고로 만들어 모델링할 수 있다(그림 6.51). 방어에서 공격으로 유닛들을 이동하면 적을 공격하기 시작하는 것이다. 이때는 컬러 코딩을 활용해 타워나 벙커 같이 움직일 수 없는 유닛들이 공격에 나서지 않도록 표시하면 된다.

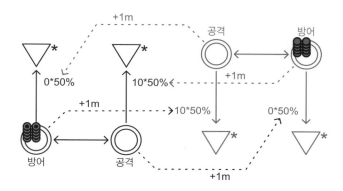

그림 6.51
공격과 방어 모드

테크 트리

실시간 전략이면서 시뮬레이션 게임인 〈문명〉 같은 게임에서는 플레이어가 자원을 투자해서 기술을 연구하고 진보를 이뤄서 더욱 앞서나갈 수 있다. 이런 구성을 일반적으로 테크 트리Technology Trees라고 일컫는데, 게임 경제에서 흥미로운 장기적 투자의 방편으로 활용된다. 테크 트리는 여러 단계로 구성되며, 다양한 발전을 가능하게 하는 여러 경로를 제공한다. 이런 테크 트리는 그 자체만으로도 흥미로운 내부 경제를 구성한다.

테크 트리를 모델링하려면 기술 발전을 대표하는 자원이 필요하며, 이 자원을 통해 새로운 게임 옵션이나 이전 옵션의 향상을 열 수 있도록 해야 한다. 그림 6.2는 전략 게임에서 새로운 유닛 타입의 능력을 언락하고 향상시키는 데에 테크 트리를 이용하는 법을 보여준다. 플레이어는 기사 이야기의 1레벨을 연구한 다음에야 기사의 생산을 시작할 수 있다. 기사 이야기는 레벨을 올려갈수록 연구 비용이 높아지긴 하지만 올리면 기사의 효율도 같이 올라간다. 여기에서 기사 이야기를 연구하려면 투자 비용이 만만치 않지만, 플레이어에게 더 강력한 유닛이라는 보상이 주어진다.

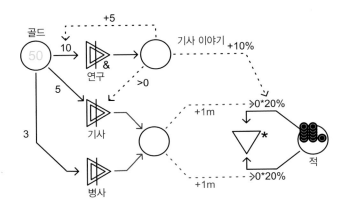

그림 6.52
전략 게임에 연구 추가

플레이어가 각각의 기술을 단 한 번만 연구할 수 있는 테크 트리도 있지만, 많은 기술은 플레이어가 이전에 하나 이상의 기술을 연구한 다음에야 연구할 수 있다. 예를 들어, 그림 6.53은 문명에서 볼 수 있는 테크 트리다. 이해를 돕기 위해 특정 기술은 생략했지만, 알파벳과 글쓰기 같은 기술이 연구할 수 있는 자원을 더 늘려준다는 점은 확인할 수 있을 것이다. 이 다이어그램에서 빨간색 연결은 기술을 연구하는 순서를 강제하고, 파란색 연결은 개발된 자원의 수와 이에 따른 연구 비용을 추적한다.

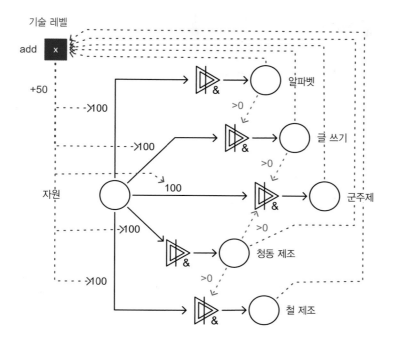

그림 6.53
〈문명〉 스타일 테크 트리

요약

이 장에서는 머시네이션 툴의 추가적인 기능을 소개하고, 메카닉 디자인에서 중요하게 사용되는 피드백 루프와 무작위성을 자세히 알아봤다. 그리고 피드백의 일곱 가지 중요한 특징인 유형, 효과, 투자, 수익, 속도, 범위, 지속성도 설명했다. 이 특징들은 각각 내부 경제의 행동 양식에 뚜렷한 영향을 준다.

'무작위성 vs. 자연 발생' 절에서는 무작위성을 이용해 플레이어의 임기응변을 강요하는 독특한 상황을 만들어낼 수 있다는 점을 보여줬다. 무작위성은 지배적인 전략을 막는 데에 도움이 된다. 무작위성은 게임의 상태를 예측하기 어렵게 만들기에, 한 가지 전략이 언제나 최선인 게임이 되지 않도록 피해갈 수 있다.

마지막 부분에서는 머시네이션 다이어그램을 활용해 전통적인 비디오 게임 장르들의 경제 구조를 모델링하는 방법들을 알아봤다.

머시네이션을 통해 액션 게임, 롤플레잉 게임, 일인칭 슈터, 실시간 전략 게임의 핵심 경제들을 시뮬레이션할 수 있다.

다음 장에서는 메카닉을 빠르게 만들어서 테스트하는 데 사용하는 것과 비슷한 구조인 중요한 주제, 디자인 패턴에 대해 알아보겠다.

실습 과제

1. 〈모노폴리〉에 추가로 부정 회귀 구조를 넣을 방법을 찾아보자.

2. 모든 무작위적 효과가 모든 플레이어에게 똑같이 영향을 주는 게임을 만들어보자.

3. 레이싱 게임용으로 양성이고 건설적이면서도 공정한 메카닉을 디자인하라.

4. 이미 출시된 게임에서 주요하게 활용된 피드백에 대한 다이어그램을 만들자.

5. 피드백 루프가 하나뿐인 게임의 프로토타입을 만들어 플레이 테스트를 해보자. 재미있고 균형 잡혀 있으며 자연 발생적 행동 양식을 보여주는 게임이 될 때까지 다양한 특징의 피드백 루프를 계속 추가해보자. 단계별로 프로토타입을 구성하고 플레이 테스트를 계속하라. 얼마나 많은 피드백 루프가 필요했는가?

6. 다음 네 개의 다이어그램에서 상호작용성 노드 A를 딱 한 번만 클릭한 다음 위 왼쪽의 자동 원천의 생산 속도는 몇인가?

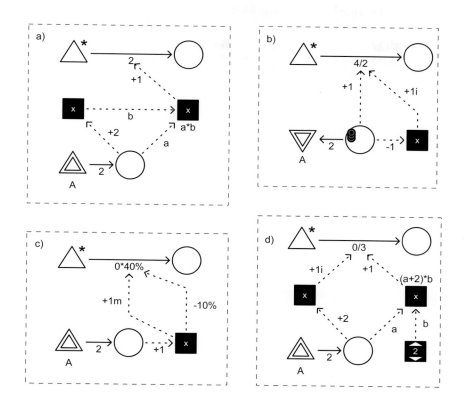

7. 다음 다섯 개의 턴제 다이어그램에서 몇 턴 후에 저장고 A에 자원이 10개 모이는가?(머시네이션 툴에서는 턴을 종료하려면 턴 종료End Turn라는 라벨의 상호작용성 노드를 넣으면 되지만, 직접 계산해보자)

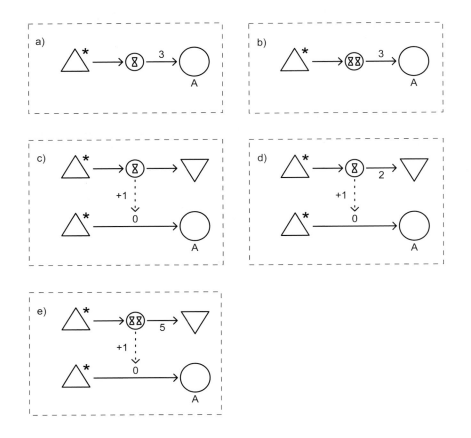

8. 두 개의 컬러 코드 다이어그램에서 게임에 승리하기 위해 필요한 최소한의 클릭 수는 몇 번인가?

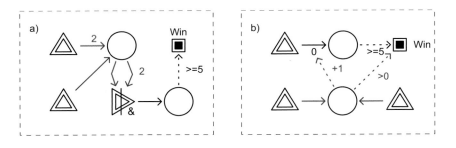

7장

디자인 패턴

이 장에서는 디자인 패턴Design Pattern의 개념과 더불어, 머시네이션 툴을 이용해 유용한 패턴의 라이브러리를 구성하는 방법을 알아보겠다. 디자인 패턴을 찾고 자 하는 노력은 예전부터 있었으므로 7장은 그 역사와 이론에 대한 설명으로 시작하겠다. 그 다음, 머시네이션 다이어그램이 이런 패턴을 파악하고 표현하는 데에 효과적인 툴이란 것을 확인해 보겠다. 마지막으로는 이런 패턴을 이용해 더 좋은 게임 디자이너가 되는 길을 안내하겠다.

디자인 패턴 소개

이전 장들에서 살펴본 여러 게임의 다이어그램 중 일부는 놀라울 만큼 서로 닮아있다는 점을 여러분도 간파했을 것이다. 그림 7.1은 〈모노폴리〉의 피드백 루프이고 그림 7.2는 6장에서 설명한 채집 게임의 싱글 플레이어 버전이다. 그림 7.1의 Go까지 한 번에 가기 원천과 임대료 지급 고갈을 무시하고서 나머지 노드들을 반시계방향으로 90도 회전시키면 라벨의 세부 사항이 다른 것 외엔 두 피드백 루프가 동일하다는 점을 알 수 있다. 원천 하나가 정해진 생산 속도로 저장고 하나에 자원을 보내고, 저장고의 자원은 원천의 생산 속도를 올려주는 새로운 자원으로 변환할 수 있다.

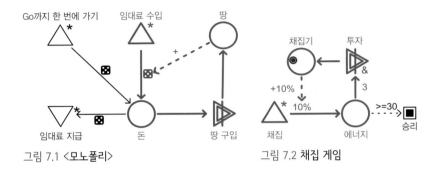

그림 7.1 〈모노폴리〉   그림 7.2 채집 게임

6장의 다른 예들을 더 자세히 살펴보면 이와 비슷한 구조가 더 있을 것이다. 보드 게임 〈리스크〉에도 이와 비슷한 피드백 루프가 있다. 우연의 일치라거나 〈리스크〉의 디자이너가 고의로 〈모노폴리〉의 메카닉을 베낀 것이 아니다. 이런 구조적 유사성은 단순히 이런 패턴의 게임 메카닉이 많은 게임에 똑같이 적용되고 있다는 뜻이다. 이처럼 게임 메카닉 중에는 다양한 게임들에서 공통적으로 발견되는 패턴이 많다.

게임 메카닉 구조 중 반복되는 패턴처럼 보이는 것을 디자인 패턴이라고 일컫는다. 디자인 패턴이란 건축가 크리스토퍼 알렉산더Christopher Alexander가 저서 『건축 도시 형태론』(태림문화사, 2010년)에서 처음 소개한 개념이다. 이 책은 소프트웨어 엔지니어링 분야에까지 영향을 미쳐 이 분야에서도 디자인 패턴을 탄생시키며 인기를 끌게 됐다. 이 장에서 다룰 디자인 패턴은 건축이나 소프트웨어 엔지니어링과 똑같은 개념을 따른다.

디자인 패턴의 간략한 역사

알렉산더와 그의 동료들은 건축의 품질 기준에 대한 목표를 설정하는 과정에서 디자인 패턴을 발견했다. 이들은 건축가들이 좋은 건물을 디자인하는 데에 도움이 되게끔 자신들이 발견한 패턴을 문서화했다. 알렉산더는 "사람, 마을, 건물, 심지어 황무지에도 생명과 영혼의 근원을 보여주는 핵심적인 가치가 있다. 이 가치는 객관적이며 엄정하지만 이름을 붙일 수는 없다."고 썼다(알렉산더, 1979년, ix페이지).

좋은 디자인

사람들은 뭔가가 마음에 들면 좋다고 표현한다. 그래서 '좋다'는 것은 개인적이고 주관적인 가치 판단이라 여겨질 때가 많다. 누군가 '좋은 게임'이라고 해도 다른 사람의 마음에는 들지 않을 수도 있다. 하지만 많은 게임, 영화, 책, 건축 평론가들은 특정 작품이 객관적으로 더 낫다고 평하며, 자신들의 평가가 그저 개인적 취향을 따르는 것은 아니라고 확신한다(개인적 취향이라면 아마 직업을 바꿔야 할 것이다). 게임을 포함한 예술과 디자인 분야에 종사하는 우리는, 적어도 게임의 일부 측면은 객관적으로 평가할 수 있다고 믿는다. 우리의 의견을 모두가 인정하진 않을 수 있지만, 작품을 평가하는 것과 개인적 취향의 표출은 다르다. 그러므로 게임의 디자인 패턴을 익히면 좋은 게임이 갖추고 있는 특징을 이해하는 데에 도움이 될 것이다.

알렉산더는 건축 분야의 패턴 전체를 라이브러리로 정리해, 이를 패턴 언어 pattern language라고 칭했다. 각 패턴은 흔한 디자인적 문제에 대한 해결책이라 보면 된다. 그는 다양한 상황에 이런 해법을 활용할 수 있게끔 가능한 한 일반적으로 설명했다. 그리고 모든 패턴을 동일한 형식으로 설명했다. 각 패턴을 언어 내의 상위 혹은 하위 패턴으로 연결해 두기도 했다. 하위 패턴들은 상위 패턴들을 완성하는 데에 도움을 준다. 알렉산더의 라이브러리에서는 건축의 몇 가지 분야를 아우르는 100개 이상의 다양한 패턴을 설명한다.

이 개념이 소프트웨어 디자인에 적용된 것은 소프트웨어 엔지니어링 커뮤니티에서 4인방으로 정평이 나 있던 에릭 감마Erich Gamma, 리차드 헴Richard Helm, 랄프 존슨Ralph Johnson, 존 블리시드John Vlissides의 저저 『GoF의 디자인 패턴』(프로텍미디어, 2015년)을 통해서였다. 소프트웨어 엔지니어링에서 객체 지향 프로그래밍의 원칙은 알렉산더가 말한 '이름을 붙일 수 없는 가치'를 대신한다. 소프트웨어의 디자인 패턴을 확인함으로써, 뭐라고 불러야 할지 몰랐던 객체 지향 소프트웨어의 특성에 대해 논의할 때 프로그래머들이 쓸 수 있는 공통 용어가 생겨난 것이다. 이로써 개발자 간의 협업이 개선됐을 뿐 아니라 코드 개선도 더 쉬워졌다. 4인방은 자신들이 고안한 패턴 언어를 흔한 디자인적 문제에 대한 일반적 해법을 설명하는 밀접한 패턴 세트로 정리했다. 최초의 세트는 20여 개의 패턴으로 구성됐다. 그리고 시간이 흐르면서 몇 가지 패턴이 추가되고 몇 가지는 삭제됐다. 오늘날까지도 소프트웨어의 핵심 패턴 세트는 비교적 적은 수로 관리되고 있다.

게임 디자인 용어

알렉산더의 디자인 패턴 개념을 게임 디자인에 적용하려 시도한 것은 우리들이 처음은 아니다. 이미 많은 디자이너와 연구자들이 효율적으로 아이디어를 공유하고 의논하는 데 도움이 될 통일된 디자인 용어를 게임 디자이너들이 아직 받아들이지 않고 있음에 주목했다. 1999년 〈가마수트라〉의 '정형적 추상 디자인 툴Formal Abstract Design Tools'에서 디자이너 더그 처치Doug Church는 게임 디자인 일반 용어의 틀을 만들고자 했다. 처치에 따르면 '정형적'이란 말은 용어가 정확해야 한다는 뜻이고, '추상'이란 말은 용어집이 어떤 게임 하나에만 해당하는 세부 사항을 넘어서야 한다는 뜻이다. 처치에 따르면 이 용어집은 다양한 과제에 적합한 여러 툴이 갖춰지고, 모든 툴이 특정 게임 하나에만 적용되지는 않는 범용적 툴 세트의 역할을 해야 한다.

디자인 패턴 vs. 디자인 용어집

디자인 패턴과 디자인 용어집이라는 개념은 때로 혼용될 때도 있다. 둘은 비슷한 접근법이지만 똑같지는 않다. 디자인 패턴과 디자인 용어집은 둘 다 게임의 핵심적 특징을 포착하고 객관화하는 방법론이지만 디자인 패턴의 목적은 좋은 게임을 (혹은 프로그램 코드나 건물을) 만드는 데에 도움을 주는 것이고 디자인 용어집은 (특히 학문적으로 사용될 때) 좀 더 중립적이며 규범적이다. 두 가지 접근법에 대해 할 이야기는 많지만, 이 책에서는 디자이너가 사용하기에 좀 더 실용적이기 때문에 디자인 패턴의 접근법을 선택하겠다. 우리는 디자인 패턴을 게임에서 볼 수 있는 흥미로운 현상으로서가 아니라 더 나은 게임을 만드는 도구로서 다루려 한다. 하지만 규범적인 특징 때문에 패턴 언어가 더 제한적이라는 점을 지적하는 이들도 있다. 이 문제는 잠시 후 '형식적 방법론에 대한 두 가지 비평' 글에서 이야기한다.

정형적 추상 디자인 툴에 대한 출발점으로 처치는 기사를 통해 세 가지를 설명했다.

- **의도:** 플레이어들은 게임 월드 안에서의 현 상황에 반응하고, 자신이 알고 있는 게임플레이적 선택 사항에 따라 스스로 실행 가능한 계획을 세울 수 있어야 한다.

- **인지할 수 있는 결과:** 게임 월드는 플레이어의 액션에 확실히 반응해야 한다. 즉, 플레이어가 취하는 행동의 결과가 분명해야 한다.

- **스토리:** 디자이너가 주도하든 플레이어가 만드는 것이든, 일어나는 사건들을 하나로 묶어주고 플레이어가 게임을 완료하게끔 유도하는 원동력으로 작용할 서사 구조가 있는 게임도 있다.

1999년에서 2002년 사이, 이에 대해 논의하고 개념의 틀을 확장하는 장으로 〈가마수트라〉 웹사이트에 포럼이 마련되기도 했다. 정형적 추상 디자인 툴이 분석보다는 디자인 툴로 더 인기를 끌면서, 디자인 용어design lexicon가 디자인 툴이라는 용어를 빠르게 대체했다. 번드 크라이마이어Bernd Kreimeier는 "최소

25명이 25개의 용어를 제출했다."고 보고했다(2003년). 정형적 추상 디자인 툴은 프로젝트로서는 실패했지만, 처치의 기사는 게임 디자인 용어의 부재를 해결하기 위한 최초의 노력으로 자주 인용되곤 한다.

온라인 디자인 용어집

온라인에서 몇 가지 디자인 용어집을 찾아볼 수 있다. 일부는 이젠 쓰이지 않지만, 그래도 게임 디자이너에게는 유용한 자료다.

- 400 프로젝트(The 400 Project): 디자이너 할 바우드(Hal Barwood)와 노아 펄스틴(Noah Falstein)이 이끈 400 프로젝트는 더 좋은 게임을 만들게 해줄 400가지 게임 디자인 규칙을 찾아서 설명하고자 한다. 이 프로젝트의 웹사이트에는 지금까지 112개의 규칙이 수록됐으나, 2006년 마지막 규칙이 추가된 이후로 더는 진전이 없다. www.theinspiracy.com/400_project.htm을 참고하자.
- 게임 온톨로지 프로젝트(The Game Ontology Project): 게임 디자인의 지혜를 담은 정보들을 하나의 방대한 시스템에 담으려는 프로젝트다. 분석적 도구라고 볼 수 있으며, 게임을 만드는 것보다는 이해하는 쪽에 무게를 두고 있다. 그렇긴 하지만 귀중한 디자인적 지식을 담고 있다. www.gameontology.com을 참고하자.
- 게임 이노베이션 데이터베이스(The Game Innovation Database): 원자료에 대한 게임 디자인의 혁신을 추적하고 분석하는 데 주력하는 프로젝트다. 일반적인 게임 디자인의 구조를 역사적 관점에서 보기 때문에 전형적인 디자인 용어집과는 약간 다르다. www.gameinnovation.org를 참고하자.

게임의 디자인 패턴

디자인 용어집이 아닌 디자인 패턴 언어를 구축하고자 하는 시도는 이보다 더 적었다. 번드 크라이마이어는 〈가마수트라〉 기사 '게임 디자인 패턴의 경우 The Case for Game Design Patterns'(2002년)에서 디자인 패턴 프레임워크를 제안했으나 실제로 구축하지는 않았다. 스타판 비요크Staffan Bjork와 쥬시 홀로파이넨Jussi Holopainen은 저서 『Game Design Patterns』(2005년)에서 수백 가지 패턴을 설명했으며, 이 책의 웹사이트를 통해서 더 많은 패턴을 확인할 수 있다. 하지만 비요크와 홀로파이넨은 패턴 언어에 대한 출발점으로 다음과 같은 정의를 선택했다. "게임 디자인 패턴은 게임플레이 디자인에서 빈발하는 준 정형적이며 상호 의존적인 설명이다."(34페이지). 다시 말해, 이들의 접근법은 패턴 언어보다는 디자인 용어집에 훨씬 가깝다. 이들은 게임에 어떤 특징이 있는지, 혹은 어디에서 유래하는지에 대한 분명한 이론적 비전을 만들어내지는 않았다. 이들의 책은 유용한 디자인적 지식을 담고 있지만, 이런 지식을 효율적으로 이용해 더 좋은 게임을 만드는 방법까지는 알려주지 않는다. 게임에서 디자인 패턴을 확인하려는 노력은 객관적으로 좋은 게임을 만드는 것이 무엇인지, 그 본질적 특성은 어디에서 오는지를 이론적으로 분명히 밝히는 것으로 시작되어야 한다. 이런 비전이 있어야만 알렉산더가 건축에 이바지한 것처럼 흔히 겪는 문제를 밝혀내고, 이런 문제에 대한 일반적 해결책을 제공할 수 있다. 그런 면에서 디자인 패턴은 그저 게임 분석만이 아니라 게임 디자인에 유용한 툴이 된다. 바로 이것이 게임 디자인에 대한 이 책의 접근법이다.

머시네이션 디자인 패턴 언어

이전 장에서는 게임의 내부 경제적 관점에서 게임의 수준을 논했다. 그리고 게임 경제의 특정 구조적 특징(예를 들어 피드백 루프)이 어떻게 자연 발생적 게임플레이를 만들어내는지도 알아봤다. 이제 이 장에서 소개하고자 하는 패턴 언어의 핵심은 게임의 내부 경제 구조와 자연 발생적 게임플레이의 관계에 있다. 또한 머시네이션 다이어그램은 게임 내부 경제를 설명하는 데 매우 유용한 도구라는 것을 확인했으므로, 이런 패턴을 표현하는 데도 머시네이션 다이어그램을 이용하겠다.

패턴 설명

이 책에서 다룬 디자인 패턴은 부록 B에 전부 수록되어 있다. 모든 설명은 엄격한 형식을 따라 기록했다. 4인방의 디자인 패턴에 사용된 설명을 그대로 따왔기 때문에 소프트웨어 디자인 패턴에 익숙하다면 이 포맷이 눈에 익을 것이다.
각 설명에는 다음 항목이 포함되어 있다.

- **이름:** 모든 패턴에는 무엇인지 설명하는 이름이 있다. 때로 대신 붙일 수 있는 이름들이 일명Also Known As이라는 항목에 열거될 때도 있다.
- **의도:** 패턴의 역할을 설명하는 짤막한 선언이다.
- **동기:** 동기에서는 패턴의 사용처를 더욱 정교하게 설명하며 몇 가지 용도를 제안하기도 한다.
- **적용 가능성:** 이 부분에서는 패턴을 가장 잘 활용할 수 있는 상황이 무엇인지 설명하고, 이를 통해 해결할 수 있는 문제들을 기술한다.
- **구조:** 머시네이션 다이어그램을 활용해 패턴을 그래픽적으로 표현한 것이다.
- **구성 요소:** 패턴의 일부로 확인할 수 있는 요소, 메커니즘, 복합적 구조의 이름과 그에 대한 설명이다. 이 이름들은 패턴의 설명에 계속 활용된다.
- **협력:** 패턴 구성물 간의 가장 중요한 구조적 연관을 밝힌다.
- **결과:** 이 부분에서는 여러분의 디자인에 이 패턴을 적용했을 때의 장단점과 위험을 포함해 어떤 결과를 기대할 수 있는지 설명한다.
- **적용:** 대부분의 패턴은 다양한 방식으로 적용할 수 있다. 이 부분에서는 무작위성을 적용하는 경우를 포함해 패턴을 적용하는 몇 가지 방법들을 설명한다.
- **예제:** 이 부분에서는 이미 출시된 게임에서 찾을 수 있는 패턴의 예를 최소 두 개씩 수록한다.
- **연관 패턴:** 대부분의 패턴은 서로 연관되어 있다. 일부는 상반되게 작용하며, 보완적인 패턴도 있다. 이런 관계를 여기에서 설명한다.

이제부터는 우리가 수집한 디자인 패턴들을 소개하겠다. 여기에서 설명한 패턴에는 다이어그램이 포함되어 있으며, 범주별로 정리되어 있다. 하지만 이것은 짧은 개요일 뿐이므로, 각 패턴에 대한 완전한 설명과 이를 활용한 게임의 예는 부록 B를 참고하자.

노트 다이어그램에서 패턴을 가능한 한 일반적으로 묘사하기 위해 우리는 정확한 숫자를 기록하지 않았다. 많은 자원 연결 라벨에 단지 n만 넣었으며, 상태 연결 라벨에는 +나 −만 들어 있다. 머시네이션에서 이런 다이어그램을 구동하려면 직접 상세한 부분을 채워야 한다.

범주: 엔진

엔진Engine은 게임의 다른 메카닉에서 요구할 수 있는 자원을 생성한다.

정적 엔진

정적 엔진Static Engine은 게임을 플레이하면서 플레이어들이 소모하거나 수집할 자원을 시간이 흐름에 따라 일정한 속도로 생산한다. 정적 엔진은 복잡한 디자인을 피하면서도 플레이어의 액션을 제한하고자 할 때 사용하면 된다. 정적 엔진은 플레이어들이 자원을 어떻게 써야 할지 고민하게 만들지만 장기적인 계획까지 요구하지는 않는다.

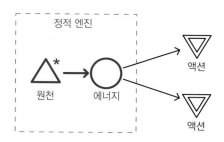

동적 엔진

원천에서 조절 가능한 자원의 흐름을 생산한다. 플레이어들이 자원을 투자해 이 흐름을 개선할 수도 있다. 동적 엔진Dynamic Engine을 사용해야 하는 때는 다음과 같다.

- **장기 투자와 단기 이득의 균형을 넣고 싶을 때:** 이 패턴은 정적 엔진에 비해 플레이어가 생산 속도를 더 제어할 수 있게 해준다.

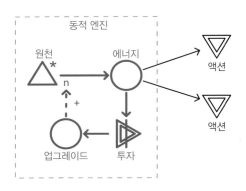

변환 엔진

두 개의 변환이 폐쇄 회로를 만들어, 게임에서 다른 곳에 활용할 수 있는 잉여 자원을 만들어낸다. 변환 엔진Converter Engine은 다음과 같을 때 활용한다.

노트 피드백 루프의 특징은 효과, 투자, 속도 등 표 6.1에서 설명한 특징들의 집합이다.

- 플레이어에게 정적이나 동적 엔진으로 제공할 수 있는 것보다 더 많은 자원을 제공해 더욱 복잡한 메커니즘을 만들고자 할 때(여기에서 예로 든 변환 엔진에는 두 개의 상호작용성 요소가 있지만, 동적 엔진에는 하나만 들어갈 수 있다) 피드백 루프가 강하고 투자할 자원에 접근하기가 더 어렵기 때문에 게임의 난도가 올라간다.

- 여러 옵션과 메카닉을 통해 엔진의 동력이 되는 피드백 루프의 특징을 조정해 게임으로 흘러가는 자원의 흐름을 조정하고자 할 때

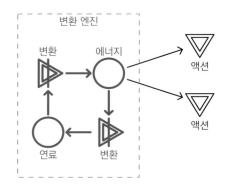

구축성 엔진

이 패턴은 게임플레이의 상당 부분이 자원의 꾸준한 흐름을 생성하는 엔진을 만들고 조정하게 할 때 사용된다. 구축성 엔진Engine Building은 다음과 같을 때 사용한다.

- 건설에 집중하는 게임을 만들고 싶을 때
- 장기적 전략과 계획에 집중하는 게임을 만들고 싶을 때

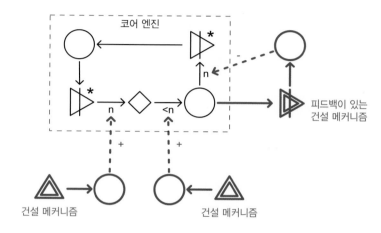

범주: 마찰

마찰 패턴은 경제에서 자원을 고갈시키거나 생산성을 줄인다. 손실이나 비효율성을 표현할 때 사용할 수 있다.

정적 마찰

고갈에서 플레이어가 생산한 자원을 자동으로 소모한다. 정적 마찰Static Friction은 다음과 같을 때 사용한다.

- 생산을 상쇄하되, 결국은 플레이어가 이를 극복할 수 있는 메커니즘을 만들고 싶을 때

- 동적 엔진에서 업그레이드에 투자해 얻는 장기적 이익을 강조하고 싶을 때

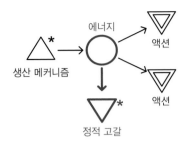

동적 마찰

고갈이 자동으로 플레이어가 생산한 자원을 소모하며, 소모 속도는 게임의 다른 요소의 상태에 영향을 받는다. 동적 마찰Dynamic Friction은 다음과 같을 때 사용한다.

- 자원이 너무 빠르게 생산되는 게임의 균형을 잡고 싶을 때
- 생산을 상쇄하고 플레이어의 진행이나 위력을 자동으로 조정하는 메커니즘을 만들고 싶을 때
- 동적 엔진에 의해 만들어지는 장기적 전략의 효과를 줄여 단기 전략을 강화하고 싶을 때

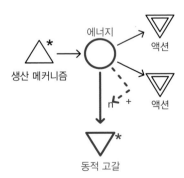

정지 메커니즘

이 패턴은 활성화될 때마다 메커니즘의 효율을 줄인다. 정지 메커니즘은 다음과 같을 때 사용한다.

- 플레이어들이 특정 액션을 남용하는 것을 막고 싶을 때
- 지배적인 전략을 상쇄하고 싶을 때
- 양성 순환 구조 메커니즘의 효율을 줄이고 싶을 때

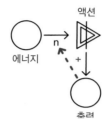

팁 일반 경제에서 정지 메커니즘은 수확체감의 법칙(law of diminishing returns)이라고도 부른다. 일정 정도를 넘으면 밭에 비료를 뿌릴 때 독성이 역치를 넘어가면서 수확할 수 있는 곡물의 양이 줄어드는 것이 바로 이런 예다.

소모전

플레이어들이 게임의 다른 액션에 필요한 다른 플레이어의 자원을 적극적으로 훔치거나 파괴한다. 소모전Attrition은 다음과 같을 때 사용한다.

- 멀티플레이어 사이의 직접적이고 전략적인 상호작용을 허용하고 싶을 때
- 플레이어들이 선호하는 전략 및 충동적 결정에 따라 결정되는 피드백을 시스템에 도입하고 싶을 때

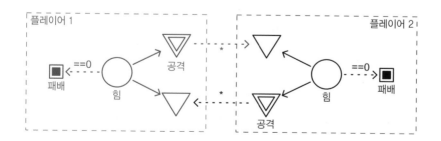

범주: 점증

점증escalation 패턴은 플레이어가 점차 커지는 도전을 해결하도록 강제한다.

점증적 도전

목표에 다가갈수록 진행의 난이도가 더욱 증가한다. 점증적 도전은 다음과 같을 때 사용한다.

- 플레이어의 실력(대개 신체적 능력)에 따라 빠르게 진행되며, 진행해갈수록 어려워지는 게임을 만들고 싶을 때: 플레이어가 게임을 진행할수록 과제를 완수할 수 있는 능력이 제한된다.
- 사전에 디자인된 레벨 진행을 (부분적으로) 대체할 자연 발생적 메카닉을 만들고 싶을 때

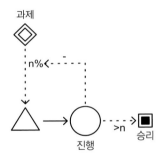

점증적 복잡성

플레이어가 점차 증가하는 복잡성에 대항해 게임을 제어하려 애쓰다가 강해진 양성 피드백과 더욱 증가한 복잡성으로 인해 패배하게 된다. 점증적 복잡성은 다음과 같을 때 사용한다.

- 스트레스가 큰, 실력 위주의 게임을 만들고자 할 때
- 사전에 디자인된 레벨 진행을 (부분적으로) 대체할 자연 발생적 메카닉을 만들고 싶을 때

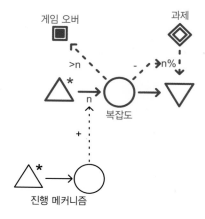

군비 경쟁

플레이어들이 자원을 투자해 다른 플레이어에 대한 공격과 방어 능력을 강화한다. 군비 경쟁Arms Race은 다음과 같을 때 사용한다.

- 소모전 패턴을 이용하는 게임에 좀 더 전략적인 옵션을 넣고 싶을 때
- 게임의 플레이 시간을 연장하고 싶을 때

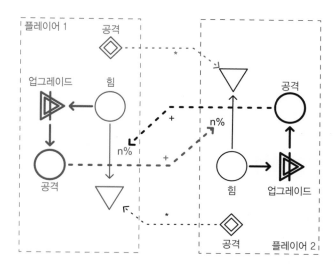

기타 패턴

우리의 라이브러리에 있는 나머지 패턴들은 앞의 범주에 속하지 않으므로 여기에 모아서 설명하겠다.

플레이 스타일 강화

플레이어의 액션에 느린 양성의 건설적 피드백을 적용하면 게임이 점차 플레이어가 선호하는 플레이 스타일에 적응하게 된다. 플레이 스타일 강화Playing Style Reinforcement는 다음과 같을 때 사용한다.

- 플레이어들에게 게임의 여러 세션에 걸쳐 작용하는 장기적 투자를 유도하고 싶을 때
- 플레이어들이 미리 개인적인 전략을 계획해 키워가는 데에 따른 보상을 주고 싶을 때
- 플레이어들이 특정한 역할이나 전략을 키우게 하고 싶을 때

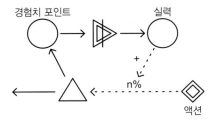

다중 피드백

한 게임플레이 메커니즘이 여러 피드백 메커니즘에 영향을 미치며, 각각 다른 특징을 가진다. 다중 피드백Multiple Feedback은 다음과 같을 때 사용한다.

- 게임의 난도를 높이고 싶을 때
- 플레이어가 현재의 게임 상태를 읽어내는 데에 보상을 주고 싶을 때

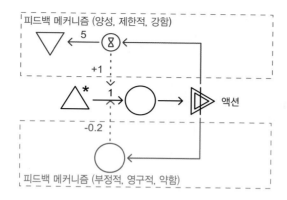

거래

이 패턴은 플레이어 사이의 거래를 허용해 멀티플레이어 역학과 부정적이며 건설적인 피드백을 도입한다. 거래trade는 다음과 같을 때 사용한다.

- 게임에 멀티플레이어 역학을 도입하고 싶을 때

- 부정적이면서 건설적인 피드백을 도입하고 싶을 때

- 플레이어들이 전투가 아닌 상거래를 통해 상호작용하도록 장려해 소셜 메카닉을 도입하고 싶을 때

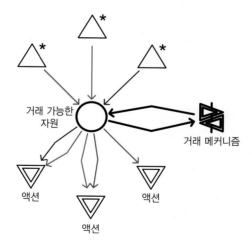

일꾼 배치

플레이어가 게임에서 다양한 메커니즘을 활성화하거나 개선하기 위해 한정된 자원을 제어한다. 일꾼 배치worker placement는 다음과 같을 때 사용한다.

- 거듭되는 세부 작업을 플레이어의 과제로 도입하고 싶을 때
- 변화하는 상황에 플레이어가 적응하도록 만들고 싶을 때
- 성공적인 전략에 있어 결정적인 요인으로 타이밍을 도입하고 싶을 때
- 간접적인 분쟁을 발생시키는 우회적 메커니즘을 만들고 싶을 때

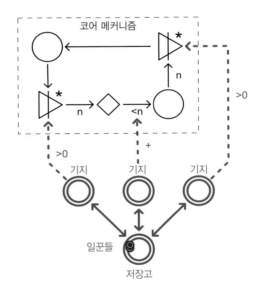

느린 싸이클

게임의 메카닉에 천천히 다양한 주기적 상태 변화를 가져오는 순환 메커니즘이다. 느린 싸이클은 다음과 같을 때 사용한다.

- 게임의 주기적 단계에 좀 더 변화를 주고 싶을 때
- 특정 전략의 강세를 완화하고 싶을 때
- 플레이어들이 변화하는 상황에 주기적으로 여러 전략을 적용하도록 강제하고 싶을 때

- 게임을 숙달하기까지 학습 기간을 좀 더 연장하고 싶을 때(느린 싸이클을 적용하면 플레이어들이 한 주기를 완전히 경험하는 과정이 자주 발생하지 않으므로, 이를 통한 학습이 더뎌진다)

- 플레이어들이 싸이클의 기간이나 진폭에 영향을 줄 수 있게 허용해 미묘하고 간접적인 전략적 상호작용을 도입하고 싶을 때

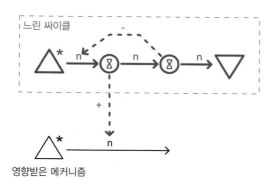

디자인 패턴의 결합

게임에 하나의 디자인 패턴만 적용하는 일은 드물다. 대개는 이런 패턴들 몇 가지를 영리하게 결합해 구성하기 마련이다. 예를 들어, 〈테트리스〉는 점증적 복잡성과(게임이 진행되면 테트로미노들이 쌓이면서 하단에 메우지 못한 구멍이 생겨 점점 더 어려워진다) 점증적 도전이(플레이어가 줄을 하나씩 삭제할 때마다 테트로미노가 떨어지는 속도가 빨라진다) 결합되어 있다. 설명에 나와 있듯이, 라이브러리에 있는 많은 패턴은 상호 보완적이며, 어울릴 것 같지 않은 패턴들을 결합할 때 흥미로운 결과가 빚어지기도 한다.

너무 잘 결합되어 게임 장르를 탄생시키는 패턴들도 있다. 예컨대, 거의 모든 실시간 전략 게임은 동적 엔진과 소모전의 결합이 핵심이다. 플레이어는 동적 엔진으로 기지를 구축해 소모전의 원동력으로 삼는다. 대규모의 실시간 전략 게임은 이 조합에 군비 경쟁 패턴이나 (흔치는 않지만) 구축성 엔진 패턴을 가미해 전략적 옵션을 추가로 제공하고 게임플레이 시간을 늘린다. 롤 플레잉 게

임들은 대부분 플레이 스타일 강화(캐릭터 구축)와 점증적 도전(플레이어가 성장할수록 도전도 어려워짐)을 결합하고 있다.

부록 B의 패턴 설명에서 패턴들을 어떻게 결합하면 좋을지에 대한 제안들을 담고 있긴 하지만 독자 여러분이 직접 다양한 조합을 찾아보고 실험해보기 바란다.

패턴의 정교화와 내포화

이 장과 부록 B의 패턴 설명을 읽다 보면 어떤 패턴들은 상당히 비슷하다고 느끼게 될 것이다. 예를 들어, 동적 엔진은 플레이어가 자원의 생산 속도를 변경할 수 있게 해주는데, 구축성 엔진 패턴 역시 특정한 적용 방식을 강제하지 않는다는 점만 빼면 굉장히 비슷한 역할을 한다. 따라서 동적 엔진 패턴은 구축성 엔진 패턴의 특별 케이스라고 볼 수도 있다. 게임에 동적 엔진을 넣으면 구축성 엔진의 일부 형태가 내포된다. 소모전과 동적 마찰 역시 서로 비슷하다. 소모전은 동적 마찰에서 조금 더 특화된 케이스다. 소모전은 단지 동적 마찰을 좀 더 균형적으로 적용하는 것이라 할 수 있다.

디자인 패턴 이론의 관점에서 패턴 간의 이런 관계는 정교화라고 부른다. 한 패턴(예: 소모전)은 또 다른 패턴(예: 동적 마찰)을 더 정교하게 적용한 것이다. 엔진 패턴 안에서 일꾼 배치 패턴은 구축성 엔진 패턴을 정교화한 것이며, 구축성 엔진은 동적 엔진을 정교화한 것이고, 동적 엔진은 정적 엔진을 정교화한 것이다.

정교화는 게임 디자인에 중요한 도구다. 예를 들어, 게임이 너무 단순할 때 게임의 패턴 하나를 원래 패턴보다 정교한 패턴으로 대체하면 좀 더 복잡해진다. 마찬가지로 게임이 너무 복잡할 때는 복잡한 패턴을 원래보다 단순한 패턴으로 대체해 단순화할 수 있다. 궁극적으로 모든 엔진 패턴은 평범한 원천 노드를, 모든 마찰 패턴은 평범한 고갈 노드를 정교화한 것이다. 게임을 디자인할 때 원천은 엔진으로, 또한 엔진은 원천으로 대체할 수 있다. 부록 B의 패턴 설명에는 어떤 패턴이 다른 패턴을 정교화한 것인지, 연관 패턴 절에서 어떤 패턴에서 정교화되었는지 정리했다.

정교화를 디자인 도구로써 어떻게 사용할 수 있는지는 채집 게임에서 미루어 짐작할 수 있다. 이 장의 첫머리에서 말했듯이, 이 게임은 동적 엔진 패턴을 적용한 것이며 정교화할 수 있는 방식이 몇 가지 있다. 예컨대 패턴 전체를 구축성 엔진 패턴이나 심지어는 일꾼 배치 패턴으로 정교화할 수 있다(그림 7.3).

또 한 가지 방법은 동적 엔진 내의 요소들을 정교화하는 것이다. 이미 설명했듯이, 어떤 원천이든 엔진 패턴으로 정교화할 수 있다. 채집 게임에는 원천이 있으므로, 이 원천을 변환 엔진 패턴으로 대체할 수 있다(그림 7.4). 그런데 변환은 사실 원천을 트리거하는 고갈의 조합으로 구성되어 있으므로, 이 중 어떤 요소든 엔진이나 마찰 패턴으로 대체할 수 있다.

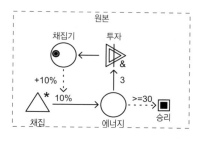

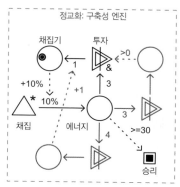

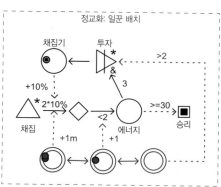

그림 7.3
채집 게임의 정교화

그림 7.4
채집 게임의 또 다른 정교화

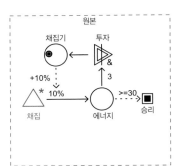

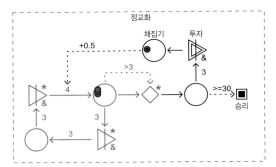

역 정교화: 단순화

게임을 좀 더 복잡하게 하기 위해 정교화를 적용한다면, 그 반대도 가능하다. 정교한 패턴을 단순한 패턴으로 대체하면 디자인에서 복잡성을 제거할 수 있다. 단순화는 다이어그램을 만들 때 설명하고자 하는 게임을 추상화하면서 게임의 역동적 행동 양식은 그대로 유지할 때도 편리하다. 이 책에서 소개한 다이어그램 중에도 이런 단순화 기법을 적용한 예가 많다. 특히 5장의 〈팩맨〉과 6장의 〈리스크〉 다이어그램이 그렇다. 예를 들어, 〈리스크〉의 다이어그램에서는 다른 플레이어들과의 대립을 동적 마찰로 표현했다(그림 6.27 참고). 이 게임의 멀티플레이어 다이어그램 역시 동일한 메커니즘의 소모전 패턴을 활용했다. 소모전 패턴을 동적 마찰로 대체함으로써 다이어그램에서 다른 플레이어들을 완전히 제거하고 싱글 플레이어의 관점에서 내부 경제에 더 집중할 수 있기 때문이다.

정교화는 디자인 패턴에만 적용되는 것이 아니라 머시네이션 다이어그램의 거의 모든 요소에 적용된다. 예를 들어 그림 7.5는 변환을 정교화하는 여러 방법을 보여준다. 어떤 게임 메커니즘이든 하나의 자원을 소모해 다른 자원을 생산하는 기능을 보이는 한 변환의 정교화라고 할 수 있다. 정교화된 변환은 흔한 문제점에 대한 일반적 해결책이 될 수 없으므로 디자인 패턴이라고 부를 수는 없다. 하지만 이런 구조의 목록을 만들어두면 (동시에 원래는 무엇이었는지 알고 있다면) 게임 메카닉을 실험하는 데에 큰 도움이 된다.

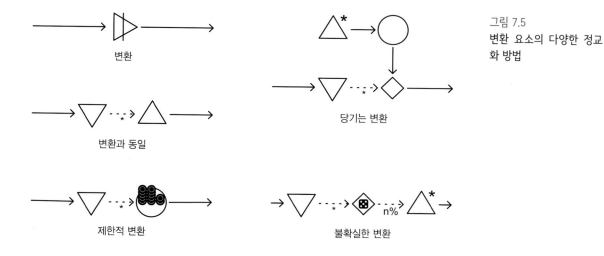

그림 7.5
변환 요소의 다양한 정교
화 방법

변환

변환과 동일

제한적 변환

당기는 변환

불확실한 변환

정교화와 디자인의 초점

정교화와 그 반대 개념인 단순화는 여러분의 게임 메커닉과 그 디자인적 초점, 즉 여러분
이 의도한 게임플레이를 잘 맞추는 데에 큰 역할을 할 수 있다. 예컨대 전투 위주의 게임이
라면 게임의 핵심 부분에는 정교한 메커니즘을 만들고, 플레이어가 시간을 덜 보낼 (그만큼
신경도 덜 쓰는) 부분에는 단순한 메커니즘을 적용할 수 있다. 부차적인 게임플레이(예를
들어 건설이나 인벤토리 관리 등)를 제어하는 메커니즘을 너무 정교하게 만든 것 같을 때
는 이를 더 단순한 패턴이나 단일 요소로 대체해보자. 때로는 복잡한 생산 메커니즘을 무
작위적 흐름 속도의 단순한 원천으로 바꾸는 게 나을 수도 있다. 가장 중요한 게임플레이
를 생성하는 메커니즘을 정교화하고 나머지 요소들을 단순화함으로써, 여러분은 플레이어
가 가장 중요하게 여기는 데에 디자인의 초점을 맞출 수 있다.

패턴 언어의 확장

이 책에서 다룬 패턴들은 기존 게임과 게임 디자인을 돕기 위한 머시네이션 다
이어그램 활용에 대한 수많은 연구의 결과다. 그렇다고 해서 이 책에서 소개한
패턴 언어가 완벽한 것은 아니다. 이미 설명한 패턴들이 수많은 게임의 중요한
측면들을 포착하고 있긴 하지만 그래도 가까운 장래에 더 많은 패턴을 추가해

야 할 것이다. 독자 여러분이 직접 자신의 디자인이나 다른 이들이 만든 게임에 대한 분석을 통해 흥미로운 패턴들을 찾아내길 바란다. 새로운 패턴을 발견했을 때는 일반적인 용어로 설명하는 것이 중요하다. 은하 간의 거래를 다룬 SF 게임에서 새로운 패턴을 발견했다고 해서 패턴과 그 구성을 게임에 사용된 이름으로 써야 하는 것은 아니다. 새로운 패턴을 기술할 때는 이전 '패턴 설명' 절에서 설명한 형식에 맞춰 일반적인 용어를 이용하자. 가장 중요한 구성 요소를 파악해 이름을 붙이고, 이 패턴을 적용할 수 있는 다양한 방법을 생각해보자. 이 때 가장 중요한 것은 해당 패턴으로 해결할 수 있는 흔한 디자인상의 문제를 찾아내는 것이다.

정형적 방법론에 대한 두 가지 비판

머시네이션 다이어그램과 패턴 언어는 게임 디자인을 어느 정도 정형화해줬다. 우리는 이둘을 활용하면 여러분의 능력을 보완하고 향상시킬 수 있으리라 생각한다. 하지만 게임 업계의 모두가 이런 방법론의 가치를 인정하는 것은 아니다. 게임 디자이너 래프 코스터는 2005년 GDC에서 '게임플레이의 문법: 게임 원소 – 게임을 다이어그램으로 표현할 수 있는가?(A Grammar of Gameplay: Game Atoms–Can Games Be Diagrammed?)'라는 제목의 강연을 통해 게임 메카닉을 상세하게 논하면서 다이어그램 방법론들을 제안했다. 이후에 그는 청중이 상당히 엇갈린 반응을 보였다고 말했다(셰필드 2007년). 우리도 게임 업계의 다양한 사람들과 게임 디자인 방법론에 대해 논의하며 비슷하게 엇갈린 의견들을 들었다. 디자인 방법론이라는 전제 자체에 반발하며 실제 게임 디자인에 적용하기에는 무리가 있는 학문적 도구일 뿐이라는 디자이너도 있었고, 이런 툴의 가치를 높게 평가하며 이를 활용해 디자인을 개선할 수 있으리라 동의하는 이들도 있었다.

게임 디자인 툴과 방법론에 반대하는 또 한 가지 의견은, 성공적인 게임 디자인의 핵심이라 할 수 있는 창조성은 이런 식으로는 절대 포착할 수 없다는 것이다. 이들은 정형화된 방법론은 업계의 창의적인 천재 디자이너들을 대체할 수 없다고 본다(구텐버그, 2006년). 이런 견해를 지지하는 이들은 이런 툴들이 게임 디자인을 정형화된 방법론의 틀 안에 맞추려 하기에 디자이너들의 역량을 제한할 것이라고 우려한다.

디자인 툴의 투자 가치

현재까지 게임 업계에서는 정형화된 방법론의 용어집이나 프레임워크가 그리 잘 관리되고 있지 않는 게 현실이다. 여러 용어집과 프레임워크가 존재하긴 하지만 실제 게임을 디자인해본 경험이 부족한 학자들이 만들었다는 것도 사실이다. 이런 툴을 배우는 데에도 상당한 시간을 투자해야 하는데, 활용할 때 얻을 수 있는 소득이 그리 큰 것도 아니다. 특히 게임 분석용으로 고안된 툴들이 그렇다. 정형화된 게임 분석은 업계보다는 대학에서 더 많이 실행되고 있다. 이런 비판이 그릇된 것은 아니지만, 그렇다고 해서 게임 디자인 방법론을 만들 필요가 없는 것은 아니다. 다만, 이런 방법론을 평가하는 기준이 뭔지 잘 생각해야 한다. 디자인 방법론은 디자이너들이 자신의 디자인을 고안하고 이해하며 수정할 수 있게 도와줘야지, 다른 이들의 게임을 분석하는 용도로 끝나선 안 된다. 이제 독자 여러분도 디자인 패턴과 머시네이션 언어가 분석용 툴이 아니라 여러분의 메카닉을 개선하고, 개발 초기부터 디자인적인 실험을 가능하게 해준다는 점을 파악했을 것이다. 9장에서는 광범위한 연구 사례들을 소개하겠다. 그리고 이런 툴을 전형적인 브레인스토밍 기법을 넘어서는 게임 메카닉 디자인 도구로 활용하는 방법도 보여드리겠다(하지만 디자인 패턴이 제공하는 기회에 대한 브레인스토밍은 꼭 해보길 권장한다). 어떤 디자인 툴이든 익숙해지려면 시간이 필요하지만 머시네이션은 배울만한 가치가 충분하다. 이 툴은 메카닉을 빠르게 테스트할 수 있는 효율적인 툴이므로 여러분의 디자인을 분명 개선해줄 수 있다.

창조성을 뒷받침해주는 디자인 툴

정형화된 디자인 툴로 디자이너 고유의 창의적 천재성을 대체할 수 없다는 두 번째 비판은 까다로운 문제다. 이런 관점을 지지하는 사람들은 디자인 방법론이라는 개념 자체를 거부한다. 하지만 이런 의견은 예술을 다소 순진하게 받아들이기 때문에 생기는 것이다. 예술이란 원래 창의적인 재능과 잘 다듬어진 기법과 지대한 노력이 합쳐져 탄생한다. 아티스트 간의 재능에는 차이가 있을 수 있지만, 다른 두 가지 요소를 순전히 재능만 가지고 넘어서긴 어렵다. 특히 프로젝트의 성공에 따라 큰 이익을 얻을 수 있는 이 업계에서, 투자자들이 늘 창조적 재능만 보고 도박을 하지는 않는다. 창의적 천재성을 지닌 예술가가 자기 재능만 가지고 즉흥적으로 근사한 작품을 만들어낸다는 것은 낭만적인 환상일 뿐, 현실과는 어울리지 않는다. 예술 작품을 만들어내기까지 예술가는 자기 분야의 기술을 배우고 부단히 노력해야 한다. 모든 형태의 예술이 다 그래 왔고, 게임만 다르리란 근거도 없다. 예술가가 활용할 수 있는 도구와 기술은 실용적인 것에서 이론적인 것까지 폭넓게 존재한다. 화가라면 다양한 종류의 물감을 붓으로 다루는 방법뿐 아니라 원근법의 수학적 원칙, 인지에 대한 심리학적 원칙도 배워야 한다. 미학적이라기보단 과학 혁신처럼 보이는 기하학적 원근법의 탄생이 르네상스 시대 미술에 일대 혁신을 가져온 것만 봐도 알 수 있다. 19세기부터 20세기 초반에 걸쳐 추상 미술은 점진적이고도 신중한 지적 발전의 과정을 거쳤다. 화가들이 직관과 개인의 재능만을 발전의 동력이라고 믿었다면 이런 변화는 가능할 수 없었을 것이다.

우리는 디자인 방법론에 대한 회의론이 핵심을 놓치고 있다고 본다. 정형화된 디자인 방법론은 창의적인 천재들을 대체하는 게 아니라 돕기 위해 만들어진 것이다. 방법론이나 도구가 아무리 훌륭하다 해도 디자이너의 비전이나 게임 디자인이란 어려운 작업을 대체할 수는 없다. 기껏해야 디자이너의 수고를 덜어주고 디자이너의 기술을 세련되게 다듬어줄 수 있을 뿐이다. 최고의 방법론은 디자이너의 비전에 제약을 가하는 게 아니라 이를 더욱 향상시켜, 디자이너가 빠르게 더 나은 결과를 낳게 해준다. 머시네이션 다이어그램 역시 팀원과 협업을 가능하게 해준다. 코드를 작성하고 나서 제안한 메카닉이 어떻게 작동할지에 대해 논쟁하는 대신, 코드를 작성하기 전에 디자인 팀에서 다이어그램을 만들어 시뮬레이션할 수 있기 때문이다.

디자인에 패턴 활용

패턴 언어는 여러분을 돕기 위해 고안된 도구이지 게임을 디자인하는 데에 정해진 방식을 강제하는 것이 아니다. 패턴은 디자인을 연구할 때 활용할 지침일 뿐, 좋은 게임을 만들기 위해 반드시 지켜야 하는 규칙이 아니다. 하지만 적어도 처음에는 패턴을 그대로 지키는 것이 좋다. 패턴을 적용하면 디자인 경험을 쌓는 데에도 좋고, 오랫동안 검증받은 구조를 따라 하면서 배울 점도 많다. 이런 패턴들을 알아보고 적용하는 경험을 좀 쌓은 다음에는 패턴에 구애받지 않고 독자적으로 작업하는 것도 좋다. 낯선 영역에 새로 발을 들이는 것은 흥분되고 소중한 경험이지만, 그러기 위해서는 먼저 경험을 쌓아야 한다.

디자인 개선

디자인 패턴으로 할 수 있는 가장 중요한 일은 여러분의 디자인에 있는 문제를 해결하는 것이다. 예를 들어, 여러분의 게임이 초반에 무작위적으로 정해지는 사소한 운의 결과가 증폭되는 강력한 양성 건설적 피드백 루프 때문에 결과가 크게 좌우되는 것을 발견했다고 가정해보자. 패턴을 보면 몇 가지 해결책이 떠오를 것이다. 게임에 여러 가지 자원이 있다면 거래 패턴을 이용해 부정 회귀 구조를 넣을 수 있다. 아니면 양성 피드백을 상쇄하게끔 동적 마찰을 적용할 수도 있다.

이런 식으로 디자인 패턴을 이용하려면 라이브러리를 잘 파악하는 게 좋다. 패턴과 다양한 적용법을 아는 것만으로도 게임 디자인에서 흔히 겪을 수 있는 문제점에 대한 이해가 높아지고 가능한 해결책 목록이 주어지는 것이나 다름없다. 디자인 패턴은 일반적인 디자인적 지식을 압축해 둔 것이다. 결국, 이런 패턴은 대부분 오랜 시간 게임들을 통해 진화해 온 것이다. 디자인 패턴은 직접 오랜 시간을 투자하지 않고도 간접 경험을 체득하게 해준다.

디자인 패턴 브레인스토밍

패턴 언어는 좋은 브레인스토밍 툴이기도 하며, 창의적 활용법은 무궁무진하다. 한 가지 단순한 방법은 무작위로 두세 가지 패턴을 선택해 이를 활용한 게임 경제를 디자인해보는 것이다. 이 실습은 다양하게 시도해볼 수 있다. 무작위로 패턴 하나를 선택해 디지털 머시네이션 다이어그램에 적용한 다음, 새로운 패턴을 선택해 다이어그램에 추가한다. 아마도 서너 개의 패턴을 적용할 때까지 반복하고 싶을 것이다. 또한 매 단계를 종이 프로토타입으로 만들어보는 것도 좋다. 무작위로 선택한 패턴이 앞선 패턴과 똑같아도 걱정할 필요는 없다. 다이어그램의 자원이나 부분 하나에 해당 패턴을 적용하면 된다. 아니면 미리 몇 개의 패턴을 선택한 다음, 처음부터 모든 패턴을 게임 경제에 적용해도 된다.

현재 개발 중인 게임에서도 비슷한 연습을 해볼 수 있다. 패턴은 경제에서 어떤 기능을 하느냐에 따라 게임에 있는 자원에 다양한 일반적 용어를 적용해준다. 게임에서 플레이어의 핵심 행동의 원동력이 되는 주요 '에너지' 역할을 하는 자원이 무엇인지 확인하면 게임에서 가장 중요한 경제적 구조에 초점을 맞출 수 있다. 무작위적으로 패턴을 하나 선택한 다음 게임을 들여다보는 틀로 활용하며, "이 패턴은 현재 디자인에 존재하는가? 그렇다면 원하는 방식으로 작동하는가? 아니라면 이 패턴을 더할 때 디자인적 문제점을 상쇄할 수 있는가?" 같은 질문을 해보자.

또한 기존 게임을 분석하고 변경하는 기준으로써 패턴을 활용할 수도 있다. 예를 들어, 〈스타크래프트〉의 정지 메커니즘으로 작용하는 메커니즘은 무엇인가? 이 게임의 기본 경제를 변경해 동적 엔진 대신 변환 엔진을 넣는다면 어떤 일이 발생하는가? 어떤 패턴을 추가하면 좋은 결과를 낳을 수 있을까?

플레이어 중심 디자인은?

『Fundamentals of Game Design』에서 어니스트 아담스는 플레이어 중심 디자인이라는 게임 디자인 접근법을 제안했다. 이 접근법은 디자이너에게 대표 플레이어를 상상하게 하고, 모든 디자인적 결정을 내릴 때 게임에 대한 이 플레이어의 기대와 맞는지를 기준으로 판단하게 한다. 처음에는 피드백 루프와 정형적 방법론에 대해 여태 논한 내용과 상충된다고 느껴질 수도 있다. 하지만 오해하지 말자. 플레이어 중심 디자인은 게임 디자인 메카닉의 중심에 자리잡고 있다.

6장에서 다뤘던 보드 게임 〈파워 그리드〉처럼 매우 복잡하고 서로 연관된 시스템으로 게임을 디자인해 무작위성을 거의 배제한다면, 이 게임은 특정 플레이어들에게는 매력적이지만 다른 플레이어에게는 그렇지 않을 수 있다는 것은 이해할 것이다. 〈파워 그리드〉는 수학적 전략을 즐기며 이런 시스템을 분석하고 최적화할 방법을 찾는 사람에게 매력적인 것이다. 무작위성이 큰 부분을 차지하는 더 짧은 호흡의 게임은 캐주얼 플레이어나 어린 층에 어필할 수 있다. 즉, 사람마다 선호하는 게임플레이 방식과 그런 게임플레이를 만들어내는 메카닉이 다 다르다.

다시 말해, 한 메카닉을 위주로 게임을 디자인한다 해도 "이런 스타일의 게임을 좋아하는 사람은 누구일까?"라는 생각을 절대 놓쳐선 안 된다. 디자이너는 세계의 중심에 플레이어가 있어야만 한다.

요약

이 장에서는 건축, 소프트웨어, 게임 등의 분야에서 반복적으로 나타나는 구조인 디자인 패턴의 개념을 소개했다. 디자인 패턴의 역사를 간단히 살펴보고, 게임 메카닉의 16가지 공통 패턴을 엔진, 마찰, 점증 세 가지 범주로 나누고, 이 범주에 들지 않는 기타 패턴도 다뤘다. 마지막으로는 실제 게임 디자인에 패턴을 활용하는 방법과 브레인스토밍에 대해서도 살펴봤다. 패턴은 이미 개발된 다른 게임을 분석하는 데에도 활용할 수 있다. 또 한 가지 혜택은 게임 메카닉의 특징을 팀 내의 다른 인원과 일반적인 용어로 논의할 수 있다는 점이다.

다음 장에서는 머시네이션의 더 강력한 기능인 A.I. 스크립팅에 대해 살펴본다. 또한 〈모노폴리〉와 〈심워〉 두 게임을 심층적으로 분석해 머시네이션이 모델링, 시뮬레이션, 밸런싱에 어떻게 활용될 수 있는지 알아보겠다.

실습 과제

1. 최근의 게임 프로젝트에서 어떤 디자인 패턴을 사용했는가? 사용할 수 있었지만 사용하지 않은 패턴들은 무엇인가? 이 중 하나를 썼다면 게임을 개선할 수 있었을까? 어떤 이유로 게임이 개선됐을까?

2. 잘 아는 게임을 하나 떠올려보자. 내부 경제가 전혀 없는 순수 어드벤처를 제외하면 어떤 장르든 관계없다. 게임에서 어떤 패턴이 발견되는가? 머시네이션 툴로 다이어그램을 만들어보자.

3. 두 개의 디자인 패턴을 무작위로 선택하자(패턴의 이름을 비어 있는 카드에 쓴 다음 덱을 잘 섞어서 두 장을 뽑으면 편리하다). 두 패턴이 모두 있는 게임을 찾을 수 있는가? 아니면 여러분이 뽑은 두 개의 패턴을 다 활용하는 게임의 컨셉을 생각해보자. 원천, 고갈, 저장고 등의 요소에 적절한 라벨을 넣어 머시네이션 다이어그램을 만들어보자.

8장
게임의 시뮬레이션과 밸런싱

단순한 게임이라면 실제로 플레이하지 않고도 플레이어가 승리할 확률이 어느 정도인지 짐작할 수 있다. 블랙잭이나 룰렛같이 메커니즘이 비교적 단순한 갬블링 게임이 그렇다. 하지만 특히 무작위적인 요인을 넣은 복잡한 게임이라면 여러 번 거듭 플레이한 후에야 밸런스가 적절한지 판단할 수 있다. 이전 장들에서 들었던 몇 가지 예에서 특정 플레이어가 게임에 승리하거나 패배할 확률을 디지털 머시네이션 다이어그램으로 시뮬레이션할 수 있다고 말한 바 있다. 이런 결론은 수천 번의 플레이 테스트 시뮬레이션을 통한 데이터가 뒷받침한다. 짐작했겠지만, 이 테스트를 일일이 수동으로 진행한 것은 아니다. 머시네이션 툴로 A.I. 플레이어를 정의하고, 자동으로 여러 세션을 구동해 이런 데이터를 추출할 수 있다. 게임의 밸런싱에 특히 유용한 기능이다. 그럼 어떻게 하면 되는지 알아보자.

팁 부록 C에 머시네이션 툴에서 다이어그램을 만드는 상세 튜토리얼이 수록되어 있다.

플레이 테스트 시뮬레이션

5장에서 배웠듯이, 머시네이션 다이어그램의 상호작용성 노드들은 사용자가 클릭하기 전에는 작동하지 않는다(상호작용성 노드는 한 줄이 아니라 두 줄로 그린다). 따라서 머시네이션 툴에서는 사람이 개입하지 않아도 되는 대규모 플레이 테스트를 시뮬레이션하기 위해 인공 플레이어artificial player 역할을 하는 특수 기능을 제공한다. 다이어그램에서 인공 플레이어는 AP라고 적힌 작은 사각형으로 표시된다(그림 8.1). 이 노드는 어디에도 연결해선 안 된다. 인공 플레이어는 다이어그램의 다른 노드들을 제어하는 간단한 스크립트를 여러분이 정의할 수 있게 해준다. 이런 식으로 여러분은 플레이어의 액션을 자동화해, 인공 플레이어가 노드를 대신 '가상으로 클릭'하거나 활성화하게 만들 수 있다(그렇다고 해서 인공 플레이어가 상호작용성 노드만 제어할 수 있는 것은 아니다. 인공 플레이어는 어떤 이름의 노드든 활성화할 수 있다). 인공 플레이어로 다이어그램을 구동할 때는 편하게 앉아 액션을 지켜보기만 하면 된다.

그림 8.1
인공 플레이어가 있는 간단한 다이어그램

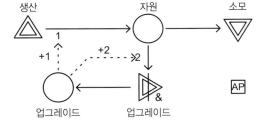

노트 머시네이션의 인공 플레이어 스크립트는 레벨 디자인 툴에 사용되는 스크립팅 언어만큼 강력하거나 복잡하지 않다. 프로그래머가 아니라 해도 인공 플레이어 스크립트는 작성할 수 있다.

머시네이션의 인공 플레이어

다이어그램에 인공 플레이어를 추가하려면 머시네이션 메뉴에서 선택해 다이어그램 아무 데나 놓는다. 어디에도 연결할 필요가 없어서 그냥 편한 곳에 놓으면 된다.

인공 플레이어의 행동 방식을 제어하는 설정은 여러 가지가 있다. 모든 머시네이션 노드가 그렇듯이 색깔, 두께, 라벨을 설정할 수 있다. 인공 플레이어에는 여타 머시네이션 노드와 똑같이 활성화 모드가 있다(더 자세한 정보는 5장의 '활성화 모드' 절을 참고하자). 더욱이, 인공 플레이어에는 인공 플레이어가 발동할 때 어떤 노드를 활성화하는지 지정하는 스크립트가 있다. 이 스크립트를 실행하는 것이 인공 플레이어의 주된 기능이다.

머시네이션 다이어그램에서 인공 플레이어 노드를 하나 선택하면 요소 패널에 인공 플레이어의 다른 속성과 함께 스크립트 박스가 뜬다. 여기에 스크립트를 입력하면 된다.

스크립트는 인공 플레이어에게 무엇을 할지 지시하는 줄로 구성되어 있다. 여기에는 직접 명령과 if 구문 두 가지 형태가 있다. 직접 명령은 단순하고 명백한 순서로 구성된다. if 구문은 if로 시작해 조건이 나온 다음(조건에 대해서는 잠시 후 설명한다) 명령이 온다. 인공 플레이어는 발동하면 스크립트의 각 줄을 맨 위부터 순서대로 평가한다. 줄이 직접 명령일 때는 단순히 해당 명령을 실행한다. 줄이 if 구문일 때는 인공 플레이어가 주어진 조건이 참인지 체크한 다음, 참일 때 if 구문 다음에 오는 명령을 실행한다. 조건이 참이 아닐 때는 인공 플레이어가 스크립트의 다음 줄로 넘어간다. 일단 어떤 명령이든 실행하고 나면 스크립트의 실행이 멈추고 그 다음 줄을 평가하지 않는다. 다음번에 인공 플레이어가 발동되면 맨 윗줄부터 다시 스크립트를 평가한다.

팁 스크립트는 명령을 실행하는 순간 멈추기 때문에, 두 개의 직접 명령을 스크립트의 한 줄 안에 넣을 수는 없다. 한 줄에 넣으면 두 번째 명령은 절대로 실행되지 않는다. 하지만 if 구문에는 시퀀스(sequence)를 넣을 수 있다. 시퀀스에서는 스크립트가 조건을 충족하는 것을 찾을 때까지 순서대로 평가한다. 그런 다음 해당 명령을 실행하고 멈춘다.

직접 명령

가장 기본적인 명령은 매개변수에 지정된 대로 다이어그램에서 하나 이상의 노드를 활성화한다. 명령을 실행한 다음에는 스크립트가 멈춘다. 모든 기본 명령은 fire라는 단어의 변형이다. 노드 이름은 대소문자를 구분한다.

fire(node): 이 명령은 매개변수와 일치하는 라벨의 노드를 찾아 발동시킨다. 예를 들어, fire(Produce) 명령은 그림 8.1의 Produce라는 라벨의 원천을 활성화할 수 있다. fire() 명령은 매개변수 없이 호출될 수 있다. 단순히 fire() 명령을 입력하고 괄호 안에 노드의 이름을 넣지 않으면 스크립트는 종료되고 어떤 노드도 발동되지 않는다. fire() 명령의 매개변수가 다이어그램에 있는 어떤 노드와도 맞지 않을 때도 마찬가지다.

fireAll(node,node...): fireAll() 명령은 fire() 명령과 똑같은 역할을 하지만 하나 이상의 매개변수를 받아들인다. 실행하면 이름을 넣은 모든 노드를 동시에 발동시킨다.

fireSequence(node,node...): fireSequence() 명령은 조금 특화되어 있다. 매개변수에 기재된 노드들을 순서대로 한 번에 하나씩 활성화하며 명령이 실행될 때마다 다음 노드로 넘어간다. 처음 스크립트가 fireSequence()를 실행할 때는 매개변수 목록에 있는 첫 번째 노드를 활성화하고, 두 번째로 스크립트가 fireSequence()를 실행할 때는 목록의 두 번째 노드를 실행하는 식으로 계속된다. 다음 번 노드가 무엇인지는 자동으로 관리한다. 명령이 매개변수 수보다 많이 실행되면 다시 첫 번째 매개변수로 돌아간다. 예를 들어, fireSequence(Produce, Produce, Upgrade, Produce, Consume) 명령을 실행하면 그림 8.1의 원천을 두 번, 변환, 다시 원천, 그 다음 고갈 순으로 순환하며 활성화한다.

fireRandom(node,node...): 이 명령은 매개변수에 여러 노드 이름이 들어가지만, 그중 하나를 무작위로 선택해 발동시킨다. 어떤 노드를 발동시킬 확률을 높이려면 해당 노드의 이름을 한 번 이상 넣으면 된다. 예를 들어, 그림 8.1에서 명령 fireRandom(Produce, Produce, Consume, Upgrade)는 원천을 발동시킬 확률이 50%, 고갈이 25%, 변환이 25%다.

if 구문

인공 플레이어 스크립트에서는 if 구문을 이용해 조건 명령을 지정할 수도 있다. if 구문은 단어 if, 괄호 안의 조건, 그리고 조건이 참일 경우 실행하는 명령으로 구성된다.

if(condition)command: if 구문의 조건은 저장고와 등록을 참조해 다이어그램의 상태를 체크할 수 있다. 예를 들어, if(Resources>3) fire(Consume) 이라는 스크립트 줄은 그림 8.1에서 Resources라는 라벨의 저장고에 자원이 3개 이상일 때 고갈을 활성화한다.

인공 플레이어 스크립트는 참인 if 구문이나 직접 명령을 찾을 때까지 실행되기 때문에 다른 구문을 넣을 필요는 없다. 예를 들어, 다음 스크립트는 소모나 업그레이드 액션 중 하나를 무작위로 선택하기 전까지 그림 8.1에서 Resources라고 표시된 저장고를 채우게 된다.

```
if(Resources>4) ?fireRandom(Consume, ?Upgrade)
```

```
fire(Produce)
```

if 구문은 계산을 수행하고 여러 조건을 논리 연산자로 연결해서 처리할 수 있게 해준다. 자바Java나 C 같은 프로그래밍 언어의 if 구문에 익숙하다면 예상할 수 있는 방식으로 작동한다. 표 8.1은 if 구문의 조건으로 지원되는 연산자들이다.

연산자	설명	예시
==	균등	if(resources == 1) fire(consume) 자원의 숫자가 1일 때 소모 노드를 발동한다.
!=	불균등	if(Upgrades != 0) fire(Upgrade) 자원의 수가 0이 아닐 때 업그레이드 노드를 발동한다.
〈=, 〈, 〉=, 〉	상대적	if(resources 〈= 3) fire(Produce) 자원의 수가 3 이하인 한 생산 노드를 발동한다.
+, −	덧셈	if(Upgrades + 2 〈 resources − 1) fire(Produce) 업그레이드 숫자 + 2가 자원 수 −1보다 작을 때 생산 노드를 발동한다.
*, /, %	곱셈	if(Upgrades * 2 〉 resources / 3) fire(Upgrade) 업그레이드 x2가 업그레이드 /3보다 크면 업그레이드 노드를 발동한다. % 기호는 나눗셈의 나머지 연산에 쓰인다: if (resources % 4 == 2) fire (Upgrade) 는 자원의 수가 2, 6, 10… 일 때 업그레이드 노드를 발동한다.
&&	논리곱	if(resources 〉 4 && Upgrades 〈 2) fire(Upgrade) 자원이 4개 초과, 업그레이드는 2개 미만일 때 업그레이드 노드를 발동한다.
||	논리합	if (resources 〉 6 || Upgrades 〉 2) fire(consume) 자원이 6개를 넘거나 업그레이드가 2개를 넘으면 소모를 발동한다.

표 8.1
스크립트의 조건으로 사용할 수 있는 연산자

그 외의 명령

다양한 발동 명령에서 변용한 추가 명령 몇 가지를 인공 플레이어의 스크립트에 사용할 수 있다.

stopDiagram(message)

종료 조건과 비슷하게 다이어그램의 실행을 즉시 멈춘다. 매개변수에는 텍스트 스트링을 넣을 수 있다. 인공 플레이어가 하나 이상일 때는 각 플레이어의 스크립트에 다른 메시지를 넣어 어떤 플레이어가 다이어그램을 멈췄는지 알 수 있다. 복수로 구동할 때는('복수 구동 시 데이터 수집' 단락 참조) 툴에서 각 메시지가 몇 번 나타났는지 추적해 구동이 일어날 때 대화 상자에 표시해준다. 이를 통해 무엇 때문에 다이어그램이 멈췄는지 분석할 수 있다.

노트 다이어그램에 컬러 코딩이 적용된 경우, 인공 플레이어 역시 컬러 코딩할 수 있다. 이럴 때는 인공 플레이어가 자신과 같은 색상의 노드만 발동한다.

- **endTurn()** : 턴제 다이어그램에서 현재의 턴을 끝낸다.

- **activate(parameter)** : 현재의 인공 플레이어를 비활성화하고 대신 매개변수에 들어 있는 인공 플레이어를 활성화한다.

- **deactivate()** : 인공 플레이어를 비활성화한다.

인공 플레이어는 턴제 다이어그램에도 이용할 수 있다(5장에서 턴제 다이어그램에 대해 설명한 '타임 모드' 참조). 하지만 이 때에는 인공 플레이어의 행동 양식이 다소 달라진다. 게다가, 턴제 다이어그램에서는 인공 플레이어가 한 턴 동안 몇 번 발동하는지를 액션 수로 표시해야 한다. 턴 당 여러 액션을 수행할 때는 이 액션들을 1초 간격으로 실행한다.

복수 구동 시 데이터 수집

인공 플레이어는 자동으로 다이어그램을 구동하고 게임을 테스트할 수 있게 해준다. 이 옵션을 최대한 활용할 수 있도록 머시네이션 툴은 빠른 다이어그램 구동을 허용한다(그림 8.2). 툴의 Run 탭에서 Quick Run 버튼을 누르면 된다. 빠른 구동 모드에서는 다이어그램이 아주 빠르게 실행되는 대신 상호작용은 허용되지 않는다. 빠른 구동 모드일 때는 반드시 다이어그램에 종료 조건이 있고 이 종료 조건에 실제로 도달할 수 있어야 한다. 다이어그램이 종료 조건에 도달하지 못하고 계속 구동되면 Quick Run 버튼을 다시 클릭해서(구동 중에는 정지Stop라고 표시된다) 수동으로 멈출 수 있다. 같은 버튼을 한 번 더 클릭하면 다이어그램이 시작 조건으로 다시 리셋된다.

그림 8.2
머시네이션 툴의 구동 패널

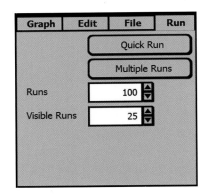

다이어그램을 여러 번 구동하는 옵션도 있다. 이를 위해서는 머시네이션 툴의 Run 탭으로 가서 Multiple Runs 버튼을 클릭하면 된다. 다이어그램의 복수 구동 횟수는 디폴트로 100으로 설정되어 있지만, Run 탭에서 이 숫자를 쉽게 바꿀 수 있다. 툴이 끝없이 구동되는 일을 방지하기 위해 다이어그램 복수 구동 횟수가 10,000스텝 후에도 종료 조건에 도달하지 못하면 자동으로 종료된다. 복수 구동 시 다이어그램은 종료 조건까지 도달한 횟수를 추적 관리한다. 두 명의 플레이어가 각자 승리 조건이 정해진 게임이라면(종료 조건 역시 있어야 한다), 이를 통해 누가 더 자주 승리하는지도 쉽게 판단할 수 있다. 이 책에서 예로 든 통계 데이터 추출에도 이 기능을 활용했다. 다이어그램을 복수로 구동할 때는 다이어그램에서 매 구동에 소요된 시간까지 추적하므로 평균을 낼 수 있고, 서로 다른 인공 플레이어의 스크립트를 비교해 어떤 스크립트가 경제를 특정 상태(보통은 승리!)로 가장 빨리 이끄는지 비교할 수 있다.

마지막으로 여러분의 다이어그램에 차트가 포함되어 있다면 매 구동 데이터가 차트로 저장된다(그림 8.3). 기본 설정으로 차트는 마지막 25회 구동의 데이터를 보여주지만, 더 많은 횟수를 저장할 수도 있다. 그리고 차트 밑에 있는 《와 》기호를 클릭하면 차트에 저장된 모든 데이터를 훑어볼 수 있다. 현재 구동의 데이터는 밝게, 다른 구동 데이터는 흐리게 표시된다(그림 8.3은 현재 97번째 구동의 결과를 보여준다). 시뮬레이션과 시뮬레이션 사이에 차트의 데이터를 삭제하려면, 차트에 있는 clear를 클릭하면 된다. 또한 수집된 데이터는 *.csv(쉼표 구분

값 데이터 파일comma-separated values)로 저장해 스프레드시트나 통계 프로그램에서 더 자세하게 분석할 수도 있다. 그러려면 차트 밑에 있는 export를 클릭하고 파일을 저장할 위치를 선택하면 된다.

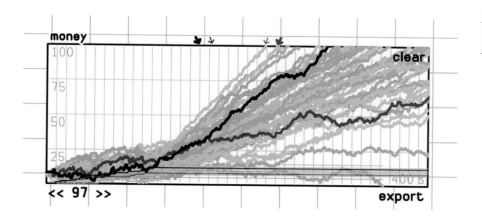

그림 8.3
100회의 구동 결과를 보여주는 머시네이션 차트

인공 플레이어 전략의 디자인

인공 플레이어가 실제 플레이어를 대신할 수는 없지만, 스크립팅 옵션을 통해 더 영리한 인공 지능(AI)을 만들 수는 있다. 인공 플레이어의 목적은 적응하는 AI 플레이어를 만들어내는 것이 아니라 비교적 단순한 전략을 통해 메카닉이 어떻게 작동하는지 테스트하는 것이다. 인공 플레이어와 자동 플레이 테스트를 최대한 활용하려면 단순화한 인공 플레이어를 디자인하는 것이 좋다. 즉, 어떤 상황에서든 일관되게 특정 전략을 따르도록 디자인하는 것이다. 예컨대, 실시간 전략 게임에서 어떤 유닛 타입을 섞어두는 것이 최선인지 확인하려면 서로 다른 인공 플레이어를 몇 가지 디자인해 이들이 서로를 상대하는 방식을 다양하게 설정하면 된다. 인공 플레이어들은 다른 노드와 마찬가지로 수동이나 자동으로 설정할 수 있다. 그래서 여러 인공 플레이어들을 빠르게 전환하며 동시에 다양한 인공 플레이어를 실험할 수 있다. 다이어그램을 구동하는 동안 인공 플레이어 하나를 클릭하면 자동과 수동 모드를 전환할 수 있다.

인공 플레이어에게 적합한 전략을 얻으려면 보통 여러 번 시도해 봐야 한다. 특히 여러분이 직접 디자인한 인공 플레이어를 만들 때는 더욱 그렇다. 인공 플레이어를 디자인해 보면 여러분의 디자인을 연구하고 실험하는 데에 도움이 된다. 이상적으로는 인공 플레이어가 따라갈 유효한 전략이 많아야 한다. 다른 인공 플레이어들(혹은 여러분 자신)을 일관되게 이기는 인공 플레이어를 스크립팅할 수 있다면 지배적인 전략을 찾아낸 것이며, 메카닉을 변경해 해당 전략의 효율을 줄일 필요가 있다.

모든 무작위성 제거

6장의 '무작위성 대 자연 발생' 절에서 살펴봤듯이, 무작위적 요인은 지배적 전략을 만들어낼 가능성이 있는 패턴의 작동을 방해한다. 밸런스를 테스트할 때는 지배적 전략을 확인하는 것이 중요하며, 메카닉에서 무작위적 요인을 제거하면 이 작업이 더 쉬워진다.

머시네이션 다이어그램에서 퍼센트율로 표시되는 무작위성은 평균값을 소수값으로 대체해 쉽게 바꿀 수 있다. 20% 확률로 무작위로 자원을 생산하는 원천이 있다면 이 숫자를 고정된 0.2의 제작 속도로 대체할 수 있다. 이렇게 하면 원천이 10스텝마다 2의 비율로 자원을 생산한다. 여러 주사위를 굴려서 얻는(예: 3D6) 범위 값으로 표시된 무작위성은 확률 분포가 일률적이지 않기에 대체하기가 좀 더 까다롭다. 이 때는 평균값을 쓰도록 하자. 면과 숫자가 다 똑같은 주사위에서 나오는 숫자의 평균을 내는 공식은 다음과 같다.

주사위 굴림 평균 = (주사위 하나의 면 수 +1) × 주사위 개수 ÷ 2

3D6의 경우에는, (6+1) × 3 ÷ 2, 또는 10.5다.

인공 플레이어의 스크립트에 무작위성이 전혀 개입하지 않도록 하고 싶을 수도 있다. 이 때는 모든 fireRandom() 명령을 fireSequential() 명령으로 바꾸고 무작위적인 조건 모두에 다른 값을 넣는다. 예를 들어, if(random < 0.3) fireRandom(A, B, B, C)은 if(steps % 10 < 3) fireSequential(A, B, B, C)로 고쳐쓸 수 있다.

연결자의 라벨에서 무작위성을 모두 제거하고 인공 플레이어 스크립트에 나타나는 무작위성을 삭제했다면 다이어그램을 구동할 때 늘 동일한 결과를 얻게된다. 특정 전략이 실제로 다른 전략보다 우수한지 확인할 때 좋다.

인공 플레이어 연결

인공 플레이어로 작업할 때는 스크립트가 길고 복잡해진다. 스크립트의 복잡성을 줄이려면 여러 인공 플레이어별로 스크립트를 쪼개는 것도 좋다. 한 인공 플레이어가 다른 인공 플레이어를 발동시키는 상호작용성 인공 플레이어를 적용하면 해결된다. 예를 들어, 건설자라는 인공 플레이어 하나를 만들어 디자인에서 최적의 건설 액션을 확인하고 발동하는 동시에 공격자라는 인공 플레이어로 최적의 공격 액션을 확인하고 발동하고 싶은 경우를 생각해보자. 이럴 때는 `fireRandom(builder, attacker)` 스크립트로 세 번째 인공 플레이어를 만들어 무작위로 두 개 중 하나를 선택할 수 있다.

하지만 주의할 것이 있다. 인공 플레이어는 머시네이션 다이어그램의 행동양식을 더 제어할 수 있게 해주지만, 이때 여러분이 디자인한 경제의 밸런스와 관리 가능성에 착시 효과를 줄 수도 있다. 인공 플레이어가 성공적으로 경제를 제어하도록 하는 데에 많은 시간을 써야 했다면, 여러분의 경제에 문제가 있다는 신호일 수 있다. 인공 플레이어들은 플레이어에게 공정하지 않거나 다른 약점이 있는 게임을 이길 만큼 영리하지 않다. 인공 플레이어의 목적은 문제점을 발견하는 것이지 이를 가리는 것이 아니다. 여러분이 조정해야 할 것은 인공 플레이어가 아니라 여러분이 만든 메카닉이다.

〈모노폴리〉 플레이

자동화된 머시네이션 다이어그램의 상세한 예로 먼저 〈모노폴리〉의 밸런스를 확인해보자. 밸런스가 게임의 다양한 메커니즘에 어떻게 영향을 받는지, 디자인 패턴을 적용해 게임을 어떻게 개선할 수 있는지 알아보겠다.

그림 8.4는 〈모노폴리〉의 모델이다. 지금까지 예로 들었던 〈모노폴리〉의 모델과는 약간 다를 것이다. 중요한 차이점은 다음과 같다.

- 2인용 게임으로 구현되었다. 이전 장들에서는 원천과 고갈을 활용해 플레이어가 세금을 받고 내는 것을 표현했지만, 여기에서는 두 플레이어 간에 돈이 이동하는 게이트 두 개로 표현했다. 이 경우에는 플레이어가 가진 모든 땅마다 다른 플레이어가 매 스텝에 돈 1유닛을 낼 4%의 확률을 생성한다.

- 살 수 있는 땅 수가 제한되었다. 이 다이어그램에서는 게임에서 활용 가능한 저장고에 최초로 저장된 땅이 20개뿐이다. 이 땅이 사라지고 나면 플레이어들은 더이상 땅을 살 수 없다.

그림 8.4
〈모노폴리〉 2인용 버전

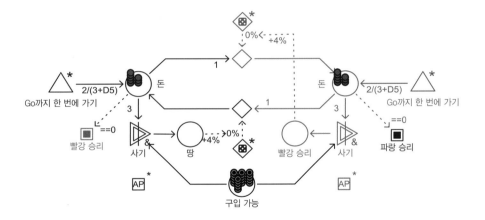

또한 각 플레이어를 제어하는 인공 플레이어도 고도화했다. 두 인공 플레이어에게는 단순한 1줄짜리 스크립트가 있다. 스크립트는 다음과 같다.

```
if((random * 10 < 1) && (Money > 4 + steps * 0.04)) fire(Buy)
```

인공 플레이어마다 스텝당 땅을 하나 구입할 확률은 10%다. 하지만 돈이 충분할 때만 땅을 구입한다. 처음에 플레이어는 이 저장고에 돈 4유닛 이상이 있어야만 구매할 수 있지만, 이 값은 게임이 진행되면서 점점 늘어난다(그래서 단계 값이 조건에 들어가 있는 것이다). 이 조건이 더해져서, 인공 플레이어의 돈이 너무 빨리 떨어져 초반에 지는 일을 방지한다. 또한 인공 플레이어가 저장고에 가지고 있는 돈의 최소량이 점차 증가하도록 설정했는데, 다른 플레이어가 땅을 더 많이 구입하면 플레이어가 여러 턴 연속해서 더 많은 세금을 내야 할 가능성이 높아지기 때문이다. 시간이 지날수록 보유 액수는 점점 더 커진다.

시뮬레이션된 플레이 테스트 분석

똑같은 플레이어들이 서로 대결하도록 하고 각 플레이어가 벌어들인 돈을 여러 세션에 걸쳐 추적하면 그림 8.5 같은 차트가 나온다. 이 차트를 읽기는 쉽지 않지만, 몇 가지 특징은 눈에 띈다. 두 플레이어가 가진 돈의 양은 첫 90스텝쯤까지는 안정적으로 유지되지만, 점점 늘어나기 시작한다. 그림 8.6은 이런 추세를 분명히 보여준다(추세 라인은 이해를 돕기 위해 우리가 추가한 것이다. 머시네이션 툴에서 생성되지는 않는다). 이전 장들에서 논했지만, 이 추세는 〈모노폴리〉의 핵심이라 할 수 있는 양성 순환 구조의 결과다. 더 중요한 것은, 7장에서 다뤘던 동적 엔진의 특성이란 점이다(부록 B 참고).

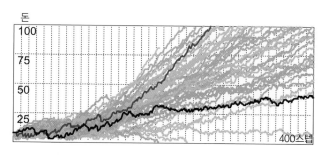

그림 8.5
시뮬레이션된 플레이의 여러 세션. 뚜렷한 선은 최근의 구동 결과다

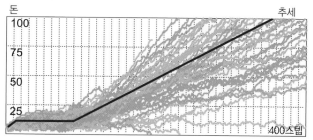

그림 8.6
게임플레이의 추세

이 추세를 더 자세히 연구하기 위해 다이어그램에서 무작위성을 모두 제거할 수도 있다. 그러려면 제작 속도, 세금 메커니즘 적용, 그리고 인공 플레이어의 스크립트를 변경해야 한다. 그림 8.7은 이런 변경을 반영한 것이다. 새로운 확정적 인공 플레이어 스크립트는 다음과 같다.

```
if((steps % 10 < 1) && (Money > 4 + steps * 0.04)) fire(Buy)
```

그림 8.7
확정적 버전의 <모노폴리>

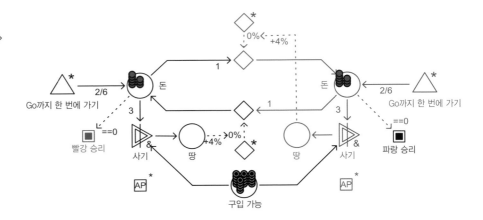

그림 8.8은 시뮬레이션된 플레이 세션의 결과다. 이 차트에서는 추세가 매우 뚜렷이 보인다(이 차트에서는 두 플레이어가 동일한 전략을 따르므로 선이 완전히 겹쳐, 한 플레이어처럼 보인다). 또한 이 차트에서는 각 플레이어가 보유한 땅의 수가 얇은 선으로 표시되어 있다.

그림 8.8
확정적 <모노폴리>의 플레이 세션 시뮬레이션

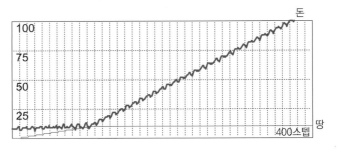

운의 영향

〈모노폴리〉에서 운이 가져오는 영향을 연구하기 위해, 이제 빨간색 플레이어의
스크립트를 다음과 같이 수정했다.

```
if((steps % 20 < 1) && (Money > 4 + steps * 0.02)) fire(Buy)
```

이렇게 하면 빨간색 플레이어가 새로 땅을 구매할 기회는 절반으로 떨어진
다. 이제 10스텝마다가 아니라 20스텝마다 한 번 구매할 수 있는 것이다. 그림
8.9는 이런 변경이 반영된 차트다. 돈 추이를 보면 플레이어의 총자산은 처음
엔 변동이 없어 보인다. 하지만 〈모노폴리〉를 많이 해 본 플레이어라면 다 알겠
지만, 이 게임은 땅을 차지하는 것이 전부라 해도 과언이 아니다. 가진 땅의 차
이가 바로 플레이어의 위력 차이가 된다.

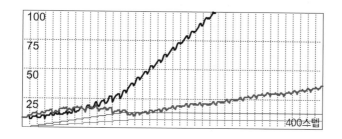

그림 8.9
일관된 운의 차이가 주는
효과. 두꺼운 선은 보유한
금액이고, 얇은 선은 보유
한 땅이다

이 차트를 이용하면 다양한 메카닉의 무작위화 효과를 연구할 수 있다. 예를
들어, 그림 8.10은 Go까지 한 번에 가기를 다시 쓰는 횟수를 무작위화한 효과
를 보여준다(저장고의 제작 속도를 2/(3+D5)로 회복한 것이다). 보다시피, 효과는 그
리 크지 않다. 게다가, 게임의 주된 추세에는 영향을 주지 못한다. 결국, Go까
지 한 번에 가기는 게임에 큰 영향을 주지 않는 것이다.

그림 8.10
플레이어가 얼마나 자주
Go까지 한 번에 가기를 사
용하는지 무작위화한 결과

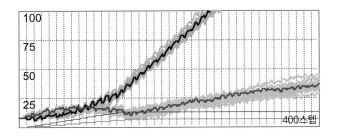

그림 8.11의 세금 메커니즘을 무작위화하면 훨씬 큰 효과가 생긴다. 그렇다 해도 전반적인 추세를 깨지는 못한다(하지만 차트를 자세히 보면 빨간색 플레이어의 돈이 훨씬 줄어들어 땅을 더 적게 사는 결과가 생기기도 하는 것을 알 수 있다).

그림 8.11
세금 메커니즘을 무작위화
했을 때의 효과

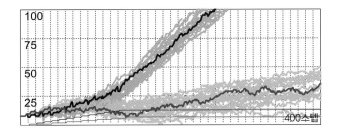

하지만 플레이어가 땅을 살 기회를 무작위화하면 효과는 훨씬 커진다(그림 8.12). 게다가, 플레이어 간의 땅 분포에 영향을 준 결과, 돈의 분포에도 영향을 준다. 기회의 차이를 적용하려면 파란색 플레이어의 스크립트가 다음과 같아야 한다.

```
if((random * 10 < 1) && (Money > 4 + steps * 0.02)) fire(Buy)
```

한편, 빨간색 플레이어의 스크립트는 이렇게 된다.

```
if((random * 20 < 1) && (Money > 4 + steps * 0.02)) fire(Buy)
```

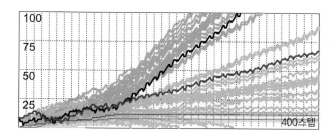

그림 8.12
땅을 살 확률을 무작위화
한 효과

　　모든 효과를 하나의 다이어그램에 넣으면 차트는 그림 8.13처럼 된다. 하지만 이 차트는 〈모노폴리〉의 첫 번째 차트(그림 8.5)와는 다르다. 이 차트에서는 여전히 빨간색 플레이어가 불리하다. 파란색 플레이어보다 땅을 살 확률이 절반 정도다. 또한 두 플레이어의 총자산이 더 다양하게 분포하며, 빨간색 플레이어는 거의 이기지 못한다.

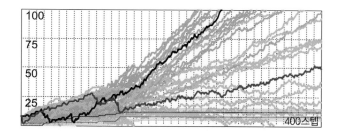

그림 8.13
모든 메카닉을 무작위화한
결과

세금과 수입의 균형

우리의 〈모노폴리〉 모델은 게임을 구동할 때 한 플레이어가 승리하며 끝나는 경우가 드물어, 머시네이션 툴이 잠시 후 시뮬레이션을 멈추는 게 문제다. 한 플레이어가 다른 플레이어에게서 더 많은 세금을 받아서 부자가 될 수는 있지만, 다른 플레이어가 자주 Go까지 한 번에 가기를 써서 이를 상쇄하는 한 게임은 무한히 계속된다. 이는 지금까지 우리의 모델에 실제 게임에 적용된 인플레이션이 적용되지 않았기 때문이다. 집과 호텔은 〈모노폴리〉에서 절대적으로 중요하다. 플레이어들이 땅에 투자하도록 이끌어 다른 플레이어가 자기 땅에서 턴을 끝낼 경우 내야 하는 세금을 올려주기 때문이다. 그림 8.14는 게임에 이 메커니즘을 더한 것이다. 이 다이어그램에서 플레이어들은 땅과 집 둘을 다 살수 있으며, 그래서 세금을 받을 때 더 큰 수입을 올릴 수 있다.

그림 8.14
집을 사는 메커니즘이 추가된 〈모노폴리〉

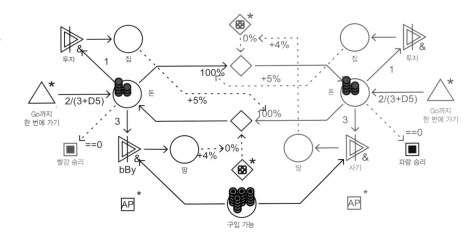

인공 플레이어가 이 새로운 게임플레이 옵션을 사용하도록 하게끔, 다음 스크립트를 사용했다.

```
if((random * 10 < 1) && (Money > 4 + steps * 0.04)) fire(Buy)

if((Property > Houses / 5) && Money > 6 + steps * 0.04)) fire(Invest)
```

스크립트의 첫 줄은 예전과 똑같다. 플레이어가 스텝마다 충분한 돈이 모였으면 땅을 구매할 확률은 10%다. 두 번째 줄은 집보다 땅이 5배 많으면 (그리고 더 많은 돈을 모으면) 집에 투자한다고 되어 있다.

이 밸런스의 영향을 확인하는 가장 좋은 방법은 다이어그램을 확정 버전으로(무작위적 요인을 제거) 바꿔 Go까지 한 번에 가기에서 발생하는 수입을 늘리고, 인공 플레이어 하나는 집에 투자하고 다른 플레이어는 투자하지 않게 하는 것이다. 집에 투자하는 옵션이 없으면 두 플레이어 모두 그림 8.15처럼 똑같이 돈이 꾸준히 늘게 된다. 하지만 한 플레이어는 투자하고(파란색) 다른 플레이어는 투자하지 않으면(빨간색), 투자하는 쪽이 이긴다.

그림 8.15
집에 투자한 효과

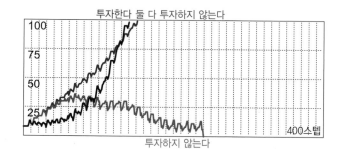

여기에서는 Go까지 한 번에 가기에서 오는 수입과 세금을 내는 비용 간의 밸런스를 변경했다. Go까지 한 번에 가기로 벌어들이는 금액을 꽤 높게 책정했는데도, 이제 이 방법으로는 오르는 세금을 상쇄할 수 없다. 두 플레이어 모두 집에 투자하고, Go까지 한 번에 가기로 벌어들이는 금액을 5/(3+D5)로 설정한 후 비확정적 다이어그램을 1,000회 구동해봤다. 둘 중 하나가 게임을 이길 확률은 약 75%였다(양쪽이 이길 가능성은 똑같다). 25%는 게임이 끝나지 않고 계속 끌어 머시네이션 툴에서 종료했다. 그런데 수입을 2/(3+D5)로 설정하면 승부가 나지 않고 게임이 계속될 확률이 0이 된다. 수입을 높이고 세금 인플레이션 효과를 두 배로 올리면 게임이 평형 상태로 들어갈 확률이 2%가 된다. 이런 설정값의 그래프는 상당히 흥미로운 형태를 보인다(그림 8.16).

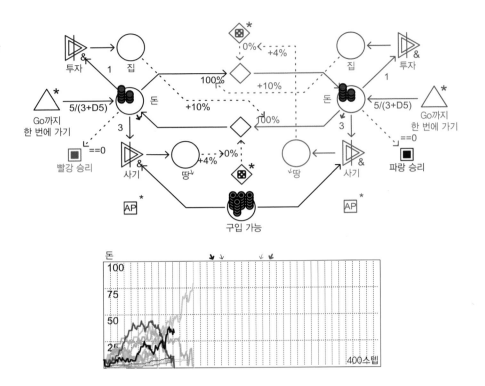

그림 8.16
세금과 수입 간의 균형을
잡은 모습

동적 마찰 추가

우리의 〈모노폴리〉 모델에는 이제 세금 인플레이이션이 추가되어, Go까지 한 번에 가기로 게임이 끝없이 계속되던 이전의 문제가 해결됐다. 하지만 땅이 가진 위력이 아직도 너무 크다. 상대방보다 많은 땅을 가지는 것이 가장 확실한 승리 지표가 되고 있다. 이것은 게임의 동적 엔진 패턴이 너무 지배적이라는 뜻이다. 부록 B의 디자인 패턴들을 살펴보면 해결책이 보인다. 양성 순환 구조를 막을 수 있는 동적 마찰을 적용하는 것이다.

동적 마찰은 토지세를 추가하면 간단히 넣을 수 있다(보드 게임에는 실제로 다른 형태이긴 하지만 토지세가 존재한다). 일정 주기로 플레이어는 가진 땅 및 집의 수에 따라 돈을 잃는다. 새로운 구조는 그림 8.17에 나와 있다. 각 플레이어의 돈 저장고를 고갈시키는 새로운 토지세 메커니즘은 두꺼운 선으로 표시했다. 일정

량의 돈을(처음에는 0으로 설정되어 있다) 6스텝마다 고갈시킨다. 고갈시키는 금액은 플레이어가 땅과 집을 모을수록 높아지며, 플레이어의 집과 땅 저장고에서 토지세 고갈로 연결되는 자원 연결은 두꺼운 선으로 된 상태 연결(점선)에 의해 제어된다. 다이어그램의 세율은 집 하나당 6%, 땅 하나당 30%다.

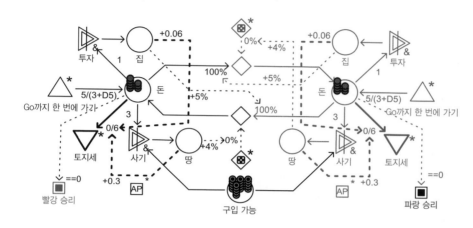

그림 8.17
토지세 메커니즘이 추가된
〈모노폴리〉

표 8.2는 토지세의 설정을 여러 가지로 조정해 이 게임을 1,000회 시뮬레이션한 통계치다. 파란색은 땅을 14개, 빨간색은 6개 사도록 프로그램됐다. 표에서는 몇 가지 흥미로운 특징이 눈에 띈다. 세금이 없을 때는 파란색이 땅이 많기 때문에 완전히 유리하다. 그런데 세금이 올라가면 파란색의 우세가 줄어든다. 일정 지점을 넘어서면 세금이 너무 높아서 파란색의 땅은 경제적 성공에 불리한 요소로 작용하기 시작하고, 파란색은 이기기보다는 지게 된다. 잘만 설정하면 세금이 동적 마찰로 작용해 양성 순환 구조의 영향을 줄여주는 것이다.

두 인공 플레이어 모두 가능한 한 빨리 땅과 집을 사도록 설정되어 있는데, 토지세가 작동할 때는 이것이 최선의 전략이 아닐 수 있다. 조금 더 보수적으로 플레이하는 편이 나을 수도 있다.

표에서 알 수 있는 또 한 가지 특징은 토지세가 '무승부'가 나올 확률을 줄여준다는 점이다. 이 역시 게임에는 바람직한 일이다. 마찰을 통해 교착 상태를 해소할 수 있는 것이다.

표 8.2
다양한 토지세 설정의 영향

땅/집의 세율	파랑 승리(땅 14개 구입)	빨강 승리(땅 6개 구입)	무승부
세금 없음	632	152	216
0.1/0.02	557	314	129
0.2/0.04	472	503	25
0.3/0.06	456	542	2

〈심워〉의 밸런싱

지금까지 이 책에서 예로 든 것은 모두 기존에 출시된 게임들이었다. 하지만 머시네이션 프레임워크는 분석만을 위한 도구가 아니다. 이 프레임워크가 새로운 게임을 디자인할 때 어떤 역할을 할 수 있는지 알아보기 위해 (내가 알기로는) 한 번도 만들어지지 않았는데도 게임 디자인 커뮤니티에서는 잘 알려진 게임을 자세히 살펴보겠다. 이 게임의 제목은 〈심워SimWar〉다.

〈심워〉는 2003년 GDC에서 시뮬레이션 게임인 〈심시티〉와 〈심즈The Sims〉 등으로 유명한 게임 디자이너 윌 라이트Will Wright가 소개한 게임이다. 〈심워〉는 가상의 미니멀한 전쟁 게임으로, 공장, 움직일 수 없는 방어 유닛, 기동력 있는 공격 유닛 세 개만 있다. 이 유닛들은 공장에서 생산하는 불특정 자원을 사용해 생산할 수 있다. 플레이어가 가진 공장 수가 많을수록 새로운 유닛에 사용할 자원도 늘어난다. 맵에서 이동할 수 있는 건 공격 유닛뿐이다. 공격 유닛이 적 방어 유닛을 만나면 하나가 상대를 파괴할 확률이 50%다. 그림 8.18은 이 게임을 도해화한 것으로, 세 유닛 각각의 생산 비용이 적혀 있다.

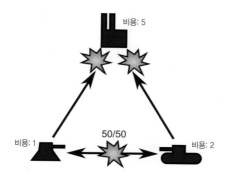

그림 8.18
〈심워〉의 시각화 요약(라이트, 2003년)

비용: 5

50/50

비용: 1

비용: 2

프리젠테이션에서 라이트는 이런 미니멀한 실시간 전략 게임도 플레이어에게 흥미로운 선택지를 주며, 같은 장르의 다른 게임들에서 발견할 수 있는 역동적 행동 양식을 보인다고 주장했다. 가장 주목할만한 것은 세 개의 유닛 사이에 가위바위보 메커니즘이 작동한다는 주장이었다. 공장 건설은 방어 유닛 구축을 이기고, 방어 유닛 구축은 공격 유닛 생산을 이기고, 공격 유닛 생산은 공장 건설을 이긴다. 라이트는 단기전 대 장기전의 장단점, 그리고 많은 실시간 전략 게임의 '러쉬'와 '방어turtle' 전략을 연상케 하는 고위험/고소득 전략 역시 설명했다('방어 vs. 러쉬' 글 참고).

방어 vs. 러쉬

방어와 러쉬는 많은 실시간 전략 게임에서 볼 수 있는 두 가지 흔한 전략이다. 방어진을 구축하는 플레이어는 방어 유닛을 생산해 적의 공격을 막아내면서 생산 능력을 키운다. 그리고는 뛰어난 생산 능력을 활용해 대규모의 공격 부대를 키워 적의 방어를 압도한다. 반면, 러쉬를 택한 플레이어는 초반에 공격 유닛 생산에 주력해 압도적 공격력으로 적의 약점을 파고들 기회를 노린다. 러쉬는 보통 고위험/고소득 전략으로 여겨지며, 플레이어의 실력이 뛰어나야 한다. 러쉬에 성공하려면 플레이어는 분 단위로 많은 액션을 수행해야 한다.

〈심워〉의 모델링

이 절에서는 머시네이션 다이어그램을 이용해 〈심워〉를 단계별로 모델링하겠다. 각 단계에서 구축하는 메카닉은 6장에서 실시간 전략 게임의 예로 보여준 것과 같은 구조를 따른다.

먼저 생산 메커니즘으로 시작해, 저장고(자원)를 활용해 플레이어가 수집한 자원을 표시한다(그림 8.19). 이 저장고는 플레이어가 아직 수집하지 않은 가용 자원을 표시하는 자동 저장고로 채워진다. 게임의 생산 속도는 처음엔 0이지만, 플레이어가 공장을 하나 지을 때마다 0.25씩 늘어난다. 플레이어는 공장생산(BuildF)이라는 라벨의 상호작용성 변환을 클릭해 공장을 지을 수 있고, 공장은 가용 자원이 최소 5개일 때에만 자원을 당긴다. 이 구조는 7장에서 다룬 동적 엔진 패턴을 전형적으로 적용한 것이다. 모든 동적 엔진이 그렇듯이, 플레이어가 공장을 더 지을수록 자원이 더 빠르게 생산되고, 그 결과 더 많은 공장을 지을 수 있는 양성 순환 구조가 만들어진다. 하지만 자원은 제한되어 있기 때문에 공장만 짓는 것은 좋은 판단이 아니다. 이 구조에서는 플레이어들이 이미 수집한 자원이 최소 5개이거나 공장이 이미 지어진 상태로 시작해야 한다는 데에 유의하자. 그렇지 않으면 생산 자체를 시작할 수 없다.

그림 8.19
공장에서 자원이 생산된다

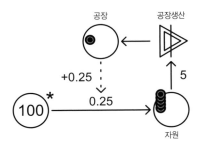

자원은 공격과 방어 유닛을 생산하는 데에도 쓰인다. 그림 8.20은 이 메카닉을 보여준다. 이 다이어그램은 자원에 컬러 코드를 사용한다. 방어생산BuildD 라벨의 변환에서 생산되는 유닛은 파란색이고, 공격생산BuildO에서 생산되는 유닛은 녹색이다. 다시 말해, 파란색 자원(방어 유닛)과 녹색 자원(공격 유닛)은 둘 다

방어 저장고에 수집된다. 하지만 공격 저장고를 클릭하면 녹색 자원이 그쪽으로 당겨진다. 이런 식으로 방어 유닛만이 공격에 사용될 수 있다.

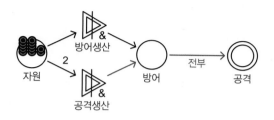

그림 8.20
자원을 사용해 공격과 방어 유닛 생산

그림 8.21은 두 플레이어 간의 전투가 어떻게 이루어지는지를 모델링한 것이다. 스텝마다 한 플레이어의 공격 유닛은 각각 다른 플레이어의 방어 유닛을 파괴할 기회가 주어지고, 이와 비슷하게 방어 유닛에게는 공격 유닛을 파괴할 기회가 주어진다. 공격 유닛에는 적 공장을 파괴할 기회도 있지만, 이 고갈은 방어측 플레이어에게 방어 유닛이 남지 않았을 때만 활성화된다.

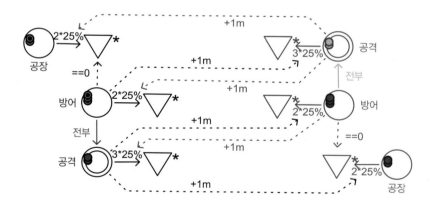

그림 8.21
공격과 방어

한곳에 합치기

스텝별 구조들을 합치면 이제 2인용 〈심워〉의 모델이 완성된다(그림 8.22). 한 플레이어는 다이어그램의 왼쪽에 있는 파란색(방어)과 녹색(공격) 요소를 제어하고, 다른 플레이어는 다이어그램의 오른쪽에 있는 빨간색(방어)과 주황색(공격) 요소를 제어한다. 양쪽은 동일하게 대칭된다.

그림 8.22
2인용 버전 〈심워〉

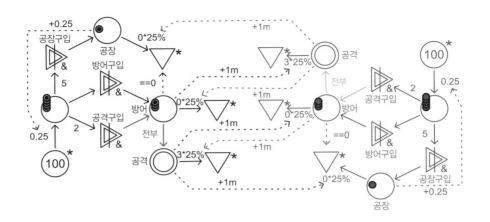

그림 8.23은 세션 시뮬레이션에서 시간에 따라 커가는 각 플레이어의 상대적 힘을 보여준다. 여기에서 힘은 임의로 정해, 보유한 공장 하나당 5점, 방어 유닛 하나당 1점, 공격 유닛 하나당 1점, 그리고 현재 공격 중인 공격 유닛 하나당 2점을 배정했다. 차트는 막상막하로 흥미로운 대전이 펼쳐지는 듯이 보인다. 이는 게임의 밸런스가 잘 잡혔기 때문일 수도 있지만, 두 인공 플레이어가 똑같은 전략을 따르고 있기 때문에 속단할 수는 없다.

그림 8.23
두 플레이어가 펼치는 게임

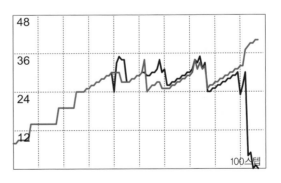

인공 플레이어 정의

여러분도 도전해 보고 싶다면 〈심워〉의 시뮬레이션에서 무작위 방어라고 이름 붙인 우리의 인공 플레이어를 꺾어보자. 모델은 이 책의 웹사이트에 있다('웹사이트에서 〈심워〉 플레이하기' 글 참고). 이 플레이어는 방어 전략을 사용하며, 방어 유닛과 공장을 충분히 구축한 다음 공격 유닛을 생산해 공격을 개시한다. 이 플레이어의 행동 양식은 다음 스크립트에 의해 결정된다.

```
if(Defense <= 3 + pregen0 * 3) do(BuyD)

if(Factories <= 2 + pregen1 * 3) do(BuyF)

if(Defense > 6 + pregen2 * 3 && random < 0.2) do(Attack)

if(Resources > pregen3 * 4) do(BuyO)
```

이 스크립트는 구동될 때마다 전략이 조금씩 달라지게끔 미리 생성된 무작위의 값(pregen0-pregen3)을 사용한다는 점에 유의하자. 먼저 방어 유닛을 4개에서 6개까지 생산한 다음 3개에서 5개의 공장을 세우고 나서 공격에 집중한다.

웹사이트에서 〈심워〉 플레이하기

이 책의 웹사이트(www.peachpit.com/gamemechanics)에서 〈심워〉 절을 찾아보자. 완전한 버전은 그림 8.22와 비슷하지만 인공 플레이어들과 게임의 진행을 볼 수 있는 차트가 포함되어 있다. 인공 플레이어와 '밸런스 조정' 절에서 설명한 밸런스 조절은 쉽게 수정할 수 있다. 다이어그램이 자동으로 돌아가도록, 플레이하면서 인공 플레이어를 색깔별로 하나씩 활성화해야 한다. 인공 플레이어와 대결하려면 제어하고 싶은 색깔의 인공 플레이어들을 모두 비활성화하고 다이어그램의 상호작용성 노드들을 직접 클릭하면 된다. 검은색 인공 플레이어는 경쟁 상대가 아니라는 점에 유의하자. 이 플레이어는 교착 상태가 일어날 때 게임이 너무 오랫동안 계속되지 않도록 멈추는 역할만 한다.

'무작위 방어' 전략을 상대로 플레이하거나 이런 두 인공 플레이어의 대결에서 얻은 데이터를 검토하는 것은 재미있긴 하지만 게임의 밸런스에 대해서 얼

을 수 있는 것은 별로 없다. 대부분의 전략 게임은 러쉬와 방어 전략을 허용한다. 다음 스크립트는 우리의 방어 전략 정의다.

```
if(Defense < 4) fire(BuyD)

if(Factories < 4) fire(BuyF)

if(Defense > 9 && random < 0.2) fire(Attack)

if(Resources > 3) fire(BuyO)
```

우리의 방어 전략에서는 먼저 4개의 방어 유닛과 4개의 공장을 만드는 것이 최우선 과제다. 그 다음에는 공격 유닛을 생산하기 시작해 10개 이상의 유닛이 생기면 공격을 시작한다.

다음 스크립트는 러쉬 전략을 정의한다.

```
if(Defense < 3) fire(BuyD)

if(Factories < 2) fire(BuyF)

if(Defense > 5 + steps * 0.05 && random<0.2) fire(Attack)

if(Resources > 1) fire(BuyO)
```

이 스크립트는 공장과 방어 유닛 생산에 덜 주력한다. 두 개의 방어 유닛을 산 다음 공장을 하나 사고 나서 공격 유닛을 생산하기 시작한다. 처음에는 빠르게 공격을 개시하려고 시도하지만 시간이 지나가면 공격 유닛이 더 커질 때까지 아껴둔다.

공격 횟수에 사용되는 무작위 요인을 제외하면 이 스크립트는 매우 일관된 전략을 정의하고 있다. 인공 플레이어는 성공하든 아니든 항상 똑같은 전략을 따르려 한다. 행동 양식이 일관되기 때문에 러쉬와 방어 중 어떤 전략이 더 효율적인지 판단하기에 이상적이다. 1,000회의 시뮬레이션을 구동한 후 드러난 결과는 방어 전략의 승률이 약 92% 정도로 우세하다는 것이다. 게다가 러쉬

노트 각 줄마다 자동으로 구동된 1,000회의 시뮬레이션 결과가 기재되어 있다. 하지만 조정 자체는 다이어그램을 수동으로 조정하는 작업이 필요하다.

전략을 사용하는 플레이어가 이긴 경우는 대부분 방어 전략을 사용하는 플레이어의 자원이 고갈됐기 때문인데, 이런 일은 자주 일어나지 않는다.

밸런스 조정

분명 방어는 우리의 〈심워〉 모델에서 지나치게 성공적인 전략이다. 밸런스를 더 잘 잡기 위해서는 여러 값들을 조정할 수 있다. 먼저 각 유닛 타입별로 제작 비용을 바꿔본다. 조정한 값별로 1,000회의 시뮬레이션을 구동한 결과는 표 8.3에서 확인할 수 있다.

놀랍게도, 테스트 결과 방어 유닛의 비용은 러쉬와 방어 전략의 밸런스에 별 영향을 주지 못한다. 방어 유닛의 비용이 공격 유닛보다 높은, 권하고 싶지 않은 조정을 해야만 방어 전략이 러쉬 전략보다 패배하는 비율이 높아진다. 그렇다면 러쉬와 방어 전략은 생산과 공격 유닛 간의 밸런스에서 주로 영향을 받고, 공격과 방어 유닛 간의 밸런스에서는 별 영향을 받지 않는다는 결론이 나온다. 또한 최초에 공장의 비용을 높이면 평균 게임 길이가 길어지지만 공장의 비용이 8개 이상의 유닛이 되면 안정된다. 이것은 공장의 비용을 높이면 생산 능력을 키우기까지 걸리는 시간이 길어지기에 게임의 속도가 느려지는 결과라고 볼 수 있다. 동시에, 공장의 비용을 많이 높이면 방어 전략보다 더 빨리 승리하는 경향이 있는 러쉬 전략이 유리해진다. 공장 비용이 높을 때는 전자보다 후자의 효과가 더 커진다.

조정	방어 승리	러쉬 승리	무승부 또는 타임아웃	평균 시간
조정 없음	929	68	3	70.97
방어 1.5	890	105	5	74.27
방어 2.0	660	337	3	77.88
방어 2.5	515	480	5	74.04
공장 6	844	154	2	78.81
공장 7	792	204	4	88.07

(이어짐)

표 8.3
〈심워〉의 생산 비용 조정에 따른 영향

조정	방어 승리	러쉬 승리	무승부 또는 타임아웃	평균 시간
공장 8	710	278	12	98.53
공장 9	568	401	31	107.87
공장 10	455	509	36	107.61
공격 1.8	914	83	3	67.77
공격 1.6	888	112	0	63.86
공격 1.4	802	198	0	58.31
공격 1.2	653	347	0	52.33
공격 1.0	506	494	0	48.33

한 번에 하나씩, 변경 폭은 크게

게임의 밸런스를 조정할 때는 한 번에 한 가지 사항만 변경하는 게 좋다. 두 가지를 변경하면 어떤 요소에서 영향이 왔는지 판단할 수 없다. 또한 변경은 처음에 상당히 크게 적용하는 편이 좋다. 그래야만 이 변경이 실제 효과가 있는지 확인해 원하는 방향으로 밸런스를 조정할 수 있다. 변경한 값은 언제든 원래 값과 새로운 값의 중간으로 되돌릴 수 있다.

또한 공장의 비용과 유닛의 비용 간의 밸런스를 조정해 효과를 늘이거나 줄일 수도 있다. 이 경우에는 공장의 생산 속도(각 공장이 생산하는 자원의 수)에 다양한 변수를 적용하고 공격 유닛이 방어 유닛을 파괴할 기회를 넣었다. 그리고, 최초와 총 가용 자원 수에 여러 설정을 적용해 봤다. 표 8.4는 이런 조정의 효과를 보여준다.

표 8.4
〈심워〉의 밸런스에 영향을 주는 다양한 조정

조정	방어 승리	러쉬 승리	무승부 또는 타임아웃	평균 시간
조정 없음	929	68	3	70.97
생산 속도 0.20	847	152	1	88.99
생산 속도 0.15	750	248	2	124.34
생산 속도 0.10	396	565	39	208.56

(이어짐)

조정	방어 승리	러쉬 승리	무승부 또는 타임아웃	평균 시간
공격력 30%	919	81	0	65.22
공격력 35%	863	137	0	59.43
공격력 40%	811	189	0	56.55
공격력 45%	755	245	0	56.07
공격력 50%	627	373	0	51.95
시작 자원 4	883	114	3	76.43
시작 자원 3	885	114	1	79.26
시작 자원 2	877	122	1	84.95
시작 자원 1	855	144	1	89.51
시작 자원 0	797	200	3	98.73
가용 자원 110	937	63	0	69.85
가용 자원 120	949	51	0	69.43
가용 자원 130	945	55	0	71.11
가용 자원 200	970	30	0	71.18
가용 자원 90	911	84	5	73.12
가용 자원 80	860	125	15	80.82
가용 자원 70	839	134	27	85.96

아마도 이런 조정을 적절하게 조합해 적용하면 최고의 밸런스를 찾을 수 있을 것이다. 예를 들어, 평균 플레이 시간에 주목하면서 생산 속도를 0.20으로, 공장의 비용은 7로, 공격력은 35%로 줄인다. 이 메카닉에서는 두 개 전략이 균형을 찾고(테스트 구동에서 각 전략이 정확히 500회씩 승리했다!) 평균 플레이 시간은 83.02스텝이다.

모델에서 게임으로

머시네이션 다이어그램으로 밸런스를 조정하는 것은 유용하긴 하지만 여러분이 작업하는 게임이 자동으로 균형 잡히도록 보장해주는 것은 아니다. 머시네이션 다이어그램은 여러분의 게임을 추상화해줄 뿐이다. 다이어그램에는 세부사항이 빠져 있기 때문에 실제 게임은 다소 다르게 작동할 수도 있다. 머시네이션 다이어그램의 밸런스를 잡을 때는 이런 차이점을 잘 알고 있어야 한다. 게임 디자인이 머시네이션 다이어그램에 가까울수록 머시네이션 툴을 통해 잡은 밸런스가 게임에 직접 적용될 가능성이 크다. 하지만 머시네이션은 예컨대 속임수 같은 사람의 특이한 행동 양식이나 전쟁 게임에서 전략적 이동의 영향 등을 감안할 수는 없다.

하지만 다이어그램을 통해 조정한 밸런스가 게임에 직접 적용될 수는 없다해도 이런 노력은 충분한 가치가 있다. 다이어그램의 밸런싱에 시간을 투자하면서 실제 게임의 밸런싱에 대한 통찰을 얻을 수 있기 때문이다. 다이어그램의 구조가 메카닉의 구조와 일치하는 한 비슷한 효과를 얻을 수 있으리라 기대할 수 있다. 예를 들어, 〈심워〉의 공장과 공격 유닛의 상대적 비용이 방어와 러쉬 전략 간의 밸런스에 미치는 영향을 알면 게임을 완전히 구현할 때 올바른 밸런스를 찾는 데 도움이 된다. 다이어그램으로 플레이 테스트를 구동해보면 완성된 게임의 플레이 테스트에서 어떤 게임플레이 패턴이 나올지 미리 알 수 있다.

요약

게임의 밸런스를 잡으려면 여러 번 플레이 테스트를 해야 하는데, 길고 복잡한 게임일 땐 어려운 일이다. 머시네이션 툴은 단순한 전략을 자동으로 실행하는 인공 플레이어를 만들어 빠르게 플레이 테스트를 시뮬레이션하게 해준다. 수백 회의 플레이 테스트를 단 몇 초 안에 끝낼 수 있고, 이렇게 수집한 통계 자료를 통해 게임의 밸런스가 적절한지, 다양한 전략이 어떻게 작용하는지도 볼 수 있다.

이 장에서도 〈모노폴리〉의 분석을 통해 땅과 집을 사는 메카닉을 모델링해 서로 다른 구매 전략이 게임의 밸런싱에 어떤 영향을 주는지 알아봤다. 또한 세금을 통해 수입을 생성하는 동적 엔진 패턴에 의해 만들어지는 강력한 양성 순환 구조의 영향을 동적 마찰 패턴을 넣어 완화할 수 있다는 것도 확인했다. 우리의 예에서는 집과 땅에 대한 세금을 활용해 이를 적용했다.

마지막 부분에서는 윌 라이트가 소개한 가상의 게임 〈심워〉를 모델링해 여러 특징을 조정하며 플레이 테스트를 시뮬레이션해, 러쉬와 방어 전략을 사용하는 두 플레이어의 승률이 어떻게 변하는지 살펴봤다. 이 과정은 게임의 내부 경제를 새로 디자인할 때 반드시 해야 하는 테스트로서, 머시네이션이 전문적인 게임 디자인에서도 유용하게 사용될 수 있음을 입증한다.

실습 과제

1. 〈모노폴리〉(실제 보드 게임)가 오리지널 버전보다 좀 더 빨리 종료되며 더 균형 잡히게끔 메카닉을 변경해보자.

2. 〈모노폴리〉에서 구매 기회의 확률은 그대로 둔 채, 집과 땅에 대한 선호도를 다양하게 반영해 인공 플레이어의 전략을 정의해보자. 우리의 실험에서 사용된 인공 플레이어에 비해 이길 확률이 상당히 높은 정의를 찾아냈는가?

3. 〈심워〉에서 최고의 인공 플레이어를 만드는 시합을 열어보자. 서로를 제어하는 복수의 인공 플레이어를 추가할 수도 있으나, 다이어그램의 기본 구조는 변경할 수 없다. 아니면 시합에서는 더 나은 밸런스의 설정을 사용해보자(생산 속도 0.20, 공장의 비용 7, 공격력 35%).

4. 〈심워〉의 서로 다른 유닛 생산 시간이 이 게임의 밸런스에 어떤 영향을 주는지 알아보자.

9장

경제 구축

지금까지 우리는 게임 내부 경제를 게임을 플레이하는 도중에 변하지 않는 정적 구조로 취급해왔다. 경제 자체는 역동적일 수 있지만, 이를 구성하는 요소 간의 관계인 기본 구조는 변하지 않는다. 지금까지 예로 들어온 〈모노폴리〉 같은 많은 게임의 경제가 그렇지만, 플레이어들이 직접 새로운 원천과 고갈 등을 추가함으로써 경제 구조를 실제로 구축하게끔 허용하는 게임도 있다. 이 장에서는 경제를 직접 구축하는 게임을 알아보고, 머시네이션 프레임워크로 이런 게임을 디자인하는 방법을 살펴보겠다.

경제 구축 게임

모두라고 할 수는 없지만, 경제 구축 게임의 대부분은 건설/관리 시뮬레이션이나 전략 장르다. 〈문명〉, 〈심시티〉 등이 대표적인 예지만, 〈스타크래프트〉도 넓게 보면 여기에 속한다. 이런 게임에서 플레이어는 게임 월드에 있는 건물들과 기타 구조물을(구분이 모호할 수 있으므로 모두 건물이라고 부르겠다) 건설해 나간다. 배치하기에 따라 건물은 서로 경제적 관계를 구축하게 된다. 경제의 효율은 플레이어가 어떤 건물을 지을 것인가, 어디에 짓는가, 건물들을 연결하는 인프라 구조는 얼마나 되는가 등 플레이어가 내리는 선택에 따라 결정된다. 배경 자체도 경제에 기여하며, 플레이어가 얼마나 잘 활용하는가가 중요하다. 〈문명〉과 〈심시티〉에는 무작위 월드 생성기가 있어서 다양성이 무제한적이다. 새로운 월드는 플레이어가 경제를 구축하는 데에 다양한 도전과 기회를 만들어낸다.

〈심시티〉 같은 경제 구축 게임의 목표는 치밀하게 정의되어 있지 않거나, 장기간 도달할 수 있는 다양한 방식을 허용한다. 플레이어가 자체적인 (중기) 목표를 세우는 경우가 많으며, 많은 플레이어에게는 안정적이고 계속 성장하는 경제를 구축하는 것 자체가 목표가 된다. 이런 게임에서 유일한 미션은 대개 특정 상태에 도달하거나 특정한 한계 상황에서 존재 가능한 경제를 구축하는 것이다.

이런 게임에서 경제는 보통 기본 자원을 생산하는 것으로 시작하지만 빠르게 복잡해지게 마련이다. 예를 들어 〈문명〉에서는 플레이어가 처음에는 도시에 공급할 식량을 확보하고 소수의 방어 유닛을 생산하는 데에 골몰한다. 하지만 후반에 가면 특수한 건물과 연구에 사용할 골드를 생산하기 시작해야 한다. 도시의 위치 역시 생산 속도에 영향을 준다. 비옥한 목초지에 도시를 건설하면 식량 생산이 늘어나고, 강은 무역과 부를 늘려주며, 언덕과 산은 광산을 건설할 수 있어 건물과 유닛의 생산을 늘려준다. 플레이어들은 자기 전략에 가장 적합한 장소를 찾아 도시를 건설해야 한다. 강한 군사력을 원하는 플레이어는 원자재를 더 많이 생산해야 하며, 강 근처에 도시를 세운 플레이어는 무역과 부, 과학적 진보를 빠르게 진행할 수 있다. 플레이어는 장기와 단기적 문제를 잘 고려해야 한다. 인구가 빠르게 늘어나는 도시는 주요한 자원이 있는 대신 토지가 비옥하지 못한 곳에 있는 도시보다 많은 자원을 생산하는데, 토지가 인구 성장의 관건이기 때문이다. 〈문명〉의 기본 플레이 모드에서는 플레이어가 시작할 때 무작위로 배경을 생성한다(그림 9.1). 플레이어들은 발견한 땅을 철저히 활용해야 한다.

그림 9.1
〈문명 V〉

이전 장들에서 〈스타크래프트〉 및 그와 유사한 실시간 전략 게임을 표현하는 데에 활용했던 다이어그램에서는 단 하나의 기지에서 플레이어들이 모든 종류의 건물을 한 번만 짓도록 했었다. 하지만 현실에서 플레이어들은 같은 건물을 여러 번 짓곤 한다. 또한 가스와 미네랄 같은 필수 자원으로부터 다양한 거리에 새로운 기지들을 건설하기도 한다. 이런 옵션 역시 머시네이션 다이어그램에 추가할 수 있지만, 이렇게 하면 다이어그램이 복잡해질뿐더러 게임의 구조도 불분명해진다. 머시네이션 프레임워크로 〈문명〉이나 〈심시티〉처럼 복잡한 게임 전체를 모델링하기는 대단히 어렵다. 머시네이션 다이어그램을 활용하면 간단하게 대부분의 메카닉을 하나씩 재현할 수 있지만, 플레이어들이 매번 게임의 여러 요소에 다르게 상호작용하기 때문에 세션마다 다른 다이어그램이 필요해진다. 하나의 커다란 머시네이션 다이어그램을 가지고 게임의 모든 옵션을 포착하기는 불가능하다. 경제 구축 게임을 이해하고 디자인하기 위해서는 머시네이션 다이어그램을 좀 더 유연하게 활용할 필요가 있다. 그럼 〈시저 IIICaesar III〉의 상세한 분석을 통해 이를 확인해보자.

〈시저 III〉 분석

로마 제국 도시 시뮬레이션 게임인 〈시저 III〉(그림 9.2)는 대표적인 경제 구축 게임이다. 이 게임에서 플레이어들은 도로와 수로 같은 인프라를 건설하고, 식량 등의 기본 자원을 생산하는 건물도 지어야 한다. 도시의 경제를 발전시키려면 주택가, 작업장, 시장, 창고가 필요하다. 시민들은 사원, 학교, 극장을 요구하지만 그와 동시에 행정 기관, 성벽, 병원 등을 지어서 여러 가지 위협에도 대비해야 한다. 마지막 단계에서는 군사를 훈련해 야만인의 침략으로부터 도시를 보호해야 한다.

그림 9.2
〈시저 III〉

도시 경제는 다양한 자원의 영향을 받는다. 농장에서는 밀, 과일, 올리브 등을 생산하고, 점토 채취장에서는 점토를 생산해 특수 작업장에서 그릇으로 변환한다. 그 밖에 올리브를 기름으로, 금속을 무기로 변환해주는 작업장도 있다. 플레이어가 주택가를 건설하면 이런 잡다한 상품에 대한 요구가 계속된다. 주택가에 상품을 잘 보급해야만 주민들이 부유해지는데, 이러면 두 가지 이점이 있다. 우선, 부촌은 더 많은 인구를 수용할 수 있고, 이로써 농장과 작업장에서 (최소한 초반에는) 필요한 인력을 더 많이 채울 수 있다. 둘째, 부유한 시민들은 세금을 더 많이 낸다. 세금으로 돈이 쌓이면 농장과 작업장, 주택가를 지을 수 있고, 도시를 범죄와 화재로부터 보호하는 행정관들에게 급여를 지급하고, 야만인의 침략으로부터 도시를 보호할 군사도 양성할 수 있다.

플레이어는 도시의 성장에 맞춰 효율적으로 상품을 분배할 수 있게끔 곡물 창고, 시장, 창고도 지어야 한다.

〈시저 III〉는 대부분의 자원 흐름이 눈에 잘 띄기 때문에 특히 연구할 가치가 있는 게임이다. 플레이어는 농장과 시장, 주택과 작업장을 연결할 도로를 만들어야 한다. 그러고 나면 사람들이 상품을 부지런히 나르는 것을 볼 수 있다. 맵의 정해진 가장자리에서는 새로운 시민들이 이주해 들어오고, 다른 쪽 끝에서는 이주해 나간다. 〈시저 III〉의 경제 구조는 도시의 맵과 굉장히 유사한 형태를 보인다.

그림 9.3은 이 중 일부 요소 간의 기본적 경제 관계를 보여준다. 주택가에서 일어나는 상품 소비는 부의 생성을 유발한다. 부가 축적될수록 노동력 생산과 세금을 통한 돈의 생성에 양성 순환 효과가 발생한다. 동시에, 부는 빠르게 고갈되기 때문에 주민들에게 고급 상품을 점점 더 많이 제공해야 한다.

그림 9.3

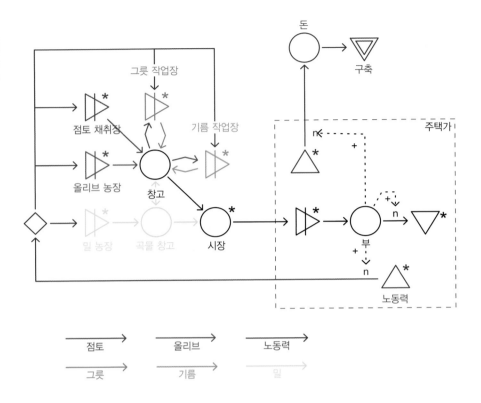

이 게임에서 이 모든 요소 간의 연결은 사실 유동적이다. 농장에서 수확하는 곡물은 어느 장소에서 얼마나 필요로 하고 거리가 얼마나 떨어져 있는지에 따라 곡물 창고나 창고, 혹은 작업장으로 보내질 수 있다(그림 9.4). 〈시저 III〉의 도전은 공간을 효율적으로 활용하면서 매끄럽게 돌아가는 경제를 구축하는 것이다. 플레이어들은 좋다고 판단되는 쪽으로 점차 경제를 키워가지만, 모두 예외 없이 시민들의 생산과 소비, 그리고 세금 수입에 연관된 양성 순환 구조의 지배를 받는다. 이 양성 순환 구조는 주택가 메커니즘에 의해 유발되는 동적 마찰에 의한 부정 회귀 구조에 의해 균형을 찾는다(그림 9.3). 플레이어들이 공간을 효율적으로 활용하며 도시를 키워나갈수록 이들의 경제 엔진도 효율적으로 돌아가는 것이다.

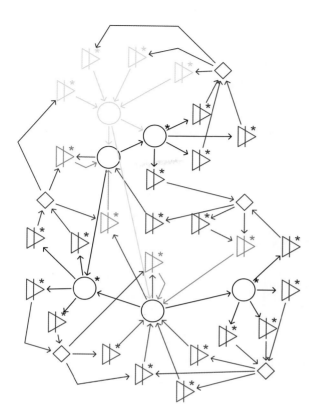

그림 9.4
⟨시저 Ⅲ⟩의 경제 구조 맵

범례

밀 농장

올리브 농장

기름 작업장

점토 채취장

그릇 작업장

곡물 창고

창고

시장

주택가

더 많은 메커니즘

⟨시저 Ⅲ⟩에는 우리가 언급하지 않은 요소들이 더 있다. 실제 게임에서 플레이어는 특수한 건물을 세워서 범죄와 화재 같은 위험 요소를 관리해야 한다. 이 때문에 생산 메커니즘이 더욱 복잡해진다. 또한 시민들은 식량 공급과 재산 외에도 유흥, 문화, 교육, 종교 등을 요구하는데, 이런 요소도 똑같이 생산되고 소모된다. 마지막으로 ⟨시저 Ⅲ⟩의 거의 모든 레벨에서 플레이어는 로마 제국 황제의 요구를 처리하고 야만인들의 침략에 맞서 싸워야 한다. 이런 요소들은 부수적이긴 하나 간헐적으로 경제 엔진에 마찰을 일으킨다.

지배적인 경제 구조

〈시저 III〉같이 복잡하고 까다로운 경제를 더 잘 이해할 수 있게끔, 이제 좀 더 거시적으로 추상적인 수준에서 경제를 보도록 하겠다. 그림 9.5는 게임의 지배적 경제 구조를 보여준다. 효율적인 경제를 구축하려면 플레이어가 주택가, 생산, 분배 간에 존재하는 피드백 루프를 이해해야 한다. 그래서 도시가 성장하면서도 유지 비용을 충당할 수 있는 방식으로 투자해야 한다.

그림 9.5
〈시저 III〉의 지배적인 경제 구조

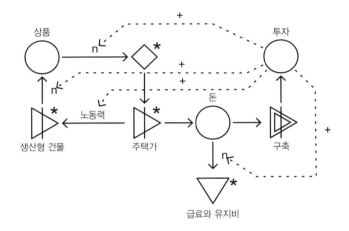

이 다이어그램에는 디자인 패턴이 네 개나 적용됐다. 주택가와 경제 인프라 사이의 피드백은 닫힌 생산 고리를 형성하는 노동력과 상품 거래의 변환 엔진으로 작용한다. 게다가 건물에 대한 투자는 경제를 주도하는 주요 변환 엔진을 향상해주는 구축성 엔진 패턴을 따르고 있다. 또한 투자는 급료와 유지 비용을 상승시킴으로써 동적 마찰을 활성화하고 있다. 이렇게 건설을 통해 여러 피드백이 가동된다.

〈시저 III〉의 지배적 경제 구조는 게임에 이상적인 경제의 틀을 만들어낸다. 플레이어가 구축하는 경제는 이런 구조에 의해 작동한다. 이런 구조를 기획하고 구축하는 것은 쉬운 일이 아니다. 이 게임은 가능한 한 완벽한 도시의 맵을 그려내도록 하는 방식으로 구성됐다. 〈시저 III〉에서 플레이어가 경제를 구축하는 데 큰 장애가 되는 요소는 네 가지다.

- 환경이 플레이어에게 제약을 건다. 환경은 플레이어가 얼마나 넓은 공간을 활용할 수 있는지, 특정 생산형 건물을 어디에 지을 수 있는지를(목재 저장소는 숲 근처에, 대리석 채석장은 산 근처에만 지을 수 있다) 제한한다. 강은 이동과 인프라 건설을 제한한다. 게다가 영국 제도에는 올리브 농장이 없는 등, 특정 맵에는 일부 자원이 아예 존재하지 않는다. 각 맵마다 독특한 도전 요소가 있어, 플레이어는 환경에 따라 스스로 전략을 조정해야 한다. 한 맵에 이상적인 전략이 다른 맵에서는 아예 소용이 없을 수도 있다.

- 플레이어가 한정된 돈으로 건설을 시작한다. 건설을 계속하기 위해서는 돈을 더 벌어야 한다. 플레이어는 가진 돈이 떨어지면 대출을 받을 수 있지만, 이 돈을 갚지 못하면 로마 황제의 진노를 사서 도시가 로마 군단의 공격을 받게 된다. 경제는 변화에 대해 느리게 반응하는 편이어서, 호황기와 불황기의 변화를 예측하기 어렵다('부정 회귀 구조를 느리고 지속적으로' 글 참조). 행정관이나 엔지니어를 고용하는 것을 잊으면 필수적인 건물이 무너지거나 불에 타서 경제 전체가 흔들리는 난관을 겪을 수도 있다.

- 많은 맵에서 플레이어는 야만인 침략자의 공격을 받게 되므로 건설과 도시 방어 양쪽에 다 신경을 써야 한다. 이 야만인의 공격은 시간이 흐름에 따라 커지는 주기적 위협을 만들어낸다. 플레이어는 미리 방어를 준비하며 단기와 (다음 번 공격에 대비) 장기적 (경제 구축) 영향에 대한 균형을 잘 맞춰야 한다. 이로 인해 디자인 패턴이 추가되며, 도시가 공격에 취약하지 않게끔 관리하는 일은 더욱 까다로워진다.

- 특정 상품을 대량으로 생산해 황제를 기쁘게 만드는 미션도 있다. 이 때문에 필수 자원이 있는 다른 도시들에 대한 교역 의존성이 생긴다. 이런 경제에서는 여러 교역품의 숫자가 갑작스럽게, 혹은 주기적으로 변화한다. 또한 급격한 변화는 경제의 균형을 깨뜨린다. 도시가 더 부유해질수록 이를 뒷받침하기 위해서는 경제적 균형에 더욱 세심하게 신경 써야 한다.

부정 회귀 구조를 느리고 지속적으로

게임에 부정 회귀 구조를 적용하면 안정적이고 균형 잡힌 경제를 만들어낼 수 있지만, 동시에 게임이 너무 쉽고 뻔해질 수도 있다. 좀 더 세심하게 균형 잡힌 게임 경제를 만들어내는 한 가지 디자인적 전략은 바로 부정 회귀 구조가 느리고 더 탄탄하게 작용하도록 하는 것이다. 그림 9.6의 다이어그램과 차트를 보자. 그래프의 검은 선은 입력 등록의 설정을 보여주는 것으로, 사용자가 등록을 클릭할 때마다 변한다. 빨간색 다이어그램의 부정 회귀 구조는 아주 빠르게 작동하며 안정적인 경제를 만들어주므로, 그래프의 빨간 선은 아주 빠르게 입력 값의 변화를 따라간다. 파란색 선으로 표시된 부정 회귀 구조 역시 강력하지만 그 영향은 지연되어 적용된다. 그래서 파란 선은 변화하는 입력 값에 따라 좀 더 예측 가능한 패턴을 따라간다. 보라색 다이어그램 역시 더욱 지속적인 효과를 주기 때문에 패턴이 훨씬 불규칙하게 나타난다.

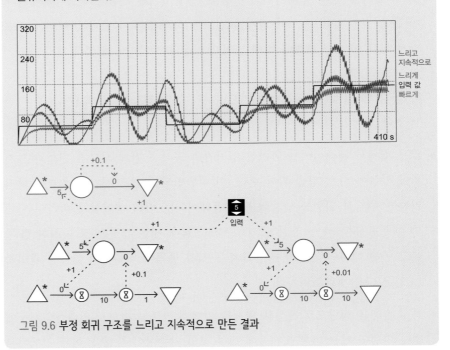

그림 9.6 부정 회귀 구조를 느리고 지속적으로 만든 결과

빌딩 블록

〈시저 III〉의 경제를 더 자세히 살펴보기 위해 특정 건물의 메카닉을 따로 떼어 집중적으로 살펴보자. 그림 9.7은 〈시저 III〉에 있는 주택가, 올리브 농장, 기름 작업장, 시장 네 가지 건물에 대한 메카닉을 자세히 묘사한 것이다.

- 주택가의 메카닉은 그림 9.5와 같다. 상품이 들어와서 부가 축적되면 돈과 노동력의 생산 속도가 함께 상승하고, 상품이 여기에서 소모된다. 상품이 유입되는 속도보다 빠르게 소모되면 저장고가 비게 되며, 돈과 노동력의 생산 속도가 내려간다.

- 농장의 메카닉을 통해 상품 생산에 노동력이 활용되는 방식이 더 정교해진다. 노동력 자원은 유입된 후 잠시 지연된다. 이 시간 동안 올리브 원천으로부터 오는 올리브의 생산을 지연된 노동력 자원의 수에 비례하도록 설정한다. 올리브는 저장고로 들어가서 외부에서 당겨지기를 기다린다. 다이어그램에는 지연으로부터 노동력을 가져오는 자원 연결로 이어지는 상태 연결이 있는데, 이 상태 연결은 언제나 6개의 노동력 자원이 지연에 유지되게끔 작용한다. 지연을 통과하고 나면 노동력 자원은 고갈에서 소모된다(노동력 자원은 사람이 아니라 작업에 투입된 유닛이라는 데에 주의하자).

- 작업장은 노동력 자원을 활용해 생산 과정에서 필요한 자원을 생산하고 수집한다. 올리브 농장처럼 기름 작업장 역시 유입되는 노동력 자원을 지연시키고, 이 동안 노동력 자원은 다른 곳에서 올리브를 당겨와서 국지적인 저장고에 저장하게 해준다. 노동력은 올리브를 기름으로 변환하는 역할도 한다. 기름은 다른 곳에서 당겨지기 전까지는 별도의 저장고에 저장되며, 노동력 자원은 고갈된다.

- 시장은 노동력을 활용해 자원을 다른 곳에서 당겨온다는 점에서 농장이나 작업장과 비슷하다. 하지만 시장이 하는 일은 외부 과정에서 필요로 할 때까지 자원을 저장고에 저장하는 것뿐이다. 시장은 담고 있을 수 있는 자원의

양에 한계가 있다는 점을 반영하기 위해, 정해진 수량의 자원을 당긴 후에 입력을 비활성화한다.

그림 9.7
<시저 Ⅲ>의 주택가, 농장, 작업장, 시장 메카닉

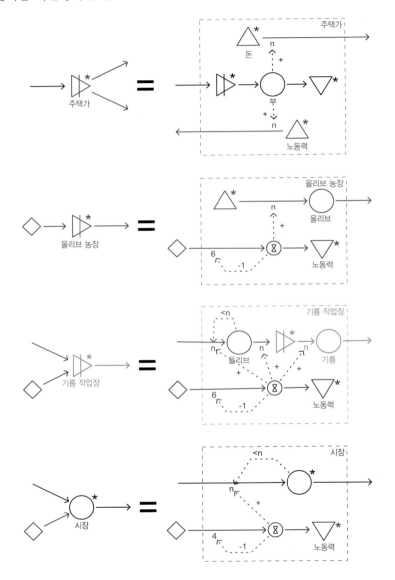

경제 컴포넌트가 다양한 방식으로 연결될 수 있다는 점이 중요하다. 올리브 농장과 시장은 둘 다 노동력 자원의 흐름에 연결되어야 기능을 한다. 농장은 농

장에 저장되는 자원을 생산하며, 이렇게 해야만 경제의 다른 컴포넌트가 작동할 수 있게 된다. 또 한 가지 눈여겨봐야 하는 것은 이 모든 컴포넌트에는 입력과 출력이 있어 다른 컴포넌트에 연결되는 방식이 더 늘어나며, 좀 더 긴 호흡의 경제 고리와 순환이 가능해진다는 점이다. 이렇게 하면 플레이어는 경제에서 다양한 구조를 자유롭게 만들어낼 수 있다. 어떤 게임에서는 이를 통해 플레이어가 컴포넌트로부터 구축할 수 있는 지배적 경제 구조의 다양성을 보장하기도 한다.

<시저 III>의 진행 단계

플레이어가 내부 경제를 직접 구축하는 게임들은 분명 자연 발생형 게임에 속한다. 하지만 이런 게임을 할 때도 일정 정도는 진행형의 경험이 제공된다. 예를 들어 <시저 III>에서는 일련의 시나리오가 제공되는데, 각각 도전과 목표가 정해져 있고, 시나리오마다 스크립트된 이벤트들이 존재한다. 하지만 이런 이벤트가 없다 해도 도시를 건설하는 과정은 여러 단계로 진행된다. 처음의 구상 단계에서는 플레이어에게 원하는 것을 건설할만한 돈이 충분히 주어진다. 이후에는 도시 관리나 방어에 관련된 위기를 겪게 되고, 마지막으로 도시 경제를 잘 조율해 후반 레벨의 마지막 단계에 가서는 어려운 경제적 목표에 도달해야 한다.

이런 진행에 기여하는 중요한 메커니즘은 처음에는 부유한 주민들이 노동력의 출력을 높여 주지만, 일정 시점이 지나면 주민들이 더 부자가 되면서 주택가에서 생산되는 노동력이 오히려 감소하는 것이다. 즉, 축적된 부가 임계점을 넘게 되면 도시의 노동력이 줄어들기 시작해 많은 생산 건물의 효율이 줄고, 이로 인해 경제가 붕괴된다. 이 때문에 다음 단계로 넘어가야만 하거나, 도시의 성장에 장애가 발생하게 된다.

<시저 III>를 플레이하면 다른 많은 자연 발생형 게임처럼, 한 편으로는 게임 경제에서 발생하고 다른 한 편으로는 시나리오별로 독특하게 배정된 이벤트로부터 발생하는 이 게임만의 리듬과 진행을 맛볼 수 있다.

<루나 콜로니> 디자인

이 장의 후반에서는 <시저 III>의 분석을 통해 얻은 교훈을 바탕으로 <루나 콜로니Lunar Colony>라는 새로운 경제 구축 게임을 만들어 보겠다. <루나 콜로니>는 멀티플레이어 테이블탑 게임으로 포커 칩 세트, 플레이 카드 몇 개, 한 개의 육면 주사위로 플레이한다. 보드는 필요 없고 편평한 바닥에서 진행하면 된다. 또한 크기만 같다면 포커 칩 대신 다른 토큰을 말로 써도 좋다(우리는 레고 블록도 써봤는데 아무 문제가 없었다). 상대할 플레이어 수는 사용할 수 있는 토큰의 색상 수만큼이다. 각 플레이어의 기술 수준은 종이에 적어서 기록 및 관리한다. 2인용 〈루나 콜로니〉는 15~20분 사이에 마무리할 수 있다.

이 절에서는 머시네이션 다이어그램을 통해 게임 경제를 설명하긴 하겠지만, 머시네이션 툴을 통한 게임의 시뮬레이션보다는 사람이 하는 플레이 테스트에 좀 더 비중을 두겠다. 시뮬레이션은 사람의 플레이 테스트를 보완할 수는 있지만, 완전히 대체할 수는 없기 때문이다.

규칙(첫 번째 프로토타입)

〈루나 콜로니〉에서 각 플레이어는 달에서 연구용 식민지를 개발하게 된다. 플레이어들은 광석과 얼음을 두고 경쟁하며, 가능한 한 많은 기지를 지어야 한다. 이를 위해 인프라를 구축하고 신기술을 연구하며 경제를 관리해야 한다.

게임의 재료
게임을 플레이하려면 다음이 필요하다.

- 플레이용 카드 하나(거리 측정에 사용한다)
- 6면 주사위 하나
- 플레이어당 최소 10개의 얼음을 대신할 흰색 토큰
- 플레이어당 최소 10개의 광석을 대신할 검은색 토큰
- 에너지 포인트를 대신할 최소 20개의 녹색 토큰
- 한 플레이어의 기지를 대신할 같은 색상의 토큰 20여 개, 나머지 각 플레이어의 기지를 대신할 다른 색상의 토큰 20여 개. 플레이어의 숫자만큼 다른

노트 〈루나 콜로니〉는 여러분이 플레이하면서 확장하기 쉽도록 간단한 재료를 이용한 테이블탑 게임으로 디자인했다. 이 절에서는 여러분이 고민해야 할 디자인 과제가 나온다. 이 과제들을 풀어보면서 다른 흥미로운 메카닉도 연구해보기 바란다.

색의 토큰을 준비해야 한다(대부분의 포커 칩 세트는 파란색과 빨간색 칩으로 구성되어 있으므로 2인용 게임에 적합하다).

- 편평한 표면

셋업

게임을 하려면 플레이어는 우선 플레이할 장소를 준비해야 한다(〈문명〉과 〈심시티〉처럼, 〈루나 콜로니〉 역시 '무작위로 생성된' 맵에서 시작된다). 게임의 첫 번째 프로토타입은 다음과 같은 과정으로 준비한다.

- 게임에 참여하는 각 플레이어마다 얼음 토큰 10개와 광석 토큰 10개를 준비한다. 얼음 토큰을 한 곳에 모두 쌓고 광석 토큰도 모두 한곳에 모은다. 플레이하는 도중 토큰이 더 필요해질 수 있으므로 나머지도 집기 쉬운 곳에 둔다.

- 플레이어들이 돌아가면서 플레이를 준비한다. 첫 번째 플레이어가 먼저 주사위를 굴린다. 1, 2, 3, 4가 나오면 광석 더미에서 그만큼의 광석 토큰을 가져와 플레이 장소 위 아무 곳에나 하나로 쌓아서 광맥을 만든다. 5나 6이 나오면 얼음 더미에서 그만큼의 얼음을 가져와서 플레이 표면 위 아무 곳에서 하나로 쌓아 얼음 광맥을 만든다.

- 그런 다음 플레이어가 주사위를 굴려 똑같이 테이블 위 아무 곳에나 광석 및 얼음을 쌓는다. 두 개의 더미가 모두 없어지고 테이블에 토큰이 모두 쌓일 때까지 이 과정을 반복한다(주사위에서 나온 숫자가 남은 토큰 수보다 많으면 같은 색상의 남은 토큰을 모두 플레이에 투입하면 된다).

그림 9.8에서 2인용 셋업이 어떤 모양인지 볼 수 있다. 광맥들을 나란히 붙여놓아도 된다는 데에 유의하자.

그림 9.8
'달 표면'에 얼음과 광석의
광맥이 분포된 모습

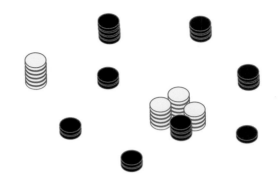

얼음과 광맥 토큰이 모두 테이블 위에 놓이고 나면 첫 번째 플레이어가 자기 색깔의 토큰 세 개로 시작 식민지를 준비한다. 이 토큰은 기지를 나타낸다. 토큰 하나는 하나의 얼음 광맥에, 하나는 광석 광맥에 닿게 놓아야 한다. 이렇게 해당 광맥이 자기 것이며, 다른 플레이어는 이 광맥들에 닿도록 기지를 설치할 수 없다는 것을 선언한다. 세 번째 토큰은 다른 광맥을 하나 차지하거나 다른 아무 곳에나 둬도 된다. 광맥에 닿지 않는 곳에 설치한 기지는 중간 기착지라고 부르며(다음 단락 '기지' 참고) 얼음과 광석을 이동시킬 때 사용한다. 처음에는 이런 자원을 플레이용 카드의 짧은 면 길이 이상 이동시킬 수 없으므로, 기지들은 서로 가까이 붙여 짓는 편이 좋다. 중간 기착지는 멀리 떨어져 있는 기지들을 연결하는 데에 활용된다.

첫 번째 플레이어가 턴을 마치고 나면 다음 플레이어가 똑같은 요령으로 자기 식민지를 배치해 모든 플레이어가 식민지를 배치한다. 그림 9.9는 두 플레이어가 자기 식민지를 배치해 플레이를 시작할 준비가 된 모습이다.

그림 9.9
게임의 셋업이 끝나고 두 명의 플레이어(빨강과 파랑)이 플레이 준비를 마친 모습

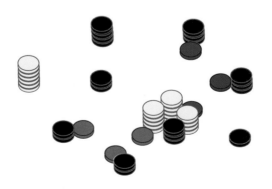

302

기지

게임에서 플레이어들은 다양한 기지를 지어야 한다. 기지는 자기 색깔의 토큰 더미로 (처음에는 한 개) 표시한다. 기지에는 얼음과 광석, 혹은 둘을 다 쌓아서 저장할 수 있다. 기지가 광산일 때는 채굴하는 물질을 저장하지만 어떤 기지든 수송 받은 얼음이나 광석을 저장할 수 있다. 플레이어가 지을 수 있는 기지에는 다음이 있다.

- **얼음 광산:** 얼음 광맥에 면한 기지는 얼음 광산이다.
- **광물 광산:** 광석 광맥에 면한 기지는 광물 광산이다.
- **중간 기착지:** 얼음이나 광물 광산에 접하지 않고 외따로 떨어진 기지는 중간 기착지다. 광맥이 고갈된 얼음 광산과 광물 광산은 자동으로 중간 기착지로 변한다.

게임플레이 방법

플레이어들이 순서대로 자기 턴마다 몇 가지 액션을 수행한다. 플레이어가 수행할 수 있는 액션의 숫자를 정할 때는 가진 기지의 수를 2로 나눈 다음 나머지를 반올림한다. 이 게임은 플레이어마다 세 개의 기지로 시작하므로, 첫 번째 턴에서는 모두 두 번의 액션을 하게 된다. 각 액션마다 플레이어는 다음 중 하나를 할 수 있다.

- **얼음 채굴:** 얼음 광산 하나에 면한 광맥에서 얼음 토큰 하나를 가져와서 광산에 저장한다(기지에는 몇 개든 얼음이나 광석 토큰을 쌓을 수 있다).
- **광석 채굴:** 광물 광산 하나에 면한 광맥에서 광석 토큰 하나를 가져와서 광산에 저장한다.
- **자원 수송:** 두 기지 사이에서 얼음이나 광석 토큰 하나를 옮긴다. 두 기지는 플레이용 카드의 짧은 면 길이 이상 떨어져 있어선 안 된다.
- **기지 건설:** 어느 기지에서든 저장된 광석 토큰을 하나 제거해 버린다. 플레이어와 같은 색상의 새로운 기지를 광석을 사용한 기지로부터 가까운 공간 아

무 곳에나 배치한다. 새 기지와 원래 기지 간의 거리는 플레이용 카드의 짧은 면보다 길 수 없다.

- **기지 확장:** 기지 하나에서 얼음 토큰과 광석 토큰을 하나씩 제거해(최소 각 하나씩은 있어야 한다) 버린 다음, 쌓인 토큰에 기지 토큰을 하나 추가한다. 기지의 크기는 플레이어 색상의 토큰 수에 비례한다.

- **에너지 생산:** 한 번의 액션으로 얼음이 저장된 기지 중 어디에서든 에너지를 생산할 수 있다. 에너지를 생산하려면 해당 기지에서 얼음 토큰을 몇 개든 제거해 버린다. 제거한 얼음 토큰의 개수에 비례해 플레이어는 기지 크기만큼의 에너지 토큰을 받는다(즉, 기지가 토큰 두 개 크기이고 얼음 토큰을 세 개 버렸다면 6개의 에너지 토큰을 받는다). 에너지 토큰은 플레이 장소에 저장되지 않는 대신 플레이어가 쥐고 있는다.

- **연구:** 플레이어는 에너지 포인트를 사용해 기술을 구입할 수 있다(다음 단락 '기술' 참고).

한 번의 턴 동안에는 어떤 기지든 한 번만 액션에 활용할 수 있으므로 기지는 해당 턴에서 광산, 건설, 확장, 에너지 생산에만 사용할 수 있다. 자원 수송과 연구(기술 구입)는 액션으로 간주하지만 액션에 기지를 활용하지는 않는다. 기지로 보내거나 기지에서 내보내는 자원 수에는 제한이 없고, 이런 자원은 그 다음 다른 액션에 사용할 수 있다.

기술
플레이어는 에너지 포인트를 사용해 한 번의 액션에서 다음 기술 중 하나를 구입할 수 있다. 각 기술당 에너지 포인트 3이 소요된다.

- **빠른 얼음 채굴:** 얼음을 채굴할 때 플레이어는 광산에서 하나가 아니라 두 개의 토큰을 가져올 수 있다.

- **효과적인 광석 채굴:** 플레이어가 광맥에서 광석 하나를 채굴할 때마다 맵 밖에 있는 아직 사용하지 않은 광석 토큰 중에서 추가로 광석 토큰을 하나 가져올 수 있다.
- **수송 능력:** 플레이어가 한 번의 액션으로 한 가지에서 다른 기지로 하나가 아니라 두 개의 자원 토큰을 이동할 수 있다.
- **원거리 셔틀:** 플레이어가 자원을 수송할 수 있는 거리나 새로운 기지를 세울 수 있는 거리를 결정할 때 플레이용 카드의 짧은 면이 아니라 긴 면을 사용할 수 있다.
- **호화 단지:** 이 기술은 점수를 계산할 때만 효력을 발한다. 호화 단지 기술을 가진 플레이어는 대형 기지에 대해 추가 포인트를 받게 된다. 상세한 내용은 다음 절 '게임 승리 조건'을 참고하자.

플레이어가 이런 기술 중 하나를 구입하면 이 사실을 종이에 적어 모두가 볼 수 있도록 기록한다.

게임 승리 조건

플레이어 중 하나가 달 표면에서 마지막 광석이나 마지막 얼음을 채굴하면 그 턴이 끝난 다음 게임이 종료된다. 그러면 다음과 같이 각 플레이어가 점수를 계산한다. 호화 단지 기술이 없는 플레이어는 크기가 2 이상인 기지 하나당 1점을 얻는다. 호화 단지를 구입한 플레이어의 계산법은 좀 다르다. 이들은 대형 기지에 대해 크기가 2 이상으로 한 번 확장했을 때마다 1포인트를 추가로 받는다. 즉, 크기가 3인 기지는 2점을 추가로, 크기가 4인 기지는 3포인트를 추가로 획득한다.

포인트를 가장 많이 올린 플레이어가 승리한다.

기본 경제 구조

그림 9.10은 〈루나 콜로니〉의 기본 경제 구조를 보여주는 컬러 코드 턴제 다이어그램이다. 얼음 광산과 광물 광산은 클릭하면 연관된 저장고에서 자원을 당겨오는 상호작용성 노드다(얼음 광산은 게이트이고 광물 광산은 변환인데, 그 이유는 잠시 후 설명한다). 얼음과 광물 채광 기술 업그레이드를 구입하면 생산성이 향상된다. 빠른 얼음 채굴은 얼음 광산 게이트가 자원을 하나가 아니라 둘 당기게 만든다. 그런데 효율적인 광물 채광은 광물 광산이 광석 자원을 두 개 당기게 하는 것이 아니라, 광물 광산 노드가 들어오는 광석 자원 하나를 두 개로 바꿔준다. 그 때문에 게이트가 아니라 변환이 사용된 것이다.

그림 9.10
〈루나 콜로니〉의 기본 경제. 이 다이어그램을 머시네이션 툴에서 작동하려면 세부 사항을 더 추가해야 한다

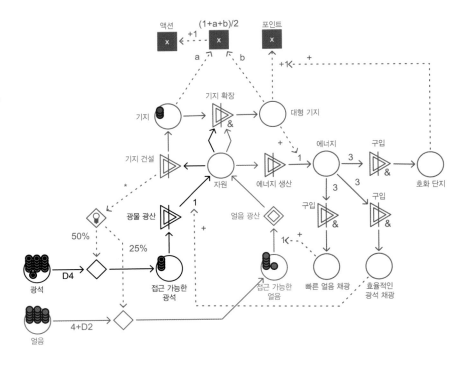

얼음과 광석 자원은 채굴하면 자원이라는 라벨의 공용 저장고로 들어간다. 이 저장고에서 광석은 기지 건설에, 얼음은 에너지 생산에 사용되고, 기지 확장에는 광석과 얼음이 둘 다 필요하다. 다이어그램에는 실제 게임에서 자원이 테

이블에 흩어져 있다는 사실을 시뮬레이션하기 위한 아주 단순한 메커니즘도 포함되어 있다. 플레이어는 접근 가능한 얼음과 접근 가능한 광석 저장고에 있는 자원만 사용할 수 있도록, 자원에 대한 접근이 제한된 채 시작한다. 이후 기지를 추가로 건설하면 더 많은 광석에 접근할 확률이 50%, 더 많은 얼음에 접근할 확률이 25% 생긴다. 이 확률은 셋업 단계에서 확정된 테이블 위에 놓인 자원의 밀도에 따른 것이다.

이 다이어그램에는 여러 메카닉이 빠져 있다. 얼음과 광석이 어떻게 테이블 건너로 수송되는지 보이지 않고, 게임 일부에 영향을 주는 수송 능력과 원거리 셔틀 기술 업그레이드도 보이지 않는다. 또한 어떤 메카닉은 명시되어 있지 않다. 호화 단지 기술은 포인트에 긍정적인 영향을 주지만, 이는 플레이어의 기지 크기에 의존한다. 이와 비슷하게, 확장한 기지를 더 많이 가지고 있으면 에너지 생산이 늘어날 가능성이 높지만, 이 역시 기지의 위치와 다른 플레이어의 결정 같은 요인에 의존한다.

이 게임에는 두 가지 디자인 패턴이 들어 있다. 첫 번째는 동적 엔진으로, 광석과 얼음을 사용해 연구 기지와 에너지 포인트를 생산한다. 이렇게 생긴 에너지 포인트는 광석과 얼음의 생산을 향상하는 데 사용된다. 얼음의 순환을 보면 이를 쉽게 확인할 수 있다. 두 번째 동적 엔진은 광석을 써서 더 많은 기지를 세우면 턴당 할 수 있는 액션의 수가 늘어나는 것이다. 두 번째 패턴은 구축성 엔진 패턴이다. 기술 연구를 통해 플레이어는 엔진의 어떤 부분을 개선할지(턴당 액션 수일지 생산 속도일지) 일정 정도 제어할 수 있다.

이 경제 구조에서 눈여겨볼 점 두 가지는 양성 순환 구조만 있으며, 게임이 플레이어 간의 직접적인 상호작용을 거의 허용하지 않는다는 점이다. 이 게임에는 다른 플레이어를 공격하거나 남의 자원을 훔치는 컨셉이 없다. 게임에서 마찰을 일으키는 가장 중요한 원천은 중간 기착지를 세우는 것인데, 테이블에 있는 자원들 사이의 거리가 멀 때 촉발된다. 하지만 이런 마찰은 거의 정적이고 (엔진의 상태에 따라 변화하지 않는다) 최초 설정에 의해 결정된다. 게임이 진행되면서

노트 그림 9.10에는 액션이라는 라벨의 등록이 있다. 턴제 다이어그램에서 이런 라벨의 등록은 플레이어 하나가 턴당 취할 수 있는 액션의 수를 변경하는 데에 활용된다. 여기에서는 플레이어가 기지를 더 건설할 때 액션의 수를 늘려주는 데 쓰인다.

플레이어들이 테이블 위의 마지막 자원에 도달하기 위해 중간 기착지를 더 지을수록 마찰은 커진다.

이 최초 프로토타입에서는 시작 위치의 선택이 큰 영향을 미치긴 하지만 게임에서 기본적으로 플레이어간의 밸런스가 이미 잘 잡혀 있다. 경제에 부정 회귀 구조가 없기 때문에 최고의 시작 위치를 잡는 플레이어가 이길 가능성이 높다는 점은 짐작이 갈 것이다.

디자인 과제

〈루나 콜로니〉의 지금 종료 조건은 최선이 아닐 수 있다. 모든 자원을 테이블에서 제거할 때까지, 혹은 모두 소모할 때까지 게임이 계속되어야 할까? 4점이나 5점을 모았을 때 게임이 끝나도록 하면 어떻게 될까? 더 나은 점수는 몇 점이고, 그 이유는 무엇일까? 게임의 종료 조건을 다르게 해 디자인해보자.

디자인 과제

〈루나 콜로니〉의 첫 번째 프로토타입의 기본 경제 구조를 보고, 게임에 부정 회귀 구조를 추가할 방법을 생각해보자. 먼저 부록 B의 디자인 패턴들을 훑어보면 도움이 될 것이다.

빌딩 블록

첫 번째 프로토타입에는 빌딩 블록이 기지 하나뿐이었다. 그림 9.11은 이 빌딩 블록을 그린 것이다. 채굴 기지는 보드에서 자원을 당겨갈 수 있다는 것 하나만 빼면 중간 기착지와 똑같다. 이 빌딩 블록의 메카닉은 게임에 있는 다른 블록들과 다양한 방식으로 연결될 수 있다는 요건을 충족한다. 하지만 최초 프로토타입에서는 모든 기지가 거의 똑같은 기능을 한다. 플레이어는 수송이 가능하도록 기지들을 서로 충분히 가까이 놓는 것만 신경 쓰면 된다. 달리 고민할 거리는 어떤 기지를 확장할 것인가다. 보통, 확장할 때 최선의 선택은 얼음과 (그 다음으로) 광석에 가까운 기지를 선택하는 것이다.

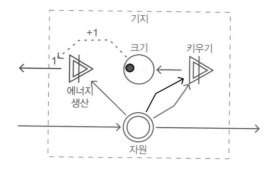

그림 9.11
<루나 콜로니>의 기지 메
카닉

빌딩 블록이 사실상 하나이므로, 플레이어들이 경제를 구축하는 방식은 서
로 크게 다르지 않다. 이런 게임에 필요한 것은 플레이어들의 선택을 더 풍부하
게 만들 다른 종류의 기지들이다.

게임을 향상하기 위해 우리는 정화 기지, 정제 기지, 수송 기지 세 가지의 기
지를 디자인했다. 게임의 두 번째 버전에는 이제 정화한 얼음과 정제한 광석을
표시할 두 가지 색깔의 토큰이 더 필요하다. 플레이어가 가진 기지의 수에 의해
할 수 있는 액션의 수가 결정된다는 규칙도 변경했다. 그 대신, 모든 플레이어
는 두 번의 액션으로 게임을 시작하되, 플레이를 해 나가면서 새로 도입한 기지
중 하나가 가능한 액션의 수를 변경한다. 그림 9.12는 새로운 기지들이다(플레이
어의 색상 토큰 밑에 각각 다른 색의 토큰이 놓여 있다).

그림 9.12
<루나 콜로니>의 새로운
기지들

정화 기지   정제 기지   수송 기지

- 정화 기지는 일반 얼음을 가져와서 에너지를 주입해 두 배의 정화된 얼음으
  로 바꾼다. 정화 기지는 게임이 시작될 때나 아무것도 없는 데에서 그냥 지
  을 수 없다. 대신, 게임 도중 기존의 사이즈 1짜리 기지를 변환해 만든다. 보
  통의 사이즈 1짜리 기지(얼음 광산, 광물 광산, 중간 기착지)에서 정화 기지를 지으
  려면 플레이어는 최소한 하나의 얼음 토큰을 해당 기지에 저장해두고, 에너

이상적으로는 일반 얼음이 흰색이면 정화한 얼음은 회색이 되는 등, 정화된 얼음과 정제된 광석 토큰이 원래의 것과 비슷한 색상이어야 한다. 우리의 플레이 테스트에서는 색상이 부족했기 때문에 원래의 토큰에 작은 포스트잇을 붙여서 상태가 변했음을 표시했다.

지 토큰 두 개를 지불해야 한다. 사용한 얼음 토큰을 기지 밑에 깔면 새로운 타입으로 변했다는 것이 표시된다. 정화 기지는 이제 광산으로 사용하거나, 에너지를 생산하거나 확장할 수 없다. 하지만 한 번의 액션으로 플레이어는 정화할 얼음 토큰 하나당 에너지 토큰 하나를 써서, 해당 정화 기지에 저장한 얼음 전부(혹은 필요한 만큼)를 정화할 수 있다. 이러려면 이 기지에서 정화할 얼음 토큰 각각을 테이블 밖에 있는 예비 토큰에서 두 개의 정화한 얼음 토큰으로 바꾸면 된다. 정화된 얼음은 더이상 정화할 수 없다. 정화된 얼음은 일반 얼음과 다르지도 않고 더 가치가 나가는 것도 아니다. 일반 얼음과 똑같은 방식으로 사용하고, 다른 모든 기지들에서도 일반 얼음 대신 정화된 얼음을 사용할 수 있다. 정화 기능은 단순히 에너지를 소모해 얻을 수 있는 얼음의 양을 두 배로 늘려주는 것이다.

- 정제 기지는 정화 기지가 얼음에 하는 것과 동일한 작용을 광석에 대해 한다. 둘의 차이점은 정제에 비용이 더 든다는 것뿐이다. 정화 기지와 마찬가지로 정제 기지도 기지에서 광석 토큰을 하나 가져와서 기지 밑에 깔아서 표시하며, 에너지 토큰 두 개를 지불한다. 이 기지에서 광석을 변환할 때는 정제하는 광석 토큰 하나당 에너지 토큰 두 개를 지불하고, 두 개의 정제된 광석 토큰과 광석 토큰을 바꾼다.

- 수송 기지는 플레이어가 한 턴에 수행할 수 있는 액션의 수를 늘려주고, 에너지를 사용해 자원을 더 빠르게 수송한다. 플레이어는 보통의 사이즈 1짜리 기지(얼음 광산, 광물 광산, 중간 기착지)를 수송 기지로 바꿀 수 있다. 수송 기지를 세우려면 플레이어는 에너지 토큰 두 개를 지불한다. 기지 밑에 에너지 토큰 하나를 깔면 기지가 새로운 타입이 됐음을 표시할 수 있다. 정화 기지와 정제 기지처럼 수송 기지 역시 더이상 광산으로 사용하거나 에너지를 생산하거나 확장할 수 없다. 플레이어는 수송 기지를 하나 세울 때마다 턴 당 액션 수가 하나 늘어난다. 또한 플레이어는 에너지 토큰 하나를 내고 테이블

위 어느 곳에 있든 하나의 대상 기지로 이 저장 기지에 저장한 자원 토큰의
일부나 전부를 수송할 수 있다.

왜 정제 기지가 더 비싼가?

광석 정제 기지가 얼음 정화 기지보다 더 많은 에너지를 소모하는 이유가 궁금할 것이다.
그 이유는 플레이어가 효율적인 광석 채굴 기술을 습득하면 이미 하나의 광석에서 두 개의
광석을 생산해낼 수 있기 때문이다. 2인용 게임에서 플레이어들은 40개의 광석을 채굴할
수 있다. 빠른 얼음 채굴 기술은 얼음이 더 빠르게 채굴된다는 뜻이지만, 그래도 2인용에서
채굴할 수 있는 최고치는 20개다. 그렇기 때문에 게임의 자원 균형을 위해 광석보다는 얼
음의 복제를 활발하게 하는 편이 낫다.

그림 9.13은 이런 추가적인 타입의 기지를 보여준다.

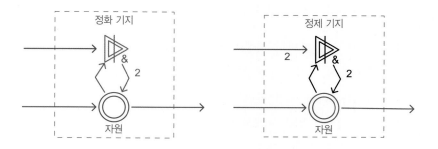

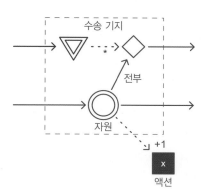

그림 9.13
새로운 기지 타입

이 규칙은 게임의 기본 경제 구조에 두 가지 중요한 변화를 가져온다.

- 기지를 두 개 지을 때마다 액션이 하나씩 늘어나는 동적 엔진이 제거된다. 이 시스템은 수송 기지를 통해 작동하는 새로운 동적 엔진으로 대체된다. 기존의 시스템은 플레이어가 멀리 있는 자원을 얻으려면 많은 중간 기착지를 지어야 하기 때문에 많은 피드백이 생성되고, 이런 기지를 지으려면 광석을 써야 하므로 많은 정적 마찰을 생성했다. 하지만 새로운 시스템은 피드백과 마찰이 모두 줄어든다.

- 에너지의 역할이 더욱 중요해진다. 플레이어는 이제 에너지를 이용해서 자원을 복제할 수 있다. 이 때문에 그림 9.14처럼 변환 엔진이 생성된다. 에너지는 정화 기지를 통해 더 많은 얼음을 만드는 데 사용할 수 있고, 이 얼음을 이용하면 에너지를 더 생산할 수 있다. 이 그림을 보면 플레이어가 얼음을 최소한 두 개의 에너지 토큰으로 변환할 수 있을 때만 정화 기지를 세우는 게 이익이라는 것을 분명히 알 수 있다. 또한 이런 변화로 인해 에너지가 더 필요해지므로, 어떻게든 에너지 수급을 늘리는 게 좋다.

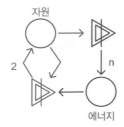

그림 9.14
<루나 콜로니>의 새로운
변환 엔진

기능이 늘어갈수록 늘어나는 유지 비용

앞에서 제안한 규칙 변경에는 게임이 더 느려지고 플레이하기 복잡해진다는 단점이 있다. 플레이어가 기억해야 하는 정보가 늘어났기 때문이다. 하지만 이 게임은 프로토타입일 뿐이기 때문에 이 점에 너무 신경 쓸 필요는 없다. 일단 이 프로토타입을 비디오 게임으로 구현하면 컴퓨터가 알아서 기록을 처리하고, 보드 게임으로 만든다면 보드의 물리적인 그래픽 디자인을 활용해 플레이어가 게임의 진행 사항을 관리하기 편하게 만들면 된다.

장애물과 이벤트

<시저 III>의 강점 중 하나는 장애물과 스크립트된 이벤트를 통해 모든 미션이 다른 경험으로 느껴지게 한다는 점이다. 이런 요소를 이용해 <루나 콜로니>도 개선할 수 있다. 그럼 몇 가지 장애물을 제안하겠다.

- 플레이하는 표면의 일부를 사용할 수 없게 만들면 아주 간단하게 장애물을 만들 수 있다. 손에 잡히는 책이나 컵, 작은 상자를 가져와서 테이블 위에 놓은 다음 게임을 세팅한다. 자원과 기지는 아무것도 놓이지 않은 테이블 위에만 배치할 수 있다. 장애물을 충분히 놓으면 완전히 다른 플레이 경험을 유도할 수 있다.

- 빈 종이 몇 장으로 거친 지형을 표시하는 것으로도 간단하게 장애물을 넣을 수 있다. 게임을 세팅할 때 플레이어는 모든 자원을 거친 지형에 놓아야 하는데, 거친 지형에 설치한 기지는 사이즈를 늘릴 수 없다. 혹은 거친 지형에 설치한 기지는 정화 기지, 정제 기지, 수송 기지로 바꿀 수 없도록 한다.

- 기지 자체 역시 장애물로 활용할 수 있다. 결국, 대부분의 경제 구축 게임에서 플레이어는 자기 건물에 의해 초래되는 온갖 제약을 처리해야 한다. 한 예로, 정제 기지나 정화 기지는 광산에 너무 가깝게 지을 수 없다. 이런 기지로부터는 최소한 플레이용 카드의 짧은 면 길이를 떼고 지어야 한다.

그럼 이제 〈루나 콜로니〉에 추가할 수 있는 이벤트들을 몇 개 소개하겠다. 보드 게임 프로토타입에는 스크립트된 이벤트를 추가하는 것이 불편하므로, 대부분 무작위적인 방식으로 이벤트를 생성하도록 했다. 대신 이벤트가 모든 플레이어에게 (늘 평등하게는 아니지만) 영향을 주도록 디자인했다. 이로써 게임에서 운이 너무 큰 요인으로 작용하지 않게 된다.

- 턴이 끝날 때 플레이어들이 주사위를 굴리게 해 무작위 이벤트를 만들 수 있다. 5가 나오면 플레이어가 테이블 위에 놓이지 않고 아직 사용되지 않은 토큰 중에서 새로운 얼음 토큰 3개를 놓을 수 있다. 각각의 토큰은 서로 다른 얼음 광맥 위에 놓아야 한다. 6이 나오면 모든 플레이어가 에너지 토큰 3개를 내고 게임 종료 시 추가 점수를 받는다(이 이벤트가 발생하면 해당 사항을 적어둬야 한다).

- 무작위 이벤트를 생성하는 데에 주사위를 사용하는 대신 카드에 직접 이벤트를 적어서 사용한다. 턴이 끝날 때 플레이어는 카드를 한 장 뽑아 무작위의 이벤트를 결정한 다음 버린다. 덱이 모두 소진되면 버려진 카드를 섞어서 다시 사용한다. 이런 카드는 디자이너가 이벤트의 분포를 더 제어할 수 있게 해준다. 카드 12장 덱에서 두 장이 게임에 얼음을 추가하게 한다면 12턴에 두 번 이런 이벤트가 발생하게 된다.

- 스크립트된 시나리오에도 카드를 사용할 수 있다. 카드를 특정한 순서로 배치하면 이벤트가 언제 어떻게 발생할지 정확히 제어할 수 있다. 이런 시스템은 플레이어에게 게임의 목표를 부여하는 데에도 이용할 수 있다. 예를 들어, 10턴 후에 광석을 팔아 추가 포인트를 올릴 수 있다는 걸 알면 미리 이

를 준비할 수 있을 것이다. 심지어 이를 통해 게임의 싱글 플레이어 버전도 만들 수 있는데, 그러려면 디자이너가 게임의 시작 상황을 설정하고 카드의 순서를 결정해야 한다.

- 카드를 이용해 모든 플레이어에게 게임 도중 완료해야 하는 하나 이상의 비밀 목표를 배정할 수도 있다. 예를 들어, 에너지 토큰 5개로 게임이 끝나면 사이즈 4의 기지 하나당 보너스 포인트를 받는 등의 목표를 준다. 비밀 목표는 게임에 재미를 더해줄 수 있지만, 이를 넣으려면 플레이어 간에 직접적인 상호작용을 지원하는 메카닉을 더 추가해야 한다.

> **디자인 과제**
> 〈루나 콜로니〉에 장애물이나 이벤트를 추가할 세 가지 서로 다른 방법을 고안해보자. 규칙을 만들고 최소한 하나의 게임플레이를 테스트해보자.

> **디자인 과제**
> 싱글 플레이 버전의 〈루나 콜로니〉 메카닉과 흥미로운 시나리오를 만들어 보자.

그 밖의 경제 전략

경제 구축 게임에는 여러 가지 경제 전략이 유효하게 만드는 것이 좋다. 그래서 정화 기지와 정제 기지를 추가해 〈루나 콜로니〉의 경제 옵션을 넓혔다. 이제 9장을 마무리하면서 플레이어 간의 상호작용을 강화할 수 있는 습격raiding 옵션을 알아보겠다.

습격은 군비 경쟁 디자인 패턴을 이용해서(부록 B 참조) 구현하는 것이 가장 좋지만, 이 때 상대방의 자원을 파괴하기보다는 훔치도록 하는 쪽이 더 낫다. 또한 이런 새로운 메커니즘은 게임의 밸런스를 깨뜨리기 쉽기 때문에 주의해야 한다. 습격이 너무 효율적일 때는 지배적 전략이 되어 플레이어들이 습격만 하고 다른 메커니즘은 쓸모 없어질 수도 있다. 반면 너무 약할 때는 아무도 습격은 하지 않기 때문에 추가한 의미가 없어지기도 한다.

일반적으로 균형 잡힌 경험을 만들려면 두 가지 디자인적 접근법이 도움이 된다.

- 두 개의 전략(이 경우에는 건설과 습격)이 가져올 수 있는 위험과 보상에 차별을 둬야 한다. 이 개념은 이전 장에서 〈심위〉에 대해 다루면서 이미 살펴봤다. 〈루나 콜로니〉에서는 최소한 습격 시 위험이 증가하도록 해야 한다.

- 두 전략의 균형을 잡으려 고심하는 대신 가위바위보 관계를 이루는 세 개의 전략을 만들자. 이 편이 두 전략의 균형을 잡는 것보다 더 안정적인데, 하나의 전략이 최선의 선택으로 간주되더라도 플레이어들이 해당 전략을 이길 수 있는 제3의 전략을 더 자주 활용하게 되기 때문이다. 가위바위보 관계는 전략에 미세한 불균형이 생기더라도 그 파급력이 그다지 커지지 않는다.

〈루나 콜로니〉에서는 첫 번째 디자인적 접근법을 따랐다. 즉, 습격의 위험을 높인 것이다. 그와 동시에 습격은 뒤지고 있는 플레이어의 입장에서 더 효력을 발휘하게 했다. 이렇게 하면 부정 회귀 구조가 추가되어 게임이 막상막하로 유지되며 재미있어진다.

플레이어들은 한 턴에서 다음 액션을 할 수 있게 된다.

- **공격대 구축:** 에너지 1을 내고 아무 기지에나 공격대원을 구축한다. 기지 위에 에너지 토큰을 얹어서 공격대를 표시한다.

- **습격:** 공격대는 범위 안에 있을 때만 다른 플레이어의 자원을 훔치는 데 사용할 수 있다. 공격대는 플레이용 카드의 긴 면 길이 내에 있는 어떤 적 기지나 대상으로 삼을 수 있다. 습격할 때는 현재 턴의 플레이어가 주사위를 굴린다. 이 숫자가 대상 플레이어 기지에 현재 저장된 자원(얼음과 광석) 수 이하일 때는 습격이 성공하고, 현재 턴인 플레이어는 대상 기지에서 하나의 자원 토큰을 가져와 공격대의 기지에 얹는다. 그런 다음 플레이어가 다시 주사위를

굴린다. 숫자가 자기 기지의 자원(얼음과 광석) 수 이하일 때는 공격대가 파괴된다. 공격대는 턴 당 한 번만 사용할 수 있지만, 연속 턴에 하나의 기지에서 여러 번의 습격이 이뤄질 수 있다.

디자인 과제

공격대 관련 규칙이 작동하며 의도한 영향을 주는지 확인하자.

디자인 과제

플레이어들이 습격에 방어할 수 있도록 하는 메카닉을 만들자.

요약

지금까지 플레이어가 미리 계획된 경제를 활용하는 것이 아니라 직접 경제를 구축하게 해주는 게임에 대해 살펴봤다. 이는 싱글 플레이어 게임이나 경쟁형 멀티플레이어 게임 양쪽 모두에 구현할 수 있다. 경제 구축 게임의 핵심은 플레이어에게 건물이나 도로 같은 빌딩 블록을 제공하는 것으로, 이를 통해 플레이어는 직접 디자인한 경제 관계를 세워갈 수 있다. 또한 싱글 플레이어 게임인 〈시저 III〉와 우리가 고안한 멀티플레이어 게임 〈루나 콜로니〉의 디자인을 자세히 살펴봤다. 이를 통해 아주 단순한 빌딩 블록을 이용해 〈루나 콜로니〉에서 자원을 두고 '영토 경쟁'을 유도할 수 있음을 확인했다. 그리고 디자이너로서 이 게임을 더욱 풍성하고 재미있게 발전시킬 방법을 알아보고, 스크립트된 이벤트를 추가해 진행 요소를 더해봤다.

이제 10장에서는 진행의 문제를 더 상세히 살펴보고, 게임 메카닉이 레벨 디자인과 스토리텔링에 어떤 관계가 있는지 알아보겠다.

실습 과제

1. 9장에서 소개한 모든 디자인 과제를 풀어보자.

2. 싱글 플레이어 버전 〈루나 콜로니〉의 자동화 모델을 만들어 통계 데이터를 수집하고 게임의 밸런스 조정에 활용해본다.

3. 경제 구축 게임을 고안해 종이 프로토타입을 만든다. 그리고 머시네이션 툴로 모델을 구성한다. 머시네이션 툴로 이 게임을 시뮬레이션하고, 멀티플레이어 게임이라면 다른 사람들과 함께 플레이 테스트를 통해 게임을 다듬는다. 변경 적용 시 어떤 변경을 왜 적용했는지 기록하자.

10장

레벨 디자인과
메카닉의 통합

이 장과 이어지는 11장에서는 순수 자연 발생형 게임 메카닉을 어떻게 진행형 디자인의 도구로 활용할 수 있는지 집중적으로 살펴보겠다. 게임 레벨에서 도전을 미션으로 정리하는 방법과 플레이어의 진행을 스토리에 결합하는 방법을 알아보자. 레벨 디자인이라고 하면 공간 구성과 소프트웨어 레벨 디자인 툴 사용을 먼저 떠올리게 마련이지만, 레벨 안에서 어떻게 플레이어에게 도전을 제공할지 정의하는 데에는 게임 메카닉 역시 중요한 역할을 한다.

이 장에서는 먼저 레벨 디자인을 어떻게 게임 메카닉 디자인에 접목할지 살펴보겠다. 그리고 게임에서 일어나는 여러 종류의 진행과 레벨이 어떻게 플레이를 구성하는지 설명하겠다. 또한 레벨들을 이용해 플레이어들이 게임에 쉽게 적응할 수 있도록 차근차근 게임 메카닉을 소개하는 방법에 대해서도 논의하겠다.

장난감에서 놀이터로

게임의 메카닉은 플레이어들에게 재미있는 게임플레이를 제공해야 하며, 대부분의 게임은 잘 구성된 환경과 순차적인 목표의 진행을 통해 플레이어들의 경험을 구성한다. 즉, 환경과 목표를 만들어내는 것이 바로 레벨 디자이너가 해야 할 일이다. 레벨 디자인은 플레이어들에게 게임의 메카닉을 한 번에 조금씩 나누어 소개하는 역할도 한다. 이 장에서는 게임플레이 경험을 구성하는 측면에 집중해 레벨을 살펴보겠다. 카일 개블러Kyle Gabbler의 용어집에 따르면(1장의 '일단 장난감을 만들자' 글 참고), 지금까지 우리는 메카닉을 활용해 장난감을 만드는 측면에 집중해왔다. 이제부터는 이 장난감을 가지고 놀이터를 만들어보자.

플레이 구성

흔히 '장난감'이라고 하면 플레이어들이 스스로 목표를 정하거나, 아무 목표가 없는 자유로운 형식의 놀이를 가능하게 해주는 도구라고 생각한다. 하지만 게임은 어떤 상황에서 게임을, 혹은 상대방을 이기는지 정확히 명시한 목표가 있고, 이를 게임의 승리 조건이라고 부른다. 승리 조건은 적 우주선을 모두 파괴하거나 정해진 포인트를 올리는 것처럼 간단할 때도 있고, 절대 달성할 수 없는 목표도 있다. 〈스페이스 인베이더Space Invaders〉에서는 아무리 많은 외계인을 파괴해도 마지막 생명을 잃고 게임이 끝날 때까지 새로운 외계인 무리가 계속 생성된다. 이럴 때 실제 게임의 목표는 외계 침략군을 모두 무찌르는 게 아니라, 게임이 끝나기 전까지 살아서 최대한 많은 포인트를 올리는 것이다. 〈스페이스 인베이더〉는 세션이 끝날 때마다 표시되는 고득점 표로 이 목표를 지원하며, 자기 이름을 올릴 수 있을 만큼 좋은 성적을 거뒀을 때는 이 표가 보상의 역할도 한다.

자연 발생형 게임은 가장 높은 포인트를 올리거나 적 유닛을 무찌르는 것 같이 단순한 목표를 제시하는 경향이 특히 강하다. 이런 게임은 실력, 전략, 경험이 게임 메커니즘에서 중요한 역할을 하며, 승리 조건으로 이끌어준다. 메카닉적으로 자연 발생형 게임플레이를 만들어내지만 너무 복잡하지는 않은 짧은 게임들에 이런 구성이 잘 맞는다. 이렇게 하면 플레이어들이 짧은 게임 세션을 여러 번 반복하며 게임플레이 기술과 전략을 키울 수 있다. 자연 발생형 게임에서는 목표를 정확히 정의하는 것이 큰 차이를 낳는다('머시네이션 다이어그램에서의 목표' 글 참조).

진행형 게임에서도 목표는 보물을 찾고 피치 공주를 (또) 구하고, 사악한 마법사를 무찌르는 것처럼 단순할 때가 많다. 하지만 진행형 게임에서는 먼저 여러 하위 목표를 달성해야만 승리 조건에 도달할 수 있다. 플레이어들은 여러 목표를 통해 성장해야만 마침내 최종 목표 완수에 도전할 수 있다. 자연 발생형 게임과 비교해 보면 게임에 승리하기 위해 필요한 액션 수행이 그리 어렵지 않아 보이겠지만, 플레이어는 이 최종 액션에 도전하기 전까지 수많은 일을 해결해야 한다. 2장에서 설명했듯이, 자연 발생과 진행은 상호 배타적인 범주가 아니다. 많은 게임이 두 요소를 다 갖추고 있다. 자연 발생형 게임플레이를 만들어주는 게임 메카닉 구조는 플레이어의 경험을 풍성하게 해줄 수 있지만, 굉장히 긴 게임이라면 진행형 특성을 통해 플레이어에게 게임을 계속할 목적을 부여하고 게임플레이의 다양성도 보장할 수 있다.

진행 구성

플레이어들은 다양한 방식으로 게임의 진행을 느낄 수 있다. 지금부터는 진행의 여러 가지 방식을 살펴보겠다.

과제 완수를 통한 진행

디자이너는 게임에서의 진행을 플레이어가 완수한 과제의 수로 정의할 수 있다. 여기에는 게임에 승리 조건이 있으며 플레이어가 실제로 이를 달성할 수 있다는 전제조건이 붙는다. 이런 진행 타입은 "게임의 75%를 완료했습니다."처럼 퍼센트로 표시하는 경우가 많다. 많은 게임에서는 수행하지 않아도 게임에 승리할 수 있는 부가적 과제를 제공한다. 이런 경우에는 진행률이 가능한 과제의 총합에 비례해 올라가지만, 승리 조건은 100% 미만으로 설정되거나 완료한 수가 아닌 특정 과제의 완수로 정의된다. 예를 들어, 〈GTA III〉는 많은 부가 스턴트와 도전에 대한 진행률을 기록하며, 승리한 다음까지도 이런 도전은 계속 진행할 수 있다. 〈킹스 퀘스트Kings Quest〉나 〈레저 수트 래리Leisure Suit Larry〉 시리즈 같은 많은 고전 어드벤처 게임은 특정 액션을 수행해 획득한 포인트로 진행을 측정한다. 다시 한 번 말하지만 이런 게임은 대부분 포인트를 전부 획득하지 않아도 완료할 수 있고, 플레이어들은 가능한 한 포인트를 모두 올리겠다는 목표로 게임을 다시 플레이하게 된다. 과제를 완수하는 형태로 진행되는 게임에서는 플레이어들이 계속 관심을 유지할 수 있게끔 충분한 다양성을 보장해야 한다. 똑같은 과제를 연달아 붙여놓는 정도로는 쉽게 질릴 수 있다. 또한 과제들을 적정한 간격으로 배치하고 난이도 곡선을 잘 구성해 플레이어가 흥미로워하면서 도전 의식도 느낄 수 있어야 한다.

시점 전환의 미학

사람들은 대부분 시점이 갑자기 전환되는 것을 심미적이고 즐거운 경험으로 받아들인다. 산길을 따라 하이킹할 때를 떠올려보자. 나무가 빽빽한 언덕을 올라갈 때는 시야가 좁아진다. 나무 때문에 멀리 볼 수도 없고, 울퉁불퉁한 바닥에 신경을 집중해야 할 것이다. 하지만 정상에 다다르면 갑자기 탁 트인 풍경이 펼쳐진다. 아까까지 보이던 나무들은 넓은 풀밭으로 바뀌고, 저 멀리까지 한눈에 들어온다. 많은 이들이 이 때문에 하이킹을 즐긴다. 게임플레이와 게임 환경에 이런 변화를 배치해도 비슷한 결과를 얻을 수 있다. 게임의 구간별로 다른 스타일의 배경이나 풍경을 넣는 게 좋은 이유도 이 때문이다.

목표까지의 거리로 진행 측정

자연 발생형 게임에서는 주요 목표로 가기 위한 별도의 하위 목표를 넣는 경우가 드물기 때문에 완료한 과제의 개수로 진행을 측정하기가 더 어렵다. 하지만 이런 게임은 승리 조건이 숫자일 때가 많아서 과제 대신 숫자로 진척도를 측정할 수 있다. 예를 들어 〈시저 III〉에서(9장 참조) 특정 레벨의 목표는 도시의 인구를 정해진 숫자까지 늘리는 것이다. 이러기 위해 특별히 순서대로 따라야 하는 액션은 없지만 목표에 얼마나 근접했는지 알려줄 수는 있다. 하지만 완료율 퍼센트만으로는 플레이어가 정해진 시간 내에 승리 조건에 도달한다고 보장할 수 없다. 플레이어가 목표 인구의 90%를 수용할 수 있는 도시를 건설한다 해도, 더는 건물을 지을 공간이 없거나 도시를 더 성장시키기 위해 필요한 식량을 확보할 수 없다면 남은 10%를 채우기까지 오랜 시간이 걸리게 된다.

자연 발생적 게임플레이의 이런 목표 진척과 과제 완료를 통한 전형적인 진행 간의 가장 중요한 차이는 플레이어가 진행한 성취 내용을 잃게 되는지 아닌지다. 〈시저 III〉를 예로 들자면, 야만인의 습격으로 시민과 건물을 잃으면서 플레이어가 이룬 현재의 성취도와 목표 사이에 간극이 더 벌어질 수 있다. 반면, 어드벤처 게임에서는 하나의 과제를 완료하고 나면 이를 취소할 수 없기 때문에 플레이어가 이미 성취한 부분에 대한 혜택을 잃는 일은 발생하지 않는다.

또 다른 차이점은 과제를 완료하며 진행해 나갈 때는 플레이어의 실력 수준과는 관계없이 사전에 기획된 경로를 따라가게 된다는 점이다(퍼즐 기반의 어드벤처 게임에는 대개 플레이어가 조정할 수 있는 난이도 설정이 없다). 자연 발생형 시스템에서는 메카닉만 제대로 설정한다면 플레이어의 실력에 따라 진행이 자연히 조정된다. 예를 들어, 점증적 도전과 점증적 복잡성 패턴을 이용하면(7장과 부록 B 참조) 신속하게 플레이어의 실력에 시스템을 적응시킬 수 있다. 자연 발생형 게임에서 게임플레이의 변화는 게임이 메카닉을 따라 자연스럽게 다음 단계로 접어들 때 온다(4장의 '체스의 형태' 단락 참조). 느린 싸이클 패턴(7장과 부록 B 참조)을 이용해 게임플레이에서 단계의 변화가 일어나게 할 수 있다.

캐릭터의 성장에 따른 진행

진행을 측정하는 세 번째 방법은 캐릭터 아바타의 힘이나 능력의 성장을 측정하는 것이다. 롤 플레잉 게임, 특히 테이블탑 롤 플레잉 게임과 대규모 멀티플레이어 온라인 롤 플레잉 게임(MMORPG)처럼 게임을 종료해주는 특별한 목표가 없는 게임이 주로 이런 유형의 진행을 활용한다. 이런 게임에서 진행은 숫자로 정해진 경험치를 모아서 올리는 캐릭터 레벨 숫자로 측정한다. 이런 진행에는 끝이 없어서, 캐릭터가 도달할 수 있는 레벨에 한계가 없을 때가 많다. 또한 성장 경로가 분기식으로 제공되어 플레이어가 캐릭터를 상호 배타적인 다양한 방식으로 키워나갈 수 있기도 하다. 이런 성장을 제공하는 대표적인 게임이 〈데이어스 Ex〉다. 이 게임에서 플레이어는 캐릭터의 능력을 올려주는 증강 캔을 찾을 수 있는데, 캔마다 여러 가지 다른 사이버 증강 옵션을 제공한다. 어떤 옵션이든 하나만 선택할 수 있으며, 플레이어는 다양한 플레이 스타일 중 하나를 골라야 한다.

모든 진행이 다 그렇듯이, 캐릭터 성장 역시 게임플레이 구조에 활용된다. 예를 들어 플레이어 캐릭터가 특정 지역에 진입하려면 먼저 정해진 힘과 능력 점수를 올려야 한다. 하지만 플레이어가 캐릭터를 성장시키는 방식을 직접 제어할 수가 없으므로 게임 디자이너는 다양한 접근법을 통해 게임의 같은 지점에 도달할 수 있도록 게임을 통해 지원해줘야 한다. 플레이어 캐릭터의 성장 방식에 따라 다른 결말을 보여주는 게임도 있다.

플레이어의 성장에 따른 진행

또 다른 방식, 즉 플레이어 실력의 성장에 따라 게임 진행을 측정할 수도 있다. 롤 플레잉 게임에 비해 〈젤다의 전설〉, 〈슈퍼 마리오 브라더스〉, 〈메트로이드 프라임Metroid Prime〉 같은 액션 어드벤처 게임에서는 캐릭터 아바타가 그다지 성장하지 않는다. 이 캐릭터들도 플레이를 진행하면서 새로운 능력을 배우고 더 많은 생명 포인트를 얻긴 하지만 롤 플레잉 게임에서 제공하는 세밀하게 나눠진 캐릭터 속성 같은 요소는 없다. 액션 어드벤처 게임에서는 점점 증가하는 난이도와 복잡해지는 도전을 통해 게임이 플레이어에게 아바타의 능력을 활용하는 방법을 훈련시킨다.

많은 액션 어드벤처 게임에서 새로 능력을 배우면 플레이어들이 탐험할 수 있는 새로운 지역이 열리지만, 게임 월드의 특정 지역에 갈 수 있는지는 플레이어의 실력이 결정할 때가 많다. 플레이어의 능력을 측정하는 데에는 환경을 활용하면 된다. 실생활에서 어린아이들은 늘 낮은 담장 위를 걸어가고 울타리를 뛰어넘고, 보도블록의 선을 밟지 않고 걷는 내기를 한다. 이런 학습 본능을 활용하는 게임들은 큰 효과를 본다. 플랫폼 게임에서 이상한 위치에 있는 동전을 보면 플레이어들은 대부분 디자이너가 여기에 닿을 수 있도록 기획한 것으로 판단하고 아바타의 능력과 자신의 게임플레이 실력을 활용해 어떻게 여기로 갈 수 있을지 궁리하게 된다. 환경에 대한 이런 본능적이고 장난스러운 접근법을 활용하면 매력적인 게임 월드를 창조해낼 수 있다.

메카닉의 다양한 구조에 집중

대형 게임은 플레이어에게 한 번에 보여주기에는 메카닉이 너무 복잡하기 때문에, 특히 플레이어가 게임에 익숙하지 않은 초반 단계에서는 게임플레이를 여러 개의 레벨로 구분해 구성한다. 게임 안에 서로 다른 메커니즘에 집중한 다양한 레벨이나 지역을 만들면 게임의 복잡한 시스템이 관리하기 더 쉬운 여러 부분으로 나뉘게 된다. 동시에 게임플레이가 더 다양해지고, 플레이어에게 특정한 부분을 플레이하는 다른 전략을 요구할 수 있게 된다.

레벨마다 게임 메카닉의 다른 측면에 집중하는 게임도 있다. 이런 게임에서는 핵심 메카닉이 충분히 커서, 레벨 하나를 이끌어가기에 충분한 게임플레이를 만들어낼 수 있는 여러 개의 구조를 담을 수 있어야 한다. 게임의 초반 레벨에서는 다양한 메카닉의 부분들을 부각시키고, 후반 레벨에서는 모든 메카닉을 담게 된다. 그림 10.1은 이런 게임을 표현한 것이다. 기본적인 〈루나 콜로니〉게임 경제의 메카닉에서(9장 참조) 서로 다른 부분들이 다양한 레벨을 만드는 데에 어떻게 활용되는지 확인할 수 있다. 〈루나 콜로니〉의 핵심 메커니즘은 그다지 크지 않기 때문에, 각 버전은 게임 메카닉을 새로 소개하는 것처럼 보일 수도 있다.

〈스타크래프트 2〉가 이런 기법을 훌륭하게 활용한 게임이다. 대부분의 실시간 전략 게임과 마찬가지로 〈스타크래프트 2〉도 경제가 방대하며, 자원 채취, 기지 건설, 기술 연구를 진행해 효율적인 공격대를 생산해낸다. 첫 번째 레벨에서는 건설은 그다지 필요 없다. 단순히 전투 유닛을 관리하는 법과 이동과 전투 방법만 알려준다. 두 번째 레벨에서는 기지와 자원 채굴 기계들을 소개하지만 이 때에도 건물에 대해서는 조금만 알려준다. 특정 레벨을 완료한 다음에야 더 많은 건물과 유닛 업그레이드 옵션이 열린다. 첫 번째 세 개의 레벨을 모두 완료하고 나면 플레이어는 다음에 어떤 레벨을 진행할지 선택해 특정한 목표를 추구할 수 있게 된다.

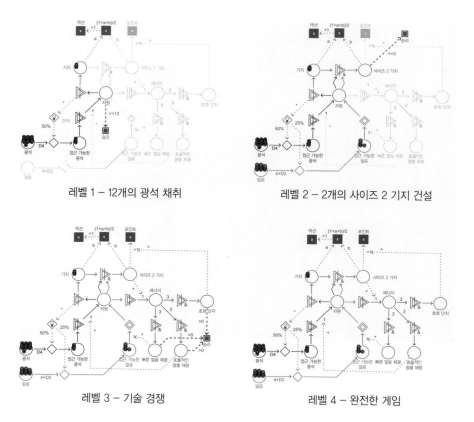

레벨 1 - 12개의 광석 채취

레벨 2 - 2개의 사이즈 2 기지 건설

레벨 3 - 기술 경쟁

레벨 4 - 완전한 게임

그림 10.1
핵심 메카닉의 서로 다른 부분들이 〈루나 콜로니〉의 다양한 레벨을 만들어낸다

오리지널 〈스타크래프트〉와 〈스타크래프트 2〉의 큰 차이점은 게임 후반의 많은 미션에서 미션 특유의 메카닉이 소개된다는 점이다(이 중 일부는 2장에서 이미 다룬 바 있다). 예를 들어 '악마의 놀이터' 레벨에서 미네랄은 주기적으로 뜨거운 용암에 뒤덮이는 저지대에서만 채취할 수 있다(그림 2.6). 이 때문에 플레이어들은 때때로 유닛을 안전한 곳으로 이동시켜야 한다. 그 결과 〈스타크래프트 2〉의 내부 경제에는 강력한 느린 싸이클이 추가된다. '재앙' 레벨에서 또 다른 느린 싸이클이 나타난다. 여기에서는 한밤중에 돌연변이들이 플레이어의 기지를 집단으로 공격하며, 플레이어는 낮 동안 밖으로 나가 감염된 건물들을 파괴해야 한다(그림 10.2). 다른 레벨들은 플레이어가 맵 전역에 기지를 설치해 주기적으로 수송대를 보호하거나 공격하고 신속하게 특정 목표물을 점령하도록 강제한다.

그림 10.2
〈스타크래프트 2〉의 '재앙' 레벨서는 밤 시간에 돌연변이 무리로부터 기지를 방어해야 한다

〈스타크래프트 2〉는 똑같은 핵심 게임 메카닉을 활용해 다양한 레벨을 구성하는 대표적인 게임이다. 목표를 변경하고 특정 메커니즘을 해제하거나 한 레벨에만 작용하는 특이한 메커니즘을 추가함으로써 같은 핵심으로부터 수많은 게임플레이를 구성할 수 있다. 이렇게 각각의 레벨 환경에 변화를 주면 플레이어들은 모든 레벨에 같은 접근법이 통하지 않으므로 다양한 전략을 연구할 수밖에 없다.

스토리텔링

2장에서 살펴봤듯이, 진행형 게임에서는 스토리 자체가 재미 요소일 때가 많다. 스토리텔링은 레벨을 구성하고 플레이어들을 인도하는 데에 도움을 준다. 스토리는 플레이어에게 추상적이거나 의미 없을 수도 있는 목표를 달성하고자 하는 동기를 부여한다. 판타지 게임에서 오크를 처치할 때 감정적인 충족감이 드는 것은 게임의 스토리에서 이를 복수나 자기방어로 규정했기 때문이다.

게임의 스토리는 메카닉, 레벨 구조, 드라마적인 곡선이 매끄럽게 연관되어 있을 때 최고의 힘을 발휘한다. 〈젤다의 전설〉에서 전형적인 던전 구성은 스토리와 레벨의 레이아웃, 게임의 메카닉 간에 시너지 효과를 주기 때문에 효과적이다. 링크는 거의 항상 레벨 중반에서 미니 보스와 싸워, 던전의 최종 보스를 무찌를 때 필요한 특별한 무기를 얻는다. 이런 구조를 통해 플레이어는 특수 무기와 연관된 새로운 메카닉을 연구해볼 기회를 얻게 된다. 던전 중반에서 새로운 메카닉을 소개하며 이전에는 갈 수 없던 지역으로 진행할 수 있게 되므로 다양성도 추가된다. 게다가, 영웅이 일련의 어려운 난관을 헤쳐가며 점점 강해지고 마침내 승리를 쟁취하는 익숙한 어드벤처물의 드라마틱한 서사 구조가 이루어진다.

비디오 게임에서 스토리텔링은 플레이할 때마다 늘 똑같이 선형적으로 구성되거나 플레이어가 내리는 결정에 따라 큰 흐름에서 플롯의 방향이 바뀌는 분기형인 경우가 대부분이다. 게임 디자이너들은 오랫동안 순전히 게임의 메카닉과 플레이어의 액션에 의해 스토리가 발생하는 자연 발생적 스토리텔링 구조를 만들어내려 애써왔다. 하지만 이런 구조를 만들려면 디자이너들이 극적인 순간과 인간의 행동 양식을 수치와 알고리즘으로 변환해야 하기에 지극히 어렵다. 이는 〈문명〉처럼 엄청나게 복잡한 게임의 경제를 만들어내는 것보다도 훨씬 어려운 일이다.

이 책은 게임 경제를 집중적으로 다루므로, 자연 발생적 스토리텔링을 구현하기 위한 여러 노력들을 여기서 논의하지는 않겠다. 다만, 이 주제는 학문적인 연구 분야로 남아있을 뿐, 상업적 비디오 게임에서 시도되는 일은 드물다는 정도로 정리하겠다.

미션과 게임 공간

레벨을 디자인할 때 과제는 두 가지 관점 중 하나로 접근한다. 레벨을 완료하기 위해 플레이어들이 극복해야 하는 도전(혹은 수행해야 하는 과제)에 집중하는 것과 게임 월드, 즉 게임이 펼쳐지는 시뮬레이션 공간의 레이아웃에 집중하는 것이다.

『Fundamentals of Game Design』의 9장에서 어니스트 아담스는 비디오 게임의 도전들을 단기적 도전들이 모여 더 큰 도전을 구성하는 계층적 구조로 설명한다. 가장 아래 단계에 있는 도전은 더 이상 작은 부분으로 쪼갤 수 없기 때문에 원자 도전atomic challenge이라 부른다. 예컨대 권투 게임에서 상대방에게 성공적으로 펀치를 날리는 것은 원자 도전이며, 대전에서 승리하는 것은 이러한 도전들이 합쳐져서 만들어지는 미션이고, 여러 대전에서 승리해야만 게임을 마칠 수 있다. 도전에 집중하는 레벨 디자인의 관점에서, 저자들은 이런 계층적 구조를 정의하는 데에 집중하겠다.

레벨 디자인에 대한 두 번째 관점인 레이아웃의 측면에서는 레벨 자체의 건축적 구성을 정의한다. 『Fundamentals of Game Design』의 12장에서 아담스는 다양한 게임에서 공통적으로 발견할 수 있는 여러 공간 레이아웃에 대해 설명한다. 〈하프 라이프〉 같은 횡스크롤 게임에서는 거의 선형적인 레벨을 제공한다. 트랙을 도는 레이싱 게임들은 고리 형태의 레이아웃으로 구성된다. 멀티플레이어 전투용으로 디자인된 일인칭 슈팅 게임의 공간은 노출된 지역과 엄폐물이 있는 지역, 지켜야 하는 문, 유리한 위치 등이 정교하게 배치된다.

이 두 가지 관점은 각기 다양한 디자인적 이슈에 대한 장단점이 있다. 예를 들어 레벨을 일련의 과제와 도전으로 보면 완급과 난이도 곡선을 고려하기 쉽다. 하지만 적어도 여정을 다룬 스토리라면 스토리텔링과 분위기를 레벨의 공간적 레이아웃의 측면에서 봐야 한다.

이 책의 게임 레벨 분석을 통해, 우리는 두 가지 관점은 분리해 논의하는 것이 중요하다는 점을 발견했다(물론 최종 프로덕트에서는 둘을 합쳐야만 조화로운 게임을 만들 수 있다). 따라서 한 레벨 안에 배치된 일련의 과제나 도전을 집중적으로 논할 때는 레벨의 미션이라는 용어를, 레벨의 공간적 레이아웃에 집중할 때는 게임 공간이라는 용어를 사용하겠다.

레벨 디자인의 두 가지 측면을 분리하면 둘이 자연 발생형 게임플레이와 어떤 연관이 있는지 볼 수 있다. 레벨 맵의 미션이 공간에 직접적으로 연관되는 게임도 있다('던전이 미션이라면?' 글 참조). 하지만 항상 그런 것은 아니다. 〈GTA〉 시리즈처럼 다양한 미션에 똑같은 공간을 재사용하는 게임도 있다. 이런 게임은 디자이너가 창의적으로 활용하기만 하면 똑같은 공간에도 여러 미션을 담을 수 있다는 점을 증명해준다. 개발자 역시 게임 레벨마다 새로운 맵을 만들 필요가 없으므로 시간과 비용을 절감할 수 있고, 게임플레이적으로도 이점이 있다. 예컨대, 이전에 해당 공간을 진행하면서 얻은 지식을 활용해 공간이 재사용된 미션에서 플레이어가 좀 더 통제감을 느낄 수도 있다.

레벨의 미션과 게임 공간을 따로 떼어놓고 봐야 한다고는 했지만, 이 둘은 상호 의존적이다. 공간은 미션을 담아야 하며, 미션은 플레이어가 게임 공간을 탐험하도록 이끌어야 한다. 다음 장에서는 진행 메커니즘과 그중에서도 특히 자물쇠와 열쇠 메커니즘이 어떻게 미션과 공간을 연결해주는지 자세히 살펴보겠다.

레벨을 디자인할 때는 공간보다는 미션의 디자인부터 시작하는 편이 나을 때가 많다. 미션은 구조가 꽤 단순하기에 써 내려가며 조정하기 쉽다. 그렇다고 늘 이 원칙을 따라야 하는 것은 아니다. 미션부터 시작할 때 부딪치는 위험도 있는데, 디자이너들이 미션에 딱 맞는 아주 선형적인 공간을 만들어서 플레이어 스스로 공간을 이곳저곳 탐험하면서 즐길 기회를 남기지 않을 수 있다는 점이다. 일부 레벨에서는 성, 우주 정거장, 아니면 유명한 실제 장소 같은 흥미로운 공간의 디자인부터 시작해, 이런 공간에 들어맞는 미션을 디자인하는 편이 더 흥미로운 결과를 낳는다.

미션에 메카닉 맵핑

게임 메카닉은 미션과 게임 공간에 각기 다르게 작용한다. 우선 미션에 관해 살펴본 후, 이 장 후반의 '게임 공간에 메카닉 맵핑'에서 게임 공간 부분을 다루도록 하겠다. 미션과의 상호작용은 명확한 편이다. 게임 메카닉은 게임에서 가능한 액션들이 무엇인지 지정하고, 이런 액션들은 미션을 구성하는 데 사용할 수 있는 과제들을 제안한다. 예를 들어, 게임에서 플레이어가 꽃을 수집할 수 있다면 꽃을 10개 수집하라는 단순한 미션을 구성할 수 있다. 그럼 꽃을 수집하는 미션을 더 재미있게 만들 수 있는 몇 가지 변형을 살펴보자.

경험에 재미를 더하는 도전 추가

메카닉을 미션에 맵핑할 때는 과제가 너무 시시하거나 반복적이지 않도록 하는 것이 중요하다. 꽃을 수집할 때, 플레이어가 꽃이 있는 곳으로 이동해 버튼 하나만 누르면 끝이라면 아무런 도전 의식도 느낄 수가 없다. 이럴 때 머시네이션 다이어그램을 활용해 미션에서 제공하는 도전을 구체화해 보면 시시하고 반복적인 과제를 피하는 디자인 전략을 구상하는 데 도움이 된다. 꽃 10개를 수집하는 미션은 그림 10.3처럼 보일 것이다. 이 다이어그램을 보면 해당 미션이 지루하고 반복적이란 점을 알 수 있다. 단순히 원천을 열 번만 클릭하면 게임을 완료하고 승리할 수 있다. 어떤 선택도 할 필요가 없으며, 플레이어의 실력은 게임에 아무 영향도 미치지 않는다(잊지 말자, 이 절에서는 게임이 진행되는 공간과 관계없이 미션에 대해서만 논한다).

수집　　　꽃　　　승리

그림 10.3
반복적이고 시시한 메커니즘은 재미없는 미션을 만든다

여기에 플레이어가 피해야 하는 적을 추가하면 미션이 훨씬 나아진다. 새로운 미션은 그림 10.4와 같다. 이럴 때 플레이어는 적을 피하는 데 집중할 것인지 꽃을 수집하는 데 집중할지 선택해야 한다(다이어그램을 직접 만들 땐 플레이어가 각 요소를 초당 한 번만 활성화할 수 있는 동시 시간 모드synchronous time mode로 설정하자). 적을 피했을 때의 영향에는 다소 무작위성을 적용해, 피할 때는 1~3 사이의 위협을 제거한다. 이런 무작위성은 다양한 플레이어의 실력 수준을 반영하는 것이다.

그림 10.4
적을 추가하면 선택의 필
요성이 생긴다

이 다이어그램은 속도가 빠르기 때문에 플레이하기 까다롭다('속도 vs. 인지적 노력' 글 참조). 하지만 일단 밸런스만 제대로 찾으면 그리 어렵지 않다. 두 메커니즘 사이에 상호작용을 추가해 더 바꿔볼 수도 있다. 그림 10.5에서는 플레이어가 수집하는 꽃 하나당 위협이 증가하는 메커니즘을 추가했다. 이는 플레이어가 목표에 가까워질수록 적을 피하는 데에 더 많은 시간을 써야 한다는 뜻이다. 이렇게 하면 미션에 적절한 난이도 곡선이 생긴다. 처음에는 비교적 쉽다가 빠르게 어려워지는 것이다.

그림 10.5
진행과 난이도 사이의 상
관관계

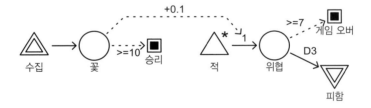

속도 vs. 인지적 노력

그림 10.4와 10.5는 크리스 크로포드(Chris Crawford)가 저서 『THE ART OF COMPUTER GAME DESIGN』(북스앤피플, 2005년)에서 설명한 속도와 인지적 노력 사이의 균형에 대한 좋은 예다. 수집과 회피라는 과제는 그 자체로는 그리 어렵지 않고, 둘 사이의 균형을 잡는 데에도 그다지 대단한 전략적 사고가 필요하지 않다. 하지만 다이어그램이 빠른 속도로 진행되므로, 신속하게 적절한 균형점을 찾기는 실제로 꽤 까다롭다. 크로포드는 속도와 인지적 노력이 균형 잡혀야 한다고 제안한다. 인지적 노력이 많이 필요한 게임은 느린 속도로 구동되어야 하며(턴제라고 해도 마찬가지다), 인지적 노력이 그다지 필요 없는 게임은 빠른 속도로 진행되어야만 흥미로워진다. 이런 다이어그램은 속도를 변경하거나 턴제 시간 모드로 설정하면 밸런싱 작업에 편하다.

하위 과제 추가

꽃을 수집하는 미션을 좀 더 재미있게 만들려면 목표를 달성하기 위해 먼저 완수해야 하는 하위 과제들을 추가하는 것도 좋다. 그림 10.6도 목표는 똑같이 꽃을 10개 수집하는 것이다. 하지만 여기에서 플레이어는 세 개의 하위 과제를 수행해야만 모든 꽃이 열리고 목표를 달성할 수 있다. 여기에서 모든 하위 과제는 단순한 게이트로 표현했지만, 좀 더 복잡한 메커니즘으로 바꿀 수도 있다. 예를 들어, 적을 피하는 메커니즘을 활용해 하위 과제를 만들 수 있다. 게임에 변형을 넣으려면 플레이어에게 다른 게임플레이 경험을 제공할 수 있는 하위 과제를 넣는 것이 가장 좋다. 독특한 메커니즘이 있어서이기도 하고, 게임의 일반적 메커니즘 안에서 서로 다른 구조를 강조하기 때문이기도 하다.

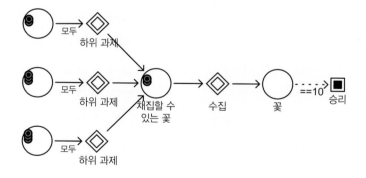

그림 10.6
모든 꽃을 수집하기 위해
필요한 하위 과제 수행

개별 메커니즘은 너무 많아지지 않게

플레이어가 완수해야 하는 여러 하위 과제에 의존하는 미션을 만들 때는 모든 하위 과제를 각각 다른 메커니즘으로 넣지 않도록 주의하자. 이렇게 구성하면 모든 메커니즘을 디자인하고 테스트해야 하므로 할 일이 너무 많아진다. 또한, 모든 개별 하위 과제가 다 재미있어야 한다는 위험도 떠안아야 한다. 일반적으로 플레이어들은 여러분의 레벨을 미션의 가장 약한 메커니즘만큼만 재미있어한다(좋은 경험보다 부정적 경험을 더 생생하게 기억하는 심리적 영향 때문이다). 너무 많은 개별 메커니즘을 디자인하지 않으려면 우선 게임의 핵심 메커닉을 탄탄하게 만든 다음, 이 구조의 특정 부분들을 확대해 각각의 과제를 맞춰 넣으면 된다. 이 장 초반의 '메커닉의 다양한 구조에 집중' 절에서 논했듯이, 레벨마다 초점을 다른 데 두라는 우리의 조언이 바로 이 이야기다.

하위 과제를 이용하는 많은 게임들은 모든 과제를 한 번에 다 열어주지 않고 과제들 간에 의존성을 넣는다. 꽃 수집의 예에도 쉽게 의존성을 추가할 수 있다(그림 10.7). 이렇게 의존성을 만들면 디자이너가 쉬운 과제를 좀 더 어려운 과제에 의존하도록 함으로써, 과제의 진행 속도를 조절하고 적절한 난이도 곡선을 만들어낼 수 있다. 때로는 이런 처리로 인해 모든 하위 과제의 순서가 고정된 완전히 선형적인 미션이 만들어지기도 한다. 하지만 플레이어들은 행동에 다소 자유가 주어지는 것을 좋아하므로 늘 이런 접근법을 선택해선 안 된다. 게임의 하위 과제 순서가 고정되어 있다면, 최소한 하위 과제를 완수하는 데 필요한 액션에 여러 선택이 가능하도록 해야 한다. 그렇지 않으면 게임플레이가 체크 리스트처럼 되고 만다. 미션 디자인의 수준을 평가할 때는 플레이어에게 한 번에 주어지는 선택지가 얼마나 있는지 늘 확인해야 한다. 플레이어에게 너무 많은 선택지를 주면서 어떻게 선택해야 하는지는 알려주지 않아 피곤하게 만들지만 않는다면, 선택권이 적은 것보다는 많은 편이 낫다.

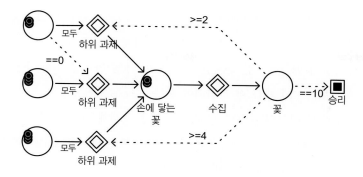

그림 10.7
하위 과제 간의 의존성

열린 공간 내의 선형적 미션

미션이 선형적이라고 해서 게임 공간 역시 선형적이어야 하는 것은 아니다. 많은 어드벤처 게임, 특히 연속적인 자물쇠와 열쇠 구조에 강하게 의존하는 게임에는 보통 게임을 승리하기 위해 반드시 완수해야 하는 과제 시퀀스 하나가 선형 미션으로 들어 있다. 이 미션은 플레이어가 여러 번 오가야 하는, 예컨대 성 같은 레벨에 설정될 수 있다. 이를 되돌아가기(backtracking)라 부르는데, 너무 자주 사용하면 불만을 사게 된다. 매우 선형적인 미션이 있을 때 이를 단순히 열린 게임 공간을 통해 해결하는 것은 좋은 방법이 아니다. 일반적으로는 미션을 다시 디자인해 좀 덜 선형적인 경험을 만드는 편이 낫다. 플레이어가 똑같은 공간을 거듭 오가야 하게 만들기보다, 미션을 수행하면서 성 안을 탐험해야 하는 다른 이유를 제공하자.

고급 기법 연구: 선택적이며 상호 배제적인 과제

이 책에서는 미션과 게임 공간을 만들어내는 기술에 대해서는 너무 자세히 다루지 않으려 한다. 하지만 미션의 과제와 하위 과제의 순서는 여러분이 직접 여러 방식으로 적용하는 연습을 해보길 바란다. 여기서는 미션이 너무 선형으로 구성되지 않도록 하는 두 가지 고급 기법, 즉 선택 가능한 과제와 상호 배제적 과제에 대해 알아보겠다(하지만 이런 기술을 사용하면 디자인이 더욱 까다로워진다는 점을 기억해 두길 바란다).

플레이어에게 완전히 선택적인 과제를 부여하려고 한다면 해당 과제를 완수할 때 어떤 보상을 줄 것인지 잘 생각해야 한다. 해당 보상이 게임 메카닉에 영향을 주는가?(예를 들어, 플레이어에게 더 강력한 무기를 주는가?) 아니면 그저 눈요깃감이나 명예 배지 정도를 주는 것인가? 게임플레이에 영향이 없는 선택적 과제는 게임을 풍성하게 만들어주긴 하지만 그 영향이 게임 완료를 위해 반드시 필요하진 않는 정도에 머물게끔 잘 조절해야 한다.

많은 게임에서 미션의 목표를 달성하기 위해 해결해 나가야 하는 과제의 순서에는 대안을 제공한다(예를 들어, 플레이어가 경비병 몰래 돌아가서 열쇠를 훔치거나, 경비병과 싸우든가 뇌물을 줘서 열쇠를 획득해도 열쇠를 얻는다는 결과는 똑같다). 이런 대안적 순서를 넣을 때는 특정 과제들이 상호 배제적이 되게끔 해야 한다. 플레이어가 경비병에게 뇌물을 주려 시도하면 그 후 몰래 돌아갈 수 없어지고(플레이어가 이미 이곳에 있음을 인지했으므로), 플레이어가 몰래 돌아가려 시도한다면 더 이상 뇌물을 줄 수 없도록 해야(경비병의 경계가 강화되었으므로) 한다. 또한 상호 배제적 과제를 설정할 때는 게임이 더 이상 풀어나갈 수 없는 교착 상태에 빠지지 않도록 유의해야 한다. 방금 든 예에서는 경비병과 전투하는 방안이 항상 활용 가능한 비상 대책이 된다.

메카닉을 게임 공간에 맵핑

머시네이션 다이어그램으로 게임 공간도 표현할 수 있다. 이 개념을 본격적으로 다루기 전에, 우선 시작 지점에서 완료 지점까지 진행하는 것이 목표인 미니 게임의 다이어그램을 그려보자(그림 10.8). 연속적으로 배치된 저장고는 게임의 여러 장소를 뜻하며, 플레이어를 표시하는 한 개의 자원이 클릭한 위치로 이동하게 된다. 이 경우, 플레이어는 한 방향으로만 움직일 수 있다(저장고는 기본적으로 당기는 것이란 점을 기억하자. 플레이어를 이동하려면 비어 있는 저장고를 클릭해 당겨 오면 된다).

그림 10.8
머시네이션을 통해 단순하고 직선적인 게임 공간 묘사하기

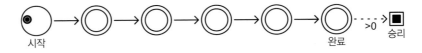

시작 · · · · · · · 완료 · · >0 · 승리

이런 다이어그램으로 더 넓고 복잡한 구조물도 표현할 수 있다. 예를 들어 그림 10.9는 이전 단락에서 설명한 단순한 버전의 꽃 수집 게임 공간을 묘사한 것이다. 플레이어는 파란색 자원 요소로, 꽃은 빨간색으로 표시했다. 플레이어가 어떤 위치에 있는지에 따라 인접한 게이트를 누를 때 꽃이 플레이어의 인벤토리로 이동할 수 있는지가 정해진다. 다섯 개의 꽃을 획득하면 승리하기 위해 플레이어가 도달해야 하는 장소가 열린다.

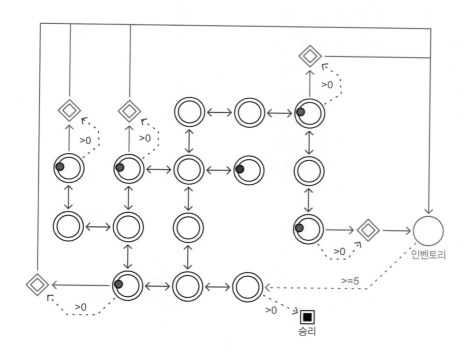

그림 10.9
꽃 수집 게임의 단순한 공간

이 다이어그램에서는 플레이어가 특정 위치에 있기만 하면 특정 액션이 언락된다. 게임에서 흔히 볼 수 있는 공간 사용 방식이며, 싱글 플레이어 캐릭터를 하나의 자원으로 표시하거나 여러 자원을 사용해 플레이어가 컨트롤하는 여러 유닛을 표시할 때도 똑같이 활용할 수 있다. 이런 식으로 생산 유닛을 맵에서 이동할 수 있도록 하면 실시간 전략 게임 공간 내의 자원 위치를 표현할 수도 있다. 그림 10.10은 〈스타크래프트 2〉 '악마의 놀이터' 레벨에서 낮은 곳에 있는 SCV 유닛들이 주기적으로 파괴되는 것을 포함한 미네랄 채취 메카닉이다. 다이어그램의 저장고 사이의 거리는 맵에 있는 자원들에 다다르기 위한 실제 거리를 뜻하지는 않는다. 오히려, 우측의 SCV 유닛들이 자원을 생산하는 속도를 낮추는 효과가 기지까지의 실제 거리를 나타낸다.

플레이어의 게임 내 위치를 활용해 특정 메커니즘을 활성화할 수 있고, 이를 다른 방식으로 메카닉 상태에 활용해 특정 장소에 접근할 수 있는지 여부를 결정할 수도 있다. 그림 10.9는 이런 개념을 도해화한 것이다. 목표 위치는 플레이어가 5개 이상의 꽃을 모았을 때에만 활성화된다. 게임 공간 속 특정 위치에 대한 접근 가능성을 결정하는 메커니즘은 전형적인 자물쇠와 열쇠 메커니즘이다. 단순한 형태의 자물쇠와 열쇠 메커니즘은 플레이어가 올바른 열쇠를 획득했는지에 의해 결정되는 2진법적 상태에 의존한다. 그림 10.11은 꽃 수집 게임에 이런 자물쇠와 열쇠 메커니즘을 더한 것이다.

그림 10.10
<스타크래프트 2>의 여러
장소에서의 자원 수집

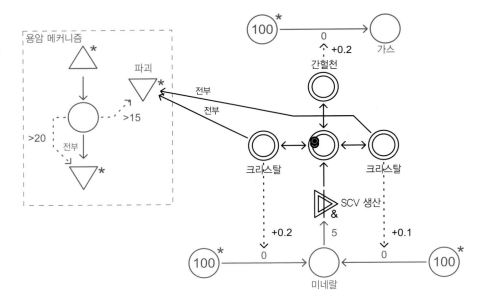

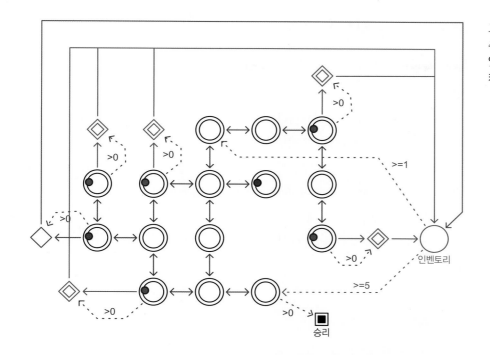

그림 10.11
추가적인 꽃에 접근할 수 있도록 열어주는 열쇠 메 커니즘(녹색)

머시네이션을 레벨 디자인 툴로도 사용할 수 있을까?

머시네이션 프레임워크는 레벨 디자인을 상세하게 구성하기에 적합한 도구는 아니다. 앞에서 든 예를 보면 알 수 있듯이, 머시네이션은 위치를 나타내는 몇 개의 저장고로 이루어진 단순한 게임 공간을 묘사하는 데에 적합하다. 마우스를 이용하는 어드벤처 게임에는 적합하지만 이보다 정교하게 레벨을 디자인하려면 많은 메카닉을 복제해야만 한다. 게다가 맵에서 유닛들을 이리저리 이동시키는 동작은 잘 지원하지 못한다. 하지만 어떻게든 디자인할 수는 있으며, 게임 레벨의 다양한 구조를 연구하고 실험해볼 때는 머시네이션을 이용하는 것도 좋다. 머시네이션을 사용하면 추상적인 레벨 구조에 집중할 수밖에 없기 때문에 다른 대부분의 프로토타이핑 기법을 사용할 때보다 훨씬 빠르게 아이디어를 시험하고 적용해볼 수 있으며, 따라서 게임 공간과 미션, 게임 메카닉 간의 상호작용이 잘 맞는지 확인할 수 있다.

플레이 방법 배우기

레벨 디자이너가 해야 할 일 중 하나가 바로 게임을 완료하기 위해 필요한 게임플레이 기술을 플레이어에게 훈련시키는 것이다. 요즘 플레이어들이 게임을 시작하기 전에 매뉴얼을 읽으리라 기대하긴 힘들다. 오히려 메카닉에 대해 배우는 것 자체를 게임플레이의 자연스러운 부분으로 생각한다. 특히 온라인이나 모바일 기기로 플레이하는 캐주얼 게임은 더욱 그렇다. 즉, 플레이어들에게 이해하기 쉽게 조금씩 진행해 가며 메카닉을 소개해주는 방식으로 레벨을 구성해야 한다. 그럼 지금부터 플레이어가 게임을 해 나가면서 메카닉을 배우게 해주는 두 가지 방식을 알아보자. 이 둘은 다소 차이가 있지만 어떤 방식을 써도 관계없다.

기술 원자

가마수트라 웹사이트의 기사 '게임 디자인의 화학 반응The Chemistry of Game Design'(2007년)에서 디자이너 다니엘 쿡Daniel Cook은 플레이어들이 게임플레이 기술을 어떻게 배우는지 분석했다. 그는 가상의 게임을 여러 기술의 원자 단위로 나눴는데, 원자 단위마다 학습 과정의 한 단계를 구성하며 각각 네 개의 이벤트가 있다.

1. **액션:** 플레이어가 수행하는 버튼 누르기, 혹은 마우스 커서 이동 같은 행동이다.
2. **시뮬레이션:** 게임이 이에 반응해 메카닉을 적용하고 상태가 변화한다.
3. **피드백:** 게임이 출력 장치를 통해 상태 변화를 알려준다(여기에서 피드백은 메카닉의 양성 및 음성 피드백을 뜻하는 것이 아니라, 플레이어에게 정보를 '돌려보낸다'는 의미다).
4. **모델링:** 이제 플레이어가 머릿속으로 생각하는 게임 모델이 새롭게 바뀐다.

쿡은 〈슈퍼 마리오 브라더스〉의 점프 기술을 예로 이 단계를 다음과 같이 설명한다.

1. **액션:** 플레이어가 A 버튼을 누른다.

2. **시뮬레이션:** 게임이 점프력과 중력을 적용해 플레이어 캐릭터를 내부 모델 안에서 이동시킨다.

3. **피드백:** 플레이어 캐릭터가 이동하고 애니메이션이 변하며, 게임에서 점프하는 사운드가 흘러나온다.

4. **모델링:** 플레이어가 A 버튼을 누르면 점프할 수 있다는 사실을 배운다.

기술 원자 단위는 이전에 배운 기술에 의존한다. 〈슈퍼 마리오 브라더스〉의 예를 계속 살펴보면, 플레이어는 플랫폼 위로 올라가거나 특정 블록에 점프해 숨겨진 오브젝트를 드러내는 것을 배우기 전에 우선 점프하는 법부터 배워야 한다. 여기에서 연결되는 기술들은 사슬과 나무 형태를 사용해 그래프로 표시할 수 있다. 10.2는 슈퍼 마리오의 스킬 트리의 일부를 예로 그려본 것이다.

스킬 트리의 두 가지 중요한 특징은 상대적인 너비와 깊이다. 스킬 트리가 넓을 때 플레이어들은 서로 연관이 없는 새로운 스킬들을 많이 배워야 한다. 반면 스킬 트리가 깊은 형태라면 서로 연관된 스킬들이 길게 뻗어 나간다는 것을 의미한다. 일반적으로, 최소한 게임 초반에 필요한 스킬들을 알려줄 때는 상대적으로 넓은 형태보다 좀 더 깊은 형태의 스킬 트리가 좋다. 그 이유는 플레이어가 이미 알고 있는 기술에 더해서 부수적인 스킬을(게임의 다른 스킬에서 발전시킬 수 있는 스킬) 비교적 쉽게 배울 수 있기 때문이다. 주요 스킬(사슬의 처음에 위치한 스킬)은 이전에 한 경험과 상관없이 따로 배울 수 있어야 한다. 예를 들어, 새롭고 낯선 타입의 게임을 맞닥뜨리면 플레이어는 두 가지 방식으로 주요 스킬이 뭔지 찾아내게 된다. 첫 번째는 게임 내 지시 사항을 찾아보는 것이고, 두 번째는 그냥 아무 버튼이나 눌러보는 것이다(입력 장치에 따라 버튼 외의 다른 것을 시도해야 할 수도 있다). 몇 가지 주요 스킬을 배우고 나면 플레이에 활용할 수 있게 되고, 대개는 부수적 스킬로 활용할 수 있는 조합을 추측해내거나 어쩌다 이런 조합을 발견하게 된다. 하지만 주요 스킬 하나를 못 배우고 지나가면(예컨대 총 발사 버튼을 눌러본 적이 없다면) 총을 쏠 수 있다는 걸 절대 알아내지 못하고 이 스킬의 트리는 완전히 놓칠 수도 있다.

기술 원자는 각 기술 원자가 게임의 조작법을 숙달하도록 구성되는, 손재간이 필요한 액션 게임에 아주 잘 어울린다. 그렇지만 조작법을 숙달하는 것과는 관계없는 도전으로 이루어진 전략 게임에도 이 접근법을 쉽게 적용할 수 있다. 예컨대 턴제 전략 게임의 기술 원자로 궁수 유닛과 전투할 때는 기사 유닛이 매우 효과적이라는 것을 플레이어가 이해하는 것이 포함될 수 있다. 이 기술을 배우는 단계는 액션 위주의 기술 원자 학습 과정과 매우 흡사하다. 플레이어는 액션을 수행해야 하고(기사에게 궁수를 공격하도록 지시하는 것), 게임은 시뮬레이션을 구동하며(공격이 얼마나 효율적인지 결정) 피드백을 제공해(공격의 효율성을 상징하는 애니메이션과 시각 효과) 플레이어가 마음속에 그린 게임의 모델을 새로 바꿀 수 있게 해준다(기사로 궁수를 공격하는 것이 효과적이다).

그림 10.12
〈슈퍼 마리오 브라더스〉
의 스킬 트리 일부

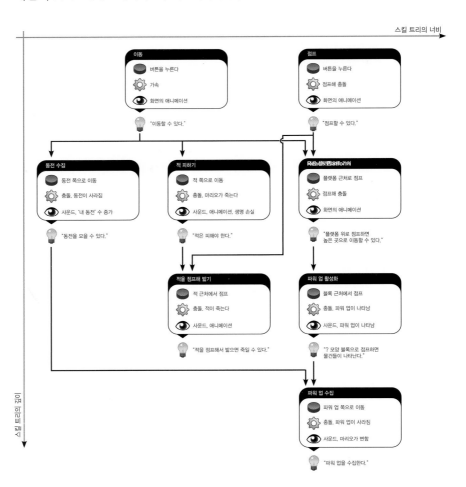

344

배우기는 쉽지만 통달하는 데는 평생이 걸린다

플레이어에게 게임플레이 방법을 가르칠 때는 튜토리얼과 함께 여러 방식으로 일부 명시된 스킬을 별도로 가르쳐준다. 하지만 플레이어가 경험을 통해 스스로 터득해야 하는 스킬도 있다. 예를 들어 체스에서 명시된 스킬의 숫자는 매우 적다. 이동, 캐슬링, 앙파상, 폰 프로모션 네 가지가 전부다. 하지만 체스에서 플레이어가 배워야 하는 내재적 스킬의 수는 엄청나다. 디자이너들은 흔히 게임의 이런 특성을 "배우기는 쉽지만 통달하는 데에는 평생이 걸린다"는 문장으로 규정한다. 이런 특성을 지닌 게임들은 스킬 트리가 넓지는 않지만 깊다. 주요 스킬이 몇 개에 불과한 게임들은 플레이어에게 많은 것을 가르쳐 주고 시작할 필요가 없다. 하지만 경험을 통해 이런 기술의 긴 연결 고리를 배워나가는 데에는 평생이 걸릴 수도 있다.

게임 속에 숨은 정보

플레이어에게 정보를 노출하지 않고 감춰야 하는 게임도 있다. 이는 일견 메카닉의 상태 변화에 대한 정보를 플레이어에게 제공하는 게 중요하다는 개념에 어긋나는 듯이 보인다. 하지만 게임의 상태 전체를 분명히 보여줘야 한다는 것과 상태가 언제 변하는지 분명히 보여줘야 한다는 데에는 미묘한 차이가 있다. 게임의 메카닉이 어떻게 작동하는지 배우려면, 플레이어는 변화가 언제 일어나는지 알아야 한다. 그리고 게임이 플레이어에게 정확한 상태를 노출하지 않아도 된다.

많은 카드 게임은 상황이 변하고 있다는 것은 분명히 보여주면서도 정확한 게임의 상태는 숨긴다. 다시 말해, 상대 플레이어가 얼마나 많은 카드를 집고 버리는지는 볼 수 있지만, 이런 변화를 관찰해 게임의 상태, 즉 카드의 실제 분포와 자기가 들고 있는 핸드가 상대방보다 나은지 유추하는 것은 플레이어의 몫이다.

무술 수련의 원칙

게임 방법을 배우는 데에 대한 우리의 첫 번째 접근법은 기술 원자를 정의하고 이를 스킬 트리로 정리하는 것이었다. 이제 가라데에서(그리고 그 밖의 다양한 동양 무술에서) 사용하는 훈련법을 두 번째 접근법으로 소개하겠다. 무술에서 한 레벨(무술 용어로 벨트나 단)을 수료하려면 다음 네 단계를 순차적으로 밟아야 한다.

- **기본기**: 각 기술을 수행하는 법을 배운다. 이때, 기술을 올바르게 수행하는 데에 중점을 둔다.

- **기본 가타**: 새로운 기술을 끝없이 반복해 몸에 익히며, 생각하지 않고도 자연스럽게 수행할 수 있게 한다. 무술 훈련을 받아본 적이 없다면 영화 베스트 키드에서 주인공 소년이 끝없이 왁스를 바르고 닦아내는 집안일을 반복하며 방어 동작을 수련하던 장면을 떠올려보자.

- **가타(형, 품새)**: 배운 각 기술을 정해진 안무와도 같은 연속 동작인 가타라는 다른 기술로 연결하는 법을 배운다.

- **쿠미테(대련)**: 숙달했음을 증명하기 위해 학생이 스승과 자유로운 방식으로 대결한다. 처음 레벨에서는 스승이 단순하고 예측할 수 있는 동작만 하지만 학생의 실력이 올라가면 스승이 예측하기 힘든 더 다양한 공격을 한다.

이런 단계는 많은 게임에서 똑같이 찾아볼 수 있다. 예를 들어 〈슈퍼 마리오 브라더스〉나 〈크래쉬 밴디쿳Crash Bandicoot〉에도 이런 학습 단계가 적용되어 있다.

그림 10.13 '숲의 신전' 미션의 구조

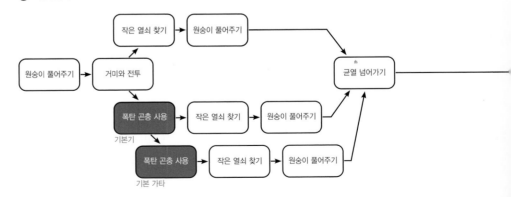

- **기본기:** 플레이어가 상당히 안전한 환경에서 점프 같은 새로운 동작을 연습하게 된다. 점프를 배우고 나면 새로운 곳으로 진행할 수 있다.

- **기본 가타:** 동작이 여러 번 반복된다. 플레이어는 대개 점점 어려워지는 점프를 연속해서 수행해야 한다. 얼마 가지 않아 플레이어는 점프를 어떻게 해야 할지 고민하거나 어떤 버튼을 눌러야 하는지 생각할 필요가 없이, 그저 필요할 때 점프를 할 수 있게 된다.

- **가타:** 레벨 진행 중 플레이어는 여러 동작을 조합해 극복해야 하는 도전에 부딪힌다. 예를 들어 점프하며 동시에 총을 발사해야 한다. 이 단계에서는 적의 이동 패턴이 확정적이고 예측 가능하다. 다음 단계로 진행하기 전까지는, 일단 올바른 동작 조합을 찾고 나면 매 번 같은 조합을 활용하면 된다.

- **쿠미테:** 학습 과정이 완료되고 보스가 출현한다. 보스전에서 플레이어는 자유롭게 동작을 조합해 사용해야 한다. 특히 게임이 엔딩에 가까워질수록 보스의 행동 양식이 점점 더 예측할 수 없게 되어, 플레이어가 게임에 필요한 동작들에 모두 숙달해야만 이길 수 있다.

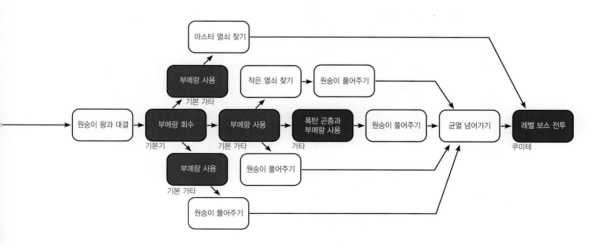

이런 학습 원칙을 사용하는 게임은 종종 미션 구조에 이를 접목한다. 모든 학습 단계가 하위 과제이거나 연속되는 하위 과제의 일부로써, 플레이어가 이를 완수해야만 계속 진행할 수 있다. 이런 게임들은 플레이어의 능력을 시험하는 데에 중점을 둔다고 해석할 수도 있다. 기본기 단계를 넘어서려면 플레이어는 점프를 할 수 있다는 점을 증명해야 한다. 이런 시험을 넣을 때는 단순히 플레이어가 올바른 스킬을 사용해야만 하는 피해갈 수 없는 도전을 넣기만 하면 된다. 이런 초반 단계에서는 레벨을 단순하고 안전하게 유지해 플레이어가 자신감을 가질 수 있도록 설계하는 게 중요하다. 후반 단계에 가면 위험을 높여도 좋다. 이런 학습 원칙은 상당히 직선적인 미션에 어울리며, 아니라면 최소한 플레이어가 초반 단계의 과제를 완료한 다음에야 맞닥뜨리는 후반 단계 미션의 과제에서만 겪도록 해야 한다.

〈젤다의 전설〉: 황혼의 전설 속 숲의 신전 레벨이 바로 이런 식의 학습 구조로 되어 있다(이 레벨은 2장에서 자세히 다뤘다). 숲의 신전 레벨에서 링크는 많은 도전을 극복해야 한다. 레벨의 초반에 맞닥뜨리는 폭탄 곤충은 링크가 집어 들면 몇 초 후 터지는 작은 생물이다. 이 폭탄 곤충에 관련된 첫 번째 과제(기본기)는 바로 이 폭탄 곤충을 활용해 던전의 다음 방으로 진입하지 못하게 가로막고 있는 커다란 식인 식물을 파괴하는 것이다. 그러고 나면 비슷한 동작을 두어 번 반복해 (기본 가타) 벽을 폭파해야 한다. 그리고 링크가 질풍의 부메랑을 얻고 나면, 일련의 단순한 시험을 통해 (기본기와 기본 가타) 이 부메랑으로 특수한 스위치를 작동하는 법과 멀리 있는 아이템을 집는 법을 배운다. 이 시험에서는 플레이어가 정해진 순서로 대상을 향해 부메랑을 조종할 수 있다는 점을 증명해야 한다. 마침내 레벨 끝까지 가면, 링크는 부메랑으로 멀리 있는 폭탄 곤충을 집어 또다른 식인 식물에 가져가야 한다(가타). 그럼 링크는 같은 기술을 사용해 레벨 보스와 싸워 이길 준비를 마친다(쿠미테). 이 미션의 구조와 더불어 어디서 어떤 학습을 하는지는 그림 10.3에 묘사되어 있다. 그림에서 박스는 과제를, 화살표는 과제 간의 의존성을 의미한다. 플레이어는 선행되는 모든 과제를 완료해야만 다음 과제에 접근할 수 있다. 그림에서는 숲의 신전 미션의 구조에 집중해 많은 세부사항을 생략했다(이 레벨의 공간 레이아웃을 묘사한 맵은 그림 2.3을 확인해보자).

이 게임의 두 번째 던전 '고론의 광산'에서도 비슷한 구조를 확인할 수 있다. 링크가 이 던전에 들어가려면 먼저, 장착하면 몸이 무거워지는 아이템 '아이언 부츠'를 획득하고 이 부츠를 사용할 수 있다는 것을 증명해야 한다(기본기). 던전에서는 이 아이템을 다양하게 활용하는 방법을 플레이어에게 훈련시킨다. 물속 깊이 잠수하고, 기다란 자석 자물쇠 위를 직각이나 거꾸로 걸어가고, 육중한 몸집을 자랑하는 강력한 괴물과 싸워야 한다(기본 가타). 던전 중간쯤에 가면 링크는 용사의 활을 얻은 다음 목표물을 쏴서 몇 개의 통로를 열어야 한다(기본기, 기본 가타). 이 단계에서 링크가 벌이는 몇 차례의 전투에서는 플레이어가 빠르게 부츠를 신었다 벗었다 하며 궁술과 검술을 오가야 한다(가타). 마지막으로 플레이어는 이 세 가지 기술을 모두 잘 활용해 레벨 보스를 무찔러야 한다(쿠미테). 사실, 이 구조는 〈젤다의 전설: 황혼의 공주〉편의 모든 던전에서 반복적으로 쓰인다. 이 게임의 각 던전과 던전 사이의 휴식 단계에서 배우게 되는 메커니즘의 개요는 그림 10.14를 참고하자. 그림을 통해 확인할 수 있다시피, 게임이 진행되어 가면서 서서히 새로운 메커니즘이 소개되고 레벨별로 서로 다른 메커니즘의 조합이 강조된다. 레벨을 활용해 매끄러운 학습 곡선을 구성하고 장기적이며 다채로운 게임플레이를 배치하는 훌륭한 사례다. 여러분도 이런 차트를 활용해 자기 게임의 학습 단계를 구성하고, 기존 출시된 게임을 분석해보자.

요약

이 장에서는 게임 메카닉이 레벨 디자인과 어떤 연관이 있는지 살펴봤다. 게임의 진척도 측정에는 완료한 과제, 계량화된 목표를 향한 진행 상황, 캐릭터 성장, 플레이어의 능력 성장 네 가지 방식이 있다. 또한 코어 메카닉의 하위 메카닉을 활용해 특정 레벨을 만들어낼 수 있다는 점을 게임 〈루나 콜로니〉를 통해 확인했다. '미션과 게임 공간'에서는 레벨의 미션 구조 혹은 수행해야 하는 과제의 순서와 물리적 레이아웃 간에는 중요한 차이가 있다는 점도 설명했다. 이 두 가지 모두 디자인할 때 머시네이션 다이어그램이 도움이 된다. 끝 부분에서는 플레이어가 게임플레이 방법을 배워나가는 방식과 영리하게 디자인된 게임에서는 플레이어가 앞으로 닥칠 상황에 어떻게 준비시키는지를 알아봤다. 〈젤다의 전설: 황혼의 공주〉는 이런 점을 잘 풀어낸 게임이다.

이제 11장에서는 게임의 진행 메커니즘, 특히 자물쇠와 열쇠 메커니즘을 더 자세히 살펴보자.

실습 과제

1. 이전 디자인에 활용한 머시네이션 다이어그램을 다시 검토해보자. 서로 다른 레벨의 시작 지점으로 활용할 수 있는 다양한 구조에 집중하게 해주는 다이어그램을 찾아보자. 특정 부분을 빼고 종료 조건을 변경해, 난이도가 점차 올라가는 최소 세 개의 서로 다른 레벨 시퀀스를 만들어보자.

2. 〈니트 스토리즈Knytt Stories〉(http://nifflas.ni2.se/?page=Knytt+Stories) 또는 〈로봇은 고양이가 좋아Robot Wants Kitty〉(www.maxgames.com/play/robot-wants-kitty.html) 중 하나를 검토하자. 이 게임들의 레벨 구조와 게임플레이 방법을 어떻게 훈련시키는지 그 방법을 분석하자. 게임의 미션과 게임 공간 구조 사이에는 어떤 차이가 있는가? 플레이어가 플레이를 통해 어떤 기술을 습득하며, 이런 기술은 어떻게 연결되고 합쳐지는가?

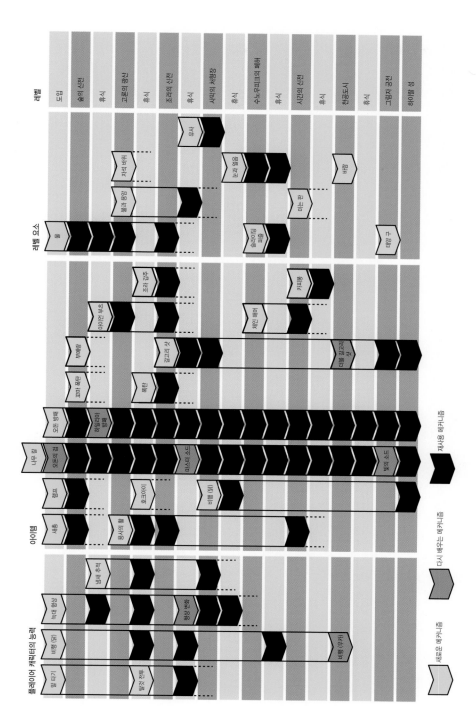

그림 10.14
〈젤다의 전설: 황혼의 공주〉에서 메커니즘의 소개와 초점

11장
진행 메커니즘

10장에서는 레벨의 구조적 특징을 거시적으로 살펴봤다. 그럼 이 장에서는 진행을 이끌어주고 레벨 구성에 활용할 수 있는 메커니즘들을 살펴보자. 우리는 진행형 게임에서 볼 수 있는 전형적 메커니즘에만 국한하지 않고, 자연 발생적 게임플레이로부터 배운 점을 진행형 메커니즘에 접목시키는 방법을 찾아보겠다.

이 장의 목표는 상업적인 비디오 게임에서 흔하게 사용하는 메커니즘 외의 진행형 게임플레이의 자연 발생형 메커니즘을 찾아내는 것이며, 여기에는 두 가지 접근법이 있다. 따라서 11장의 전반부에서는 전통적인 자물쇠와 열쇠 메커니즘을 살펴보고 이를 더 역동적으로 만들 방법을 모색하겠다. 그리고 후반부에서는 진행이라는 것을 플레이어 캐릭터가 레벨을 진행하며 목표 지점으로 향하는 이동 개념보다는 더 추상화된, 목표 상태로 향하는 게임 상태의 변화라는 관점으로 규정하겠다. 이런 관점에서야말로 현대 게임에서 흔히 볼 수 있는 디자인 전략을 넘어서서 자연 발생적 진행이라는 개념을 고민할 수 있다. 그리고 이래야만 재스퍼 쥴이 정의한 진행형 게임과 자연 발생형 게임 사이의 간극을 줄일 수 있을 것이다.

자물쇠와 열쇠 메커니즘

레벨이 많은 게임들은 플레이어가 각 레벨을 통과하는 진행 과정을 제어하는 데에 자물쇠와 열쇠 메커니즘을 활용하는 경우가 많다. 때로는 이 메커니즘이 실제로 자물쇠와 열쇠 형태로 구현되기도 한다. 예를 들어 〈둠Doom〉에서 플레이어는 거의 모든 레벨에서 빨간색, 노란색, 파란색 문을 열기 위해 문과 같은 색깔의 카드 키를 찾아야 한다. 또한 〈젤다의 전설〉에서 링크는 작은 열쇠들을 사용해 문을 열고, 레벨의 최종 보스에게 가는 문을 열 수 있는 마스터 열쇠를 찾아야 한다. 하지만 저자들은 레벨의 특정 구역에 접근할 수 있는지 제어하는 메커니즘이라면 모두 자물쇠와 열쇠 메커니즘이라고 부르도록 하겠다. 오리지널 〈어드벤처〉에서는 한 지점에 플레이어가 가지 못하도록 가로막는 뱀이 한 마리 있고(자물쇠), 새장의 새를 풀어줘야만 이 뱀을 쫓아낼 수 있다(열쇠). 〈젤다의 전설〉에서는 플레이어가 모야야 하는 열쇠를 다양한 형태로 배치한다. 숲의 신전에 있는 원숭이, 폭탄 곤충, 부메랑이 그 예다.

보통, 플레이어가 열쇠를 찾기 전에 자물쇠를 먼저 찾도록 하는 편이 디자인적으로 좋다. 여기엔 세 가지 이유가 있다.

- 플레이어가 자물쇠보다 먼저 열쇠를 보게 되면, 나중에 열쇠 역할을 할지도 모르니 이것저것 닥치는대로 수집하는 버릇이 생기게 된다. 이렇게 되면 게임플레이가 단순해진다. 이런 플레이어는 자물쇠에 맞닥뜨리면 여기에 맞는 열쇠를 찾는 게 아니라 인벤토리에 있는 것들을 죄다 시험해 본다. 예전 어드벤처 게임들에서 흔히 찾을 수 있는 약점이다.

- 자물쇠(장애물)가 실제 자물쇠처럼 생기지 않고 열쇠(해결책)도 실제 열쇠 모양이 아닐 때는 플레이어가 자물쇠를 먼저 봤을 때 열쇠를 알아보기가 더 쉽다. 열쇠를 찾으면 플레이어는 그 용도를 궁리해 보다가 자물쇠 쪽으로 가야겠다는 생각을 자발적으로 품게 된다. 이렇게 되면 플레이어의 역할이 단순히 게임에서 던져주는 과제에 반응하는 게 아니라 더 능동적이 된다. 또한

플레이어가 스스로 문제를 해결하기 때문에 자신감을 품게 해줄 가능성도 더 높다.

- 플레이어가 이전에는 넘을 수 없었던 장애물을 극복해낼 때 성취감과 진행해 가는 보람도 느낄 수 있다. 넘을 수 없었던 난제를 풀 능력이 생겼기 때문이다(하지만 플레이어에게 너무 좌절감을 줘선 곤란하다. 어린이나 캐주얼 플레이어들은 경험이 많은 플레이어에 비해 게임이 막혔을 때 인내와 끈기를 발휘하는 대신 포기할 가능성이 높기 때문이다).

플레이어가 늘 열쇠보다 자물쇠를 먼저 발견한다는 보장은 없다. 이는 순전히 플레이어가 탐험하고 있는 공간의 구성에 달려 있다. 플레이어가 자유롭게 다닐 수 있는 넓은 오픈 월드라면, 자물쇠보다 열쇠를 먼저 발견해도 이것이 열쇠라는 걸 눈치채지 못할 수도 있다. 게임 공간의 맥락에서 살펴본 자물쇠와 열쇠 메커니즘에 대해서는 다음 절에서 더 살펴보자.

미션을 게임 공간에 맵핑

자물쇠와 열쇠 메커니즘은 게임 디자이너가 미션을 공간에 맵핑할 수 있도록 도와준다(이런 맥락에서 미션은 레벨을 완료하기 위해 필요한 과제의 집합이란 점을 기억하자). 이전 장에서 살펴봤듯이, 게임 미션은 플레이어가 게임의 기본 메카닉을 학습하는 레벨들에서는 특히 단선적으로 구성된다. 미션 하나를 통해 플레이어가 해 내야 하는 과제는 기껏해야 몇 개뿐이다. 그림 10.3의 '숲의 신전' 레벨은 미션 구조를 확인할 수 있는 대표적 예다. 몇 가지 극단적 경우에는 미션이 완전히 직선 구조로 되어 있기도 하지만(그림 11.1), 그렇다고 해서 물리적인 게임 공간까지 직선으로 구성하는 것은 좋은 판단이 아니다. 자물쇠와 열쇠 메커니즘은 직선적인 미션을 여러 모양의 비선형적 게임 공간(그림 11.2)에 배치할 수 있게 해준다. 즉, 디자이너가 자물쇠를 레벨의 진입 지점에 더 가깝게 전진 배치할 수 있게 해주는 것이다. 이론상으로는 디자이너가 열쇠를 뒤쪽에 배치할

팁 이 장의 게임 공간을 나타내는 일러스트에서 녹색 물체는 적, 보물 상자 옆의 큰 녹색 물체는 보스 몹이다. 플레이어 캐릭터는 그려넣지 않았지만, 아치형의 문을 통해 외부에서 레벨로 들어오게 된다. 열쇠는 이것으로 열 수 있는 자물쇠와 같은 색깔이다.

수 있게도 해 주지만, 이미 살펴봤듯이 열쇠는 자물쇠보다 늦게 찾도록 하는 게 나으므로 열쇠를 앞에 배치하는 것이 최선이다.

그림 11.1
직선적 미션을 직선 게임 공간에 맵핑했다. 검을 획득하면 마지막에 있는 대형 보스 몹을 처치하는 데 도움이 된다는 데에 유의하자

그림 11.2
자물쇠와 열쇠를 활용해 직선적인 미션을 비선형적 게임 공간에 배치한다

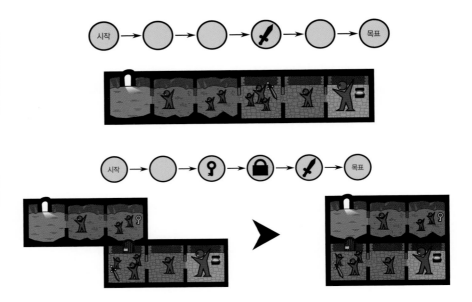

자물쇠와 열쇠를 추가하긴 했지만, 그림 11.2처럼 레벨을 배치한다 해도 결과는 똑같다. 어떤 플레이어든 똑같은 과제들을 똑같은 순서로 수행해야 한다. 더 다양성을 주고 플레이어에게 선택지를 부여하기 위해, 많은 게임은 하나의 문을 여는 데에 여러 열쇠를 사용하게끔 만든다(그림 11.3). 숲의 신전에 있는 원숭이가 바로 그런 경우다.

그림 11.3
여러 열쇠를 활용해 문 하나를 연다

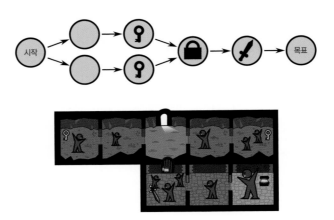

356

이를 거꾸로 활용해 플레이어가 열쇠 하나로 여러 개의 문을 열게 할 수도 있다. 숲의 신전의 부메랑이 바로 이런 역할을 한다. 그런데 이렇게 하면 레벨이 짧게 끝나고 플레이어 입장에서도 문제가 될 수 있기 때문에 게임 공간을 다시 구성하는 데에 직접적으로 사용할 수는 없다(그림 11.4). 하나의 열쇠로 여러 자물쇠를 열게 하면서도 이런 자물쇠들을 열쇠보다 앞에 배치하려면, 추가적인 자물쇠와 열쇠 메커니즘을 더하거나(그림 11.5) 여러 자물쇠 메커니즘에 여러 열쇠 메커니즘을 복제하면 된다(그림 11.6).

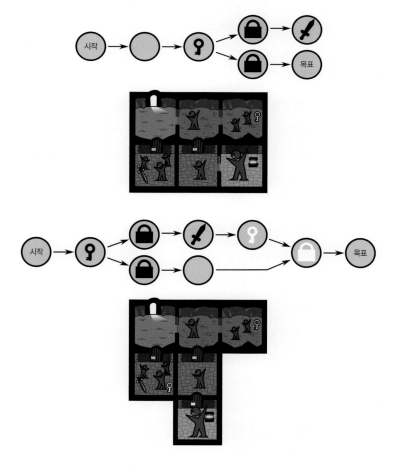

그림 11.4
하나의 열쇠로 여러 자물쇠를 여는 방식을 잘못 활용한 예. 플레이어가 검을 찾기도 전에 보스 몬스터를 상대해야 할 수도 있다

그림 11.5
자물쇠와 열쇠 메커니즘을 하나 더 추가해 구현한 하나의 열쇠로 여러 자물쇠를 여는 메커니즘

그림 11.6
하나의 열쇠로 여는 여러
자물쇠와 여러 열쇠가 필
요한 하나의 자물쇠

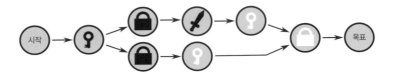

스킬을 열쇠로 활용

게임에서는 진짜 자물쇠와 열쇠보다는 자물쇠와 열쇠로 해석할 수 있는 메커
니즘이 더 흔히 활용된다. 자물쇠와 열쇠 메커니즘은 대개 스위치나 플레이어
가 특정한 문을 부술 수 있게 해주는 영구적 파워 업처럼 다른 형태로 구현된
다. 플레이어가 계속 쓸 수 있게 유지되는 스킬을 주고, 여기에 열쇠 기능을 부
여해 진행을 제어하는 것은 게임에서 흔히 활용하는 전략이다. 예를 들어 플랫
폼 게임에서 더블 점프 스킬을 배우면 플레이어는 바닥의 넓은 균열을 뛰어넘
거나 전보다 높은 플랫폼에 올라갈 수 있게 된다. 코어 게임플레이에 밀접하게
접목되는 영리한 자물쇠와 열쇠 메커니즘을 고안하는 것은 레벨 디자이너가 맡
은 중요한 업무다. 게임플레이는 메카닉에 의해 만들어지기 때문에, 자물쇠와
열쇠는 게임의 코어 메카닉을 기본으로 하거나 이와 상호작용하게끔 넣어야 한
다. 예를 들어 점프하는 게임이라면 특수 점프 스킬이 열쇠의 역할을 해야 한
다. 마찬가지로, 칼싸움 게임이라면 열쇠 역할을 할 특수 검술 스킬을 넣는다.

그런데 영구적으로 유지되는 스킬을 열쇠로 활용할 때는 하나의 열쇠로 여
러 자물쇠를 여는 메커니즘이 될 수밖에 없다. 이미 설명했듯이, 이런 구성은
활용이 늘 쉽지만은 않다. 플레이어가 열쇠를 찾기 전에 여러 개의 자물쇠와 마
주치게 하고 싶다면, 실수로 의도치 않은 지름길이 여러 개 생기지 않도록 주의

해야 한다. 동시에, 플레이어가 잠겨 있는 공간을 분명히 알 수 있도록 해야 한다(그냥 접근하기에 어렵게 하는 정도로는 충분하지 않다). 플레이어가 열쇠를 찾으러 가는 길에 여러 개의 자물쇠를 지나가게 하려면, 이런 자물쇠들이 게임에 큰 영향을 미치지는 않지만 탐험 정신이 강한 플레이어에게는 충분한 보상으로 느껴질 만한 보너스 과제와 보상에 연결키면 간단하다.

게임 월드 속 오브젝트 대신 플레이어가 사용하는 스킬을 열쇠 메커니즘으로 이용할 때의 이점도 있다. 이런 액션을 다른 액션이나 게임 속 다른 요소들과 흥미롭게 조합할 수 있기 때문이다. 예를 들어 더블 점프는 지면의 넓은 균열을 넘어가거나 너무 커서 한 번의 점프로 넘어갈 수 없는 괴물을 피하는 열쇠로 쓰일 수 있다. 여러분의 레벨 구조에서도 게임 메커니즘을 조합해 열쇠와 자물쇠로 활용하면 대단히 편리하다. 게임 메카닉을 최대한 활용해 효과적으로 게임플레이를 다변화할 수 있기 때문이다.

> **디자인 과제**
>
> 검을 자물쇠와 열쇠 메커니즘의 열쇠로 활용할 수 있는 방법을 몇 가지나 고안할 수 있는가? (레벨을 디자인할 필요는 없고, 검을 활용하는 여러 방법을 생각하기만 하면 된다.)

자물쇠와 열쇠 머시네이션

6장에서 머시네이션 다이어그램을 활용해 자물쇠와 열쇠 메커니즘을 표시하는 법을 배웠다. 열쇠 메커니즘은 종종 게임 공간에서 새로운 영역을 열어주는 단순한 상태 변화라고 볼 수 있다. 이는 그림 11.7의 핵심 구조다.

그림 11.7
공간을 통해 진행을 제어
하는(검정) 간단한 자물쇠
와 열쇠 메커니즘(파랑)

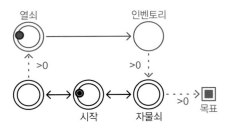

하지만 이 구조에는 약점이 있다. 바로, 게임이 플레이어가 열쇠를 찾든지 아니면 못 찾든지 둘 중 하나의 상태가 될 수밖에 없다는 점이다. 이 때문에 역동적인 행동이 유발될 여지가 없다. 머시네이션 다이어그램을 활용하면 이 점은 대번에 드러난다. 이 메커니즘은 두 개의 저장고와 한 방향으로만 (인벤토리로) 움직일 수 있는 자원 하나(열쇠)로 구성된다. 이런 구성에서 유추할 수 있는 뻔한 결과 중 하나는 플레이어가 열쇠를 절대 내려놓지 않는 것이다. 많은 게임이 플레이어가 중요한 열쇠를 두고 가는 일이 없게끔 일부러 이런 시스템을 적용한다. 〈롱기스트 저니The Longest journey〉가 대표적인 예다.

자물쇠와 열쇠를 활용한 대표적 변형을 연구해 봐도 그다지 복잡하거나 역동적이진 않다. NPC가 플레이어에게 여러 퀘스트를 진행하게 한 다음 열쇠를 제공하는 것처럼 내재된 자물쇠를 활용하는 경우나 하나의 자물쇠에 여러 열쇠를 사용해야 하는 경우(그림 11.8), 문을 열면 열쇠가 소모되는 경우(그림 11.9와 같이 신비하게 사라져버리는 〈젤다의 전설〉의 작은 열쇠) 등은 이 메커니즘의 변형으로 볼 수 있다. 열쇠가 소모되게 만들면, 플레이어는 하나의 열쇠로 문 두 개를 다 열 수 없기 때문에 둘 중 한 방향을 선택할 수밖에 없다는 데 유의하자. 그림 11.9를 보면 자물쇠 B 뒤에는 항상 또다른 열쇠가 있으며, 문을 열고 나면 플레이어는 이 문을 다시 열기 위해 열쇠를 '써버릴' 수 없어서 '레벨' 내에서 이 문제가 해소되도록 설계됐음을 알 수 있다.

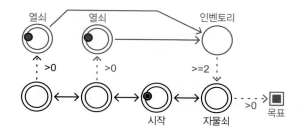

그림 11.8
여러 개의 열쇠가 있어야만
열 수 있는 자물쇠

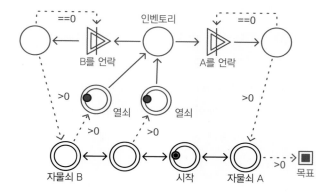

그림 11.9
사용하면 소모되어 사라지
는 열쇠들

단순히 플레이어가 어떤 스킬을 습득했는지 여부가 아니라 해당 스킬을 얼마나 활용하는지까지 열쇠의 기능으로 넣고 싶다면 다른 메커니즘이 필요하다. 〈폴아웃 3〉나 〈엘더 스크롤: 스카이림The Elder Scrolls: Skyrim〉 같은 게임에서는 플레이어가 자물쇠를 열 때 적쇠를 사용해야 한다. 이 적쇠가 부러지면 자물쇠를 여는 데에 실패한다. 이런 게임에서 실패 확률은 플레이어의 자물쇠 따기 스킬과 캐릭터의 속성에 좌우된다. 적쇠는 소모성 자원이며, 플레이어가 이런 식으로 중요한 자물쇠를 못 열고 지나갈 수 있다면 게임에서 적쇠를 무제한으로 제공해 줘야만 한다. 그림 11.10은 이런 타입의 자물쇠와 열쇠 메커니즘을 보여준다.

그림 11.10
실력이 필요한 자물쇠와
열쇠 메커니즘

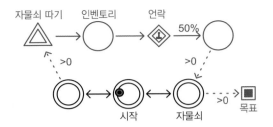

〈젤다의 전설〉에서 활과 화살은 멀리 있는 스위치를 쏴서 문을 여는 데에 활용된다. 이 메커니즘(그림 11.11)은 좀 더 전통적인 자물쇠와 열쇠 메커니즘에 스킬 기반의 자물쇠를 추가한 것으로, 활과 함께 최소 한 개의 화살이 필요하다. 자물쇠를 열면 화살은 소모된다(실패할 가능성도 있다). 이 때에도 이전의 적쇠를 활용하는 예와 마찬가지로, 플레이어가 더 이상 진행할 수 없는 상황에 부딪치지 않게끔 화살을 충분히 제공해주는 메커니즘을 게임에 넣어야 한다.

그림 11.11
젤다의 활과 화살은 일반적인 열쇠(활)과 소모성 스킬 열쇠(화살) 메커니즘을 결합했다

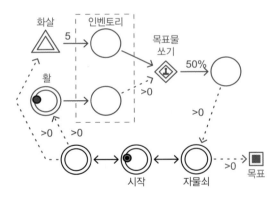

이런 자물쇠에서는 역동적인 행동 양식이 나타날 수 없다. 피드백 루프가 존재하지 않기 때문이다. 젤다의 폭탄 곤충 같은(그림 11.12) 더욱 정교한 자물쇠와 열쇠 게임 메커닉도 흥미로운 게임플레이를 보장하긴 하지만 우리가 원하는 수준의 역동적 행동 양식은 만들어내지 못한다.

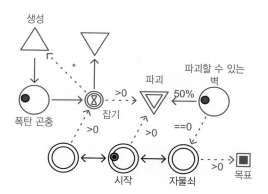

그림 11.12
폭탄 곤충 열쇠. 머시네이
션 툴로 재현해보자

우리는 지금까지 자연 발생형 게임플레이를 만들어내는 데에 피드백 루프가 얼마나 중요한지를 계속 강조했다. 여러분도 눈치챘겠지만, 지금까지 살펴본 자물쇠와 열쇠 메커니즘에는 피드백 구조가 거의 들어 있지 않다. 그림 11.9의 활성제는 그림 11.12의 새로운 폭탄 곤충 생성 트리거처럼 일정 정도 피드백을 만들어낸다. 하지만 두 경우 모두 피드백이 굉장히 지엽적으로 작용하며, 자물쇠와 열쇠 메커니즘 자체에는 큰 영향을 미치지 못한다.

자물쇠와 열쇠 메카닉 연구 및 분석

머시네이션 다이어그램으로 다양한 자물쇠와 열쇠 메커니즘을 재현해보면 이들 간의 미묘한 차이뿐 아니라, 이 메커니즘을 게임에 활용할 때 부딪힐 수 있는 이슈들을 확인할 수 있다. 자물쇠와 열쇠 메커니즘의 예는 이 책의 지면이 부족할 정도로 많다. 이런 다이어그램을 만들고 메카닉을 연구하는 과정은 다채로운 디자인 레퍼토리를 쌓는 데에 도움이 된다. 다양한 자물쇠와 열쇠 메카닉을 만들어 두면 여러분의 게임에 적합한 메커니즘을 잘 찾기 힘들 때 큰 도움이 될 수 있다. 그저 다른 게임에서 발견한 메커니즘을 훑어보는 것만으로도 자기 게임에 적용할 흥미로운 방식이 떠오를 수 있기 때문이다. 게임 디자이너에게 있어 메커니즘의 카탈로그란 전문 예술가들이 새로운 아이디어를 구상할 때 영감을 받기 위해 사용하는 참고 작품 컬렉션과도 같다.

다이내믹한 자물쇠와 열쇠

피드백이 강화된 자물쇠와 열쇠 메커니즘을 만들어내려면 열쇠를 플레이어의 인벤토리에 넣을 수 있는 단순한 아이템이 아니라, 제작과 소모를 할 수 있는 자원으로 취급하는 것부터 시작하면 좋다. 그림 11.13은 플레이어가 자물쇠를 열려면 먼저 10개의 열쇠를 획득해야 하는 메커니즘이다(여기에서 획득이란 플레이어가 올바른 장소에 있으면 자동으로 실행되는 액션을 뜻한다). 피드백은 플레이어가 수집한 열쇠의 개수에 다이내믹한 마찰이 적용되면서 발생한다. 더 많은 열쇠를 획득할수록 열쇠는 더 빠르게 고갈된다. 이 경우에는 열쇠를 플레이어가 문을 여는 데 필요한 마법 에너지의 일종으로 생각할 수 있다. 이 메커니즘은 자물쇠를 열려면 얼마나 많은 열쇠를 획득해야 하는지 짐작하기 어렵게 만든다. 게다가 열쇠를 획득할 수 있는 장소와 자물쇠 사이의 거리가 멀어지면 멀어질수록 열쇠 획득은 더욱 어려워진다. 그런데 이 메커니즘은 그 자체로는 별로 흥미롭지 않다는 게 문제다. 결국은 충분한 열쇠를 모은 다음 문으로 달려가면 그만이기에 별다른 전략이 필요 없다. 이 점은 개선의 여지가 있다.

그림 11.13
자물쇠와 열쇠 메커니즘의
단순한 피드백 메커니즘

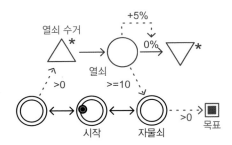

여기에 동적 엔진 패턴을 적용하면 더 흥미로운 메커니즘을 만들어낼 수 있다. 그림 11.14가 바로 이런 메커니즘이다. 이번에는 플레이어가 계속 진행하기 위해 열쇠 25개 이상을 수집해야 하지만 열쇠 5개를 투자하면 수집 속도를 0.5만큼 높일 수 있다. 하지만 이 메커니즘은 확률이 너무 간단히 적용되어 있다. 이 시나리오에서는 몇 번 업그레이드하는 게 가장 효과적인지 찾기가 그리 어렵지 않다(게다가 플레이어가 게임 속 여러 장소를 오가는 속도에도 의존하고 있다). 더욱이,

이 메커니즘은 선택적이어서 플레이어가 전혀 업그레이드를 하지 않아도 목표에 도달할 수 있다는 단점까지 있다. 이런 약점이 있다는 게 그리 놀랍지는 않다. 6장에서 확인했다시피, 피드백 루프 하나만으로는 흥미로운 역동적 메커니즘을 만들어내기에 부족하기 때문이다.

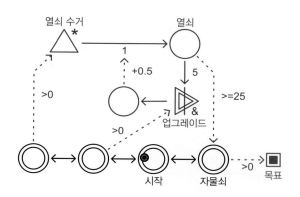

그림 11.14
메커니즘에 동적 엔진 패턴 적용

이상적인 업그레이드 횟수의 형태로 지배적 전략이 발생하는 것은 동적 엔진 패턴이 미치는 직접적 영향 때문이다. 〈모노폴리〉와 채집 게임에서 이미 비슷한 패턴을 다룬 바 있다. 〈모노폴리〉처럼 단 하나의 가장 중요한 피드백 루프를 거의 동적 엔진에 의존하는 게임은 보통 무작위적 요인을 넣어 흥미롭고 예측하기 어렵게 만든다. 이것도 한 가지 방법이 될 수 있지만, 우리가 원하는 방향은 아니다.

좀 더 흥미로운 자물쇠와 열쇠 메커니즘을 만들기 위해 우리는 동적 엔진 패턴에 동적 마찰 형태를 더해봤다(그림 11.15). 여기에서는 생성된 적들이 플레이어가 수거한 열쇠들을 훔치고 소모한다. 이제 플레이어는 수집, 업그레이드, 그리고 플레이어가 해치우지 않으면 시간이 갈수록 수가 늘어나는 적과의 전투 세 가지 과제 사이에서 균형점을 찾아야 한다. 이 일은 더 이상 쉬운 도전이 아니다. 머시네이션 다이어그램의 상호작용 버전은 보이는 것보다 더 탄탄하고 복잡해져서 깨기 어려워졌다. 단순히 열쇠 수집만 계속하면 목표에 도달하기 어려울 것이다. 수집과 전투를 오간다 해도 목표를 달성할 수는 있겠으나,

노트 다이내믹하게 열쇠를 생성하는 개념이 이상하게 느껴진다면, 이것이 진짜 문에 달린 물리적 자물쇠를 여는 실체가 있는 열쇠가 아니라는 점을 기억하자. 많은 건설과 경영 시뮬레이션 게임에서 플레이어는 경제의 일부에 숙달해야만 새로운 건물이나 다른 기능에 접근할 수 있게 된다. 롤 플레잉 게임에서도 퀘스트를 해결하는 열쇠로서 이런 시스템을 이용하고 있다. 대장장이의 일을 받아서 수익을 내면 보상을 주는 것이 바로 그 예다.

두 과제 사이를 오가며 오랜 시간 적절한 전환 타이밍을 잡는 게 어렵게 느껴질 것이다. 플레이어는 세 가지 액션 사이의 균형을 적절히 유지하면서 목표에 도달해야만 한다. 게다가 전투에 플레이어의 실력이 요구된다면 가장 효과적인 밸런스는 플레이어 개개인의 실력 수준에 의존하게 된다.

그림 11.15
자물쇠와 열쇠 메커니즘에 다중 피드백 적용

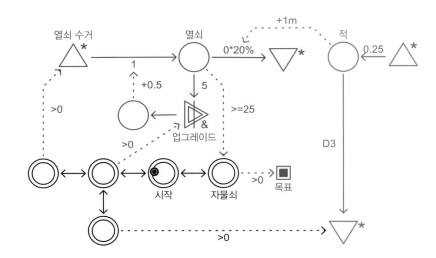

이제 자물쇠와 열쇠 메커니즘은 실시간 전략 게임과 굉장히 비슷한 게임플레이를 만들어낸다. 플레이어는 원자재 수집, 전투, 유닛 업그레이드 간의 밸런스를 찾아 적들을 제어하고 게임을 완료하기 위한 마지막 결전을 준비해야 한다. 동적 엔진과 동적 마찰의 결합은 실시간 전략 게임 대부분의 핵심이다. 멀티플레이어 게임이라면 동적 마찰을 소모전(마찰의 또다른 형태)으로 대체하고 군비 경쟁 패턴을 추가해 기지 구축에 옵션을 좀 더 도입하는 것도 좋다.

디자인 과제

다중 피드백 패턴을 중심으로 하는 자물쇠와 열쇠 메커니즘을 디자인할 수 있는가? 혹은 아직 우리가 책에서 자물쇠와 열쇠 메커니즘에 적용하지 않은 다른 디자인 패턴을 적용할 수 있는가?

다이내믹한 자물쇠와 열쇠로 레벨 구성

비교적 단순하고 정적인 자물쇠와 열쇠 메커니즘으로 레벨을 디자인하면 이런 메커닉 여러 개를 한곳에 묶어야 한다. 다이내믹한 자물쇠와 열쇠 메커니즘의 큰 장점은 한두 개만으로도 레벨의 중추를 이룰 수 있다는 것이다. 매력적이고도 오래 지속되는 게임플레이 경험을 설계하기 위해 그리 많은 메커니즘을 만들 필요는 없다. 그림 11.15의 다이어그램을 작동시켜 보면 이를 쉽게 알 수 있을 것이다. 자물쇠 하나를 여는 데만도 많은 액션이 필요하고, 단순한 자물쇠보다 훨씬 오랜 시간이 걸린다. 더욱 중요한 것은 플레이어가 해야 할 일은 거의 똑같은데도(미로를 헤쳐가기) 미로 속에 있는 자물쇠 하나를 여는 데 필요한 많은 열쇠를 숨겨놓기만 한 정적 자물쇠와 열쇠 메커니즘에 비해 플레이어가 행동을 선택해 문제를 해결하는 데에 더 많은 전략과 자유도가 주어진다는 점이다.

레벨마다 다이내믹한 자물쇠와 열쇠 메커니즘을 만들어서 구성해야 하는 것은 아니다. 작업 중인 게임의 코어 메카닉이 이미 다이내믹하다면 이런 메커닉을 먼저 살펴보는 것이 맞다. 그 안에 이미 다이내믹한 자물쇠와 열쇠 메커니즘으로 완벽히 기능할 구조가 들어 있을 가능성도 있다. 그럴 때는 자물쇠와 열쇠(를 넣고 싶다는 가정 하에)를 위한 별도의 메커닉을 추가할 필요가 없기 때문에 레벨을 효율적으로 만들 수 있고, 게임의 코어 메카닉에 계속 주력할 수 있다. 그렇지 않을 때는 몇 가지 단순한 추가나 변경으로 비슷한 결과를 가져올 수 있다. 바로 코어 메카닉에 다양한 메커닉을 추가해 다양한 레벨을 만드는 것이다. 제대로만 하면 이 정도로도 게임플레이가 다채로우면서도 레벨마다 독특한 느낌을 주는 게임을 만들어낼 수 있다.

진행을 제어하는 데에 단순한 정적 메커니즘 대신 다이내믹한 자물쇠와 열쇠 메커니즘을 활용하면, 메커니즘의 숫자를 조정하는 것만으로 도전의 난이도를 쉽게 변경할 수 있다는 장점도 있다. 단순한 자물쇠와 열쇠로 이루어진 어드벤처 게임의 약점 중 하나가 바로, 플레이어가 열쇠를 획득하는가 아닌가에 따라 이분법적으로만 게임이 풀려나가기 때문에 플레이어 난이도의 다양성을 제공할 수 없다는 점이다. 하지만 다이내믹한 시스템은 얼마든지 조정할 수 있다.

레벨들을 단 하나의 자물쇠와 열쇠 메커니즘으로 구성하는 게임은 여러분이 생각하는 것보다 훨씬 흔하다. 자물쇠와 열쇠 메커니즘이 전혀 다이내믹하지 않은 때에도 먹히는 전략이기 때문이다. 예를 들어 〈젤다의 전설〉에서 던전의 레벨 구조는 레벨 중반의 미니 보스에게서 얻는 무기를 중심으로 구성되며, 이런 무기는 여러 문을 여는 열쇠의 역할을 한다. 레벨 대부분에서는 단순히 플레이어가 여러 개의 열쇠를 수집하도록 하는 하나의 메커니즘만 추가되어 있다. 물론, 이런 레벨에서 만나게 되는 도전이 자물쇠와 열쇠 메커니즘 하나뿐인 것은 아니지만, 레벨의 진행 구조에서 가장 중요한 역할을 하는 것도 사실이다. 이런 정신적이고 물리적인 도전의 결합이 영웅의 모험다운 멋진 게임플레이 경험을 창출한다.

자연 발생적 진행

많은 진행형 게임은 그 목표가 특정 장소에 도달하는(그리고 그 곳에서 액션을 수행하는) 것이다. 이런 게임에서 진행은 게임 공간에 맵핑되어 있다. 즉, 게임 자체가 하나의 여정인 것이다. 그림 11.16은 이런 타입의 진행을 단순화한 것이다. 게임은 이동한 거리를 통해 직접적으로, 혹은 플레이어에게 스토리와 흥미로운 장소들을 노출함으로써 간접적으로 플레이어의 진행 상황을 알려준다. 진행을 공간에 맵핑한 게임을 디자인할 때는 자물쇠와 열쇠 메커니즘이 게임플레이 경험을 구성하는 데 있어서 가장 중요한 도구가 된다.

그림 11.16
여정으로서의 진행

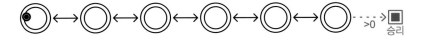

하지만 게임에서 진행을 살펴보는 데는 다른 방법도 많이 있다. 이전 장에서 우리는 플레이어가 승리 조건에 얼마나 근접했는가에 따라 진행을 설명한 바 있다. 이 때 진행은 탐험한 공간이 아니라 게임의 상태 측면에서 측정된다.

플레이어가 얼마나 많은 액션을 수행해야 하는지, 혹은 목표 상태에 다가가기까지 얼마나 많은 시간을 써야 하는지에 비춰 생각하는 것이 편리하다. 그림 11.17은 이런 구조를 가장 기초적으로 표현한 것이다.

그림 11.17
게임 상태의 측면에서 본 진행

진행을 게임의 특정 상태에 연결해 규정하면 진행의 역동적 형태를 새로운 관점에서 볼 수 있다.

자연 발생적 진행에 더 의존하는 보드 게임

보드 게임은 비디오 게임에 비해 자연 발생적 진행을 더 자주 사용하는 듯하다. 보드 게임은 특성상 비디오 게임처럼 많은 규칙을 활용하거나 사전에 방대한 레벨을 미리 디자인할 수 없다. 박스 하나에 구성품이 다 들어가야 하며, 다양한 상황을 일일이 관리할 만큼 많은 규칙으로 플레이어들에게 부담을 줘선 안 되기에 많은 제약을 받을 수밖에 없다. 하지만 많은 보드 게임이 장시간 플레이할 수 있는, 심지어는 며칠까지도 걸리는 플레이 타임을 목표로 하는 것도 사실이다. 현대 보드 게임들은 여러 기법을 동원해 이런 목표를 성취하고 있다. 무작위적인 타일로 보드를 짜서 시작 포지션을 각기 다르게 만들기도 하고(그림 11.19 〈카탄의 개척자〉), 각기 다른 게임플레이로 이루어진 다양한 게임 단계로 나누는 규칙을 포함하기도 한다(〈파워 그리드〉). 하지만 이런 게임에서 그리 어렵지 않게 진행을 설계하는 최선의 방법은 임의로 정한 규칙에 의해서보다는 메카닉에서 자연스럽게 다양한 게임플레이 단계가 발생하도록 하는 것이다. 이런 효과를 보이는 대표적인 게임이 바로 4장에서 자세히 다룬 체스다. 체스는 시작, 중간, 최종 단계로의 이행이 뚜렷한 게임이다. 이런 식으로 자연 발생적 행동 양식을 보이는 게임이야말로 거의 모든 게임 디자이너가 꿈에 그리는 성배이자, 여러분의 게임이 현대의 고전으로 등극할 수 있을지를 판가름해준다. 비디오 게임이라 해서 이런 식의 게임플레이를 노리지 말아야 할 이유는 없다.

대부분의 롤 플레잉
게임은 플레이어들이 경험
치를 거래하거나 어떤 식
으로든 조작하지 못하게
하지만 게임의 순환 구조
를 생각해 보면 경험치야
말로 게임의 핵심이라 할
수 있다. 경험치는 자원의
하나지만 플레이어가 직접
조정할 수 없을 뿐이다. 진
행을 자원으로 보는 관점
이 이상하게 느껴진다면
경험치의 측면에서 생각해
보자(게임에 따라 경험치
는 플레이어에게 직접 표
시되지 않기도 한다).

자원으로서의 진행

진행을 플레이어가 현재 있는 장소가 아니라 게임의 상태 측면에서 측정하려면
진행 자체를 하나의 자원으로 취급하는 게 좋다. 이렇게 하면 플레이어의 진행
과 게임의 다른 메카닉 사이에 상호작용을 넣을 수 있는 여지가 늘어난다. 경험
치와 캐릭터 레벨은 롤 플레잉 게임에서 플레이어의 진행을 표시하는 전형적인
예다. 이 두 수치는 플레이어가 잘하고 있는지를 알려줄뿐 아니라 내부적 계산
에도 활용될 수 있다(많은 RPG 게임에 캐릭터가 특정 레벨 이상에서만 사용할 수 있는 무기가
있는 것이 그 예다).

플레이어들이 진행 포인트를 더 빠른 진행에 도움이 될 장기적 이득을 주는
요소와 교환하도록 허용할 수도 있다. 게임의 목표가 정해진 액수의 돈을 먼저
버는 것이라면, 영리한 플레이어들은 돈을 투자해(분명 지금까지의 진행을 잃는 것인
데도) 새로 더 빠르게 돈을 벌 수 있게 할 것이다. 플레이어의 진행은 게임의 도
전 난이도를 다양하게 하는 데에도 활용할 수 있다. 〈스페이스 인베이더〉가 바
로 이런 방식을 취한다. 외계인 무리가 움직이는 속도는 플레이어가 이미 쏘아
맞춘 외계인 수에 비례한다. 플레이어가 더 많은 외계인을 잡을수록 이동 속도
는 빨라지고, 쏘아 맞추기가 더 어려워진다. 또한 새로운 외계인 무리가 내려올
때도 속도는 빨라진다.

게임 공간에 대한 진척으로 진행을 측정하는 게임에서는 도전의 배치와 순
서에 세심한 주의를 기울여 적정한 난이도 곡선을 만들어야 하며, 이는 플레이
할 때마다 대개 비슷한 수준이 된다. 게임의 상태로 진행을 결정할 때는 메카닉
이 난이도를 자동으로 조정할 수 있기 때문에 플레이할 때마다 다른 경험을 줄
수 있다. 또한 느린 싸이클 디자인 패턴을 활용해 레벨 내내 난이도가 증감하게
할 수도 있다.

자원으로써의 진행 vs. 다이내믹한 자물쇠와 열쇠

진행을 자원으로 취급하는 것은 다이내믹한 자물쇠와 열쇠 메커니즘을 활용하는 것과 비슷하면서도 그보다 강력한 장치다. 다이내믹하게 넣는다고 해도 자물쇠와 열쇠 메커니즘에서는 자물쇠를 열기 위한 진행이 단 하나의 자원을 최적화하는 것과 똑같다. 하지만 자물쇠와 열쇠 메커니즘이 게임플레이에 미치는 영향은 항상 미션 구조에 의존하게 되며(플레이어가 언제 자물쇠를 마주치고 이 자물쇠가 무엇을 열어 주는가), 그 상태는 플레이어가 목표에 접근할 수 있는가 없는가로 양분된다. 진행을 자원으로 취급하면 게임에 미묘한 영향을 주게 되며, 단순히 이기고 지는 것을 넘어서는 다양한 결과가 따라온다. 예를 들어, 게임이 종료되기 전까지 정해진 이상의 점수를 획득해야 하는 게임이라면 가까스로 목표 점수를 넘어 승리하거나 엄청난 점수차를 내고 이길 수도 있다. 이런 차이점은 미세하긴 하지만 진행을 자원으로 만들 때 게임에 더 다양성을 보장하는 것이다.

여정으로써의 진행이 어울리는 스토리텔링

지금까지 여러분의 게임에서 진행을 게임의 상태로, 심지어는 독립적인 추상적 자원으로 기능하게끔 하는 게 좋다고 여러 번 강조했다. 이렇게 하면 디자이너의 힘과 융통성이 커지고 플레이어에게 더 다양하고 뻔하지 않은 경험을 제공할 수 있을뿐더러, 때로는 플레이어 스스로 게임의 목표를 정할 수도 있게 된다. 하지만 진행을 여정으로 다루는 편이 좋은 게임 디자인적 상황이 하나 있으니, 게임이 스토리의 진행으로 되어 있으며 플레이어가 실제로 이 스토리를 정말 중요하게 여길 때다.

훌륭한 스토리적 경험에는 다음과 같은 특징이 있으며, 모든 게임이 이를 제공하지는 못한다.

- 스토리의 이벤트들이 긴밀한 전체로 잘 융합되어 있다. 임의적이거나 기계적으로, 혹은 아무렇게나 배열된 느낌을 줘선 안 된다. 주인공이 운명의 반전을 겪게 되지만, 이런 반전은 극적이어야 한다. 순전히 기계적으로 발생한 듯한 느낌을 줘선 안 된다. 그런데 게임 이벤트들은 단순한 운이나 무질서한 요인 때문에 발생하는 경우가 잦다.
- 스토리는 반복적이어선 안 된다. 탄탄한 스토리에서는 모든 이벤트가 독특해야 하며, 작가가 특별한 목적을 가지고 만든다. 반복적인 행동을 담고 있는 스토리라 해도, 작가들은 이런 행동을 한두 번만 묘사하고 나서 새로운 일이 발생하는 부분으로 건너뛴다. 하지만 게임 중에서도 특히 시뮬레이션 게임은 게임 월드에 반복적인 이벤트를 넣고 플레이어에게도 반복적인 액션을 요구하는 경우가 잦다.

- 스토리는 시간을 거슬러 과거로 가서는 안 된다(드물게 작가가 미리 계획한 과거 회상은 예외다). 신선함과 속도감을 유지해야 한다. 스토리 속 세계는 간단하게 이전 상태로 돌아가선 안 된다. 주인공이 목표 달성에 실패한다고 해도 이런 실패를 통해 뭔가를 배운 것이다. 게임은 실제로 시간을 거슬러갈 순 없지만 이전과 똑같은 상태로 돌아갈 수는 있는데, 이 때 게임 월드의 시간으로는 과거로 돌아간 것과 똑같은 느낌을 주게 된다.

- 스토리는 캐릭터에 대한 것이며, 탄탄한 스토리 속의 캐릭터는 심리적으로 신뢰가 가는 방식으로 행동해야 한다. 대부분의 게임에서 NPC는 단순한 로봇처럼 어색한 행동을 보인다. 이 때문에 중요한 논점이 발생하는데, 극적인 긴장감("이제 무슨 일이 생길 것인가?")과 게임플레이적 긴장감("이걸 성공할 수 있을까?")은 언뜻 비슷해 보이지만 똑같은 개념이 아니다. 극적인 긴장감은 스토리가 이전에 짚어본 약점을 하나라도 드러내는 순간 사라져버린다.

비디오 게임을 스토리처럼 느껴지게 하기 위해 대부분의 스토리텔링 게임은 게임의 진행과 스토리를 공간에 맵핑한다. 공간은 신선한 느낌을 줄 수 있도록 세심하게 구성되며, 플레이어는 한 장소에서 오래 머무르지 않으므로 스토리가 계속 진행된다. 이런 게임은 플레이어가 스토리의 이전 지점으로 돌아가는 일이 없게끔 일단 지나온 문은 뒤에서 닫아버릴 때가 많다. 마지막으로 스토리텔링 게임의 과제는 반복을 피하기 위해 독특한 퍼즐로 구성될 때가 많다. 어드벤처 게임이 특히 내부 경제는 전혀 없이 단순한 자물쇠와 열쇠 메카닉을 적용한다.

하지만 그렇다고 해서 진행을 자원으로 다루자는 저자들의 제안을 스토리 게임에 활용할 수 없는 것은 아니다. 게임의 스토리가 레벨 사이에서만 진행되는 게임에서는 진행을 자원으로 다룬다 해도 메카닉에 영향을 미치지 않는다. 게임플레이에 플롯을 더 밀접하게 접목하는 게임에서도 플레이어가 이를 아주 진지하게 받아들이리라 기대할 순 없다. 이 책에서 내내 인용한 〈젤다의 전설〉 시리즈 같은 액션 어드벤처 게임은 보통 플레이어의 액션에 동기를 부여하고 이유를 주기 위해 스토리를 풀어내지만, 플레이어들은 극적인 긴장감보다는 게임플레이적 긴장감에 더 흥미를 느낀다. 스토리가 게임플레이에 주는 내용을 좋아하는 플레이어에게도 문학적인 수준은 그리 중요하지 않다.

10장에서 잠깐 다뤘던 자연 발생적 스토리텔링이야말로 전통적인 게임플레이 경험과 전통적 스토리 경험 간의 간극을 해결하는 데 있어 연구해봐야 할 부분이다. 자연 발생적 스토리텔링 게임이 있다면 게임과 같은 자연 발생적 메카닉을 통해 게임플레이를 만들어내고 자연 발생적 진행 시스템으로 작가가 관여하지 않아도 흥미롭고 극적인 플롯의 이벤트를 생성할 수 있을 것이다. 동시에, 반복되지도 무작위적이지도, 시간을 거슬러가지도 않고 비현실적 캐릭터가 등장하지도 않아 제대로 스토리가 진행되는 경험을 보장할 수 있을 것이다.

이런 시스템을 만들어내기 위해, 체스 프로그램이 체스에서 가능한 수를 찾아내는 것처럼 인공 지능을 활용해 플롯에서 향후 발생할 수 있는 이벤트를 찾아내려는 노력을 기울이는 이들도 있다. 이런 검색 알고리즘은 킹의 체크메이트를 찾는 대신 재미있는 플롯을 찾아내는 것이다. 지금까지는 아무도 충분한 분량의 게임 크기로 자연 발생적 스토리텔링 시스템을 구축해낸 이가 없다. 다만 소규모의 프로토타입까지는 성공한 상태다.

간접적 진행 생산

그럼 진행을 자원으로 보는 개념을 한 단계 확장해, 플레이어들이 간접적으로 진행을 생산해내고, 여러 자원으로 진행을 측정하도록 해보자. 이 경우, 진행을 생산해 내는 한 가지 액션은 정해져 있지 않다. 대신, 진행을 생산하는 과정은 여러 단계와 여러 자원으로 이루어진다.

이런 접근법은 결말이 열려 있는 시뮬레이션 게임에서 흔히 볼 수 있다. 예를 들어, 고전 우주 무역 게임인 〈엘리트Elite〉(그림 11.18)에서 플레이어는 우주선을 타고 날아다니며 드넓은 은하계에서 무역을 한다. 이 게임은 〈프라이버티어Privateer〉 시리즈와 MMO 〈이브 온라인Eve Online〉 같은 많은 우주 무역 게임에 영감을 준 작품이다. 플레이어가 벌어들이는 돈은 대부분 다시 우주선에 투자한다. 더 좋은 우주선을 사면 플레이어는 더 멀리, 더 위험하지만 대신 수익도 큰 새로운 지역으로 여행할 수 있다. 이 게임에서 플레이어의 진행은 계량화할 수 있는 자원인 우주선의 수준과 용량으로 측정한다. 열린 결말의 게임이긴 하지만 플레이어는 직접 목표를 세울 수 있으며, 강력한 우주선을 손에 넣고 엄청난 부를 쌓는 것이 대다수 플레이어의 목표가 된다.

그림 11.18
〈엘리트〉

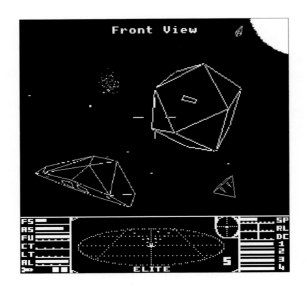

〈엘리트〉에서는 힘들게 진행해 온 결과를 잃을 때도 있다. 플레이어의 우주선이 공격으로 파괴될 위험에 처하면, 플레이어는 소중한 미사일을 발사해 우주 해적을 물리치거나 값비싼 1회용 초은하 하이퍼드라이브를 사용해야 한다. 이런 식으로 진척도를 잃는 것은 진행을 여정으로 표현하는 게임에서는 드문 일이지만, 시뮬레이션 게임에서는 당연하게 받아들여진다.

보드 게임 〈카탄의 개척자〉에서도 비슷한 예를 찾을 수 있다(그림 11.19). 이 게임의 목표는 10포인트를 올리는 것이다. 마을 건설, 마을의 도시 업그레이드, 가장 긴 길 건설, 가장 많은 기사 플레이, 혹은 운 좋게 개발 카드를 구매하면 포인트를 올릴 수 있다. 이런 포인트 획득 메카닉은 모두 연관되어 있다. 플레이어는 아무 때나 마을을 짓고 포인트를 올릴 수 없다. 우선 적당한 장소에 도로를 건설하고 여기에 맞는 자원 세트를 획득해야 한다. 마을을 건설한다고 해서 진행이 끝나는 것도 아니다. 마을은 플레이어가 새로운 자원을 얻을 확률을 높여주며, 마을을 도시로 업그레이드하면 자원 산출량이 늘어난다.

그림 11.20은 가장 긴 도로 건설, 가장 많은 기사 플레이로 추가 포인트를 내는 것 같은 특정 메카닉을 생략하고 나머지 〈카탄의 개척자〉의 경제를 대부분 나타낸 것이다. 그림 11.20은 턴제이며 컬러 코딩을 활용해 게임 속 다섯 가지 자원을 구분한다. 생산 메커니즘은 도시와 마을 모두 턴마다 자원을 하나 생산할 확률이 생기고, 모든 도시는 생산 속도가 두 배로 늘어난다는 사실을 반영했다. 이 다이어그램은 온라인 버전을 플레이해 게임의 내부 경제가 어떻게 작동하는지 잘 파악하기 바란다.

〈카탄의 개척자〉의 경제는 구축성 엔진 패턴에 영향을 받고 거래 패턴과 상호작용하는 동적 엔진의 지배를 받는다. 게임은 여러 곳에 투자할 옵션을 주고 이런 투자가 모두 게임의 진행에 영향을 주도록 해, 동적 엔진 때문에 생겨날 수 있는 전형적 게임플레이를 피해간다. 이 게임에서 단순히 자원을 축적하는 것은 중요하지 않다. 진행을 간접적으로 측정하는 데에서 발생하는 또 한 가지 부작용은 플레이어들이 게임의 상태를 정확하게 읽어내기 어렵다는 점이다.

각 플레이어가 얼마나 많은 도시와 마을, 자원을 보유했는지는 쉽게 볼 수 있지만, 포인트를 계산하는 방식이 간접적이기 때문에 건물을 지을 여유 공간이 한정적일 때는 특히 누가 승리할 공산이 큰지 추측하기가 어렵다. 마을 하나만 더 지으면 추가 포인트로 승리할 수 있다고 해도, 다른 플레이어들이 건설할 구역을 모두 점거해 버려서 불가능할 때도 있다. 도시를 건설하려면 광물과 밀이 필요한데 이 자원을 얻기 힘들 때도 있다. 이처럼 승리에 가까워진 것 같이 보이는 플레이어가 실제로는 한참 부족한 경우가 흔하다. 또한 각 플레이어가 거래하는 상품의 성질(숫자가 아니다)이 숨겨져 있으며, 동적 엔진이 무작위적 메커니즘에 의존하기 때문에 누가 앞서 있는지 추측하기는 더욱 어려워진다. 이에 비교하면 〈모노폴리〉에서는 모든 플레이어가 소유한 자산이 바로 보이기 때문에 굉장히 직관적이다.

그림 11.20
〈카탄의 개척자〉의 경제

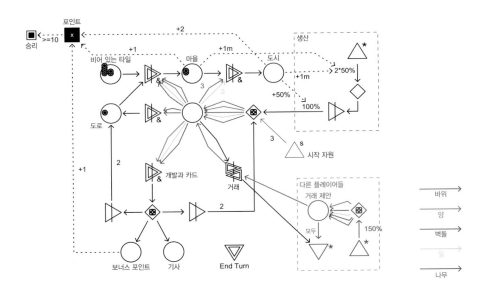

〈카탄의 개척자〉는 진행을 간접적으로 측정하기 때문에 승리할 수 있는 방법이 여러 가지다. 많은 마을과 도시를 짓거나 좋은 개발 카드에 베팅을 해도 좋다. 마을과 도시를 건설하는 것은 안전한 선택이지만 많은 자원이 소요되는 반면, 자원이 부족할 때는 카드에 투자하는 편이 낫다. 고위험 고수익 전략이라고 볼 수 있다.

〈심즈〉에서는 다양한 자원에 대해 간접적으로 진행을 측정한다. 플레이어는 가상의 인형의 집에 사는 시뮬레이션 인간인 몇 개의 심을 제어한다(그림 11.21). 플레이어의 성공 여부는 플레이어가 심을 위해 모으는 물질적 상품(가구와 집의 부품들)뿐 아니라 심의 전문 직업의 성취도로 측정된다. 〈심즈〉는 플레이어가 한정된 시간을 활용해 심을 행복하고 건강하게 유지할 수 있는 활동들을 수행해야 하는 시간 관리 게임이다. 심을 잘 돌보면 심은 직업을 찾게 된다. 제 시간에 직장에 가고 건강과 행복한 상태를 유지하면 승진할 수 있다. 더 나은 직업은 더 많은 돈을 벌어와서 플레이어가 심을 즐겁게 해줄 아이템을 살 수 있게 해주며, 이러면 매일 해야 하는 일들을 효율적으로 수행할 수 있게 된다. 게임에서 심을 물질적이며 직업적인 성공으로 이끄는 것이 목표라고 밝히지는 않지만, 메카닉에 이 점이 암시되어 있으며 많은 플레이어가 이런 방향으로 게임을 플레이해 간다.

노트 많은 사람들이 지나치게 물질적인 접근법을 보인다고 〈심즈〉를 비평한다. 여러분의 심(sim)에게는 정신적인 삶이란 없으며, 사치스런 가구에서만 행복을 찾는다고 말이다. 게임에서 농담조로 넣은 가구의 설명을 보면, 개발자는 이 점을 충분히 인지하고 있었던 듯하다. 이 게임은 일종의 풍자로 해석하면 된다.

그림 11.21
〈심즈 3〉. 건물과 경제 요소가 하단의 오버레이에 표시된다

자연 발생적 진행과 게임플레이의 단계

전통적인 비자연 발생적 레벨 디자인의 과제 중 하나는 적당한 속도로 다채로운 게임플레이를 만드는 것이다. 게임 공간을 이동하는 것으로 진행을 측정할 때 레벨 디자이너가 공간을 만들어내는 능력은 게임의 이런 측면에 대한 디자이너의 통제권을 보장하게 된다. 하지만 게임 메카닉에 의해 형성되는 다이내믹한 시스템의 자연 발생적 속성에 의해 게임이 진행될 때는 이런 식으로 게임플레이를 직접 제어하는 것이 불가능해진다. 그러나 자연 발생적 진행이 가능한 게임이라고 해서 적절한 속도의 다채로운 게임플레이가 불가능한 것은 아니다. 다만 진행 속도와 다양성이 다른 식으로 적용되어야 한다.

자연 발생적 게임에서 다양성과 속도는 게임의 여러 단계에 각기 다르게 배치돼야 한다. 이 경우 게임플레이 단계는 게임의 다이내믹한 행동 양식이 특정한 패턴을 따라가는 기간을 뜻한다. 다이내믹한 행동 양식에 중요한 변화가 일어나면 게임은 새로운 단계로 접어들게 된다. 예를 들어, 전형적인 실시간 전략 게임에서 초기 단계에는 자원 채집과 기지 건설이 지배적인 행동이 된다. 플레이어는 빠르게 자원을 채취해 방어용 건물과 유닛에 투자한다. 그런데 일정 지점이 되면 플레이어의 행동이 변한다. 이제는 맵을 탐사할 공격대 생산을 시작하게 된다. 이 단계에서는 맵의 전략적 거점을 선점하고 앞으로 자원을 채취할 곳으로 길을 내는 데에 집중하게 된다. 그리고 플레이어가 자원을 충분히 모으고 적 기지의 위치를 파악하고 나면 이제는 적을 무찌르기 위해 대규모 공격을 감행할 것이다.

그림 11.22는 이런 단계를 자원과 플레이어의 생산 속도에 직결한 패턴을 보여준다. 이 차트는 각 단계에서 게임 상태의 변화가 비교적 안정적인 패턴을 따르고 있다는 것을 보여준다. 건설 단계에서는 플레이어가 자원을 빠르게 소모하며 생산 속도가 빠르게 상승한다. 탐사 단계에서는 플레이어가 게임의 다른 측면에 집중하고 있기 때문에 자원이 축적된다. 그리고 공격 단계에 이르면 플레이어가 건설과 공격 사이를 오감에 따라 자원의 수가 증감한다.

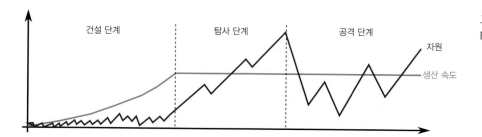

그림 11.22
RTS 게임의 단계 차트

건설 단계　　　　탐사 단계　　　　공격 단계

자원

생산 속도

이 세 단계는 게임에 꼭 나타나지 않을 수도 있으며, 나타난다 해도 순서가 뒤바뀔 수 있다. 러쉬 전략(8장의 '〈심워〉 밸런싱' 참조)에서는 건설 단계를 아주 짧게 시행한 다음 탐사 단계를 건너뛰고 곧바로 공격 단계로 넘어간다. 이외의 다른 단계도 발생할 수 있다. 예를 들어, 다양한 탐사 단계 사이에 플레이어가 점령해 전역에 자원을 배달해야 하는 강화 단계 레벨이 들어갈 수도 있다. 적 기지가 여러 개일 때는 첫 번째 공격 단계 이후에 이런 강화 단계가 이어질 것이다. 테크 트리 메카닉을 강조하는 게임이라면 플레이어가 공격도 건설도 하지 않고 유닛과 생산 건물 업그레이드에만 자원을 투입하는 연구 단계가 들어간다.

단계의 이행과 복잡성 이론

다이내믹 시스템의 여러 안정적 단계가 이행되는 것은 복잡성 과학에서 매우 중요한 연구 주제다. 예컨대 교통 체증이 이와 비슷한 연구 결과를 낳는다. 교통 흐름은 크게 정상적인 흐름과 교통 체증 두 가지로 나뉘고, 그 중간의 상태들이 존재한다. 학자들은 무엇이 이런 단계들의 변화를 유발하는지 밝히고 싶어한다. 교통 흐름의 단계 변화는 화학의 고체, 액체, 기체 사이의 변환 단계와 어느 정도 유사해 보인다. 예를 들어, 물을 서서히 데우면 끓는 점에 도달할 때까지 별다른 일이 발생하지 않다가 갑자기 기체로 변한다. 도로에서도 비슷한 현상이 발생한다. 차를 계속 투입해서 '교통 압력'을 증가시키면 어느 정도까지는 교통 흐름과 평균 속도가 정상적으로 유지되다가 갑자기 속도가 급감하면서 도로가 막히게 된다. 다시 막히지 않은 상태로 되돌리려면, 먼저 교통 체증이 유발된 지점보다 훨씬 낮은 수준까지 교통 압력을 줄여야만 한다. 많은 복잡계에서 상태가 변화할 때 이와 비슷한 불균형을 볼 수 있다. 불균형이 클 때는 단계들이 더 안정적으로 유지되는 경향이 있고, 불균형이 크지 않을 때는 시스템이 단계들을 더 쉽게 오가게 된다.

게임플레이 단계 구성

이런 자연 발생형 게임플레이 단계들이 존재하는 게임 레벨을 디자인할 때는 이를 통해 바람직한 게임플레이 경험을 구성해야만 한다. 실시간 전략 게임에서 특정 레벨의 디자인 목표는 첫 번째 건설 단계에 집중하는 것이라고 가정해 보자. 이러려면 초반에 소규모의 적들을 자주 공격해 상대를 괴롭히면 된다. 그러면 플레이어가 늘어나는 생산량과 방어력 구축 사이에서 미묘한 균형을 유지해야 하므로 생산성이 상당히 저하된다. 따라서 건설 단계가 훨씬 더 길게 지속될 수도 있다. 자원이 상대적으로 적고 흩어져 있는 맵을 만들면 플레이어는 탐사와 강화 단계를 여러 번 진행할 가능성이 높아진다.

스크립팅 vs. 자연 발생

게임의 게임플레이 단계나 레벨을 구성할 때는 게임을 플레이할 때 자연스럽게 발생하는 여러 단계를 시험해봐도 좋다. 하지만 대개는 확정적이거나 다이내믹한 스크립트를 통해 몇 가지 변경을 강제하는 것이 더 효과적이다. 예를 들어, 〈스타크래프트〉(그리고 많은 여타 RTS 게임에서) 싱글 플레이어 캠페인의 많은 레벨은 게임 디자이너가 AI로 해금 플레이어에게 정해진 횟수의 공격을 감행하게끔 기획되어 있다. 이런 이벤트 중에는 정해진 시간 간격으로 일어나는 것도 있지만, 플레이어가 맵의 특정 지점에 도달하면 유발되는 것도 있다. 다이내믹하고 자연 발생적인 게임플레이를 만들고 싶다 해도 이런 식의 좀 더 직접적인 진행을 섞지 말라는 법은 없다. 잘만 처리하면 고도로 다이내믹하면서도 다채로운 게임이나 레벨이 만들어지고, 리플레이 가능성도 높아진다.

게임플레이 단계의 전환이 시작될 때는 주요한 이벤트가 필요할 때가 많다. 게임이 특정 단계에 있을 때는 균형이 잡혀 있고, 플레이에 일정한 리듬감이 느껴지게 된다. 우리는 게임이 새로운 단계로 전환되도록 만드는 중요한 이벤트를 넣는 데에 흔히 활용되는 몇 가지 디자인 패턴이 있음을 확인했다.

- **느린 싸이클**: 이전 장에서 〈스타크래프트 2〉에서 게임이 방어에서 공격 단계로 뚜렷이 넘어가게 만들어주는 느린 싸이클에 대해 살펴봤다. 일반적으로 느린 싸이클은 효율적이긴 하지만 플레이어가 느린 싸이클 메커니즘에 별

영향을 주지 못할 때는 특히 미묘한 느낌을 주기 힘들다(카누트 왕이 자신도 밀물과 썰물을 막을 수 없다는 점을 들어 왕권의 한계를 보여줬다는 설화는 고전적인 느린 싸이클의 예다). 하지만 느린 싸이클 패턴은 이 다음의 예처럼 극적인 이벤트를 만들어내지는 못하는 경향이 있다.

- **정적 마찰/정적 엔진:** 정적 마찰이 드물게 발생하지만 그 영향은 클 때 단계를 전환시킬 수 있다. 〈시저 III〉에서 그런 예를 발견할 수 있는데(9장 참조), 주기적으로 공격해 오는 정복군과 황제가 주기적으로 요구하는 공물 때문에 파급력이 큰 마찰이 형성된다. 도시 경제의 균형은 매우 섬세하게 작동하므로, 이런 이벤트는 경제를 하향기 단계로 몰아넣기 쉽고, 이 때 자원에 접근할 수 없게 된 시민들은 마을을 떠나므로 노동력이 줄고 생산성도 떨어지게 된다.

이 반대의 경우는 많은 자원을 가끔씩 생산하는 정적 엔진이다. 정적 엔진은 게임 경제가 주기적으로 결핍과 풍요 사이를 오가도록 만든다. 〈시저 III〉에서 이웃 도시의 대상이 도착할 때 이런 효과가 발생한다.

- **점증적 복잡성:** 점증적 복잡성 패턴은 두 개의 게임플레이 단계가 진행되는 데에 의존한다. 플레이어가 복잡성이 생기는 속도를 따라갈 수 있는 한은 모든 게 안정적으로 보이지만, 정해진 임계점을 넘어서는 순간 양성 피드백 메커니즘이 게임을 결말로 급진전시킨다. 이로 인해 플레이어가 되돌리려 안간힘을 쓰는 짧은 패배 단계가 만들어진다. 〈테트리스〉에서는 이 두 단계를 금방 구분할 수 있다. 상당 시간 동안 플레이어는 게임을 잘 제어할 수 있지만, 처리하기 힘들 정도로 블록이 빠르게 떨어지기 시작하면 게임이 급속도로 패배 단계로 이행된다. 〈테트리스〉에서 생산되는 블록의 종류가 무작위적이라는 데에서 복잡성이 생겨난다. 다시 말해, 플레이어는 운과 노력을 통해 패배 단계를 다시 정상 단계로 돌려놓을 수 있다.

- **정지 메커니즘/다중 피드백:** 게임플레이 단계가 특정 액션을 계속하는 것에 좌우된다면, 해당 액션을 더 자주 사용하도록 해 효율을 떨어뜨리기 위해 정지

메커니즘을 활용할 수 있다. 즉, 이런 단계가 영원히 유지될 수 없고 새로운 단계로 이행될 수밖에 없도록 만드는 것이다. 신대륙을 탐험하는 (그리고 자원을 약탈하는) 게임 〈일곱 개의 황금 도시The Seven Cities of Gold〉에서 플레이어는 원주민과의 갈등을 피하기 위해 '원주민 감탄시키기'라는 기능을 활용할 수 있다. 이 기능은 처음에는 잘 먹히지만 시간이 흐를수록 효과가 떨어지며, 플레이어는 곧 다른 전략을 사용해야만 한다. 즉, 단계가 변한 것이다. 정지 메커니즘은 미묘하게 넣는 것이 일반적이다. 또한 정지 메커니즘의 효과가 지속되지 않을 때 게임은 다시 이전의 게임플레이 단계로 돌아갈 수도 있다. 미묘하고 느린 형태의 다중 피드백 역시 이와 비슷한 효과를 내는 경우가 많다.

디자인 과제
이전에 제시한 목록은 모든 항목을 전부 다 수록한 것이 아니다. 〈시저 III〉이나 〈스타크래프트 2〉 같은 게임에서 게임플레이 단계 전환을 이끌기 위해 어떤 메커니즘/패턴을 넣을 수 있을까?

자연 발생적 단계를 통한 진행은 제어하기 어렵다. 하지만 이런 시스템에서 단계를 전환시킬 수 있는 메커니즘을 만들면 경제 구축 시 어떤 종류의 단계 진행이 일어날지 예측할 수 있다. 예를 들어, 〈테트리스〉에서는 게임이 언제 패배 단계로 전환될지 알 수 없지만, 메커니즘 중 하나가 이런 전환(블록이 떨어지는 속도) 가능성을 서서히 증가시키므로 결국은 전환이 일어난다는 것은 알 수 있다. 디자이너로서 경험이 쌓이고 자신감이 생기면 여러분도 이런 식의 자연 발생적 진행을 훨씬 잘 디자인할 수 있게 되고, 이를 이용해 스크립트로 만들어진 이벤트에 기대지 않고도 흥미로운 시스템을 구축할 수 있게 될 것이다.

요약

이 장에서는 게임 메카닉을 진행 기법에 더 밀접하게 접목할 방법을 더 찾아봤다. 먼저 전통적으로 쓰여온 다양한 자물쇠와 열쇠 메커니즘을 알아보고, 이를 확장해 게임의 새로운 지역이나 새로운 기능을 열어주는 열쇠의 역할을 하는 다이내믹한 시스템을 어떻게 만들 수 있는지 확인했다.

후반부에서는 단순히 게임 공간 안에서 플레이어가 현재 있는 위치를 기준으로 하는 게 아니라 게임의 자연 발생적 속성으로 게임 진행을 만들 수 있는 방법은 무엇이 있을지 알아봤다. 진행 자체를 자원으로, 혹은 여러 요인의 조합으로부터 나온 값으로 취급함으로써 진행 패턴이 덜 뻔해지게 할 수 있다. 느린 싸이클과 같은 디자인 패턴을 사용할 때도 게임이 뚜렷이 구분되는 단계로 진행되지 않게 할 수 있어, 플레이어는 게임플레이를 좀 더 다양하게 맛볼 수 있다.

그럼 다음 장에서는 게임 메카닉을 활용해 플레이어에게 디자이너로서 의미 있는 메시지를 전달하는 방법에 주제를 맞춰 보겠다. 사람들이 게임을 교육과 정보, 설득의 수단으로 이용하기 시작한 요즘, 이 주제는 더욱 중요해지고 있다.

실습 과제

1. 여러분이 최근 작업한 게임 디자인을 검토해 자물쇠와 열쇠 메커니즘을 찾아보자. 게임에 새로운 메커니즘을 추가하지 않으면서, 똑같은 열쇠로 서로 다른 자물쇠들을 열도록 하는 최소한 세 가지 다른 방식을 찾아보자.

2. 부록 B에서 두 개의 디자인 패턴을 임의로 골라서 다이내믹한 자물쇠와 열쇠 메커니즘을 만들어보자. 이 메커니즘을 레벨 전체의 기본 구조로 활용할 수 있는가?

3. 기존 출시된 자연 발생형 게임 중 게임플레이가 뚜렷하게 몇 단계로 나뉘어지는 게임을 찾아보자. 어떤 메커니즘이 단계의 안정화에, 어떤 메커니즘이 단계간 전환에 작용하는지 찾을 수 있는가?

4. 〈루나 콜로니〉 게임에서 어떤 패턴을 활용하면 자연 발생적 게임플레이 단계가 만들어질 수 있을까?(9장에서 '〈루나 콜로니〉 디자인' 참조)

12장
의미 있는 메카닉

지금까지 비디오 게임 산업은 재미있는(그리고 수익을 낼 수 있는) 게임을 만드는 데 집중해왔지만, 게임이 오락 이상의 역할을 할 수도 있다. 점점 더 많은 회사들이 교육, 설득, 계도, 심지어 치유 목적의 게임을 만드는 데 매진하고 있다. 이런 게임들은 플레이어에게 일종의 메시지를 전달하려고 한다. 이는 다양한 방법을 통해 이뤄질 수 있으나, 우리는 메카닉과 이것들이 설정, 아트, 스토리 등 게임의 다른 부분들과 어떻게 상호작용하는지에 집중해 알아보겠다.

이 장에서는 의미 있는 메카닉을 만드는 법에 대해 살펴보겠다. 우선 기능성 게임들serious games과 이 게임들이 무엇을 다루는지 살펴보자. 그리고 커뮤니케이션 이론과 기호학이 무엇인지 알아보고, 이런 학문에서 배운 교훈을 게임 디자인에 적용해보겠다. 마지막으로는 게임에서 텍스트 간의 모순intertextual irony 현상으로 알려진, 서로 상충하는 의미를 포함한 다층적 의미를 어떻게 제공할 수 있는지도 알아보겠다. 독자 여러분의 주된 관심사가 재미있는 게임을 만드는 것이라 해도, 이 장에서 배운 내용을 통해 의미심장하면서 메시지까지 담고 있는 오락 게임을 만들 수 있을 것이다.

기능성 게임

놀이와 학습에는 오랜 역사가 담겨 있다. 많은 동물이 그렇듯이 인간 역시 놀이를 통해 인생에서 맞닥뜨릴 여러 심각한 과제들을 준비해왔다. 아이들이 숨바꼭질하는 걸 보면 사냥꾼과 똑같은 기술을 활용하기도 한다. 물론 이제는 사냥 기술이 고대만큼 필수적이지 않지만, 인형 놀이나 장난감 자동차 몰기 같은 유아용 게임은 어른이 됐을 때 해야 할 기술을 준비하는 과정이라고 볼 수 있다.

놀이가 게임이라고 부르는 구조적 활동으로 진화할 때 이런 학습적 측면을 담게 된다. 게임 디자이너 래프 코스터Raph Koster는 저서 『라프 코스터의 재미이론』(디지털미디어리서치, 2005년)에서 게임에서의 재미와 학습에 대해 다뤘다. 그는 어떤 게임을 플레이하든 학습과 게임을 숙달해가는 과정에서 재미있는 경험이 나온다고 주장한다. 게임 속 퍼즐을 풀어내고 올바른 동작을 통해 레벨을 깼을 때 느꼈던 성취감을 누구나 생생하게 기억할 것이다. 게임을 플레이하는 것은 목표를 습득하고 동작을 훈련하며, 이런 목표를 달성하는 데 필요한 전략을 배우는 끊임 없는 학습 과정이라 할 수 있다. 〈테트리스〉같이 실생활과는 별 연관이 없는 추상적 퍼즐 게임이라도 이는 마찬가지다. 코스터의 관점은 다소 과장되긴 했지만(게임에는 사회적 관계와 미적 만족같이 학습 이외의 재미 요소도 많다), 근원적인 요점은 옳다. 게임플레이란 즐겁게 배워나가는 과정이다.

게이머 세대

비디오 게임은 현대 사회에서는 어디에나 다 퍼져 있으며, 이젠 게임을 플레이하며 자란 세대가 사회 곳곳에 진출해 있다. 게임은 이 세대가 인생을 대하는 자세를 바꿔놓았다. 『The Kids Are Alright』(2006년)의 저자 존 벡(John Beck)과 미첼 웨이드(Mitchell Wade)는 지금의 게이머 세대는 게이머로서 쌓아온 경험 때문에 이전 세대와는 일을 대하는 태도가 다르다고 주장한다. 예컨대, 게이머들은 실패를 재앙이 아니라 그저 잠시 한 발 뒤로 물러서는 과정으로 받아들일 가능성이 크다. 평생 도전과 실패를 거듭하는 다이어트나 처음부터 다시 시작하는 게임 세션을 쭉 경험해왔기에 실패에 대한 두려움이 적다는 것이다. 게다가, 게임에는 모든 문제에 대한 해답이 있다. 플레이어가 즉시 발견하기는 어려울지 몰라도, 게임이 공정하고 디자이너가 도전을 극복할 방법을 마련해뒀다는 암묵적인 믿음이 있는 것이다. 물론 삶은 게임보다는 덜 공평하지만 게이머들은 실생활에서 겪는 문제들에 대해 해낼 수 있다는 마음가짐으로 더 자신감 있게 대한다.

기능성 게임이라는 용어는 게임이 가벼운 오락거리보다는 뚜렷한 목적성에 기여할 수 있다는 깨달음에서 탄생했다. 기능성 게임이 무엇인지 아직 표준화된 정의는 없지만, 벤 소여Ben Sawyer는 "기능성 게임은 문제를 해결한다."처럼 포괄적인 정의를 제안한다. 기능성 게임은 실제 세계에 어떤 영향을 미치기 위해 디자인된다. 많은 기능성 게임들이 게임을 플레이하면서 배우고 싶은 플레이어의 열린 마음을 활용해 게임을 통해 무언가를 배울 수 있게끔 한다. 또한 게임은 결과에 책임지지 않아도 되기 때문에 안전하고 적은 비용으로 문제 해결을 위한 실험으로 활용될 수도 있다.

초기 기능성 게임

기능성 게임은 컴퓨터가 발명되기 훨씬 전부터 현대 보드 게임의 개발을 이끌어왔다. 오늘날 〈모노폴리〉로 불리는 게임 역시 기능성 게임으로 출발했다. 이 게임은 〈지주 게임The Landlord's Game〉이란 작품에서 많은 요소를 빌려왔다(그림 12.1). 1904년 엘리자베스 매기Elizabeth Magie는 폭주하는 자본주의 경제의 종말이 무엇인지 보여주기 위해 이 게임을 디자인했다. 그녀는 땅을 사고 임대하는 시스템이 땅을 소유한 이들은 부유하게 만들어주는 대신 임차인들은 가난의 수렁에 빠뜨린다는 점을 증명하고자 했다. 비록 〈모노폴리〉('독점'이라는 의미)라는 제목은 원조 게임이 담고자 했던 메시지를 역설적으로 뒤집어버렸지만, 이 게임의 시초를 보면 단순히 가장 큰 재산을 형성하기보다는 다른 플레이어들을 파산시키는 것이 승리 조건이 되는 이유를 알 수 있다.

컴퓨터든 테이블탑이든, 대부분의 현대 전쟁 게임의 시초는 역시 기능성 게임인 〈크릭스슈필Kriegsspiel〉(독일어로 '전쟁 게임'이란 뜻이다)까지 거슬러 올라간다. 〈크릭스슈필〉은 1812년 프러시아 장교 게오르그 레오폴드 폰 라이슈비츠Georg Leopold von Reiswitz가 처음 개발했다. 이후 그는 아들과 함께 이 게임을 프러시아 군에서 장교들에게 전투 전략과 전술을 훈련하는 용도로 다듬었다(그림 12.2). 크릭스슈필에서 플레이어들은 차례로 전장 맵 위에서 여러 색깔의 나무 말들을 이동시킨다. 말이 얼마나 멀리 갈 수 있는지는 규칙으로 정해져 있으며, 한 유닛이 다른 유닛에 총격을 가하거나 근접 교전을 치를 때의 영향은 주사위를 굴려 정한다. 테이블탑 전쟁 게임을 플레이해본 적이 있다면 이 메커니즘이 익숙하게 들릴 것이다.

그림 12.1
특허 원부에서 발췌한 지주 게임의 보드

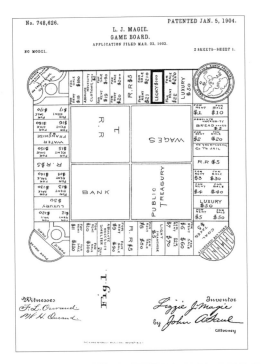

그림 12.2
〈크릭스슈필〉 (사진 제공: 앤드류 홈즈(Andrew Holmes))

〈크릭스슈필〉은 군 장교 훈련에 있어 일대 혁명이라 할 수 있다. 총격전을 주사위 굴리기로 대체한 단순한 규칙에도 불구하고, 실제로 이 게임을 플레이하는 장교들은 전략적 기술을 개선할 수 있었다. 〈크릭스슈필〉은 플레이어들이 결과에 대한 부담 없이 다양한 교전 전략을 시도해보며 그 장단점을 파악할 수 있게 해준다. 또한 상대방의 입장에서 그들의 관점으로 전략을 생각해볼 기회도 준다. 19세기 내내 프러시아가 군사 작전에서 연승을 거두면서, 유럽과 그 밖의 많은 나라들이 전쟁 게임을 군 장교 육성 프로그램으로 활용하게 됐다.

게임을 대하는 진지한 태도

전쟁 게임을 진지하게 받아들이지 못했던 나라도 있다. 이들은 주사위를 굴려 전투의 향방을 결정하는 비교적 단순한 게임을 어떻게 실제 전투에서 벌어지는 혼돈과 복잡성에 비견할 수 있는지 이해할 수 없었던 것이다. 전쟁 게임의 역사는 바로 이 게임을 진지하게 받아들이거나 무시함으로써 성공과 실패를 맛본 이들의 흥미로운 일화로 채워져 있다. 1960년 미국의 제독 체스터 니미츠는 2차 세계 대전 당시 전쟁 게임을 통해 일본과의 분쟁을 낱낱이 분석했기 때문에, 예측하지 못했던 사건은 가미카제 항공기의 출현뿐이었다고 장담한다. 반면, 러시아는 1차 세계 대전 초기 전쟁 게임에서 분석한 결과를 무시한 나머지 타넨베르크 전투에서 처참한 패배를 맛보기도 했다(미니어처 게임 역사 커뮤니티인 www.hmgs.org/history.html에서 전쟁 게임의 역사를 상세히 알아볼 수 있다). 전쟁 게임으로 실제의 전쟁을 대비한 과거로부터 얻을 수 있는 교훈은, 비교적 간단하고 비현실적인 규칙 시스템으로 만든 게임이라 해도 이들이 상징하는 실제 상황의 진수를 정확히 담아내며, 훌륭한 학습 도구로 활용할 수 있다는 점이다.

기능성 비디오 게임

기능성 비디오 게임이 디자인되기 시작한 것은 1980년대로, 원래는 교육용으로 개발됐다. 하지만 신기술을 담아내려는 경쟁 속에서 많은 초기 교육용 게임은 실망만을 안겨줬고, 한때 인기를 끌었던 에듀테인먼트라는 용어는 이제 기피 단어가 되고 말았다. 초기 교육용 게임 대다수는 허울만 게임인 객관식 시험에 불과했다. 이 때문에 게임플레이가 답답하고 재미도 없는 게임들이 속출했다(물론 〈오리건 산길Oregon Trail〉처럼 극찬받았던 예외적 작품들도 있다).

현대의 교육용 게임은 이보다 더 잘 디자인되어 있으며, 학교와 가정에서 수학으로부터 타자까지 온갖 것들을 교육하는 데에 활용된다. 이런 게임들은 게임플레이를 주제에 더 밀접하게 결합하고, 자연 발생적 메카닉의 위력을 빌어 단순한 사실보다는 원칙을 가르친다.

그렇다고 기능성 게임에 교육용 게임만 있는 것은 아니다. 온라인에는 제품을 광고하는 용도의 많은 광고형 게임이 있다. 오늘날 많은 정치 유세에서 상대 후보를 조롱하는 게임을 활용하고, 신문사와 게임 회사들은 신문에 실리는 논평 만화의 형태로 각종 뉴스에 대해 논하는 짤막한 게임들을 실험하는 트렌드가 형성되고 있다. 게임은 심리적 물리적 요법으로부터 시작해 내과와 외과의사를 훈련시키는 프로그램에 이르기까지 의학계에도 다방면으로 활용되고 있다.

자연 발생적 게임처럼 역동적인 자유도를 제공하는 게임에서 어떤 메시지를 전달하는 것은 쉬운 일이 아니지만, 가능한 일이라고 우리는 믿는다. 12장의 서두에서 밝혔듯이, 게임을 (특히 처음으로) 플레이하는 것은 재미있는 학습의 과정이라 할 수 있다. 게임이 재미있으면서도 기능을 담지 말라는 법은 없다. 사실, 〈심시티〉나 〈문명〉같이 사회 지리나 정치 역사를 가르치는 교육적 측면이 적용된 상업적 게임의 예는 많다. 1980년대 미 국무부는 미국과 구소련 연방의 지정학적 갈등을 다룬 게임 힘의 균형Balance of Power을 외교관의 훈련 도구로 활용하기도 했다.

기능성 게임 디자이너들이 어떻게 게임 메카닉을 통해 메시지를 전달하는지 설명하자면, 커뮤니케이션 이론과 함께 신호와 거기에 담긴 의미를 연구하는 기호학을 먼저 알 필요가 있다.

게임화

게임화(gamification)란 게임을 실용적으로 활용하는 최신 트렌드다. 일반적으로는 게임으로 여겨지지 않는 활동에 게임 같은 메카닉을 적용함으로써 사람들의 행동 방식을 변화시키거나, 중요하지만 지루한 작업을 더 재미있게 만들고자 할 때 게임화를 시도하게 된다. 이것은 그리 새로운 개념이 아니다. 항공사에서는 이미 수십 년간 상용고객 우대 프로그램에 게임화를 적용해 왔다. 단골손님에게 보상을 제공함으로써 경쟁 항공사를 이용하지 않게끔 유도하는 것이다. 종이로 된 고객 카드를 지급해 열 잔째 구매 시 무료로 커피 한 잔을 제공하는 것 역시 소소한 게임화의 하나로 볼 수 있다.

하지만 게임화가 소비자를 유도하는 데에만 사용되는 것은 아니다. 연구자들은 이제 본능적으로 게임을 즐기는 인간 본성에 착안해 다른 행동을 강화하는 데에도 게임플레이를 활용하기 시작했다. 최근 나온 게임 〈폴드잇(Foldit)〉은 일련의 퍼즐 형태로 유용한 단백질 분자를 찾아내는 크라우드 소싱 프로그램이다. 컴퓨터 관련 문제에 대한 해결책을 정리한 온라인 데이터베이스 엑스퍼트 익스체인지(Experts Exchange) 역시 같은 종류다. 참가자들은 질문에 대해 가장 유용한 답변을 올리기 위해 경쟁하며, 답으로 선택되면 포인트가 올라간다. 이렇게 모은 포인트는 배지 획득에 사용할 수 있으며, 사이트에 무료로 접속할 수 있다.

지금까지는 진짜로 전략이 필요하거나 복잡성을 보이는 게임화가 이루어진 사례가 극히 적지만, 이렇게 될 가능성은 열려 있다. 독자 여러분은 이 책에서 논의한 메카닉을 활용해 게임화 전략을 분석하고 발전시키기 바란다.

커뮤니케이션 이론

게임은 영화, 책, 신문같이 관객이나 독자와 소통하는 매체와 연관성이 크다. 영화와 비디오 게임은 시청각적으로 접근하지만 책이나 신문, 보드 게임은 고정된 이미지와 텍스트에 의존하는 점이 다르다. 커뮤니케이션 이론에서는 서로 다른 매체가 얼마나 효과적인지, 또 특정 매체가 전하고자 하는 메시지가 어떻게 관객이나 독자에게 전달되는지 오랜 기간 연구해왔다. 커뮤니케이션 이론은 광고, 정치 선언문, 개인의 견해뿐 아니라 개인의 미적 감각과 유머 등 온갖 종류의 메시지와 그 의미를 살펴본다.

노트 청자가 의식적으로 인지하지 못하는 메시지 전달을 화자가 꾀할 때도 있기 때문에 무의식을 포함했다. 이런 신호는 부지불식간에 영향을 미치는 역치하 자극을 통해 전달된다. 정해진 조건 하의 심리 실험에 의해 이런 자극의 효용성이 증명되기는 했으나, 무의식에 작용하는 메시지가 구매 결정이나 정치적 의견을 변화시킨다는 증거는 불충분하다.

커뮤니케이션 이론가들은 화자가 어떤 채널을 통해 청자에게 메시지를 전달하는지 보여주는 커뮤니케이션 모형을 만들어냈다(그림 12.3). 이 모형에는 다음 요소들이 포함된다.

- 화자는 청자에게 특정 메시지를 전달하고자 하는 개인 혹은 집단이다.

- 청자는 메시지를 이해해야만 하는 사람이다.

- 채널은 화자가 청자에게 메시지를 보내는 수단이다. 채널은 텍스트, 이미지 등의 매체 이름으로 불릴 때가 많다.

- 신호는 청자에게 말하는 데 사용되는 유형의 물리적 신호로 구성된다. 책이라면 단어와 글자로 신호가 구성된다. 음악의 신호는 우리가 다양한 주파수와 특성을 구분해 소리로 인지하는 공기의 파동으로 이루어진다.

- 메시지는 우리의 두뇌에 남는 무형의 의미를 뜻한다. (무)의식적 사고나 의미라고 생각해도 무방하다. 커뮤니케이션의 목적은 화자에게서 청자에게로 메시지를 전달하는 것이다.

그림 12.3
커뮤니케이션 모델

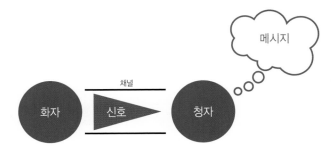

이런 요소들의 다양한 속성이 여러 방식의 커뮤니케이션에 영향을 미친다. 예를 들어, 신호가 운율에 맞춰 구성되어 있을 때는 더 주의를 끌고 기억에도 쉽게 남는다. 미국 대통령 드와이트 아이젠하워의 대선 캠페인 슬로건 "I like Ike."는 대표적인 예로 사람들의 뇌리에 남아 있다. 채널이나 매체의 특징 역시 대단히 중요하다. 음악은 분위기와 감정을 고조시키는 데는 좋지만 이성적인 주장을 전달하는 데엔 적당하지 않다. 모든 매체에는 저마다 장단점이 있으므로, 효과적인 커뮤니케이션을 원한다면 이를 감안해야 한다.

그런데 이런 커뮤니케이션 모델은 신호가 한 방향으로만 이동한다고 가정한다는 데에 유의할 필요가 있다. 즉, 화자에겐 말하고자 하는 메시지가 있고 청자는 응답하지 않는다고 추정하는 것이다. 이 모델은 방송 매체같이 강력한 화자(예를 들어 신문이나 텔레비전 방송국)가 하나의 신호를 한꺼번에 여러 청자에게 보내는 경우에는 잘 들어맞는다. 이런 매스컴은 화자가 의도한 메시지를 전달하는 데 적합한 길고 수준 높은 신호를 제작할 시간과 자원이 충분하기에 효력을 발한다. 하지만 그 대신 청자를 수동적인 신호의 소비자로 만드는 단점도 있다. 또한 이런 접근법을 모든 경우에 똑같이 잘 적용할 수 있는 것도 아니다. 교육에 있어서는 청자(학생)가 적극적으로 참여해, 메시지를 완전히 이해할 때까지 다양하게 조작할 수 있어야 한다. 그렇기에 이 책에서는 장의 끝 부분에 실습 과제를 넣고 이 책의 웹사이트에서 예를 찾아볼 수 있도록 수록해 뒀다.

매체가 메시지에 미치는 영향

효과적인 커뮤니케이션을 위해서는 가장 적합한 매체를 선택하는 것도 중요하다. 마샬 맥루한(Marshall McLuhan)이 한 "매체가 곧 메시지다."라는 말을 들어본 적 있을 것이다. 맥루한은 커뮤니케이션에 선택한 매체의 속성이 실제 신호보다 더 중요하다고 본다. 극적인 효과를 위해 다소 과장하고는 있으나, 핵심적으로는 옳은 말이다. 어떤 매체를 선택하느냐에 따라 전달하기도 전에 의도한 메시지에 대한 많은 것이 드러난다. 실제 메시지와는 무관하게 사람마다 매체에 대한 믿음과 편견이 있다. 예를 들어, 책을 쓴다면 영화를 만드는 것보다 더 권위 있게 보일 것이다.

커뮤니케이션 매체로써 게임을 택할 때의 강점은 디자이너와 플레이어, 그리고 플레이어 사이에서도 쌍방향 커뮤니케이션이 허용된다는 것이다. 게임에서 청자는 신호에 능동적으로 개입한다. 이는 장점이기도 하지만 책이나 영화를 통한 커뮤니케이션보다 게임을 통한 커뮤니케이션이 더 어렵거나 적어도 차이를 보이게 만들기도 한다. 기능성 게임을 주문하고 플레이하는 많은 이들, 즉 기능성 게임 디자이너의 클라이언트들은 여전히 게임을 방송 매체와 비슷하게 생각한다. 이들은 청자에게 흥미로운 것을 제공하기보단 데이터를 제시하는 수단으로 게임을 대한다. 게임은 전통적 방송 매체의 요소를 일부 간직하고 있긴 하지만 근본적으로 다른 것도 사실이다. 게임을 통해 전달하기 적합한 메시지도 있지만, 다른 매체가 적합한 메시지도 있다.

영화가 나은 경우

어떤 종류의 메시지는 게임보다 영화가 더 효과적으로 전달할 수 있다. 풀어내고 싶은 스토리가 있는데 굉장히 길고 세밀하며 해석이나 실험의 여지가 별로 없을 때는 영화로 풀어내는 편이 훨씬 효과적이다. 반면, 게임은 청중이 능동적으로 참여해야 하는 매체다. 플레이어가 스토리가 전개되는 게임을 할 때는 플롯이나 엔딩을 바꾸지는 못한다고 해도 액션을 통해 스토리에 들어가는 이벤트에 기여하게 된다. 전하고자 하는 메시지가 능동적인 참여를 허용하지 못한다면 게임으로 만들어선 안 된다.

게임에는 다른 모든 매체와 전혀 달라지는 게임만의 특징이 있다. 메카닉에 의해 신호가 만들어지는 유일한 매체라는 점이 바로 그것이다. 게임은 오디오, 비디오, 애니메이션, 텍스트 같은 표현 매체를 통해 메시지를 전달할 수 있지만, 강점은 메카닉에 있다. 게임에서 표현적 방식만을 활용한다면 여러분이 전하고자 하는 메시지에 더 잘 맞는 다른 매체를 이용하는 것도 생각해볼 필요가 있다. 앞에서 봤듯이, 게임의 내부 경제를 관할하는 메카닉이 자연 발생적 게임플레이를 낳는다. 기능성 게임을 제작하려면 지금까지 메카닉에 대해 배운 모든 것을 활용해 여러분의 메시지에 딱 맞는 메카닉을 만들어야 한다.

게임과 영화는 신호의 생산 가치가 높다는 공통점이 있다. 이로 인해 관객의 기대치 역시 높아진다. 우리는 영화를 보거나 게임을 플레이할 때 수준 높은 작품을 기대한다. 관람이나 플레이에 들이는 돈은 크지 않지만, 제작하는 데는 훨씬 큰 비용이 든다는 점도 알고 있다. 기능성 게임을 주문하는 클라이언트들이 기대가 높은 것도 아마 이 때문일 것이다. 자신들이 주문한 게임을 할리우드 최신작이나 최신의 트리플 A급 게임 타이틀과 비교하는 일이 흔한데, 저예산의 기능성 게임들은 영화 제작자들은 할 필요가 없는 소프트웨어 엔지니어링, 튜닝, 테스팅처럼 일반인들은 잘 모르는 수많은 작업이 필요하기 때문에 이런 기대를 충족시키기가 쉽지 않다. 게임은 쌍방향 매체이며 다양한 씬과 다양한 엔딩을 담아야 한다. 영화와는 달리 게임에는 신호만 있는 게 아니다. 게임은 여러분의 메시지를 전달하는 신호를 만들어내도록 디자인된 장치다.

메카닉은 메시지를 어떻게 전달하는가

기능성 게임을 포함해 좋은 게임은 가르치거나 훈계하지 않는다. 게임을 커뮤니케이션의 수단으로 활용하려면 메시지를 전달할 신호를 영리하게 만들어내기만 해선 부족하다. 대신, 원하는 신호를 만들어주는 장치, 즉 게임의 메카닉을 구성해야 한다. 그림 12.4는 이 개념을 구체화한 것이다. 사람들에게 이야기를 하는 것만큼 효과적이진 않지만, 어떤 메시지는 이런 식으로 전달할 때 청자가 이해하고 받아들이기에 더 좋다. 사람들은 게임과 상호작용하고 그 결과를 관찰하면서 여러분의 메시지를 추론해내게 된다.

그림 12.4
게임을 통한 커뮤니케이션

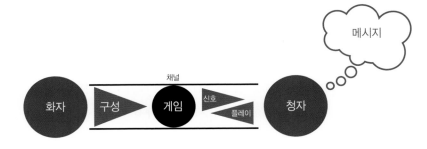

특히 대부분의 메카닉이 숨겨져 있고, 화면에 표시되는 결과와 플레이어의 입력에 대한 반응을 통해서만 볼 수 있는 비디오 게임에서 게임 메카닉이 어떻게 메시지를 전달하는지는 분명히 보이지 않을 것이다. 이런 과정이 어떻게 작용하는지는 〈심시티〉와 〈피스메이커PeaceMaker〉의 예를 통해 확인한 바 있다.

오리지널 〈심시티〉에서는 플레이어들이 토지세율을 정하고, 수입은 어디에 쓸지 결정할 수 있었다. 게임에는 세금이 너무 높아지면 마을에서 사업을 이전해 버리는 메카닉도 포함되어 있었다. 어떤 이들은 이를 두고 게임이 산업 친화적인 자본주의적 아젠다를 조장한다고 해석하기도 했다. 하지만 이 게임에는 스포츠 경기장이나 공원 같은 공공건물에 세금을 투입해 시민들의 행복을 증진시키는 메카닉도 포함되어 있다. 사실, 이 게임에서는 시민들이 이런 시설을 요구한다. 이를 두고 게임이 사회주의적 아젠다를 설파한다고 해석하는 이들도 있다. 둘 다 맞는 말이며, 좌파와 우파 모두 〈심시티〉의 내부 경제에서 정치적 메시지를 읽어낸다. 사실, 이 게임은 중간 규모의 미국 마을을 균형 있게 시뮬레이션으로 옮긴 것이다. 두 메시지 모두 의도된 것이나, 게임은 어디에서도 이를 명백하게 주장하지 않는다. 대신, 플레이어가 게임플레이를 통해 이런 면을 발견하게 된다. 이 게임을 높은 세금의 사회주의적 시스템으로 플레이하든 낮은 세금의 자유주의적 시스템으로 플레이하든 결국은 모두 실패하게 돼 있다. 사회주의적 입장을 취하면 마을에서 사업체가 자꾸 떠나고, 자유주의적으로 플레이하면 주민들이 원하는 시설을 지을 돈이 모이지 않아 시민들이 떠나게 된다. 게임 메카닉이 작동하는 방식을 선택함으로써, 특히 플레이어가 게임의 성공을 위해 해야만 하는 일들을 잘 선택함으로써 게임은 미묘한 방식으로 메시지를 전한다. 〈심시티〉가 지니고 있는 진짜 중요한 메시지는 바로 극단적인 정치적 입장은 실패할 따름이며 균형 잡힌 접근법만이 풍요로 이끌어준다는 점이다.

〈심시티〉는 오락용으로 디자인된 게임이지만, 〈피스메이커〉는 기능성 게임의 하나인 설득형 게임이다. 〈피스메이커〉는 훨씬 직접적으로 정치적 메시지를 던진다. 게임의 목표는 팔레스타인과 이스라엘간의 평화 달성이며, 플레이어는 팔레스타인 자치 정부의 대통령이나 이스라엘의 수상 역할을 하게 된다. 하지만 어떤 역할을 하든 간에 강경파적 태도를 취하면 결국은 실패하게 된다. 건설적인 개입만이 성공으로 이끌 수 있게끔 메카닉이 설정되어 있는 까닭이다.

이런 점은 상당히 중요한 점을 시사한다. 메카닉으로 메시지를 전달하는 방식은 플레이어가 게임 승리로 이끌어갈 때 힘을 발한다. 게임이 어떤 행동에는 처벌을 가하고 다른 행동에는 상을 주며 승리를 보장해주면 플레이어는 이를 통해 배우게 되고, 이것이 바로 게임이 추구하는 것이다. 자원이 무제한으로 공급되고 플레이어가 취하는 행동에서 어떤 부정적 결과도 나오지 않는 샌드박스형 게임을 만든다면 플레이어는 메카닉에서 전하고자 하는 메시지 따위는 무시하게 된다. 사실, 게임이 일정한 방향으로 플레이어의 행동을 구속하지 않기 때문에 메시지가 있다는 사실조차 깨닫지 못할 가능성이 높다.

플레이어의 행동으로 신호가 생성된다는 것은 게임이 가진 중요한 특성이다. 메카닉을 통한 메시지의 전달이 간접적이고 미묘하다고 해도, 플레이어는 장시간 이를 스스로 추론해냈기 때문에 뇌리에 새길 가능성이 높다. 플레이어가 어떤 행동을 하게 하고 그 결과를 짐작하게 하는 편이 단순히 어떤 결과를 낳는다고 얘기해주는 것보다 훨씬 효과적이다.

디자인 과제

메시지 전달을 위해 에세이를 쓰거나 다큐멘터리를 제작하려면 먼저 그럴 재능이 있어야 하지만 이런 방식은 최소한 여러분이 만들어내는 신호를 완벽히 제어할 수 있다는 장점이 있다. 하지만 메카닉을 통해 메시지를 전달하는 것은 그보다 훨씬 까다롭다. 게임에서 나오는 사운드와 이미지는 여러분이 직접 제공하기 때문에, 어떤 신호(컴퓨터의 출력)를 보낼지는 어느 정도 제어할 수 있다. 그런데 플레이어의 액션이 상호작용해 신호에 영향을 주는 것이 문제다. 플레이어에 따라 이런 사운드와 이미지의 순서가 뒤바뀔 수도 있고, 아예 안 나오게 될 수도 있다. 게다가 여러분이 의도한 메시지를 플레이어가 제대로 인지한다는 보장도 없다. 예민하지 않거나 메시지에 대해 깊이 생각해 볼만큼 신경을 쓰지 않는 플레이어도 있기 때문이다. 진짜 하드코어 플레이어들은 게임의 내용이나 의미에 큰 신경을 쓰지 않고 그저 최적화해 플레이할 수 있는 추상적 시스템으로 취급하는 경우도 많이 있다.

신호를 생산하는 장치의 디자이너로서 여러분은 게임이 만들어낼 수 있는 가능한 모든 신호를 알고 있어야 한다. 메카닉이 플레이어에게 요구하는 모든 액션(이전에 언급한, 승리하기 위해 플레이어가 해야 하는 일들)을 면밀히 살피고, 옵션으로 택할 수 있는 다른 액션도 살펴야 한다. 게임의 핵심이자 승리 조건이 사물을 총으로 맞히는 것이라면 게임에서 "폭력이 성공을 가져온다."는 메시지를 보내고 있음을 부정해 봐야 아무 소용이 없다. 게임에서 비폭력적 전략을 제공하고 싶다면, 이 또한 승리로 이끌어줄 수 있는 유효한 선택지임을 분명히 해야 한다. 게임이 어떻게 플레이될지는 경제 구조에 의해 결정되며, 가장 효율적인 전략은 효율이 떨어지는 전략보다 더 강한 메시지를 전달할 수밖에 없다. 플레이어가 폭력을 사용할 때 게임을 더 빠르고 쉽게 깰 수 있고, 비폭력적 방식으로는 느리고 힘겹게 이긴다면 폭력이 문제 해결을 위한 효과적 수단이라는 메시지를 전달하게 된다.

메카닉은 단순 제시보다 미묘하게 메시지를 전달하긴 하지만 조심스럽게 접근하지 않으면 똑같은 훈계로 느껴지게 된다. 플레이어에게 자주 폭력과 협상 사이에서 선택하도록 하되 늘 한쪽에는 불리한 결과를 넣는다면 플레이어는 빠르게 어떤 선택을 하지 않아야 할지 깨닫게 된다. 플레이어가 선하거나 악한 캐릭터를 선택하면 그에 어울리게 행동할 수밖에 없는 롤 플레잉 게임이 흔히 이런 실수를 범하는데, 이렇게 구현하면 선악의 양분법이 고착된다. 선한 역할을 선택한 플레이어들은 성인군자가 되어야 하고 악한 캐릭터를 선택한 플레이어들은 대량 학살을 일삼는 미치광이가 되어야 하는 것이다. 플레이어가 역할에 맞춰 행동하게 만드는 메카닉은 지나치게 직설적이다.

이스라엘과 팔레스타인의 외교를 다룬 게임 〈피스메이커〉는 플레이어가 자기 진영의 강경파를 회유하게 함으로써 이 문제를 피해가고 있다. 플레이어는 평화를 이뤄내야 하지만 늘 온건파다운 행동을 하는 것으로는 충분하지 않다. 이러면 자기 진영 사람들에 의해 축출당하고 만다. 어떤 진영으로 플레이하든 적군의 과격 종교 단체뿐 아니라 자기편 과격 종교 단체와도 항상 교섭해야 한다. 실제로 이 게임을 승리하려면 수장직을 유지하면서 평화를 유지한다는 서로 다른 두 승리 메카닉을 잘 조화시켜야 한다. 그러려면 정치적 균형 감각이 필요하다. 게임의 초반에는 자기 진영의 군 세력이 위협적이지만 정치적 성공을 거두기 시작하면 군 세력은 그다지 신경 쓰지 않아도 된다.

맥락이나 배경 스토리가 부족한 추상적 메카닉이라도 특정한 감정적 기조를 만들어낼 수 있다. 게임은 아무 자원도 생산되지 않고 플레이어가 가진 것만으로 어떻게든 살아남아야 할 때보다는 양성 건설적 피드백으로 인해 자원이 점점 빠르게 쌓일 때 다른 메시지를 주고 다른 감정을 자아낸다. 이전 장에서 다뤘던 이론과 디자인 방법론은 여러분의 게임이 어떤 메시지를 보내는지 파악하는 데 도움이 될 것이다.

게임과 윤리

게임이 보내는 신호가 도덕적으로 애매한 상태를 빚는 데에는 플레이어와 디자이너 양쪽 모두에 책임이 있다. 디자이너는 게임이 만들어내는 신호에 어느 정도까지 책임이 있을까? 또, 플레이어는 게임이 어떤 의미를 갖는지에 대해 얼마나 책임이 있을까? 학교에서 친구들을 괴롭히는 데에 반대하는 입장으로 게임을 디자인한다면, 이 메카닉을 거꾸로 친구들을 괴롭히는 시뮬레이터로 쓴다고 할 때 책임을 져야 할까?

2001년, 평론가들이 〈GTA Ⅲ〉에서는 플레이어가 매춘부를 살해해야만 계속 진행할 수 있다고 주장하며 상당한 논란이 일었던 적이 있다. 하지만 게임에서 플레이어에게 이런 행위를 요구한 적은 없다. 다만, 매춘부를 찾아가면 체력이 125% 상승하고 이 여자를 죽이면 낸 돈 50달러를 되돌려받을 수 있다는 점을 발견할 뿐이다. 이 게임에서는 플레이어가 가진 돈이 워낙 많아서 50달러 정도는 거의 차이를 빚지 않기에 여자를 굳이 죽일 필요가 없다. 하지만 이 게임은 이런 신호를 구성하는 기본 구성 요소, 즉 매춘부와 무기를 모두 제공한다. 게임에서 플레이어에게 이런 액션을 허용하며 이때 아무런 부정적 결과를 낳도록 하지 않는다는 것 자체가 의도하지 않은 메시지를 형성한다. 이런 사건은 영화 속에서 일어난다면 상황이 더 심각해질 수 있다. 관객은 영화 속 사건에 영향을 주거나 책임을 질 수 없기 때문이다.

〈GTA Ⅲ〉에 대한 이야기는 이 장 후반에 다시 다루겠다.

게임과 시뮬레이션의 기호학

기호학 역시 게임의 의미에 대한 이론적 관점을 제공한다. 기호학은 신호와 그 의미(혹은 메시지) 간의 관계를 살피는 학문으로, 청자가 인지하는 사운드, 이미지, 단어와 청자가 그 의미를 어떻게 이해하는가를 다룬다. 그래서 기호 이론이라고 부르기도 한다. 고전적 기호학에서 기호는 내재된 의미(혹은 메시지)와 이를 대변하는 물리적 기호라는 양면성을 띤 개체로 이해한다. 기호와 그 의미 간의 관계에 따라 기호는 세 가지 종류로 나뉜다.

- 아이콘icon이란 의미를 닮은 기호를 뜻한다. 사람을 그린 그림이 그 대표적인 예로, 그림 자체가 사람을 닮았으므로 사람으로 해석된다. 단어 중에도 아이콘으로 구분할 수 있는 것들이 있다. 개 짖는 소리 같이 들리는 그대로를 따라 한 의성어가 이런 경우인데, 흔하진 않다.

- 인덱스index는 기호를 약식으로 의미에 연결해주는 기호다. 대표적인 예로는 발자국 기호로 누군가 여기 있었다는(의미) 것을 표시하는 것이 있다. 이와 비슷하게, 연기(기호)는 불이 났다는(의미) 것을 뜻한다.

- 상징symbol은 신호를 관습적인 의미에 연관시킨 기호다. 사람의 이름이나 고유 명사가 여기에 속한다. 이름은 그 사람을 전혀 닮지 않으며, 많은 고유 명사가 해당 사물과는 큰 연관 관계가 없다. 그래서 모두 학습을 통해 배워야한다. 장미(신호)를 사랑(의미)으로 활용하는 것도 마찬가지다. 장미는 원래 사랑과 아무런 연관 관계가 없으며, 사랑과 연관시키는 것은 우리가 관습적으로 배운 것이다. 그래서 장미가 자라지 않는 문화권에서는 사랑에 다른 기호를 사용한다.

고전적인 기호학

이 책에서 쓰이는 기호학이란 용어는 고전적인 용례와는 조금 다르다. 우리는 기호가 신호와 그 의미라는 양면성을 띈다고 보지만, 정통 기호학자라면 기호는 기의와 이를 대표하는 기표 두 가지 개체로 구성된다고 설명할 것이다. 이런 용어들은 페르디낭 드 소쉬르(Ferdinand de Saussure)가 만든 것이다. 신호와 의미, 혹은 기표와 기의 간의 관계는 상징의 형태로 나타난다. 즉, 신호가 그 의미를 대표하는 것이다. 그러므로 책은 철학적 논쟁을, 게임은 특정 제품의 특징에 대한 생각을 대표할 수 있다. 지금부터 이 책에서 이런 용어는 신호와 그 의미 간의 관계를 표시한다고 생각하면 좋다.

아이콘, 인덱스, 상징 세 가지 범주는 중요한 연구 내용이 거의 모두 1914년 사망한 이후 발표된 찰스 샌더스 퍼스(Charles Sanders Peirce)가 정한 것이다(퍼스, 1932년). 퍼스는 기표와 기의라는 용어는 사용하지 않았지만, 그의 연구 결과는 소쉬르가 이끈 현대 기호학에 맞게 변용되었다.

기호학에 대해 더 알아보고 싶다면 퍼스와 소쉬르의 고전으로부터 시작하지는 않기를 권한다. 현대에 와서는 이들의 원저를 구하기 쉽지도 않을뿐더러, 이후 많은 연구가 이루어졌기 때문이다. 대신, 기호학과 커뮤니케이션 이론 전반에 대한 현대적 접근법을 제공하는 존 피스크(John Fiske)의 저서 『Introduction to Communication Studies』(2010년)를 추천한다.

기호학 이론에 따르면, 세계에 대한 우리의 지식에서 기호는 중요한 축을 담당한다. 단어 같은 상징적 기호야말로 우리가 일반적인 용어로 세상 사물에 관해 이야기할 수 있게 해주고, 개별적인 일들에 대한 관찰을 좀 더 일반적인 상황으로 전환해주는 것이다. 사과라는 단어는 종이에 끄적거리는 소리나 다름없이 우리의 입을 통해 발성되는 소리일 뿐이지만, 실제의 사과나 다양한 종류의 사과라는 일반적인 개념을 의미한다. 그 밖에도 무수한 의미와 용법들이 있다. 네덜란드에서는 감자를 aardappel(땅에서 나는 사과)이라고 부르는데, 신대륙에서 처음 감자가 네덜란드에 들어왔을 때 마땅히 부를 이름이 없어 익숙한 이름을 변형시켜 썼기 때문이다. 또한 "사과와 오렌지를 비교한다."는 문장 속에서 사과는 실제 사과와 아무런 관계가 없다. 이 말의 뜻은 "비교가 안 되는 것을 비교하려 한다."는 뜻이다. 마지막으로 성경에서 이브가 먹은 과일을 사과라고 해설하는 경우가 많은데(실제 성경에는 이 과일이 사과라고 나와 있지 않다), 이 때문에 사과는 예술 작품 속에서 에로티시즘의 상징으로 쓰인다(이 역시 성경과는 아무 관계가 없다). 종합하면, 단어는 복잡한 의미를 효과적으로 전달함으로써 커뮤니케이션을 위한 단축 키의 역할을 한다.

기호학은 전통적이며 정적인 매체, 즉 음성 언어, 책의 텍스트, 영화, 시각 미술 등에 나타난 기호를 연구하는 학문으로 시작됐다. 그렇기에 게임에 기호학을 적용하려면 우리가 기호로 여기는 것이 무엇인지 생각해볼 필요가 있다. 기호학이 여타 매체의 기호와 신호를 해석하는 방식으로 게임이 만들어내는 신호들을 바라볼 수도 있겠다. 이때는 신호의 실체, 혹은 의도한 의미와의 연관성을 논할 수 있다. 또한 기호학 이론을 게임의 결과가 아니라 게임 그 자체에 적용해볼 수도 있다. 그렇다면 실재하는 규칙의 시스템인 게임이 다른 시스템을 대표하는 것이라 말할 수 있다. 예를 들어, 〈월드 오브 워크래프트〉(게임과 그 안의 모든 메카닉)는 (게임이 의도한 모든 복잡성과 뉘앙스를 포함한) 상상 속의 판타지 세계를 상징한다고 할 수 있다. 보통, 많은 사람들은 다른 시스템(예: 날씨)을 모델링하는 하나의 시스템(시뮬레이션)을 만들어내는 시뮬레이션이 바로 이런 것이라고 생각한다.

게임과 시뮬레이션

게임 개발자들은 상당 기간 게임과 시뮬레이션 간의 유사성에 관해 논쟁해 왔다. 규칙(혹은 메카닉)이 있는 시스템을 활용해 다른 시스템(더 정확히는 다른 시스템의 개념)을 표현하기 때문에 둘은 유사하다. 하지만 차이점도 있다. 게임 디자이너 크리스 크로포드는 1984년 저서 『The Art of Computer Game Design』(북스앤피플, 2005년)에서 다음과 같이 밝혔다.

시뮬레이션의 필수 조건은 정확성이며, 게임의 필수 조건은 명료함이다. 시뮬레이션과 게임과의 관계는 설계도와 그림의 관계와 같다. 게임은 세부 사항들이 빠진 소규모의 시뮬레이션이 아니다. 게임은 디자이너가 전하고자 하는 메시지를 더 폭넓게 강조하기 위해 의도적으로 세세한 묘사를 억제한다. 시뮬레이션이 상세하다면 게임은 보다 양식화된 시스템이다(크로포드, 1984년, 9페이지).

좀 더 최근으로 오면 게임 학자 제스퍼 쥴은 다음과 같이 말한다.

게임은 양식화된 시뮬레이션일 때가 많다. 이는 원천에 충실하기보다는 미적인 이유 때문이다. 게임과 시뮬레이션은 둘 다 실제 세계의 요소들을 조정해 적용한 것이다. 하지만 시뮬레이션은 축구, 테니스, 혹은 현대 도시에서 범죄자가 된다는 흥미로운 측면들에 집중한다(쥴, 2005년, 175페이지).

크로포드는 이렇게 시뮬레이션과 게임의 차이를 구분하긴 했지만, 사실은 과학과 공학에서 쓰이는 시뮬레이션과 게임용 시뮬레이션의 차이를 말하고 있다. 게임 역시 사물을 시뮬레이션한다. 다만 다른 이유로 다른 것들을 시뮬레이션하는 것뿐이다. 다음 단락에서는 과학과 공학 연구에서 쓰이는 시뮬레이션과 오락용 게임에서 쓰이는 시뮬레이션이 어떻게 다른지 살펴보겠다.

과학 시뮬레이션

과학 연구는 보통 실제 세계를 관찰하는 것으로 시작된다. 그런 다음 과학자는 자연이 어떻게 작동하는지에 대한 가설을 통해 자신이 관찰한 사항을 설명한다. 그리고 이런 가설을 시험해보기 위해 실제 세계에 대한 실험을 수행하고, 이를 다시 관찰한다. 이런 실험의 결과는 원래의 가설을 뒷받침하거나 부정하게 된다. 가설이 틀렸다는 것이 입증되면 과학자는 가설을 수정하고 다시 시도한다.

하지만 은하계의 행동 양식처럼 규모가 아주 크거나 굉장히 느린 시스템이나 지질 작용 같은 과거에 일어난 사건들은 실제로 실험해볼 수 없거나 할 수 있다 해도 비용이 너무 많이 든다. 이런 경우 과학자들은 마찬가지로 관찰에 대한 가설을 만들지만, 그런 다음 실험을 하는 대신 자연이 어떻게 작동하는지에 대한 가설을 모델링하는 시뮬레이션을 만든다. 그리고 이 시뮬레이션을 구동해 그 결과를 실제 세계의 더 많은 데이터와 대조한다. 시뮬레이션에서 실제 세계와 다른 결과가 나오면 가설과 시뮬레이션을 함께 수정한다.

많은 실험과 관찰을 통해서 결과가 틀리다는 증명이 더이상 나오지 않고 가설이 옳은 것으로 여겨지면 이론으로 확립되어 미래에 일어날 사건을 예측하고 계획하거나 다른 활동에 활용된다. 과학자들은 시뮬레이션을 통해 다음 번 일식 같은 일들이 언제 어디에서 일어날지 예측하고, 공학자들은 이를 활용해 건물과 항공기를 디자인한다.

과학적 시뮬레이션은 정확성에 초점을 맞춘다. 이들은 시스템의 중요한 측면들을 시간과 컴퓨터 연산에 활용하는 하드웨어의 한계 내에서 가능한 한 정확히 모델링한다. 시뮬레이션 모델이 시뮬레이션이 대표하는 시스템의 실제 메커니즘과 얼마나 가까운지가 중요하며, 모델을 정교화할 때 과학자와 공학자들은 수집한 실제 세계의 데이터와 대조한다. 기호학적으로 보면 시뮬레이션은 아이콘이라 볼 수 있다. 신호(시뮬레이션 규칙)가 그 의미(실제 메커니즘)를 닮았기 때문이다.

게임의 시뮬레이션

보통 게임에서 디자이너의 목표는 정확성이 아니라 재미다. 디자이너는 게임에 대한 아이디어에서 시작해 이를 정제해 게임 디자인으로 만들어낸다. 시간이 흐름에 따라 변할 수도 있지만, 디자인은 상호작용이라기보단 정적인 것으로, 디자인 미팅에서 논의하고 적어 둔 문서들과 다이어그램, 메모의 집합이다. 그런 다음 프로그래머들이 디자인에서 명세한 시스템을 소프트웨어로 구현한다. 많은 장르에서 이 소프트웨어는 차량, 전투, 도시 등을 시뮬레이션한다. 디자이너와 프로그래머 모두 중력의 법칙이나 항공기의 성능 같은 실제 세계의 예를 관찰함으로써 아이디어를 빌려오긴 하지만 재미를 위해 이런 실제 세계의 시스템을 무시하거나 변형한다. 이 때문에 비디오 게임의 뚜렷한 특징이라 할 수 있는 만화 같은 물리cartoon physics가 탄생하는 것이다. 게임에서는 캐릭터가 아무리 아찔한 높이에서 떨어져도 다치지 않는다.

게임 개발자들은 게임의 시뮬레이션을 현실과 비교해 테스트하는 대신, 플레이 테스트를 통해 재미있는지 검증한다. 우리는 시뮬레이션을 다듬을 때 실제 세계를 정확하게 반영했는가가 아니라 전달하고자 하는 오락성을 개선하는 쪽으로 정제한다. 즉, 플레이어가 정확성에 신경을 쓸 때만 정확성을 중시한다. 차량 시뮬레이션이나 스포츠 게임에서는 플레이어들이 정확성에 신경을 쓰는 경우가 종종 있지만, 다른 게임 장르에서는 그다지 관심 두지 않는다. 따라서 여러분의 타깃 플레이어에게 어떤 측면이 중요한지를 아는 것이 중요하다.

기호학적으로 보면 게임은 아이콘 기호보다는 인덱스와 상징 기호를 훨씬 자주 사용한다. 즉, 전사의 체력 상태를 보여줄 때는 매우 많은 애니메이션이 필요한 전사의 외형 변화를 통해서가 아니라 단순히 파워 바를 통해 표현한다. 효율적인(시각적 애셋을 덜 써도 된다) 동시에 효과적인(플레이어가 즉시 확인할 수 있다) 방법이다. 게다가, 전사는 게임에서 마지막 순간까지 힘이 최대치인 채로 싸우기 때문에 체력을 시뮬레이션으로 표현해봐야 어차피 정확성은 떨어진다. 전투의 양식화된 시뮬레이션인 게임에서는 표현하는 시스템의 가장 흥미로운 측면에 집중해 이런 측면을 훨씬 명료하게 보여주는 데에 집중한다.

게임과 시뮬레이션의 이런 차이를 볼 때, 게임 개발자들이 게임을 더 사실적으로 보이게 하려고 엄청난 노력을 기울이는 것은 흥미로운 일이다. 사실적 게임이란 아이콘적 시뮬레이션이라 할 수 있다. 표현하고자 하는 실제의 시스템을 가능한 한 많이 닮은 메카닉을 만들어내려 애쓰기 때문이다. 게임에서 리얼리즘과 아이콘적 시뮬레이션을 추구하는 게 나쁜 일은 아니지만, 게임플레이의 재미를 포기하면서까지 리얼리즘에 집중하거나 더 리얼하게 만들면 더 재미있어지리라 여기는 것은 실수일 때가 많다. 오락용 게임은 이보다는 비 아이콘적 형태의 시뮬레이션을 통해 아이디어를 전달하는 데 집중해야 한다. 이 장의 후반에서 유사 상징적 시뮬레이션이란 개념을 더 자세히 살펴보겠다.

추상화

과학과 게임 시뮬레이션 양쪽 모두 실제 세계의 메커니즘보다는 단순한 메커니즘을 구성해야 한다. 그렇지 않았다간 원래의 시스템과 똑같은 속도와 규모로 구동되는 복제품이 탄생하기 때문에 이는 반드시 필요한 과정이다. 실제 시스템의 복제를 빠르게 돌리거나 안전한 환경에서 아이디어를 시험해볼 수는 없다. 실제 시스템보다는 시뮬레이션이 더 간단해야 하기 때문에, 시뮬레이션 디자이너는 특정 세부 사항들을 빼는 결정을 내린다. 이 과정을 추상화라 부른다.

추상화에는 제거와 단순화 두 가지 종류가 있다. 일반적으로 시뮬레이션에서 메카닉의 작동에 영향이 아주 작거나 없는 요인을 제거하는 게 안전하다. 자동차의 공기 역학을 시뮬레이션할 때 굳이 와이퍼나 라디오 안테나를 넣어서 번거로움을 감수할 필요는 없을 것이다. 그러기엔 영향이 너무 적기 때문이다.

마찬가지로 이 시뮬레이션과 아무 관계가 없는 실내 장식 같은 세부 요소도 제거한다.

단순화를 통한 추상화에서는 전체적인 메카닉에는 영향을 미치지만, 내부적 작용 원리에는 별 관계가 없는 요소를 찾는다. 그런 다음 세부 요소를 포함하지 않도록 아주 단순화해 모델링한다. 예를 통해 살펴보면 이해하기 쉬울 것이다. 전투용 탈것의 전시 대비 상태 미비에서 오는 영향을 큰 규모, 즉 전국 모든 부대의 탈것에 대해 모델링한다고 가정해보자. 이때, 전투기 10,000대에 한 대꼴로 랜딩 기어가 손상되어 사용할 수 없다는 통계가 있다고도 가정하자. 여러분이 해야 할 일은 랜딩 기어에 무슨 문제가 있는지 밝히는 것이 아니라 이런 요인을 전군의 전시 대비 모델에 추가하는 것이다. 그러지 않고 랜딩 기어의 기계적 사항을 세세하게 모델링하면 이는 전군 대비 체제가 아니라 10,000대당 하나의 랜딩 기어 손상을 시뮬레이션한 것에 불과하다. 랜딩 기어의 문제는 단순한 무작위적 요인으로 추상화해야 한다. 시뮬레이션을 랜딩 기어를 어떻게 개선할지 그 방법은 모른다 해도 손실률을 변경하면서 랜딩 기어 개선이 시스템 전체에 어떤 영향을 미치는지 연구할 수 있다.

게임에서 아바타가 돈을 들고 다니는 기능이 있을 때, 정확한 금액을 계속 관리하거나 지폐와 동전을 일일이 묘사하는 경우는 거의 없다. 단순히 아바타에게 25.37달러가 있다고 표시할 뿐이다. 플레이어가 여기에 관심을 두지도 않고 나머지 메카닉에 영향을 주지도 않기 때문에 현금의 세부 요소가 단순화된 것이다. 과학이나 게임 시뮬레이션에서도 늘 이런 단순화가 일어난다. 게임에서는 더 자주 일어난다. 과학자와 공학자 역시 다른 이유로 게임 개발자와는 다른 기능을 추상화한다. 과학자는 정확한 결과를 원하지만 게임 개발자는 재미있는 것을 원한다.

시뮬레이션은 거짓말을 할 수 있다

작가이자 기호학자인 움베르토 에코(Umberto Eco)가 기호학을 '거짓말의 이론(the theory of the lie)'(1976년)이라고 쓴 것은 유명하다. 기호가 거짓말에 활용될 수 있으며, 따라서 넓게 보면 기호학은 진실뿐 아니라 거짓과도 관계가 있다는 것이다.

시뮬레이션 역시 의도적이든 그렇지 않은 사람들을 속이는 데 활용될 수 있다. 게임 학자 이언 보고스트(Ian Bogost)는 시뮬레이션이 얼마나 사실적으로 보이든 어느 정도는 주관적이라고 경고한다(2006년, 98~99페이지). 추상화 과정은 디자이너로 해금 무엇을 배제할지 결정하게 만들기 때문에 주관성을 초래한다. 그러므로 시뮬레이션이 얼마나 정확해 보이든 이를 실제라고 착각해선 안 되며, 시뮬레이션을 만든 이가 내린 선택과 이유를 항상 파악해야 한다.

흥미로운 예가 바로 게임 〈AA 온라인(America's Army)〉이다. 멀티플레이어 1인칭 슈터(first person shooter)인 이 게임은 대단히 사실적이다. 심지어 '진짜' 미션을 수행하려면 먼저 무기 훈련을 받아야 할 정도다. 미 육군에서 출시한 이 게임은 아마도 육군에서 실제적으로 만들어달라고 주문했을 것이다. 이 게임은 육군 모병을 위한 것이다. 하지만 이 게임의 시각적 측면을 실제와 비교하면 많은 것을 배울 수 있다. 예컨대 게임에서는 피나 사지 절단 같은 묘사를 찾아보기 힘들다. 실제 전투는 누구라도 속이 뒤집힐 만큼 끔찍하고 충격적인데도 말이다. 하지만 미 육군이 모병하면서 전하고 싶은 메시지는 이런 것이 아니기 때문이다.

더 흥미로운 것은 플레이어들이 팀을 이뤄 서로 싸우는 멀티플레이어 게임이면서도 양쪽을 모두 미군으로 설정했다는 점이다. 플레이어와 팀원들은 미군으로 보이지만, 상대 팀은 반군으로 보인다. 동시에, 상대 팀 역시 자신들은 미군으로, 여러분은 반군으로 보인다. 당연히 미 육군이 미군을 상대로 전투를 훈련하는 게임을 내놓고 싶진 않았기 때문이다. 그래서 게임플레이는 양쪽 모두 미군의 장비를 가지고 미군의 전술을 사용하는 대칭 구조를 띤다. 미군이 반군과 싸우는 비대칭적 전쟁이라는 게임 소개와는 정반대다. 그래서 〈AA 온라인〉으로는 반군을 이길 전술을 고안해 내는 뛰어난 군인을 훈련해낼 수 없다.

기능성 게임의 시뮬레이션

기능성 게임의 시뮬레이션은 게임의 용도에 따라 과학과 오락 시뮬레이션의 중간에 온다. 〈피스메이커〉같이 설득하려는 목적의 게임이라면 거기에 초점을 둬서 메카닉을 조정할 것이다. 또한 교육적 게임은 기장들의 교육을 위한 비행 시뮬레이터가 그렇듯 주제를 정확히 재현하는 데에 집중할 것이다.

오락 게임에서는 재미없는 세부 요소들은 추상화해버린다. 그래서 오락용 전쟁 게임에서는 식량과 연료를 전선으로 수송하거나 부상자를 병원으로 수송하는 군수의 측면은 다루지 않는다. 전투에 대한 전략이나 전술만큼 재미있지 않기 때문이다. 하지만 전쟁에서 군수 문제를 교육하고자 하는 기능성 게임이라면 이런 측면을 완전히 무시할 수 없기 때문에 이를 포함할 방법을 찾아야 한다. 이럴 때는 게임의 재미와 올바른 메시지 전달 사이에 갈등이 발생할 수 있다.

이런 문제를 해결하려면 기능성 게임을 디자인할 때 교육하고자 하는 주제를 중심으로 구성한 다음, 오락용 게임이라면 재미를 위해 더했을 요소라 해도 부수적인 것이라면 추상화해야 한다. 군수에 대한 기능성 게임을 디자인할 때는 군수와 연관된 경제, 난관, 행동을 조사하고 이를 시뮬레이션하는 메카닉을 구성하라. 전투는 게임에 영향을 미칠 수는 있겠지만 플레이어가 참여하지 않을 활동이므로 제거하거나 단순화하라. 군수적 도전을 그 자체로 재미있게 만드는 데에 집중하고, 이를 도와주는 게임 메카닉을 채택하며, 다른 문제에 플레이어의 주의가 분산되지 않도록 하자.

또한 기능성 게임에서 여러분의 메카닉이 주제를 정확하게 시뮬레이션해야 한다고 해서 나머지 요소까지 모두 정확하게 시뮬레이션해야 하는 것은 아니다. 기능성 게임이라고 해서 모든 것을 정확히 묘사해야 하는 것은 아니다. 군수에 대한 게임에서 시뮬레이션이 핵심 원칙을 올바로 가르치기만 한다면 만화 같은 물리를 (더불어 만화체 그래픽을) 넣어도 관계없다.

기능성 게임을 디자인할 때 그 출발점을 기존 오락 게임의 모방으로 시작하면 거의 틀림 없이 실패하게 된다. 이런 게임은 주제를 중심으로 메카닉과 게임 플레이를 구축해야만 한다.

노트 기능성 게임 개발에 고용됐다면 직무 전문가(subject-matter-expert)라고 칭하는 사람과 함께 일해야 할 수도 있다. 이런 사람들은 주제에 관해서는 굉장히 잘 알지만 게임 디자인에 대해서는 아마 문외한일 것이다. 이들의 전문성과 여러분의 전문성을 합쳐 정확하고 유익하며 매력적인 게임을 만들어내야 하기 때문에, 오락 게임을 디자인할 때보다 타협과 외교적 수완이 훨씬 더 요구된다.

유사 시뮬레이션

인벤토리 관리는 유사 시뮬레이션의 대표적 예다. 〈어드벤처〉(1976년) 이래로 비디오 게임에는 인벤토리가 존재해왔다. 게임에서는 플레이어 캐릭터가 오브젝트를 집어서 가지고 다닐 수 있다. 플레이어는 이런 오브젝트들을 게임의 인벤토리 화면에서 관리한다. 디자인적 목적과 물리적인 메모리 문제 때문에 대부분의 게임은 캐릭터가 가지고 다닐 수 있는 물건 수에 제한을 둔다. 게임에서 플레이어가 소지할 수 있는 아이템의 개수를 제한하기도 하고, 아이템마다 무게 값을 부여해 정해진 총합 이상은 들 수 없게 하는 것이다.

〈디아블로〉에서 도입된 인벤토리 시스테은 유사 시뮬레이션의 좋은 예다. 이 인벤토리 시스템의 메카닉은 이 시스템의 배경에 있는 메카닉을 그대로 닮은 것은 아니지만, 그 개념은 연관이 있다. 기호학적으로 이 인벤토리는 인덱스적 기호다.

〈디아블로〉의 인벤토리 시스템은 아이템의 크기, 모양, 무게 같은 모든 세부 사항을 시뮬레이션하기보다는 아이템의 상대적인 크기를 주요 제한 요소로 활용한다(그림 12.5). 각 아이템은 정해진 수의 인벤트로 슬롯을 차지하며, 슬롯은 격자 모양으로 구성되어 사용할 수 있는 영역이 제한된다. 아이템은 각각 1×1, 2×2, 1×4칸을 차지하는 등 다양한 모양으로 되어 있다. 플레이어 캐릭터는 인벤토리에 충분한 공간이 있을 때만 아이템을 집을 수 있다.

그림 12.5
〈디아블로〉 스타일의 인벤토리

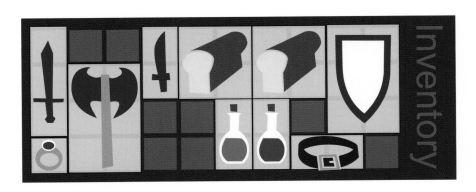

이런 인벤토리는 실제 세계에서 누군가 가지고 다닐 수 있는 물건의 제한(형태, 크기, 무게)을 2차원적 형태로 표현하면 쉽게 이해할 수 있다는 점에서 유사 시뮬레이션의 예로 볼 수 있다. 시뮬레이션한 버추얼 아이템은 무게, 형태, 크기에 따라 슬롯의 빈칸을 차지한다. 인벤토리 메카닉의 이런 내부적 규칙과 제약은 직관적이며 바로 파악할 수 있다(이는 화면의 시각적 표시에 맞춰 구현됐기 때문이 아니다). 하지만 이런 시스템에서는 실제 세계에서처럼 관리의 문제가 대두된다. 이 시스템은 플레이어가 인벤토리에 정돈하지 않고 아무렇게나 비효율적으로 아이템을 배치할 수 있도록 허용함으로써 아이템을 인벤토리에 잘 정리해 자산을 관리할 필요성을 가르치는데, 판타지 게임에서 이런 귀찮은 일을 하는 것은 불필요하다는 불만도 있다.

〈디아블로〉의 인벤토리 시스템은 복잡한 실제 세계의 요인들을 가져와서 비디오 게임이란 매체에 잘 어울리는 단일 메카니즘으로 대체했다. 분명 이 시뮬레이션에는 일정 정도 정확성이 결여되어 있지만(〈디아블로〉에서는 크면서도 가벼운 아이템은 존재할 수 없다), 플레이어들이 가지고 다닐 수 있는 물건에 제약이 있다는 전체적인 행동 양식은 유지되고 있다. 〈디아블로〉 인벤토리가 영리한 점은 인벤토리 관리의 모든 소소한 측면을 컴퓨터 화면에 쉽게 표시할 수 있는 크기 퍼즐로 압축했다는 점이다. 초창기 게임들은 이를 무게로 풀곤 했는데, 컴퓨터라는 시각적 매체에는 덜 어울리는 결정이라 하겠다.

유사 시뮬레이션의 또 한 가지 예로 대부분의 게임에서 체력을 처리하는 방식을 들 수 있다. 캐릭터와 유닛의 체력은 퍼센트율이나 HP 같은 단순한 수치로 표시된다. 분명 실제 세계에서는 사람의 체력 상태나 탈것의 구조적 완전성에 다양한 요소가 영향을 주기 때문에 측정이 복잡할 수밖에 없다. 하지만 대부분의 게임은 캐릭터의 체력을 수치로 처리해 이 모든 측면을 편리한 하나의 메커니즘으로 묶어낸다. 플레이어도 컴퓨터도 이렇게 종합된 수치를 더 잘 이해하고 처리할 수 있기 때문이다.

상징적 시뮬레이션

유사 시뮬레이션은 이미 설명한 〈디아블로〉의 인벤토리 메커니즘처럼 원래의 시스템과 시뮬레이션 메카닉 간의 관계를 기초로 한다. 이런 시뮬레이션은 두 시스템의 유사성을 활용한다. 여기에서 유사성은 상징적이거나 아이콘적인 것이 아니라 인덱스적 차원이다(다시 말해, 실제 칼의 형태는 게임 속 칼과 대략 비슷하다). 상징적 시뮬레이션은 이보다 더 깊이 들어간다. 즉, 시뮬레이션된 메카닉이 원래의 시스템을 대략적으로 묘사하는 게 아니라 관습적으로 연결된다. 많은 보드 게임에서 주사위 굴리기가 상징적인 의미를 갖는 것이 바로 이런 상징적 시뮬레이션이다. 예컨대, 게임 〈리스크〉에서는 몇 개의 주사위를 굴리는 것으로 복잡한 전투를 치른 결과를 대신한다. 이때, 주사위를 굴리는 것과 전투와의 연결은 자의적이며, 다른 게임들에서도 이 단순한 액션이 대부분의 플레이어들은 잘 알지 못하는 많은 액션을 시뮬레이션하는 데 쓰인다. 이런 게임에서는 플레이어가 전투의 결과에 큰 영향을 끼쳐선 안 되기 때문에 주사위가 전투를 대체하고 있는 것이다. 〈리스크〉는 전체적인 전략을 다루는 게임이지 전장에서의 전술적 움직임을 다루는 게 아니다. 군 지휘관이 모든 전투를 직접 치를 수 없는 것처럼, 플레이어도 주사위를 굴린 결과를 제어할 수는 없다(대신 언제 얼마나 많은 부대를 전투에 투입하고 언제 후퇴할지 결정할 수 있다).

〈크릭스슈펠〉과 이후 출시된 많은 전쟁 게임도 이와 비슷하다. 이런 게임들은 〈리스크〉와는 달리 전장에서의 전술적 움직임에 집중한다. 그래서 규칙은 정교하지만 각각의 전투에 대한 규칙은 주사위와 소모전으로만 구성된다. 이런 게임은 총기를 다루는 방법이 아니라 전술적 능력을 키우는 방향으로 설계되었기 때문이다.

주사위는 정교한 규칙이 없이도 비확정적 효과를 만들어내는 데에 효과적이다. 각각의 전투 같이 고도의 추상화가 어울리는 복잡하고 비확정적인 시스템은 주사위 몇 개를 굴리는 것과 비슷한 효과를 낸다. 결과를 예측하거나 제어하기 힘든 복잡계이기 때문이다. 이는 이전 '추상화' 단락에서 전투기의 랜딩 기어와 정확히 똑같은 추상화다. 플레이어가 시스템에 큰 영향을 미칠 수 없을 때 특히, 주사위 메카닉은 좀 더 복잡한 시스템을 대체할 수 있다. 다양한 주사위 메카닉의 무작위적 특징은 복잡계가 빚어내는 피상적이고 비확정적 패턴을 만들어내는 데에 활용할 수 있다.

고전 비디오 게임 〈슈퍼 마리오 브라더스〉에서 적 위로 점프해 처치하는 것은 상징적 시뮬레이션과 유사 시뮬레이션의 중간쯤에 자리한다. 정확한 작동 방식은 적마다 다르며 모든 적에게 똑같은 방식이 적용되는 것은 아니지만, 게임 내내 이런 방식이 계속 활용되며 시리즈의 특징으로 자리 잡고 있다. 이런 전투 방식은 다소 이상하긴 하지만 코드로 적용하기는 의외로 간단하다. 적을 점프해서 밟는 것으로 피해를 가하는 능력은 게이머라면 즉시 알아볼 수 있는 플랫폼 게임의 관습이 되었으며, 플랫폼에서 플랫폼으로 점프하는 장르를 정의하는 액션이다.

무언가를 점프해서 밟는 것과 실제 세계에서 무언가를 무찌르는 것은 직관적으로 연결되지 않지만, 플랫폼 게임에서의 이런 적용은 관습으로 정착되어 언어의 상징적 기호의 정의 같은 것이 되었다. 실제 세계에서도 점프해서 밟으면 찌그러지는 생물도 있지만, 로봇이나 거북에게는 이런 방식이 별로 먹히지 않을 것이다. 게다가, 〈슈퍼 마리오 브라더스〉의 전투 방식은 리얼리즘을 추구하는 것이 아니라 이 장르에서 가장 눈에 띄는 점프 액션을 더 재미있게 하기 위해 도입된 것이다. 시뮬레이션과 시뮬레이션된 액션의 관계는 자의적이고 관습적이며, 〈슈퍼 마리오 브라더스〉 이후 쏟아져나온 플랫폼 게임들에서는 더하다(〈소닉 더 헤지혹Sonic the Hedgehog〉의 소닉은 게임 내내 점프 하나 외에 다른 공격 방법이 없다).

하지만 〈슈퍼 마리오 브라더스〉에서 적을 무찌르는 데 필요한 기술과 현실 세계의 기술에는 연관점도 있다. 게임에서는 타이밍과 정확성이 중요한데, 실제 전투에서도 이 두 가지는 중요한 능력으로 꼽힌다. 중요한 점은 게임으로 단순하게 표현하는 편이 실제로 이 기술을 갈고 닦는 것보다 더 큰 기능을 한다는 것이다. 적 위로 점프해 밟는 동작은 플레이어가 쉽게 파악할 수 있지만, 게임은 여기에서 더 나아가 플레이어에게 전략을 시험하고 발전시키게끔 유도한다. 적 위로 점프해서 밟는 메커니즘은 점프 게임에 전투 규칙을 추가하는 영리한 방식이다. 플레이어가 새로운 액션을 배울 필요가 없기 때문이다. 게임에 이미 구현되어 있는 다른 자의적 규칙(점프)으로 표현하고자 하는 액션, 즉 전투를 대체하고 있는 것이다. 이로써 플레이어가 배워야 하는 액션의 수가 줄어들어, 인터페이스를 복잡하게 만들지 않고도 빠르게 더 심도 있는 전술과 전략의 세계로 들어가게 해주는 것이다. 간단히 말하자면, 상징적 시뮬레이션은 어느 정도 다이내믹한 행동 양식과 걸맞게 간략한 구성을 통해 효과적으로 시스템을 단순화시켜준다.

적을수록 좋다

유사 시뮬레이션과 상징적 시뮬레이션은 실제적인 아이콘적 시뮬레이션보다 더 단순한 게임 시스템을 만들어주기에 여러모로 유리하다. 단순한 게임일수록 배우기는 쉽지만, 숙달하기는 꽤 어렵다. 게임은 '적을수록 좋다'는 표현이 잘 들어맞는 매체 중 하나다. 사람들, 특히 비평가와 감정가들은 거의 대부분의 표현 예술에 대해 간결하고 경제적인 것을 높이 평가한다. 요점을 벗어난 스무 마디의 말보다 정확한 단어 하나가 더 환영받는 것과 마찬가지다.

메커니즘에 최대치가 있을까?

게임에 정확히 몇 개의 메커니즘이 있어야 한다고는 단언하기 어렵다. 디자인마다 적절한 밸런스가 있고, 이 질문에 대한 답은 게임의 타깃 플레이어층에 따라 달라진다. 어른들도 굉장히 단순한 게임을 즐길 순 있지만, 아동용 게임이라면 성인용보다는 덜 복잡해야 한다. 우리는 게임의 메커닉에서 플레이어가 즐길(그리고 게임의 상상 속 세계와 맥락을 같이 하는) 많은 게임플레이 옵션을 제공해야 한다고 믿지만, 플레이어에게 인지적 부담이 될 정도로 많은 메커니즘을 넣을 필요는 없다. 바로 이런 균형을 제대로 맞춰야 하는 것이다.

대상 플레이어층마다 선호하는 특성이 다르며, 어니스트 아담스가 옹호하는 플레이어 중심적 접근법을 쓴다면 플레이어가 뭘 원할지 늘 생각해야 한다. 최근 여러 전투 게임들이 퀵 타임 이벤트(Quick Time Events)(플레이어가 지시된 대로 일련의 버튼을 누르는 이벤트)를 통해 메커닉을 단순화하고 있는데, 전통적인 전투 게임의 팬들은 이를 탐탁치 않게 생각한다.

앙투완 드 생떽쥐페리의 유명한 문구인 "완벽이란 더이상 더할 것이 없을 때가 아니라 뺄 것이 없을 때 이뤄지는 것 같다."(1939년)는 게임 메커닉에도 어울리는 말이다. 플레이어만 행복하다면 결국 다 좋다!

우리는 이미 비교적 단순한 메커니즘에서 자연 발생이 생겨날 수 있다는 점과 몇 개의 메커닉만으로도 흥미로운 게임플레이가 탄생할 수 있다는 점을 배웠다. 몇 개의 디자인 패턴만을 이용해 복잡한 게임플레이를 생성하면 많은 이점이 있다. 디자이너가 디자인을 관리하기도 쉽고, 프로그래머와 아티스트들이 구현하기도 쉬울뿐 아니라 플레이어들도 게임을 쉽게 배울 수 있다. 시뮬레이션에서 든 예(〈디아블로〉의 인벤토리, 〈크릭스슈펠〉의 체력 포인트와 주사위, 〈슈퍼 마리오 브라더스〉의 점프)를 보면, 유사 시뮬레이션과 상징적 시뮬레이션을 활용할 때 아이콘적 시뮬레이션보다 더 단순한 규칙의 시스템이 나온다. 아주 세밀하고 리얼한 시뮬레이션과 비교할 때, 유사 시뮬레이션과 상징적 시뮬레이션은 더 적은 요소들로 원래 시스템의 핵심을 담아내고자 한다.

머시네이션 다이어그램을 만들 때도 유사 시뮬레이션은 하나의 메커니즘으로 비슷한 메커니즘을 대체할 수 있기에 다이어그램 속 요소의 수가 줄어든다. 상징적 시뮬레이션은 여기에서 한 발 더 나아가 실제 세계에서라면 직접 연결될 수 없는 메커닉에 게임을 연결해준다. 말이나 글 언어에 존재하는 상징이 그러하듯, 특히 잘 맞아 떨어지는 상징적 시뮬레이션이 따로 있다. 서로 무관하지만 일정 정도 관련이 있는 두 규칙을 연결할 때 상징의 효과는 극대화된다. 〈슈퍼 마리오 브라더스〉에서 신체적 기술과 타이밍이 점프와 전투 양쪽에 모두 자연스럽게 연결되는 것이 이런 경우다.

제대로만 사용하면, 기능을 추상화해 유사 시뮬레이션과 상징적 시뮬레이션을 만드는 편이 구조적 복잡성과 자연 발생적 속성에는 큰 영향을 주지 않고도 시스템 속의 요소 수를 줄이는 데 유리하다(예: 피드백 루프). 여기에는 세 가지 이점이 있다.

- 게임에 불필요한 세부 사항을 제거하기 때문에, 플레이어는 구조적 기능과 허용된 전략적 상호작용에 집중할 수 있다(또한 UI가 복잡해지는 경향도 줄여주는데, 이는 많은 플레이어들이 환영하는 일이다). 이 책에서 계속 확인했듯이, 이런 구조적 기능이 자연 발생적 행동 양식을 낳는다. 게임에서 이해하기 쉽도록 단순하게 만들수록 플레이어는 실제 세계의 복잡계를 더 속속들이 이해할 수 있다.

- 유사 시뮬레이션과 상징적 시뮬레이션을 이용하는 시스템은 복잡계를 그대로 표현한 시스템에서 플레이에 소요되는 시간보다 훨씬 적은 시간 내에 세션을 완전히 끝낼 수 있다. 플레이어는 자신의 행동과 판단의 결과를 더 빠르고 효율적으로 배우게 된다. 게다가, 많은 오락 게임의 동력이 되는 즐거운 활동에도 더 근접하게 된다(반면, 과학 및 공학적 시뮬레이션은 정확성에 초점을 맞추므로 실제 걸리는 시간보다 더 느리게 구동되는 경우가 많다).

- 게임 디자이너에게 있어 게임 시스템은 본질적으로 관리하기 편하고 밸런싱도 쉬워야 한다. 쪼갤 수 있는 부분이 적을수록 디자이너는 게임의 자연 발생적 행동 양식에 직접 기여하는 요소와 구조에 집중할 수 있으며, 이런 행동 양식을 원하는 형태로 조정하기도 쉽다. 게임은 상징적이든 유사하든 상세한 리얼리즘보다는 자연 발생적 게임플레이를 제공할 때 성공할 수 있다. 경제적이기도 할뿐더러, 커뮤니케이션 면에서도 효과적이다(관객의 선호도가 이에 영향을 미치긴 한다. 하드코어 레이싱 팬이라면 〈마리오 카트Mario Kart〉에는 만족하지 못할 것이다).

이산적 무한성

다양한 의미를 담아내기 위해 시스템에 많은 요소와 메커니즘이 있어야 하는 것은 아니다. 음성 언어를 보면 알 수 있다. 언어학자 촘스키는 우리가 아는 단어는 많지만 근본적으로는 제한적인 (사람들은 아는 단어의 수는 대부분 수만 개에 그친다) 것이 언어의 특징이라고 밝힌다. 그런데 여러분이 말할 수 있는 것들의 수는 무한하다(최소한 무제한적이긴 하다). 이는 우리가 단어를 다양한 방식으로 조합해 의미를 표현할 수 있기 때문이다. 책을 쓰는 것도 언어적 행위며, 책의 길이에 상한선이 정해져 있는 것은 아니다. 촘스키는 비 연속적 수단을 통해 무한을 만들어낼 수 있다는 뜻에서 이 같은 언어의 특징을 이산적 무한성이라 불렀다(1972년, 17페이지).

이산적 무한성(Discrete Infinity)은 게임에도 적용할 수 있는 개념이다. 이산적 무한성을 만들어낼 때, 요소 간의 가능한 연결의 수에 요소 자체의 개수는 그다지 중요하지 않다. 즉, 게임 디자이너로서 여러분은 늘 의미 있는 조합의 수가 거의 무한할 정도로 많은 시스템을 추구해야 한다. 이 때 시스템에서 어떤 결과가 나올지는 알 수 없다. 따라서 기대하지 않은 결과가 나올 위험도 있다. 하지만 개발한 요소보다 더 많은 결과를 만들어내는 게임을 만들기엔 좋은 방식이다.

몇 안 되는 게임 메카닉을 조합해 흥미로운 여러 도전을 만들어내는 게임플레이 디자인의 대표적인 예가 바로 〈슈퍼 마리오 브라더스〉다. 각 메커니즘의 가치는 숲이나 던전을 탐험하는 사실적 측면을 묘사하는 데 있는 것이 아니라, 메카닉이 허용하는 흥미로운 조합에 있다. 게임에서 제공하는 탐험 도전은 거의 늘 단순하고 재사용 가능한, 유사하거나 상징적인 게임플레이 메카닉이 조합된 결과물이다.

상징적이고 유사한 게임에서 발생하는 의미가 세밀하고 리얼한 시뮬레이션을 표방하는 게임보다 섬세하지 않거나 가치가 떨어지는 것은 아니다. 오히려, 게임의 도전이 추상적일수록 게임을 풀어나갈 때 사용해야 하는 지식과 기술은 더 일반적인 수준이 된다. 기호학에 대한 논의에서 살펴봤듯이, 효율적인 커뮤니케이션을 위한 지식에서 언어는 많은 상징적 구조로 혜택을 준다. 마찬가지로, 게임의 메시지도 덜 아이콘적일 때 게임의 특정한 설정 외적으로도 더 적용할 수 있다. 게임을 통해 해당 게임과 그에 직접 연관된 것 이상의 가치를 전하고자 할 때는 이 점이 특히 유용하다. 〈모노폴리〉에서 배운 점은 게임과 실제 세상 속의 많은 상황에 적용할 수 있다. 〈모노폴리〉가 뉴저지 아틀란틱 시티의 부동산 시장에만 국한해(〈모노폴리〉 오리지널 버전의 무대였다) 매우 사실적인 시뮬레이션을 시도했다면 배울 점은 적어졌을 것이다.

다층적 의미

인류 역사상 가장 기념비적인 예술 작품을 보면 다양한 이들을 매료시키는 다층적 의미를 담고 있다. 기호학자 움베르토 에코에 따르면 셰익스피어는 이런 작품의 대가였다(2004년, 221~235페이지). 셰익스피어 시대에는 그의 희곡이 일반 대중에게 큰 인기를 끌었다. 누구라도 이해할 수 있는 로맨스, 드라마, 유머와 비극이 공존했기 때문이다. 동시에, 셰익스피어의 희곡은 상당수가 오래전 먼 이국에서 일어난 일을 다루고 있는데도 당시의 사회와 정치 사건에 대해 자주 언급했기에 사회적 정치적 엘리트층에게도 어필했다. 게다가, 셰익스피어는 이 모든 것을 오늘날까지도 통하는 아름다운 시와 산문으로 써냈다.

움베르토 에코는 하나의 예술 작품에 다층적 의미를 담는 것이 좋은 이유로 다음 세 가지를 꼽는다.

- 작품이 많은 사람들에게 폭넓게 매력을 끌 수 있다.
- 다양한 방식으로 작품을 해석해 보도록 유인한다(리플레이 가능성이 높아진다고도 할 수 있다).
- 서로 다른 의미의 층 사이에서 발생하는 대조와 모순이 유머와 아이러니를 낳는다.

이런 점에서는 게임도 여타 매체와 다르지 않다. 게임에서도 역시 다양한 의미의 층위를 만들어낼 수 있다. 게임은 신호뿐 아니라 이런 신호를 만들어내는 메카닉을 통해서도 커뮤니케이션한다는 특성상 자연스럽게 이렇게 되기 쉽다. 이런 다층적 의미를 잘 활용하는 게임은 많다. 그럼 이제 몇 가지 예를 보자.

관계없는 의미

셰익스피어의 희곡은 당시의 계급 사회에서 서로 별 관계가 없는 다양한 계층의 관심사에 모두 부합하는 다채로운 오락거리를 제공함으로써 크게 매력을 끌었다. 그의 작품에는 엘리트층을 위한 정치 풍자와 함께, 소작농들이 즐기는 지저분한 농담과 말장난이(엘리트도 이런 농담을 좋아하긴 했다) 공존했다. 하나의 희곡에 이런 요소가 한꺼번에 들어있으면서도 조화를 이뤘다는 점이 바로 셰익스피어의 천재성을 드러내는 부분이다. 예컨대, 로미오와 줄리엣은 앙숙인 두 집안과 그 자녀의 사랑을 다룬 비극이지만, 도입부는 교육을 전혀 받지 못한 관객이라도 낄낄거리고 웃을만한 바보 같은 말장난이 장황하게 이어진다. 이런 말장난은 칼싸움으로 발전하고 상황은 점점 심각해진다.

게임에서 이런 다층적이고 서로 관계없는 의미를 잘 보여준 최근작이 바로 〈바이오쇼크Bioshock〉다. 〈바이오쇼크〉는 표면적으로는 롤 플레잉 게임 요소를 일부 담고 있는 서바이벌 공포물 1인칭 슈팅 게임이다. 플레이어는 원한다면 다른 요소들은 다 무시한 채, 도덕적 고민 없이 적을 무차별적으로 해치우며 속성을 최적화해 생존에만 집중할 수 있다. 이것을 〈바이오쇼크〉의 물리적 층위라 부를 수 있다.

하지만 플레이어는 게임의 도덕적 선택지에 진지하게 관심을 기울이며, 리틀 시스터라는 무고한 캐릭터들을 해치지 않도록 플레이할 수도 있다. 그렇다고 반드시 이를 지켜야 하는 것은 아닌데, 이렇게 하려면 위험한 상황에 처하게 될뿐더러 그냥 죽여버리면 더 큰 단기 보상을 얻을 수도 있기 때문이다. 대신 이들을 죽이지 않을 때는 게임에 대한 경험이 달라지고 엔딩도 변한다. 이런 측면이 바로 〈바이오쇼크〉가 가지고 있는 도덕적 층위다.

한편, 플레이어는 이 게임만의 독특한 아르 데코 스타일의 장식적 배경을 즐길 수도 있는데, 역시 게임플레이와는 무관한 부분이다. 〈바이오쇼크〉는 아트의 수준이 대단히 높아서 화보집이 출판되기도 했는데, 비디오 게임으로서는 이례적인 일이다. 하지만 게임의 물리적 측면도 도덕적 측면도 아트워크에 의존하진 않는다. 이 게임의 아트는 그 자체로 또 다른 오락적 측면이다. 그러므로 〈바이오쇼크〉의 미적 층위라 부르겠다.

마지막으로 정치 이론을 잘 아는 사람만 파악할 수 있는 층위는 바로 〈바이오쇼크〉가 아인 랜드Ayn Rand의 객관주의 이론의 풍자라는 점이다(이 게임 월드에서 창조자의 이름은 앤드류 라이언인데, 아인 랜드의 이름을 의도적으로 따온 인덱스적 상징으로 읽을 수 있다). 객관주의는 '억제되지도 통제되지도 않는 자유방임적 자유주의'(랜드, 1964년, 37페이지)에 대한 자유론적 해석이다. 〈바이오쇼크〉는 객관주의적 사회가 억제되지도 통제되지도 않는 생물학 실험에 노출될 때 재난과 파멸이 일어날 수 있다는 비전을 담고 있다. 이런 측면은 〈바이오쇼크〉가 가지고 있는 정치적 층위다.

〈바이오쇼크〉의 물리적 도덕적 의미 층은 메카닉에서 오며, 이는 도덕적 의사 결정의 영향을 판단하고 생존해야 하는 플레이어의 동기를 강화해준다. 미적 의미의 층은 아트워크에서, 정치적 층은 내레이션으로 들려주는 스토리에서 온다. 이 게임은 모방하기 어렵지만 반드시 연구해볼 만한 가치가 있다.

외형과 메카닉의 대비

곤잘로 프라스카Gonzalo Frasca가 디자인한 〈9월 12일September 12〉의 지시 화면을 보면, 이것은 게임이 아니라 사용자가 '테러와의 전쟁을 제대로 알아볼 수 있도록' 해주는 시뮬레이션이라는 선언이 나온다. 게임이 시작되면 다소 만화처럼 그려진 아랍 도시를 위에서 내려다본 모습이 펼쳐진다(그림 12.6). 도시에서는 시민과 테러리스트가 함께 걸어 다니는데, 테러리스트는 총을 들고 있어 바로 알아볼 수 있다. 플레이어는 이 테러리스트에게 미사일을 발사할 수 있는데, 그러면 건물이 파괴되면서 테러리스트와 시민이 함께 죽는다. 하지만 미사일을 정확히 조준하기는 어려우며 부수적 피해는 크다. 가장 중요한 것은 무고한 사상자가 발생하면 다른 시민들이 테러리스트로 변한다는 점이다. 그런데 시간이 흐르면 테러리스트가 시민으로 변하므로 테러리스트의 수를 더 늘리지 않으려

팁 〈9월 12일〉은 www.newsgaming.com/games/index12.htm에서 온라인으로 플레이할 수 있다.

면 아무것도 하지 않는 게 최선의 전략이다. 시뮬레이션의 측면에서 보면 테러와의 전쟁을 아주 단순하게 잘 묘사했다. 〈9월 12일〉은 게임이 아니라고 표명하긴 했지만, 분명 아이콘적 시뮬레이션도 아니다.

그림 12.6
〈9월 12일〉

〈9월 12일〉은 보이는 모습과 메카닉의 작동 방식이 뚜렷한 대조를 이루는 면에서 중요한 게임이다. 언뜻 보기에 〈9월 12일〉은 인터넷에서 찾을 수 있는 수많은 만화체 슈팅 게임과 다를 바 없어 보인다. 하지만 이 게임의 메카닉은 전형적인 슈팅 게임과는 정반대다. 총을 쏠수록 게임의 목표인 테러리스트 제거에서 멀어지기 때문이다. 〈9월 12일〉은 수많은 게임을 해온 플레이어들은 경험적 기대로 인해 잘못된 선택을 한다. 〈9월 12일〉이 이런 기대를 배반하는 게임이라는 걸 깨닫는 순간이야말로 〈9월 12일〉이 전하고자 하는 메시지, 즉 무차별적 진압은 전 세계적 테러리즘에 대응하는 데 있어 매우 비효율적인 방법이라는 주장이 플레이어에게 와닿게 되는 의미심장한 전환점이 된다.

〈9월 12일〉은 단순한 디자인으로 여러 의미의 층에 대조를 둬서 메시지를 강렬하게 전달하는 게임의 대표적인 예다. 슈팅 게임 장르이기 때문에 대중적인 인기를 끌고 있지만, 출시 이후 디자이너가 수십만 통의 편지를 받은 것을 보면 모두가 이 게임에 만족하진 않았을지 몰라도 메시지는 분명히 전달된 것으로 보인다.

이렇게 외형과 메카닉의 대비되는 또 다른 예는 브렌다 브래스웨이트Brenda Brathwaite가 2009년 내놓은 테이블탑 게임 〈Train〉이다(그림 12.7) 이 게임은 〈9월 12일〉과는 정 반대의 입장에서 외형과 메카닉이 대조된다. 규칙은 단순하고 다소 모호한데, 게임의 외형이 주는 의미를 정확히 해석하고 나면 그 대조에 충격을 받을 수밖에 없다. 게임의 규칙은 기차를 목적지까지 달려보내 가능한 한 많은 노란색 승객을 태우는 것이다. 그런데 플레이하다 보면 뭔가 이상하다는 힌트를 여기저기서 발견할 수 있다. 화물차로 승객을 나르는 이 게임은 깨진 유리창을 보드로 쓰기 때문에 으시시한 분위기를 자아낸다. 그러다 마침내 첫 번째 열차가 최종 목적지에 닿고 보면 이곳이 나치 수용소라는 게 밝혀진다. 게임에 승리했다고 생각하는 순간, 인류 역사상 최악의 잔혹 행위에 동참했다는 것을 깨닫게 되는 것이다. 이 시점에 와서 "난 몰랐어. 이건 그냥 게임이었잖아."라며 몰랐다고 주장하려 해도 이때까지 주어진 힌트를 알아채야 했던 게 아닌가라는 의문만은 남는다. 깨진 유리는 1938년 독일과 오스트리아 전역에서 유태인을 조직적으로 공격하면서 거리가 깨진 유리로 뒤덮였던 크리스탈나흐트Kristallnacht를 상징하며, 승객이 노란색인 까닭은 2차 세계대전 당시 독일에 점령당한 유럽 지역에서 유태인이 강제로 노란색 별을 달고 다녀야 했기 때문이다.

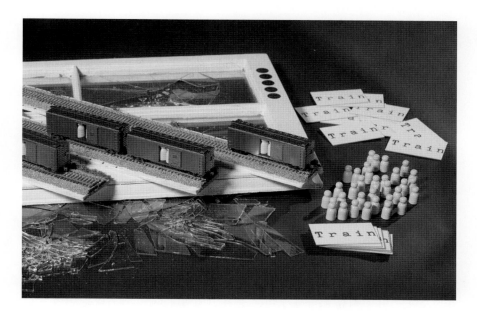

그림 12.7
〈Train〉

텍스트 간의 모순

게임에서 의미의 다층위 간 차이점은 움베르토 에코가 말한 텍스트 간의 모순 효과에도 활용할 수 있다. 텍스트 간의 모순은 게임(혹은 책이나 영화)의 스타일이 잘 알려진 장르나 게임 외적인 설정을 따르면서 동시에 다른 층위에서 반대되는 의미로 대조적인 메시지를 전할 때 발생한다. 이런 텍스트 간의 모순을 대폭 활용하는 게임이 〈GTA III〉와 후속작들이다.

〈GTA III〉는 많은 의미의 층위를 제공한다. 우선 게임 자체의 메카닉은 플레이어가 자동차를 훔쳐 다양한 범죄를 저지르도록 허용한다. 그래서 이 게임은 폭주 시뮬레이터라거나 '심크라임SimCrime' 게임이라고 불려 왔다. 게임의 배경은 뉴욕을 닮은 도시다. 이 도시의 많은 장소와 주민들은 실제의 뉴욕과 전형적인 도시 사람들에서 따온 것이다. 또한 대중문화를 대폭 반영하고 있기도 하다. 게임 속 배경에는 언뜻 보면 그럴듯해 보이는 광고판들이 있는데 잘 들여다보면 담고 있는 내용은 역설적이다. 예를 들어, 〈불운한 병사들Soldiers of

Misfortune〉(용병을 비틀어 만든 제목)이라는 영화 광고판에는 "출발할 땐 온전했으나 귀환할 땐 조각나 버렸다."는 설명이 붙어 있다. 전형적인 영화 설명처럼 보이지만 일반적인 블록버스터에 붙는 카피와는 정반대의 뜻을 담고 있는 것이다. 자동차에 있는 라디오를 틀면 가상의 광고와 이상한 소리가 포함된 사운드트랙을 선택할 수 있는데, 잘 들어보면 불편한 내용을 담고 있기도 하다. 예컨대, 한 라디오 방송국에서는 네트워크와 여러 위성 방송국뿐 아니라 상원 의원도 여러 명이 회사 소속이라고 광고한다. 애완동물을 박스에 담아서 배달해준다는 회사 광고와 전과자들이 도시 한복판에서 한 명만 남을 때까지 진짜 무기로 싸우는 리얼리티 TV 쇼의 광고도 나온다. 게임을 플레이하다 보면 이런 풍자와 농담을 알아채게 되며, 이는 게임 속 주인공의 범죄로 점철된 생활 방식과 그가 속한 고도의 소비 사회가 어떤 관계에 있는지를 암시하는 풍자다. 〈GTA III〉는 무엇보다도 이 사회를 삐딱하게 비춘 풍자 게임이다. 게임 메카닉은 어떤 수단을 쓰든 관계없이 〈GTA〉 세계 속 사람들이라면 너나없이 꿈꾸는 엄청난 부를 축적하게 해준다.

〈GTA: 산 안드레아스〉 역시 외형과 게임 메카닉의 대조에서 오는 텍스트 간의 모순을 잘 보여주는 게임이다. 〈GTA: 산 안드레아스〉에서 플레이어 캐릭터는 옷을 사야 하는데, 비싼 옷을 입을수록 성적 매력이 올라간다. 게다가 어떤 시나리오에서는 성공에 성적 매력이 반드시 필요하다. 그런데 가장 비싼 옷을 파는 상점 이름은 희생자Victim다(그림 12.8). 이 이름은 한 편으로는 플레이어가 동일시하는 게임 캐릭터의 도시 갱스터 생활 방식을 암시하기도 하지만 동시에 이 캐릭터가 새 옷에 수천 달러를 지불하는 순간 정말 희생자는 과연 누구일가 고민하게 만들어주기도 한다. 캐릭터가 범죄를 저지르면 이렇게 비싼 상점에서 옷을 살만큼 돈을 벌 수 있지만, 그 과정에서 무릅쓰는 위험은 상점의 슬로건 '당신이 죽도록 원하는'에 깊은 의미를 부여한다.

그림 12.8
〈GTA: 산 안드레아스〉의
상점 '희생자'

움베르토 에코에 따르면 텍스트 간의 모순이 주는 한 가지 긍정적 효과는 바로 어떤 배경의 관객이든 흥미를 끌 수 있고, 작품을 더 곰곰이 생각하게끔 해준다는 것이다. 반면, 〈AA 온라인〉은 모든 플레이어가 자기는 선한 미국 군인이며, 상대방은 반군이라 여기는 독특한 설정에도 불구하고 풍자 요소가 전혀 없다. 그럼에도 불구하고 이 게임은 그 누구도 좋은 편이 아니라는 도덕적 상대성을 완성해 낸다. 이 게임을 잘 보면 누구든 "우리 모두 똑같은데 대체 왜 싸우는 걸까?"란 질문을 안 할 수가 없을 것이다. 하지만 이는 너무 진지한 질문이다. 〈AA 온라인〉의 플레이어에게는 이런 상황을 곰곰이 고민할 겨를이 없다.

요약

마지막 장인 12장에서는 게임, 특히 게임 메카닉을 통해 메시지를 전달하는 방법을 살펴봤다. 그리고 기능성 게임을 정의하고, 이런 게임은 누구를 위한 것이며 어떻게 작용하는지 알아봤다. 또한 〈GTA III〉처럼 풍자를 통해 게임의 전제 자체를 조롱하는 게임이 얼마나 재미있는지도 살펴봤다. 커뮤니케이션 이론과 기호학은 게임을 통해 어떻게 아이디어를 보여주고 이를 플레이어에게 전달할 수 있을지 연구하는 데에 유용하다. 또한 실제 세계의 아이디어를 정확하게 표현하지 않고도 유사 시뮬레이션과 상징적 시뮬레이션을 통해 의미를 효과적으로 전달할 수 있다. 마지막으로 여러 층위의 의미를 지닌 게임을 만듦으로써 플레이어에게 가벼운 오락거리를 넘어서 예술로 인정 받을만한 풍성한 게임 경험을 제공할 수 있다는 점도 확인했다.

지금까지 게임 메카닉을 재미있게 읽고, 유용하다고 판단했길 바란다. 특별한 장르나 소프트웨어 적용 기법 쪽에 집중하지는 않았지만, 우리가 소개한 디자인 패턴과 머시네이션 프레임워크와 툴을 통해 어떤 게임을 만들든 게임 디자이너로서 경력에 보탬이 되기를 빈다.

실습 과제

1. 기능성 게임을 하나 선택한다(교사가 배정해줄 수도 있다). 이 게임이 전달하고자 하는 메시지는 무엇인가? 그 메시지는 메카닉을 통해 전달하는가 아니면 다른 방법으로 전달하는가? 메카닉을 통한다면, 이를 분석하고 플레이어가 이 메시지를 어떻게 추론해내는지 설명해보자.

2. 시뮬레이션 요소가 강한 게임을 하나 선택한다(교사가 배정해줄 수도 있다). 게임의 어떤 메커니즘이 아이콘적이거나 인덱스 혹은 유사 시뮬레이션인가? 상징적 메커니즘에는 무엇이 있는가? 이유를 설명해보자.

3. 게임을 하나 선택한다(교사가 배정해줄 수도 있다). 게임의 어떤 측면이 주제에 충실하고, 어떤 면이 주제에 반한다고 생각하는가? 단순화와 거짓을 잘 구분해보자. 기능성 게임의 경우에는 거짓이 게임의 의도를 훼손한다고 여겨지는가, 아니면 용인되는 수준인가?

4. 긴밀하게 연관되지는 않았지만 플레이어가 플레이를 통해 다양한 수준에서 게임을 즐기게 해주는 다양한 의미의 층위를 지닌 게임의 예로 〈바이오쇼크〉를 들었다. 다른 게임에는 무엇이 있을까? 그 게임이 지닌 다양한 층위가 무엇인지 설명해보자. 결과는 조화로운가?

5. 외형과 메카닉이 뚜렷이 대조되는 게임의 예로 〈9월 12일〉과 기차를 들었다. 다른 게임에는 무엇이 있을까? 이런 대조를 넣음으로써 디자이너가 의도한 것은 무엇이라고 생각되는가?

6. 〈심즈〉와 〈GTA III〉는 둘 다 물질만능주의와 소비문화를 풍자하는 게임이다. 〈심즈〉는 다소 부드럽고, 〈GTA III〉는 훨씬 과격하다는 차이는 있다. 풍자 요소가 강한 다른 게임에는 무엇이 있을까? 무엇을 어떻게 풍자하고 있는가?

부록 A

머시네이션 참조용 가이드

자원 연결

자원 연결은 자원이 노드로 흘러가는 방식을 결정한다.

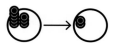

노드 간의 자원 흐름 속도   흐름 속도 1   흐름 속도 3   무작위적 흐름 속도   실력 기반의 흐름 속도   멀티플레이어 기반의 흐름   전략 기반의 흐름

라벨 타입	포맷	예제
흐름 속도:	x	0; 2; 3; 0.5; 1.3
무작위적 흐름 속도:	Dx; yDx; x%	D6; 2D5; D3–D2; 20%; 50%
간격:	x/y	1/4; 2/2; D6/3; D3/(D6+2)
배수:	x*y	2*50%; 3*D3
모든 자원:	모두	모두
무작위로 당기기:	drawx	draw1; draw2; draw5

상태 연결

상태 연결은 다이어그램에 있는 다른 요소의 상태와 상태 변화의 영향을 표시한다. 노드의 상태는 그 안에 있는 자원의 수에 의해 결정된다.

라벨 변경자

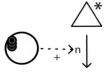

라벨 변경자는 자원 연결이나 다른 상태 연결의 라벨 값을 변경한다.

노드 변경자

노드 변경자는 노드에 있는 자원의 수를 변경한다.

활성제

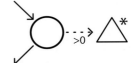

활성제는 비활성화된 노드들을 활성화한다.

트리거

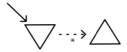

트리거는 원천 노드의 모든 입력이 만족되고 나면 노드들을 발동한다. 흐름 속도에 따라 정해진 수량의 자원을 이동시킬 때 입력이 만족된 것으로 간주된다.

역 트리거

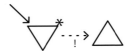

역 트리거는 원천 노드가 발동되지만 입력으로부터 필요한 자원을 모두 당길 수 없을 때 노드들을 발동한다.

라벨 타입	포맷	예제	적용
변경자:	+; −; +x; −x; +x%	+; −; +2; −0.3; +5%; −2%	값 변경자; 노드 변경자
간격 변경자:	+xi; −xi	+2i; −1i	값 변경자
배수 변경자:	+im; −im	+1m; −3m	값 변경자
확률:	x%; x	20%; 3	게이트 다음의 트리거
조건:	==x; !=x; ⟨x; ⟨=x; ⟩x; ⟩=x;	==0; !=2; ⟩=4;	활성제; 게이트 다음의 트리거
범위 (조건):	x−y	2−5; 4−7	활성제; 게이트 다음의 트리거
트리거 마커:	*	*	트리거
역 트리거:	!	!	역 트리거

노드

노드는 자원의 생산, 분배, 소모에 참여하는 게임 요소를 표시한다. 노드는 발동이 가능하다. 노드가 발동되면 입력 자원 연결로부터 흐름 속도에 따라 자원을 당겨온다. 입력이 없는 노드는 대신 출력의 흐름 속도에 따라 자원을 밀어낸다.

 저장고는 자원을 당겨서 축적한다.

고갈은 자원을 밀어내고 소모한다.

 변환은 자원을 소모해 다른 자원을 생산한다.

 지연은 자원을 당겨서 가지고 있다가 밀어낸다.

 게이트는 자원을 당겨서 즉시 재분배한다.

원천은 자원을 생산해 밀어낸다.

 거래는 발동되면 자원의 주인이 바뀌게 한다.

 대기열은 지연과 같이 동작하지만 한 번에 하나의 자원만을 처리한다.

활성화 모드는 노드가 언제 발동될지를 결정한다.

수동
활성화된 트리거에
반응해서만 발동한다.

자동
매 스텝에 한 번,
혹은 턴 종료 시에만
발동한다.

상호성
플레이어의 액션에
반응해 발동한다
(클릭하면 발동한다).

시작 액션
다이어그램이 시작될 때
발동한다.

당기기와 밀어내기 모드

노드는 기본적으로 입력들의 흐름 비율이 허용하는 가능한 한 많은 자원을
당겨온다. 이 행동 양식은 아래와 같이 변경할 수 있다.

전부/전무
노드 입력의 흐름 속도에 지정된 자원이 모두 채워졌을 때만
노드가 자원을 당긴다.

밀어내기
노드가 출력의 흐름 속도에 따라 자원을 밀어낸다. 출력만 있는
노드는 기본값으로 밀어낸다(마커는 없음).

게이트 타입

무작위 실력 멀티플레이어 전략

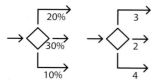

확률이 지정된 게이트는 해당 확률에 따라
자원을 분배한다. 퍼센트는 100%보다 낮아도
되며, 이 때에는 지나가는 자원이 파괴될 수 있다.

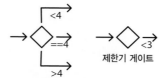

제한기 게이트

출력에 조건이 있는 무작위 게이트는 무작위적 숫자를
평가해 분배를 결정한다. 조건 출력이 있는 확정적
게이트는 매 스텝에 자원이 지나가는지 센다.

게이트에서 나오는 상태 연결 출력은
항상 트리거다. 게이트는 확률이나
조건 트리거를 생성하는 데 사용된다.

기타 요소

정지
종료 조건은 플레이어의
활동을 시뮬레이션할 때
사용된다.

AP
인공 플레이어는 플레이어
의 행동을 시뮬레이션하는
데 사용된다.

x
등록은 계산을 수행하는
데 사용된다.

0
상호성 등록은 사용자가
제어하는 설정을 만드는
데 사용된다.

디자인 패턴 라이브러리

정적 엔진

- **유형:** 엔진

- **의도:** 게임을 플레이하면서 플레이어들이 소모하거나 수집하도록 시간이 흐름에 따라 일정한 속도로 자원을 생산한다.

- **동기:** 정적 엔진은 절대 고갈되지 않는 꾸준한 자원의 흐름을 만들어낸다.

적용 가능성

정적 엔진은 다음과 같을 때 활용한다.

- **복잡한 디자인을 피하면서도 플레이어의 액션을 제한하고자 할 때:** 정적 엔진은 플레이어들이 자원을 어떻게 써야 할지 고민하게 만들지만 장기적인 계획을 세울 필요까지는 없다.

구조

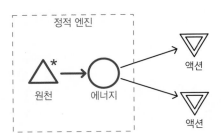

구성 요소

노트 정적 엔진은 플레이
어들에게 자원을 사용할 몇
가지 옵션을 제공해야만 한
다. 자원을 사용할 옵션 선
택이 하나밖에 없는 정적
엔진은 별 쓸모가 없다.

- 정적 엔진에서 생산하는 에너지

- 에너지를 생산하는 원천

- 플레이어가 에너지를 사용할 수 있는 액션

협력

원천은 고정되거나 예측할 수 없는 속도로 에너지를 생산한다.

결과

정적 엔진의 생산 속도는 변하지 않으므로, 엔진이 게임 밸런스에 미치는 영향
이 대단히 예측 가능하다. 정적 엔진은 모든 플레이어의 생산 속도가 똑같지 않
을 때만 불균형을 유발할 수 있다.

정적 엔진은 보통 장기 전략을 유도하지 못한다. 정적 엔진에서도 자원 수집
은 가능하지만 굉장히 뻔한 일이 된다.

적용

정적 엔진의 적용은 간단한 편이어서, 에너지를 생산하는 원천 하나만 있으면 충분하다. 에너지 생산에 여러 단계를 추가할 수는 있지만, 이를 통해 게임이 풍성해지기는 어렵다.

정적 엔진은 생산 속도에 변화를 줌으로써 예측할 수 없게 만들 수 있다. 예측할 수 없는 정적 엔진은 플레이어가 더 적은 수의 자원으로 각 시기에 대비할 수 밖에 없게 만들며, 불운을 버텨낼 계획을 미리 세우는 플레이어들에게 보상을 준다. 예측할 수 없는 정적 엔진을 만드는 가장 쉬운 방법은 무작위성을 활용해 자원의 출력 수준이나 생산 시점 사이의 길이에 변화를 주는 것이지만, 실력이나 멀티플레이어 역학을 넣어도 이런 효과가 발생할 수 있다.

무작위적 생산 속도의 결과는 모든 플레이어에게 똑같을 수 있지만, 반드시 그런 것은 아니다. 모든 플레이어에게 똑같이 자원을 생성해주는 예측할 수 없는 정적 엔진을 사용하면 게임이 예측 불가능해지면서도 운이 미치는 효과는 안정시킬 수 있다. 이렇게 하면 패턴에서 계획과 타이밍을 더 강조하게 된다. 모든 플레이어가 가질 수 있는 자원의 수를 플레이어 전원이 몰래 결정해 두는 게임을 그 예로 들 수 있다. 가장 낮은 숫자는 모두가 플레이에 참여할 때의 자원 수이고, 가장 낮은 숫자를 제시하는 플레이어가 첫 번째로 행동할 수 있다. 이렇게 하면 자연히 게임의 현재 상태가 이 메커니즘에 일정 정도의 피드백을 주게 된다(이런 시스템은 인플레이션을 방지한다).

예제

〈스타워즈: X-윙 얼라이언스〉의 우주선에서 생산하는 에너지가 정적 엔진의 예다. 이 에너지를 전환해 플레이어의 보호막, 속도, 레이저를 강화할 수 있다. 이를 결정하는 것은 게임에서 매우 중요한 전략이 되며, 에너지 배정은 언제든 변경할 수 있다. 매초 생성되는 에너지의 양은 같은 종류의 우주선이라면 모두 똑같다(그림 B.1).

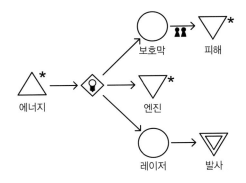

많은 턴제 게임에서 플레이어가 턴마다 수행할 수 있는 액션 수가 제한되어
있는 것은 정적 엔진으로 볼 수 있다. 이 경우 게임의 초점은 액션의 선택에 있
으며, 플레이어들은 일반적으로 나중 턴을 위해 액션을 아껴둘 수 없다. 판타지
보드 게임인 <디센트: 어둠으로의 여정Descent: Journeys in the Dark>이 이런 메커니
즘을 활용한다. 플레이어는 턴마다 영웅에게 이동, 공격, 특수 액션 준비 세 가
지 액션 중 하나를 선택해 수행하도록 할 수 있다(그림 B.2). 이 다이어그램에서
플레이어는 매 턴 당 두 가지 액션을 할 수 있고, 특수 액션은 턴당 한 번만 수
행할 수 있다. 이 때문에 다섯 가지 조합이 생겨난다. 두 번 공격하거나, 두 번
이동하거나, 공격하고 이동하거나, 공격하고 특수 액션을 수행하거나, 이동하
고 특수 액션을 수행하는 것이다.

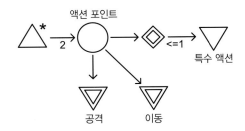

연관 패턴

- 약한 정적 엔진은 변환 엔진의 교착 상태를 막아준다.

- 정적 엔진은 동적 엔진, 변환 엔진, 혹은 느린 싸이클 패턴으로 정교화할 수 있다.

동적 엔진

- **유형**: 엔진
- **의도**: 원천에서 조절할 수 있는 자원의 흐름을 생산한다. 플레이어들이 자원을 투자해 이 흐름을 개선할 수도 있다.
- **동기**: 동적 엔진은 꾸준한 흐름으로 자원을 생산하며, 플레이어가 자원을 써서 생산을 개선하도록 허용해 장기적 투자의 길을 열어준다. 동적 엔진의 핵심은 양성 건설적 피드백 루프다.

적용 가능성

장기 투자와 단기 이득의 균형을 넣고 싶을 때 동적 엔진을 활용한다. 이 패턴은 정적 엔진에 비해 생산 속도를 플레이어가 더 제어할 수 있다.

구조

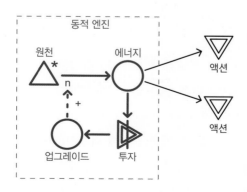

구성 요소

- 동적 엔진에서 생산하는 에너지
- 에너지를 생산하는 원천
- 에너지의 생산 속도에 영향을 주는 업그레이드
- 업그레이드를 일으키는 투자
- 플레이어가 에너지를 사용할 수 있는 투자를 비롯한 액션

협력

동적 엔진은 여러가지 액션에서 소모하는 에너지를 생산한다. 하나의 액션(투자)은 동적 엔진의 에너지 출력을 향상하는 업그레이드를 생산한다. 동적 엔진은 플레이어가 투자해 생산을 향상할 수 있는 두 가지 서로 다른 업그레이드를 허용한다.

- 에너지가 생산되는 빈도
- 매번 생성되는 에너지 토큰의 수

　둘 사이의 차이는 미세하다. 빈도가 높으면 꾸준한 흐름이 생기고, 생성되는 수가 많으면(하지만 빈도는 낮으면) 에너지가 폭발적으로 생긴다.

결과

동적 엔진은 강력한 양성 건설적 피드백 루프를 만들어 주므로, 마찰 같은 부정적 피드백을 적용하는 패턴을 통한 밸런싱이 필요할 수도 있다. 아니면 도전의 난이도가 점점 올라가도록 하는 점증을 통해 밸런스를 잡을 수도 있다.

　동적 엔진을 사용할 때는 장기적 전략에 너무 비중을 두거나 장기 전략의 비용을 너무 높게 책정해 지배적 전략이 생겨나는 일이 없게끔 주의해야 한다.

　동적 엔진은 게임플레이에 뚜렷한 특징을 남기게 된다. 거의 동적 엔진만으

로 구성된 게임이라면 플레이어들이 처음에 투자만 해야 하므로 진전이 없는 것처럼 보일 수 있다. 하지만 특정 시점만 지나면 빠른 진전을 보이기 시작하거나, 가장 빠른 진전을 위해 노력하게 된다.

적용

동적 엔진에 어떤 식으로든 무작위화를 넣으면 장기나 단기 투자에서 유리한 지배적 전략이 출현할 가능성이 적어진다. 하지만 예측할 수 없는 동적 엔진에 양성 피드백 루프가 존재하면 게임의 시작 부분에서 플레이어의 운이 증폭되어, 빠르게 너무 큰 무작위성이 나타나게 된다.

무작위적 생산 속도의 결과는 모든 플레이어에게 똑같을 수 있지만, 반드시 그런 것은 아니다. 모든 플레이어에게 똑같이 자원을 생성해주는 예측할 수 없는 동적 엔진을 사용하면, 예측 불가능에는 영향을 주지 않으면서 운이 미치는 효과를 줄일 수 있다. 이렇게 하면 플레이어가 선택한 전략이 더 강조된다.

일부 동적 엔진은 플레이어가 업그레이드를 다시 에너지로 변환할 수 있게 해주는데, 이럴 때는 원래 한 투자보다 변환 비율이 낮아진다. 업그레이드가 비싸고 플레이어에게 자주 대량의 에너지가 필요할 때 선택할 수 있는 방안이다.

예제

〈스타크래프트〉에서 우주 건설용 차량(SCV) 유닛의 능력 중 하나는 더 많은 SCV 유닛을 만드는 데 쓸 미네랄을 채취해 미네랄 채취 속도를 높이는 것이다 (그림 B.3). 결국, 이는 게임에 추진력을 더하는 동적 엔진인 것이다(〈스타크래프트〉에서 미네랄의 수량에는 제한이 있으며, SCV 유닛은 적에게 처치될 수 있긴 하다). 플레이어에게 즉시 장기적 옵션(많은 SCV 유닛에 투자하기)과 단기적 옵션(군대 유닛에 투자해 빠르게 적을 공격하거나 즉시 위협에 대비하기)을 제공하는 것이다.

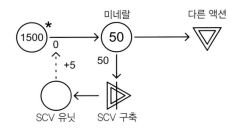

〈카탄의 개척자〉의 경제는 기회의 영향을 받는 동적 엔진을 중심으로 돌아
간다. 각 플레이어가 턴이 시작될 때 주사위를 굴리면 게임 보드의 어떤 타일에
서 자원이 생산될지 결정된다. 마을을 많이 건설할수록 턴마다 자원을 받을 확
률은 올라간다. 플레이어는 마을을 도시로 업그레이드할 수도 있는데, 이 때 각
타일의 자원 출력은 두 배로 늘어난다. 〈카탄의 개척자〉는 다양한 종류의 투자
액션을 허용하고, 에너지 대신 업그레이드를 측정해 승자를 결정한다는 점에
서 전형적으로 동적 엔진의 영향이 큰 게임이다. 〈카탄의 개척자〉에 대한 더 자
세한 논의와 다이어그램을 살펴보고 싶다면 11장의 '간접적 진행 생산' 단락을
참고하자.

연관 패턴

- 동적 마찰과 소모전은 동적 엔진이 가져오는 장기적 혜택에 대항하는 데에
  적합한 패턴이며, 정적 마찰은 장기적 투자를 강조한다.
- 동적 엔진은 정적 엔진 패턴을 정교화한 것이다.
- 동적 엔진은 구축성 엔진과 일꾼 배치 패턴으로 정교화할 수 있다.

변환 엔진

- **유형:** 엔진
- **의도:** 두 개의 변환이 폐쇄 회로를 만들어, 게임에서 다른 곳에 활용할 수 있
  는 잉여 자원을 만들어낸다.

- **동기:** 서로 변환될 수 있는 두 가지 자원이 잉여 자원을 생산해내는 피드백 루프를 촉진한다. 변환 중 최소한 하나는 받아들이는 자원보다 많은 출력을 내놓아야만 잉여가 생겨난다. 변환 엔진은 다른 엔진들보다 더 복잡한 메커니즘이지만, 엔진을 개선할 여지도 더 많이 준다. 따라서 변환 엔진은 거의 언제나 동적이다.

적용 가능성

변환 엔진은 다음과 같을 때 활용한다.

- 플레이어에게 정적 및 동적 엔진으로 제공할 수 있는 것보다 더 많은 자원을 제공해 더욱 복잡한 메커니즘을 만들고자 할 때(여기에서 든 변환 엔진의 예는 두 개의 상호작용성 요소가 있지만, 동적 엔진에는 하나만 들어갈 수 있다) 피드백 루프가 더 강하고 투자할 자원에 접근하기가 더 어렵기 때문에 게임의 난이도가 올라간다.
- 여러 옵션과 메카닉을 통해 엔진의 동력이 되는 피드백 루프의 특징을 조정해 게임으로 흘러가는 자원의 흐름을 조정하고자 할 때

구조

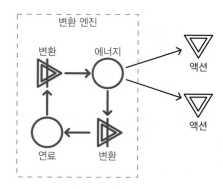

구성 요소

- **두 가지 자원:** 에너지와 연료
- 연료를 에너지로 바꿔주는 변환
- 에너지를 연료로 바꿔주는 변환
- 에너지를 소모하는 액션

협력

변환은 에너지를 연료로, 연료를 에너지로 바꿔준다. 보통 플레이어는 게임이 끝날 때 시작했을 때보다 많은 에너지를 가지고 있게 된다.

결과

변환 엔진은 교착 상태를 빚어낼 가능성이 있다. 두 자원이 다 고갈되고 나면 엔진이 작동을 멈추기 때문이다. 플레이어가 에너지를 투자해 새로운 연료를 만들어내기를 잊으면 스스로 교착 상태를 유발할 위험이 있다. 변환 엔진을 약한 정적 엔진과 결합하면 이런 상황을 막을 수 있다.

변환 엔진은 특히 변환을 수동으로 작동해야 할 때 플레이어가 해야 할 일이 늘어난다.

동적 엔진과 마찬가지로, 양성 순환 구조도 변환 엔진을 만들어낸다. 대부분이 피드백 루프는 마찰을 적용해 밸런스를 잡아야 한다.

적용

변환 엔진이 얼마나 효율적인지는 피드백 루프에 연관된 단계의 수가 큰 영향을 준다. 단계가 많을수록 난이도는 올라가고, 단계가 적을수록 난이도가 내려간다. 동시에, 단계가 많으면 엔진을 튜닝하거나 추가할 여지도 늘어난다.

시스템의 단계가 너무 적으면 변환 엔진의 장점이 제한되며, 동적 엔진으로 대체하는 편이 나을 수도 있다. 그리고 단계가 너무 많으면 작동하고 유지하기가 귀찮아지는 엔진이 탄생할 수도 있는데, 게임의 여러 요소들을 자동화할 수 없는 보드 게임의 경우는 더욱 그렇다.

피드백 루프에 무작위화, 멀티플레이어 역학, 혹은 실력을 넣으면 예측할 수 없는 변환 엔진을 만들 수 있다. 그러면 변환 엔진이 더욱 복잡해지고, 교착 상태가 발생할 가능성도 높아질 때가 많다.

변환 엔진 패턴의 적용은 싸이클의 어딘가에 제한을 만들어내서 양성 엔진을 안정화하고 엔진이 너무 많은 에너지를 생산하지 못하게 막는다. 예를 들어, 턴당 변환할 수 있는 연료 자원을 제한하면 엔진의 최대 속도에 상한선이 생긴다. 머시네이션 다이어그램에서는 게이트 노드를 활용해 자원 흐름에 한계를 정할 수 있다. 자동차에서는 엔진이 연료를 에너지로 변환해 연료 펌프를 가동하고, 펌프는 에너지 일부를 소모해 더 많은 연료를 엔진으로 보낸다. 이로 인해 조절판의 제어를 받는 양성 피드백 루프가 생긴다.

예제

1980년대에 나온 우주 무역 컴퓨터 게임 〈엘리트〉는 때로 변환 엔진처럼 작동하는 경제를 선보였다. 〈엘리트〉에서 모든 행성에는 각각 시장이 있어, 다양한 상품을 사고 판다. 가끔씩 플레이어는 A행성에서 상품 하나를 사서 B행성에서 차익을 남기고 팔고, 다시 A행성에서 수요가 높은 상품을 살 수 있는 수익성 좋은 교역 루트를 발견한다(그림 B.4). 때로 이런 루트에는 세 개 이상의 행성이 있을 때도 있다. 이런 루트는 본질적으로 변환 엔진이다. 이 엔진은 플레이어 우주선의 화물 적재량에 의해 제한되는데, 화물 적재량은 금액을 내고 확장할 수 있다. 또한 플레이어의 우주선 외에 다른 속성도 변환 엔진의 효율에 영향을 미칠 수 있다. 우주선의 '하이퍼스피드' 범위와 적대적 영역을 무사히 통과할 수 있는 능력(혹은 비용)이 모두 특정 교역 루트의 수익성에 영향을 준다. 결국, 플레이어가 이 루트를 오갈수록 수요는 줄어들고 가격도 떨어지기에 시간이 지날수록 특정 상품에 대한 교역 루트의 수익성은 떨어지게 돼 있다(다이어그램에서 이 메커니즘은 생략되어 있다).

그림 B.4
〈엘리트〉의 이동과 거래

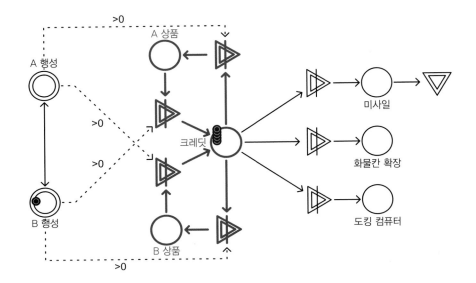

플레이어가 A행성에 있는가 B행성에 있는가에 따라 중앙의 거래 메커니즘에 적용된 변환이 활성화된다. 우측에는 가능한 몇 가지 우주선 업그레이드가 포함되어 있다.

변환 엔진은 보드 게임 〈파워 그리드〉의 핵심이기도 한데(그림 B.5), 변환 엔진들 중 하나는 더 정교한 구조로 대체되어 있다(7장의 '패턴의 정교화와 내포화' 단락 참조). 플레이어는 시장에서 돈을 써서 연료를 사고, 이 연료를 사용해 발전소에서 돈을 만들어낸다. 이 게임의 요지는 플레이어들이 전기를 생산하고 팔기도 한다는 것이다. 하지만 게임 메카닉은 전기 자체를 모델링하지 않는다. 플레이어들은 단순히 연료를 돈으로 바로 변환한다. 남는 돈은 더 효율적인 발전소와 플레이어의 전기 발전망에 더 많은 도시를 연결하는 데에 투자된다. 변환 엔진은 제한적이다. 플레이어는 연결된 도시에서만 돈을 벌 수 있는데, 이로 인해 사실상 턴 동안 돈의 출력에 상한선이 생기게 된다. 〈파워 그리드〉에는 교착 상태를 막기 위한 약한 정적 엔진도 있다. 플레이어는 발전소를 통해 돈을 생성하는 데 실패하더라도 턴 동안 소액의 돈을 모으게 된다. 〈파워 그리드〉의 변환 엔진은 플레이어가 연료를 비축해 연료의 가격을 올리면 약간 예측할 수 없게 되는데, 이것이 동시에 정지 메커니즘으로 작동한다.

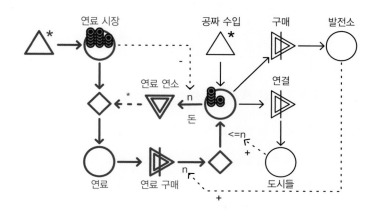

그림 B.5
〈파워 그리드〉의 생산 메커니즘. 변환 엔진은 파란색이다

연관 패턴

- 변환 엔진은 변환 비율과 제한기의 설정같이 엔진의 설정에 많은 변화를 줄 수 있기 때문에 구축성 엔진 패턴과 결합하기에 아주 적합하다.
- 변환 엔진의 양성 피드백은 마찰을 도입하면 밸런스가 잘 잡힌다.
- 변환 엔진은 정적 엔진 패턴을 정교화한 것이다.
- 변환 엔진은 구축성 엔진과 일꾼 배치 패턴으로 정교화할 수 있다.

구축성 엔진

- **유형:** 엔진
- **의도:** 게임플레이의 상당 부분이 자원의 꾸준한 흐름을 만들어내는 엔진을 만들고 조정하는 데에 할애된다.

- **동기:** 동적 엔진, 변환 엔진, 혹은 여러 다른 엔진 형태의 결합이 복잡하고 동적인 게임의 핵심을 형성한다. 게임에는 하나 이상, 보통은 여러 개의 메카닉이 포함되어 엔진을 개선한다. 이런 메카닉에는 여러 단계가 들어갈 수 있다. 구축성 엔진 패턴으로 흥미로운 게임플레이를 만들어내려면, 플레이어가 간단히 엔진의 상태를 가늠할 수 없어야 한다.

적용 가능성

구축성 엔진은 다음과 같을 때 사용한다.

- 건설에 집중하는 게임을 만들고 싶을 때
- 장기적 전략과 계획에 집중하는 게임을 만들고 싶을 때

구조

노트 코어 엔진의 구조는 예제일 뿐이다. 엔진을 구축하는 데 정해진 방식은 없다. 구축성 엔진에는 엔진을 작동하는 구축 메카닉 몇 개만 필요하며, 엔진이 에너지를 생산하기만 하면 된다.

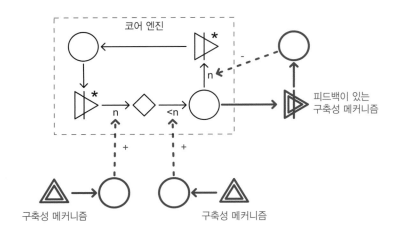

구성 요소

- 코어 엔진은 보통 여러 엔진 유형이 합쳐진 복잡한 구조다.

- 최소한 하나, 보통은 여러 개의 구축 메커니즘으로 코어 엔진을 개선한다.
- 코어 엔진에서 생산되는 주요 자원은 에너지다.

협력

구축 메커니즘은 엔진의 출력을 늘려준다. 구축 메커니즘을 활성화하기 위해 에너지가 필요하다면 양성의 건설적 피드백 루프가 만들어진다.

결과

구축성 엔진은 게임의 난이도를 올려준다. 계획과 전략적 판단이 필요하기 때문에 느린 호흡의 게임에 적합하다.

적용

난이도를 높이고 다양한 게임플레이를 만들며 지배적 전략을 피하려면 예측불가능성을 넣는 것이 좋다. 구축성 엔진은 코어 엔진이 여러 메커니즘으로 구성될 때가 많으므로 예측 불가능하게 될 가능성을 높여준다. 코어 엔진 자체의 복잡성은 보통 예측 불가능성을 유발한다.

피드백이 포함된 구축성 엔진 패턴을 사용할 때는 양성의 건설적 피드백이 너무 강하거나 너무 빠르지 않도록 하는 게 중요하다. 보통, 게임 전체에 구축성 엔진의 전체 과정을 고르게 분배하는 것이 좋다.

구축성 엔진 패턴은 건설 메커니즘을 활성화하는 데 에너지가 필요하지 않을 때 피드백이 없이 작동한다. 엔진이 게임에 다양한 영향을 주는 여러 종류의 에너지를 생산하고, 플레이어가 특정 형태의 에너지를 선호하는 다양한 전략을 따라갈 수 있도록 허용할 때 유효한 구조다. 하지만 일반적으로 건설 메커니즘의 활성화에는 어떤 식으로든 제약이 따른다.

동적 엔진 패턴의 업그레이드 메커니즘 역시 건설 메커니즘의 한 예다. 사실, 동적 엔진은 구축성 엔진 패턴의 좀 더 단순하고 흔한 적용법이다. 하지만 단순하다고 해서 동적 엔진이 한두 가지 업그레이드만 허용하는 것은 아니다. 구축성 엔진 패턴을 따라가는 게임의 핵심 엔진은 보통 여러 가지 다양한 업그레이드 옵션을 제공한다.

예제

〈심시티〉가 바로 구축성 엔진의 대표적인 예다. 〈심시티〉의 에너지는 돈이며, 대부분의 건설 메커니즘에는 돈이 사용된다. 메커니즘은 건설 부지 준비, 구역 배치, 인프라 시설 건설, 특수 건물 건설, 철거로 구성된다. 〈심시티〉의 코어 엔진은 사람, 빈 일자리, 동력, 교통 수송 용량, 그리고 세 종류의 구역 같은 여러 내부 자원으로 구성되어 상당히 복잡하다. 엔진 내의 피드백 루프는 온갖 종류의 마찰을 유발하고 주요 양성 피드백 루프를 효과적으로 균형을 잡으며, 플레이어가 주의해 엔진을 잘 관리하지 못하면 엔진이 붕괴하고 만다.

보드 게임 〈푸에르토 리코〉에서 플레이어는 신대륙에 식민지를 건설한다. 식민지는 다양한 자원을 생산하는데, 이 자원은 재투자하거나 승리 포인트로 변환할 수 있다. 코어 엔진에는 농장, 건물, 식민지 주민, 돈, 다양한 농작물 같은 많은 요소와 자원이 있다. 〈푸에르토 리코〉는 한정된 위치를 점해 엔진을 향상하는 다양한 액션을 수행하도록 경쟁하는 멀티플레이어 게임이다. 플레이어들은 다양한 건설 메카닉을 차지하려 경쟁한다. 이렇게 해서 게임플레이의 대부분을 이루는 강력한 멀티플레이어 역학이 만들어진다.

연관 패턴

- 건설 메커니즘에 여러 피드백을 적용하는 것은 구축성 엔진 패턴의 난이도를 높이는 데 좋다.

- 모든 마찰 패턴은 에너지를 소모해 건설 메커니즘을 활성화하는 구축성 엔진의 적용으로 생겨난 전형적인 양성 피드백의 밸런싱에 적합하다.
- 동적 엔진은 구축성 엔진 패턴의 가장 단순한 적용법 중 하나다.
- 구축성 엔진 패턴은 동적 엔진과 변환 엔진 패턴을 정교화한 것이다.
- 구축성 엔진 패턴은 일꾼 배치 패턴으로 정교화할 수 있다.

정적 마찰

- **유형:** 마찰
- **의도:** 고갈에서 플레이어가 생산한 자원을 자동으로 소모한다.
- **동기:** 정적 마찰 패턴은 주기적으로 자원을 소모하는 생산 메커니즘을 상쇄해준다. 소모 속도는 정수가 될 수도 무작위적이 될 수도 있다.

적용 가능성

정적 마찰은 다음과 같을 때 사용한다.

- 생산을 상쇄하되, 결국은 플레이어가 이를 극복할 수 있는 메커니즘을 만들고 싶을 때
- 동적 엔진에서 업그레이드에 투자해 얻는 장기적 이익을 강조하고 싶을 때

구조

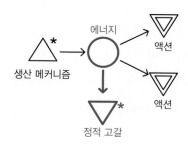

구성 요소

- **자원: 에너지**
- 에너지를 소모하는 정적 고갈
- 에너지를 생산하는 생산 메커니즘
- 에너지를 소모하는 다른 액션

협력

생산 메커니즘은 플레이어가 액션을 수행하는 데 사용해야 하는 에너지를 생산한다. 정적 고갈은 플레이어가 직접 제어하지 않는 에너지를 소모한다.

결과

정적 마찰 패턴은 엔진 패턴에 의해 만들어지는 양성 피드백을 상쇄하는 비교적 간단한 방법이다. 하지만 동적 엔진의 최초 출력을 줄이는 대신 업그레이드에는 영향을 주지 않으므로 동적 엔진에서 필연적으로 나타나는 장기적 전략을 강조해주는 경향이 있다.

적용

정적 마찰을 적용할 때 중요한 것은 소모 속도가 일정한지 무작위성의 영향을 받는지 고려해야 한다는 점이다. 꾸준한 정적 마찰은 이해하기도 예측하기도 쉬운 반면, 무작위적 정적 마찰은 동적 행동 양식보다 게임에 더 다양성을 줄 수 있다. 따라서 무작위적 정적 마찰은 생산 메커니즘에 무작위성을 활용하는 것보다 나은 대안이라 하겠다. 마찰의 빈도 역시 고려 대상이다. 피드백이 짧은 주기로 적용되면, 시스템에 주기적 행동 양식을 불러오는 길거나 불규칙한 간격의 피드백보다 시스템이 전반적으로 더 안정된다. 일반적으로 시스템에서 동적 행동 양식으로 에너지가 계속해서 소모되면, 같은 양의 에너지가 주기적으로 소모되는 것보다 영향이 적다.

예제

로마 제국의 도시를 건설하는 게임 〈시저 III〉에서 플레이어는 각 미션을 진행하는 중 정해진 순간에 황제에게 공물을 바쳐야 한다. 공물을 바치는 일정은 각 미션마다 고정되어 있으며 플레이어의 액션은 여기에 영향을 주지 못한다. 사실, 공물은 굉장히 드물고 강한 정적 마찰이어서 게임의 내부 경제를 크게 뒤흔든다. 이 게임에 대한 더 자세한 논의는 9장을 참고하자.

〈모노폴리〉의 동적 엔진은 정적 마찰을 포함한 다양한 마찰에 의해 상쇄된다(그림 B.6). 정적 마찰을 적용하는 주된 메커니즘은 플레이어가 간혹 돈을 잃게 만드는 기회 카드다. 이 카드 중 일부는 플레이어의 땅을 가져가기도 한다.

다른 플레이어에게 내는 임대료 역시 이를 내야 하는 빈도와 액수가 플레이어가 직접 제어할 수 있는 것보다 훨씬 크기에 정적 마찰의 일종으로 볼 수 있다. 하지만 임대료를 내는 것은 정적 마찰이 아니라 소모전 패턴의 예다. 마찰의 비율은 시간이 흐름에 따라 변하며, 플레이어는 간접적으로 여기에 영향을 줄 수 있다. 플레이어가 잘 하고 있는 동안에는 상대방의 운이 좋지 않을 가능성이 높아, 마찰에 부정적인 영향을 미치게 된다. 그림 B.8의 다이어그램은 각 플레이어의 관점에서 만들었기에 이런 측면은 반영되지 않았다.

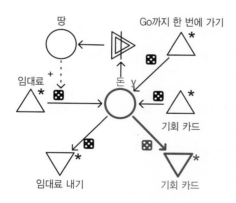

그림 B.6
〈모노폴리〉의 정적 마찰

연관 패턴

- 정적 마찰은 장기적인 투자를 강조하며, 따라서 정적 엔진, 변환 엔진, 혹은 구축성 엔진 패턴과 결합해 사용하는 것이 가장 좋다.
- 정적 마찰은 동적 마찰이나 느린 싸이클 패턴으로 정교화된다.

동적 마찰

- **유형:** 마찰
- **의도:** 고갈이 자동으로 플레이어가 생산한 자원을 소모하며, 소모 속도는 게임의 다른 요소의 상태에 영향을 받는다.
- **동기:** 동적 마찰은 생산을 상쇄하지만 플레이어의 실력에 따라 적응한다. 동적 마찰은 게임에서 전형적인 부정 회귀 구조의 적용으로 활용된다.

적용 가능성

동적 마찰은 다음과 같을 때 사용한다.

- 자원이 너무 빠르게 생산되는 게임의 균형을 잡고 싶을 때
- 생산을 상쇄하고 플레이어의 진행이나 위력을 자동으로 조정하는 메커니즘을 만들고 싶을 때
- 동적 엔진에 의해 만들어지는 장기적 전략의 효과를 줄여 단기적 전략을 강화하고 싶을 때

구조

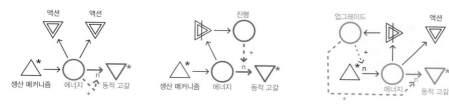

구성 요소

- **자원:** 에너지
- 에너지를 소모하는 동적 고갈
- 에너지를 생산하는 생산 메커니즘
- 에너지를 소모하는 다른 액션

협력

생산 메커니즘은 플레이어가 액션을 수행하는 데 사용해야 하는 에너지를 생산한다. 동적 고갈은 플레이어가 직접 제어하지 않는 에너지를 소모하지만 최소한 게임 시스템의 다른 요소 하나에 의해 영향을 받는다.

결과

동적 마찰은 엔진 패턴에 의해 만들어지는 양성 피드백을 상쇄하는 데 좋다. 동적 마찰은 게임 시스템에 부정 회귀 구조를 추가해준다.

적용

동적 피드백은 다양한 방식으로 적용할 수 있다. 한 가지 중요한 고려 사항은 소모 속도를 바꾸는 데 어떤 요소를 적용할 것인가다. 일반적으로 활용 가능한 에너지 자체의 양이나 동적 엔진 및 변환 엔진의 업그레이드 수, 혹은 목표에 대한 플레이어의 진척 정도가 될 수 있다. 마찰을 변경할 때는 활용 가능한 에너지의 양에 대한 부정 회귀 구조가 빠르게 작용하는 경향이 있다. 진척률이나 생산성이 원인이 될 때는 피드백이 더 간접적이고 느리게 작용할 수 있다.

양성 순환 구조를 상쇄하는 데에 동적 마찰을 사용할 때는 동적 마찰을 통해 적용된 양성 순환 구조와 부정 회귀 구조의 특성 차이를 고려하는 게 중요하다. 특징이 비슷하면(똑같이 빠르고 오래 지속되는 등) 차이가 클 때보다 더 안정적으로 영향을 준다. 예를 들어, 느리고 오래 지속되는 동적 마찰이 처음에 이득을 주는 빠르고 지속성이 떨어지는 양성 피드백을 상쇄할 때는, 플레이어가 처음에는 빠른 진척을 보이지만 장기적으로는 고전할 수 있다. 빠른 양성 피드백과 느린 부정적 피드백은 가장 흔히 사용되는 조합으로 볼 수 있다.

예제

타워 디펜스 게임의 메카닉은 플레이어가 타워를 건설해 통제어해야 하는 적 때문에 발생하는 플레이어의 생명 포인트의 동적 고갈을 중심으로 구성되기 마련이다(그림 B.7). 이럴 때 게임의 목표는 동적 마찰이 영향을 미치지 못하도록 막는 것이다. 실제 타워 디펜스 게임에서 올바른 유형의 타워를 배치하는 전략은 다이어그램에서 생략했다.

그림 B.7
타워 디펜스 게임의 동적
마찰

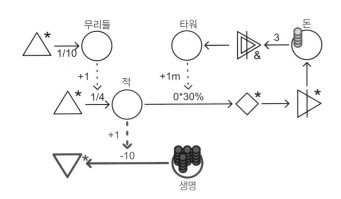

〈문명〉에서 도시의 생산 메커니즘에는 동적 마찰이 활용된다(그림 B.8). 이 게임에서 플레이어는 도시를 건설해 식량, 방어 시설, 교역소를 생산한다. 도시가 성장할수록 늘어나는 인구를 먹여살릴 식량이 더 필요해진다. 다른 자원에 비해 얼마나 많은 식량을 생산할지는 플레이어가 다소 제어할 수 있지만, 이런 선택은 주위 지형에 의해 제한된다. 초반에 많은 식량 생산을 선택하면 도시가 처음에 다른 자원은 조금 생산하는 대신 잠재력이 크기 때문에 빠르게 성장한다. 그런데 빠른 성장은 문제가 될 수 있다. 도시의 행복 수준이 인구 절반과 같거나 높아야 하며 그렇지 않으면 사회 불안이 초래되어 생산이 중단되기 때문이다. 처음에는 도시의 행복 수준이 2다. 플레이어는 특수한 건물을 짓거나 교역소를 문화 시설로 바꿔서 행복 수준을 높일 수 있다. 두 접근법 모두 생산 과정에 다른 특징을 가져오는 동적 마찰을 일으킨다. 특수한 건물을 짓는 것은 느리고 많은 투자를 요구하지만 오래 지속되며 수익도 비교적 높다. 교역소를 문화 시설로 변환하는 것은 빠르지만, 투자 대비 수익은 비교적 낮다.

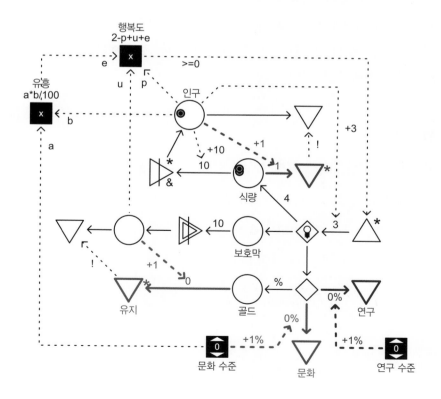

그림 B.8

〈문명〉의 도시 경제. 동적 마찰 메커니즘은 색으로 표시했다. 플레이어는 자유롭게 문화와 연구 설정을 조정해 사회 불안과 연구 생산을 조정할 수 있다. 이런 설정은 게임 전체에 적용되어 모든 도시가 똑같은 영향을 받는다

연관 패턴

- 동적 마찰은 양성 피드백을 초래하는 어떤 패턴에서도 밸런스를 잡는 데 사용할 수 있으며, 여러 피드백 패턴의 일부로 사용될 때가 많다.
- 소모전은 멀티플레이어 상호작용의 결과로 생겨나는 동적 마찰을 정교화한다.
- 동적 마찰은 정지 메커니즘으로 정교화한다.

정지 메커니즘

- **유형:** 마찰
- **의도:** 활성화될 때마다 메커니즘의 효율을 낮춘다.
- **다른 이름:** 수확체감의 법칙
- **동기:** 플레이어가 강력한 메커니즘을 남용하는 것을 막는다. 정지 메커니즘을 사용할 때마다 메커니즘의 효율이 줄어든다. 정지 메커니즘이 영구적으로 작동할 때도 있지만 대개는 그렇지 않다.

적용 가능성

정지 메커니즘은 다음과 같을 때 사용한다.

- 플레이어들이 특정 액션을 어뷰징하는 것을 막고 싶을 때
- 지배적인 전략을 상쇄하고 싶을 때
- 양성 순환 구조 메커니즘의 효율을 줄이고 싶을 때

구조

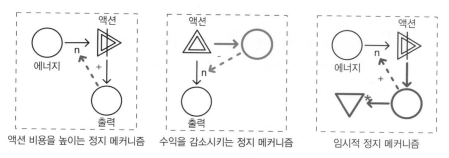

액션 비용을 높이는 정지 메커니즘   수익을 감소시키는 정지 메커니즘   임시적 정지 메커니즘

구성 요소

- 어떤 출력을 생산할 수 있는 액션
- 액션에 필요한 에너지 자원
- 에너지 비용을 높이거나 액션의 출력을 감소시키는 정지 메커니즘

협력

정지 메커니즘이 작동하려면 액션에 에너지 비용이나 자원 생산 중 하나, 혹은 둘 모두가 있어야 한다. 정지 메커니즘은 활성화될 때마다 에너지 비용을 높이거나 자원 출력을 줄임으로써 메커니즘의 효율을 줄인다.

결과

정지 메커니즘을 사용하면 양성 순환 구조의 영향이 상당히 줄어들어 그 결과가 불충분해질 수도 있다.

적용

정지 메커니즘을 적용할 때는 그 영향이 영구적인지 고려하는 것이 중요하다. 누적된 출력이 정지 메커니즘의 강도를 측정하는 데 쓰인다면 그 영향은 영구적이지 않다. 이럴 때는 플레이어가 출력을 만들고 이런 출력을 다른 액션에 사용하는 과정을 자주 번갈아가며 선택해야 한다.

정지 메커니즘은 플레이어마다 각각 적용하거나 여러 플레이어에게 동등하게 작용하게 할 수 있다. 여러 플레이어에게 같은 영향을 줄 때는 게임에서 이 액션을 먼저 쓴 플레이어에게 다른 플레이어보다 먼저 지급한다. 즉, 정지 메커니즘은 선두에 있는 플레이어나 뒤진 플레이어 중 누가 먼저 행동하는가에 따라 피드백을 형성할 수 있게 된다.

예제

〈워크래프트 III〉의 목재 채취 메커니즘에는 미묘한 정지 메커니즘이 있다. 〈워크래프트 III〉에서 플레이어는 나무를 베고 목재를 생산하는 데 농부를 배정할 수 있다. 농부들은 목재를 숲에서 플레이어의 기지로 다시 수송해야 하며 수송 중에는 나무를 벨 수 없기 때문에 숲까지의 거리가 사실상 생산 메커니즘의 효율에 영향을 미친다. 나무를 베면 숲이 사라지므로, 플레이어가 나무를 계속 베어 나가면 거리는 점점 벌어진다. 그림 B.9는 이 메카닉을 표현한다.

그림 B.9
〈워크래프트 III〉의 정지 메커니즘. 숲이 거의 사라지면 각 농부의 생산 속도가 0.4로 떨어진다

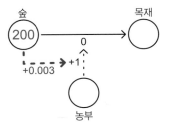

〈파워 그리드〉에서 연료 시장의 가격 메커니즘에도 정지 메커니즘이 있다 (그림 B.10). 〈파워 그리드〉에서 플레이어는 돈을 이용해 연료를 사고, 연료를 태워 돈을 생성한다. 이 양성 순환 구조는 연료를 대량 구매하면 모든 플레이어에게 연료 가격이 올라가기 때문에 완화된다. 〈파워 그리드〉에서 선두에 있는 플

레이어가 마지막 액션을 취하면 이 정지 메커니즘이 선두 플레이어에게 강력한
부정 회귀 구조로 작용한다.

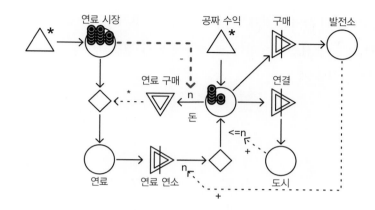

그림 B.10
〈파워 그리드〉의 정지 메
커니즘은 연료의 가격을
올리고, 특히 선두 플레이
어에게 부정적 피드백을
적용한다

연관 패턴

- 정지 메커니즘은 여러 피드백이 적용된 시스템에서 흔히 찾을 수 있다.

- 정지 메커니즘은 동적 마찰 메커니즘을 정교화한다.

- 정지 메커니즘은 느린 싸이클 패턴으로 정교화할 수도 있다.

소모전

- **유형:** 마찰

- **의도:** 플레이어들이 게임의 다른 액션에 필요한 다른 플레이어의 자원을 적
  극적으로 훔치거나 파괴한다.

- **동기:** 플레이어가 직접 다른 플레이어의 자원을 훔치거나 파괴할 수 있게 해,
  우위를 점하는 과정에서 서로를 제거할 수 있다.

적용 가능성

소모전은 다음과 같을 때 사용한다.

- 멀티플레이어 사이의 직접적이고 전략적인 상호작용을 허용하고 싶을 때
- 플레이어들이 선호하는 전략 및 충동에 따라 결정되는 피드백을 시스템에 도입하고 싶을 때

구조

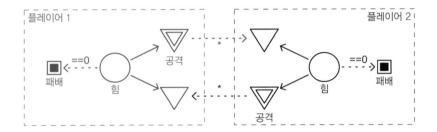

구성 요소

- 동일한(혹은 유사한) 메카닉과 옵션이 있는 여러 플레이어
- 힘 자원. 힘을 모두 잃은 플레이어는 게임에서 제거된다.
- 다른 플레이어의 힘을 고갈시키거나 훔치는 특수한 공격 액션

협력

공격 액션을 수행함으로써 플레이어는 다른 플레이어의 힘을 고갈시킬 수 있다. 공격을 수행하는 데에는 힘 비용이 들 수도, 그렇지 않을 수도 있다. 공격에 힘 비용이 소요되지 않는다면 수행하는 데에 시간이 소요되도록 하거나 실력, 혹은 무작위성이 관여되도록 해야 한다. 공격 비용과 그 효율, 게임의 다른 액션에 얼마나 혜택을 줄지 간의 균형은 공격과 소모전 패턴의 우위를 결정하게 된다.

결과

소모전을 도입하면 플레이어가 서로를 파괴할 수단을 직접 제어할 수 있기 때문에 시스템이 대단히 역동적이 된다. 이 때 플레이어의 현재 상태가 다른 플레이어의 반응을 유발하기 때문에 파괴적 피드백이 도입될 때가 많다. 승리 조건의 특성과 게임의 현재 상태에 따라 이 피드백은 플레이어가 선두를 상대로 한데 뭉쳐 행동하도록 자극할 때는 부정적으로 작용하지만 약한 플레이어를 공격해서 제거하도록 자극할 때는 양성 피드백으로 작용한다.

노트 피드백에 사용되는 건설적이나 파괴적이라는 용어는 긍정적이나 부정적이라는 용어와 차이가 있다는 점을 기억하자. 본문 6장의 '피드백의 일곱 가지 특징'에 이 차이가 자세히 설명되어 있다.

적용

소모전이 제대로 작동하려면 플레이어가 공격할 때 어떤 종류든 다른 곳에도 사용되는 자원을 투자하게 해야 한다. 투자할 필요가 없다면 2인용 게임의 소모전은 단순히 전략적 선택이 거의 혹은 아예 없이 서로를 파괴하려는 경주가 되고 만다. 투자가 필요 없는 공격은 플레이어 간의 소셜 활동을 장려하는 멀티플레이어 게임에서는 누구를 공격할지 함께 결정해야 하기 때문에 조금 낫다.

소모전은 힘 하나만이 아니라 생명과 에너지 두 개의 자원을 사용해 적용하는 경우가 흔하다. 플레이어는 에너지를 사용해 액션을 수행하고, 생명이 고갈되면 게임에 패배한다. 이 두 자원을 사용할 때는 둘이 어느 정도 연관되어 있게 만드는 것이 중요하다. 그래서 플레이어가 에너지를 사용해 추가 생명을 얻도록 하는 경우가 많다. 때로 생명과 에너지 간의 관계가 내재적일 때도 있다. 예를 들어, 플레이어가 에너지를 사용하거나 생명을 얻는 선택을 할 때는 플레이어가 보통 두 가지를 동시에 할 수는 없기 때문에 둘 사이에 내재적인 연결 고리가 있는 것이다.

2인용 버전의 소모전에서 게임에는 다른 액션이 포함돼야 하며, 2인용 이상의 게임이라면 플레이어가 수행할 수 있는 다른 액션들을 허용하는 경우가 많다. 이런 액션은 대부분 힘을 생산하는 메커니즘으로 구성되며, 이를 통해 플레이어의 방어력이나 공격력의 효율이 향상된다(따라서 소모전을 정교화하면 군비 경쟁 패턴이 된다). 대부분의 실시간 전략 게임에는 이 모든 옵션이 포함되며, 각 옵션에도 다양한 변형이 들어가는 일이 잦다.

승리 조건과 다른 플레이어를 제거하는 데에서 오는 결과는 소모전 패턴에 큰 영향을 미친다. 하지만 승리 조건에는 다른 플레이어의 제거가 들어 있을 필요가 없다. 플레이어가 점수를 올리거나 소모전 패턴 외적인 특정 목표에 도달할 수는 있으며, 이로 인해 선택할 수 있는 전략의 폭이 자동적으로 넓어진다. 다른 플레이어를 공격하거나 제거할 때 보너스를 제공하면 이 패턴은 약한 플레이어를 적극적으로 제거하게 만든다.

예제

트레이딩 카드 게임인 〈매직: 더 개더링〉에는 정교한 소모전 패턴이 적용되어 있다. 그림 B.11은 싱글 플레이어 관점에서만 본 것이긴 하지만 이 패턴의 적용을 표현하고 있다.

그림 B.11
〈매직: 더 개더링〉의 소모전 메커니즘

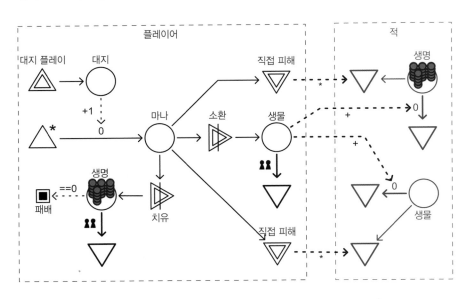

〈매직: 더 개더링〉에서 플레이어는 턴당 카드 하나를 플레이할 수 있다. 이 카드들은 플레이어가 대지를 추가하고 치유 마법을 시전하고, 상대방이나 상대의 생물에 직접 피해를 가하도록 해준다. 하지만 대지 추가 외의 모든 액션에는 마나(마법 에너지) 비용이 들어간다. 플레이어에게 마나가 많을수록 턴마다 더 많은 마나를 써서 더 강력한 액션을 플레이할 수 있다. 생물은 다른 생물과 싸우며, 적에게 더 이상 남은 생물이 없을 때는 직접 상대 플레이어에게 피해를 입힌다. 생명 포인트를 모두 잃은 플레이어는 게임에서 제거된다. 〈매직: 더 개더링〉은 생명과 에너지 자원을(이 경우에는 생명과 마나) 분리해 소모전을 적용한 대표적인 게임이다.

〈매직: 더 개더링〉에서 제공하는 다양한 게임플레이 옵션을 보면 소모전이 얼마나 다양하게 작동할 수 있는지 알 수 있다. 직접적인 피해는 잠깐 동안 고갈을 유발한다. 이름에서 알 수 있듯이 이 피해는 직접적이고 빠르다. 한 편, 생물을 소환하면 상대방의 생물과 생명에 대한 영구적인 고갈이 활성화된다. 이 효과는 보통 직접적인 피해만큼 강력하진 않지만, 시간이 흐를수록 누적되므로 파괴력이 꽤 크다. 플레이어는 손에 들고 있는 카드로 여러 액션 중 하나를 선택할 수 있으며, 액션이 얼마나 강력한지 역시 손에 든 카드에 의해 결정된다. 플레이어가 수많은 카드 콜렉션에서 직접 덱을 구성하기 때문에 〈매직: 더 개더링〉에서는 덱 구성이 매우 중요하다.

소모전은 대칭적인 게임에서 그 적용이 가장 분명히 나타난다. 하지만 많은 싱글 플레이어 게임과 심지어 일부 멀티플레이어 게임에서도 비대칭적 소모전을 활용하고 있다. 예를 들어 보드 게임 〈스페이스 헐크〉에서는 한 플레이어가 몇 대의 스페이스 마린을 조종하며 미션을 완수하려 하고, 다른 플레이어는 무제한으로 공급되는 외계 '진스틸러'를 조종해 이를 막으려 하는 비대칭적 소모전을 볼 수 있다. 진스틸러 플레이어는 스페이스 마린의 숫자를 줄여 목표 완수를 막으려 하고, 진스틸러가 충분한 숫자의 스페이스 마린을 파괴하면 승리한다. 스페이스 마린 플레이어는 보통 진스틸러를 파괴하는 것으로는 승리할 수 없지만, 진스틸러의 수가 많아질수록 효율도 높아지므로 진스틸러가 늘어나지 못하도록 억제해야 생존할 수 있다. 그림 B.12는 〈스페이스 헐크〉의 메카닉을 간략히 그린 것이다.

그림 B.12
〈스페이스 헐크〉의 비대칭
적 소모전

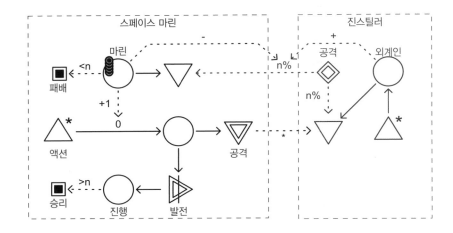

연관 패턴

- 소모전은 어떤 종류의 엔진 패턴에든 잘 맞는다. 거래는 파괴적인 대신 건설적인 멀티플레이어 피드백의 대안으로 활용될 수 있으며, 거의 늘 부정적인 피드백이 된다.
- 소모전은 동적 마찰 패턴을 정교화한다.
- 소모전은 군비 경쟁과 일꾼 배치 패턴으로 정교화할 수 있다.

점증적 도전

- **유형:** 점증
- **의도:** 목표를 향해 다가갈수록 더 진행할 때의 난이도가 증가한다.
- **동기:** 플레이어의 진행과 게임의 난도 간의 양성 순환 구조는 플레이어가 목표 달성에 가까워질수록 게임이 점점 어려워지게 만든다. 이 방식으로 게임

은 빠르게 플레이어의 실력 수준에 적응하게 되며, 플레이어의 실력이 뛰어나 진행이 더 빨라질수록 더 잘 작동한다.

적용 가능성

점증적 도전은 다음과 같을 때 사용한다.

- 플레이어의 실력(대개 신체적 능력)에 따라 빠르게 진행되며, 플레이어가 진행해갈수록 어려워지는 게임을 만들고 싶을 때. 플레이어는 게임을 진행할수록 과제를 완수할 수 있는 능력이 제한된다.
- 사전에 디자인된 레벨 진행을 (부분적으로) 대체할 자연 발생적 메카닉을 만들고 싶을 때

구조

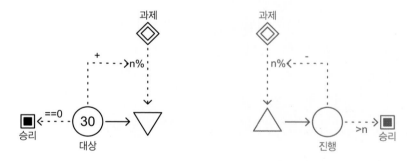

구성 요소

- 아직 해결하지 못한 과제를 뜻하는 대상
- 목표를 향한 플레이어의 진행을 표시하는 진행
- 대상의 수를 줄이거나 진행을 생산하는 과제
- 플레이어가 목표에 근접할수록, 혹은 대상의 수를 줄여갈수록 게임이 더 어려워지게 만드는 피드백 메커니즘

협력

과제는 대상을 줄이거나 진행을 생산하고, 혹은 둘을 모두 적용한다. 피드백 메커니즘은 플레이어가 목표 달성에 가까워질수록 과제의 난이도를 올린다.

결과

점증적 도전은 게임의 난이도에 영향을 주는 단순한 양성 순환 구조를 기초로 한다. 이 메커니즘은 게임의 난이도를 플레이어의 실력 수준에 따라 빠르게 조정한다. 과제에 실패해 게임이 끝난다면, 점증적 도전은 매우 빠른 게임을 만들어낸다.

적용

점증적 도전 패턴을 적용하는 게임의 과제는 특히 게임의 코어 메커닉이 점증적 도전으로 이루어졌을 때 플레이어의 실력에 영향을 받는다. 과제가 무작위적이거나 비확정적 메커닉이라면 플레이어는 게임의 진행을 전혀 제어할 수 없게 된다. 점증적 도전 패턴이 더 복잡한 게임 시스템의 일부이고, 플레이어가 성공 확률을 일정 정도 간접적으로 제어할 수 있을 때만 무작위적이거나 비확정적 메커닉을 활용할 수 있다. 멀티플레이어 역학 메커니즘을 활용할 수도 있지만, 이 역시 더 복잡한 게임 시스템에서만 작동할 수 있을 것이다.

예제

〈스페이스 인베이더〉는 점증적 도전 패턴의 전형적인 예다. 〈스페이스 인베이더〉에서 플레이어는 침략한 외계인이 화면 하단에 닿기 전에 이들을 파괴해야 한다. 플레이어가 외계인을 하나 파괴할 때마다 다른 외계인들의 속도가 조금 빨라져서, 플레이어가 이들을 맞히기가 더 어려워진다.

〈팩맨〉 역시 이런 패턴의 예다. 〈팩맨〉에서 과제는 한 레벨 안의 모든 점을 먹는 것인데, 추격하는 귀신들 때문에 마지막 남은 점에 다다르기가 점점 어려워진다(5장에서 〈팩맨〉에 대한 자세한 설명과 다이어그램을 찾아볼 수 있다).

연관 패턴

점증적 도전과 정적 마찰이나 동적 마찰을 결합하면, 플레이어의 능력에 맞춰 빠르게 난이도가 조정되는 게임이 탄생한다.

점증적 복잡성

- **유형:** 점증
- **의도:** 플레이어가 점차 증가하는 복잡성에 대항해 게임을 제어하려 애쓰다가 양성 피드백이 너무 강해지고 그에 따른 복잡성으로 인해 패배하게 된다.
- **동기:** 플레이어가 실패하면 더 복잡한 액션을 수행해야 하며, 이 때 복잡성은 과제의 난도에 기여한다. 플레이어는 게임을 따라잡을 수 있는 한은 플레이를 계속할 수 있지만, 양성 피드백이 걷잡을 수 없어지는 시점에 도달하면 게임이 빠르게 종료된다. 게임이 진행되면서 복잡성을 만들어내는 메커니즘의 속도가 빨라져, 일정 시점이 되면 플레이어들이 더 이상 게임을 쫓아갈 수 없고 결국 패배하게 된다.

적용 가능성

점증적 복잡성은 다음과 같을 때 사용한다.

- 스트레스가 큰 실력 위주의 게임을 만들고자 할 때
- 사전에 디자인된 레벨 진행을 (부분적으로) 대체할 자연 발생적 메카닉을 만들고 싶을 때

구조

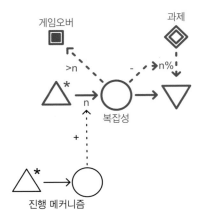

구성 요소

- 게임이 플레이어마다 정해진 한계치 이하로 유지되어야 하는 복잡성을 생산한다.
- 플레이어가 수행하는 과제는 복잡성을 줄인다.
- 진행 메커니즘은 시간이 갈수록 복잡성의 생산을 늘린다.

협력

복잡성은 즉시 더 많은 복잡성의 생산을 늘려, 안정시켜야만 하는 강한 양성 순환 구조를 만들어낸다. 복잡성이 플레이어의 능력을 초과하면 패배한다.

결과

실력이 충분하다면 플레이어는 오랫동안 증가하는 복잡성을 따라잡을 수 있지만, 더 이상 쫓아갈 수 없는 지점이 되면 복잡성이 걷잡을 수 없어지고 게임이 빠르게 종료된다.

적용

점증적 복잡성 패턴을 적용하는 게임의 과제는 특히 게임의 코어 메카닉이 점
증적 복잡성으로 이루어졌을 때 플레이어의 실력에 영향을 받는다. 과제가 무
작위적이거나 비확정적 메커니즘에 의해 작동하면, 플레이어는 게임의 진행을
전혀 제어할 수 없게 된다. 무작위적이거나 비확정적 메카닉은 플레이어가 성
공할 확률을 어느 정도 제어할 수 있는 더 복잡한 게임 시스템에서 좀 더 잘 작
동한다. 멀티플레이어 과제를 활용할 수도 있지만, 이 역시 더 복잡한 게임 시
스템에서만 작동할 수 있을 것이다.

복잡성의 생산에 무작위성을 넣으면 게임이 다양한 속도로 진행되고, 플레
이어는 복잡성이 최고에 이르면 애를 먹긴 하겠지만 복잡성 생산이 느려질 때
숨을 돌릴 수 있게 된다.

이런 진행 메카닉을 적용하는 데에는 단순히 시간에 따라 복잡성 생산을 늘
리는 것부터 (이전에 예로 든 구조) 플레이어의 다른 액션이나 다른 플레이어의 액
션에 의존하는 복잡한 구성까지 여러 방법이 있다. 이 때, 과제를 실행한 결과
진행 메카닉에 양성 피드백을 도입함으로써 점증적 도전과 함께 점증적 복잡성
을 결합하는 것도 가능하다.

점증적 복잡성은 복잡성이 다양한 특징을 가진 몇 가지 피드백 루프를 가동
시키는 여러 피드백 구조의 일부로 적합하다. 예를 들어, 점증적 복잡성은 과제
가 복잡성의 생산을 관할하는 훨씬 느린 부정 회귀 구조를 가동시키도록 해 부
분적으로 균형을 잡을 수 있다.

예제

<테트리스>에서는 꾸준히 떨어져내리는 테트로미노로 인해 복잡성이 생산된
다. 시간이 흐름에 따라 테트로미노의 조합으로 다양한 형태가 만들어지면서,
복잡성의 생성에는 다소간 무작위성이 적용된다. 플레이어들은 테트로미노를
가능한 한 가깝게 붙여서 배치해야 한다. 이렇게 한 줄이 빈칸 없이 채워지면

그 줄은 사라져서 새로운 테트로미노를 배치할 여유가 생긴다. 하지만 게임의 속도를 쫓아가지 못하면 테트로미노가 빠르게 높이 쌓이고, 다음에 나오는 테트로미노를 옮길 시간이 부족해진다. 이 때문에 플레이어가 부주의해지면 게임 공간의 복잡도가 빠르게 증가해, 화면 상단에 테트로미노가 닿으면 게임에 패배하게 된다. 〈테트리스〉에서는 레벨이 진행 메커니즘을 만들어낸다. 플레이어가 열 줄을 클리어할 때마다 게임이 다음 레벨로 진행되고 테트로미노가 떨어지는 속도가 더 빨라져 정확하게 배치하기가 점점 어려워진다. 이 경우, 레벨 메커니즘은 점증적 도전 패턴의 예로도 볼 수 있다.

그림 B.13은 〈테트리스〉의 이 메카닉을 표현한 것이다. 이 다이어그램에서 테트로미노는 포인트로 변환된다. 따라서 테트로미노가 더 많으면 포인트가 올라간다. 그래서 한꺼번에 여러 줄을 없애는 위험이 높은만큼 보상도 높은 전략을 묘사할 수 있다. 그림 B.13의 차트는 게임의 속도가 플레이어가 쫓아가기에 너무 빨라지면 게임이 빠르게 제어할 수 없는 상태로 빠지는 것을 보여준다.

그림 B.13
〈테트리스〉의 점증적 복잡성

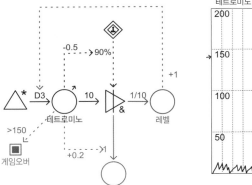
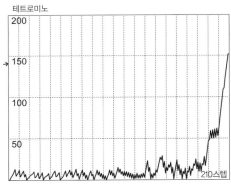

독립 개발 액션 슈터 게임인 〈슈퍼 크레이트 박스〉에서 플레이어는 다양한 무기가 든 상자를 집으면서 적들을 쏘아 그 숫자를 안정시켜야 한다. 플레이어는 적과 닿으면 바로 죽는다. 적들은 화면 상단에서 생성되어 레벨을 달려 내려와서 하단으로 사라진다. 바닥까지 간 적은 화면 상단에서 재생성되는데, 이 때

470

속도가 훨씬 빨라진다. 플레이어는 한 번에 하나의 무기만 들 수 있고, 모든 무기의 위력이 다 똑같지는 않다. 하지만 앞으로 나아가려면 상자를 집어 무기를 바꿔야 하므로, 플레이어는 집어든 무기를 최대한 활용하는 수밖에 없다. 플레이어는 적을 처치해 수를 줄이는 것과 상자를 집어 포인트를 올리는 액션을 오가야 한다. 그림 B.14는 〈슈퍼 크레이트 박스〉의 다이어그램이다.

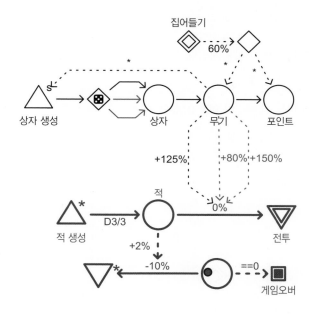

그림 B.14
〈슈퍼 크레이트 박스〉에서 플레이어는 포인트를 올리고 적을 처치해 수를 줄이는 액션을 오가야 한다

연관 패턴

- 어떤 종류의 엔진 패턴이든 진행 메커니즘 적용에 사용할 수 있다.
- 진행 메커니즘은 점증적 도전 패턴으로 적용되는 경우가 흔하다.

군비 경쟁

- **유형:** 점증
- **의도:** 플레이어들이 자원을 투자해 다른 플레이어에 대한 공격과 방어 능력을 강화한다.

- **동기:** 플레이어들이 공격력과 방어력에 투자하도록 허용해 게임에 많은 전략적 옵션을 도입한다. 플레이어는 자신의 실력과 선호도에 맞는 전략을 선택할 수 있다.

적용 가능성

군비 경쟁은 다음과 같을 때 사용한다.

- 소모전 패턴을 이용하는 게임에 좀 더 전략적인 옵션을 넣거나 지배적인 전략을 피하고 싶을 때
- 게임의 플레이 시간을 연장하고 싶을 때
- 플레이어들이 각자의 실력과 선호도에 맞는 전략과 플레이스타일을 개발하도록 장려하고 싶을 때

구조

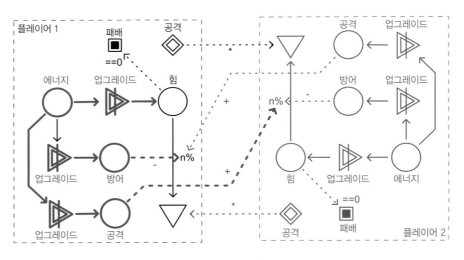

구성 요소

- 동일한(혹은 유사한) 공격 메커니즘을 활성화할 수 있는 여러 명의 플레이어
- **힘 자원:** 힘을 모두 잃은 플레이어는 게임에서 제거된다.
- 업그레이드에 의해 소모되는 선택적 에너지 자원. 어떤 경우에서는 에너지와 힘이 동일하다.
- 각 플레이어의 공격력과 방어력을 향상해주는 최소한 하나의 업그레이드 메커니즘

협력

플레이어가 서로의 힘을 고갈시키거나 훔칠 수 있게 해주는 공격 메커니즘이다. 공격과 업그레이드 메커니즘을 활성화하려면 플레이어가 에너지나 시간을 투자해야 한다. 업그레이드 메커니즘은 플레이어의 공격력과 방어력을 향상해주거나 플레이어의 힘을 복구해준다.

결과

군비 경쟁은 플레이어가 탐험해 볼 여러 전략적 옵션을 도입해, 게임의 밸런싱을 어렵게 만들 수 있다. 일반적으로는 모든 전략에 대응하는 전략이 있을 수 있게끔, 업그레이드 옵션에 가위바위보 메커니즘을 도입하는 게 가장 좋다. 예를 들어, 많은 중세 시대 전쟁 게임에서 중보병은 기갑병을 이기고, 기갑병은 포병대를 이기며, 포병대는 보병대를 이긴다. 이 경우 최선의 전략과 가장 효율적인 군대 구성은 부분적으로 상대방이 내린 선택에 따라 결정된다.

많은 전략적 옵션은 플레이어가 자신만의 플레이 스타일과 전략을 만들어내도록 허용한다. 예를 들어, 플레이어가 어떤 메커니즘을 좋아한다면 더 자주 사용할 수 있고, 특정 메커니즘을 싫어한다면 무시할 수 있다.

군비 경쟁 패턴을 사용하면 플레이어들이 처음에는 방어적으로 플레이할 수 있기 때문에 특히 게임이 길어진다. 이로 인해 대결과 분쟁이 오랫동안 지연될 수도 있다.

적용

군비 경쟁을 적용할 때는 어떤 자원을 업그레이드 비용으로 넣을 것인가가 중요한 디자인적인 결정이 된다. 힘과 에너지가 같을 때, 특히 업그레이드가 효과를 발휘하기까지 시간이 오래 걸린다면 플레이어가 과한 투자를 하면서 취약해질 가능성이 있다. 에너지가 힘과 분리되어 있을 때는 힘과 에너지의 실제 관계가 어떤 것인지 고민할 필요가 있다. 에너지의 생산 속도를 힘이 결정할 수도 있다. 이 때는 강한 양성의 파괴적 피드백 루프가 생겨난다. 에너지가 힘으로 변환될 수도 있고, 에너지를 투자해 시간이 흐름에 따라 힘을 생산해낼 수도 있어 다양한 선택이 가능하다.

군비 경쟁이 게임을 너무 길어지게 하는 일을 막으려면, 모든 플레이어가 같은 자원을 채취하려 하게 만들거나 업그레이드에 힘을 투자해야 하도록 해서 업그레이드 활성화에 필요한 자원에 대한 경쟁을 심화시키면 된다.

군비 경쟁은 꼭 대칭적이어야 하는 것은 아니다. 서로 다른 두 가지 면에서 군비 경쟁을 만들어낼 수도 있지만, 대신 이 때는 밸런싱이 더 어려워진다.

예제

많은 실시간 전략 게임이 군비 경쟁 패턴을 적용하고 있다. 예를 들어 〈스타크래프트 2〉와 〈워크래프트 III〉에서는 플레이어가 기술을 연구해 유닛의 전투 능력을 향상할 수 있게 허용한다. 이런 게임에서 힘은 플레이어의 유닛과 건물의 총합으로 측정하며, 에너지는 일꾼 유닛이 채취해 새로운 유닛을 업그레이드하거나 생산하는 데 사용된다.

군비 경쟁은 타워 디펜스 게임에도 자주 활용되는데, 이런 게임에서는 비대칭적 패턴 적용을 볼 수 있다. 예를 들어, 그림 B.15의 녹색과 파란색 메커니즘은 플레이어(파란색)와 적(녹색)의 공격 능력이 향상되는 서로 다른 두 가지 메커니즘을 표현한 것이다. 대부분의 타워 디펜스 게임에는 많은 업그레이드 메커니즘이 있다. 플레이어는 타워들을 업그레이드하거나 다양한 타워 중 하나를 선택해 다른 효과를 얻고, 적의 무리는 플레이어에게 반응해 다양한 종류의 다른 적들을 포함하게 된다.

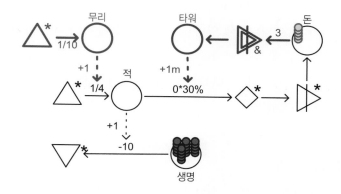

그림 B.15
타워 디펜스 게임의 비대칭적 군비 경쟁

연관 패턴

■ 군비 경쟁은 에너지와 힘을 생산하는 동적 엔진과 잘 결합된다. 이 조합은 여러 실시간 전략 게임에서 찾을 수 있다.

■ 군비 경쟁은 소모전 패턴을 정교화한 것이다.

■ 군비 경쟁은 일꾼 배치 패턴으로 정교화할 수 있다.

플레이 스타일 강화

- **유형:** 기타
- **의도:** 플레이어의 액션에 느린 양성의 건설적 피드백을 적용하면 게임이 특성화를 장려하며 점차 플레이어가 선호하는 플레이 스타일에 적응하게 된다.
- **다른 이름:** 롤 플레잉 게임(RPG) 요소
- **동기:** 플레이어의 액션(게임에 다른 영향을 주는 액션)에 대한 느린 양성의 건설적 피드백으로 인해 시간이 지날수록 플레이어의 아바타나 유닛이 발전한다. 액션 자체가 이 메커니즘에 영향을 미치기 때문에, 아바타나 유닛은 시간이 흐를수록 특화되어 특정 과제를 더 잘 수행할 수 있게 된다. 가능한 여러 전략과 특성화가 있는 한 아바타와 유닛은 시간이 흐를수록 플레이어의 선호도와 스타일에 맞춰진다.

적용 가능성

플레이 스타일 강화는 다음과 같을 때 사용한다.

- 플레이어들이 게임의 여러 세션에 걸쳐 장기적으로 투자하게 만들고 싶을 때
- 플레이어들이 미리 개인적인 전략을 계획해 키워가는 데에 대한 보상을 주고 싶을 때
- 플레이어들이 특정한 역할이나 전략을 키우게 하고 싶을 때

구조

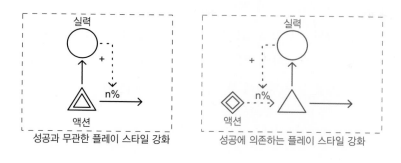

성공과 무관한 플레이 스타일 강화   성공에 의존하는 플레이 스타일 강화

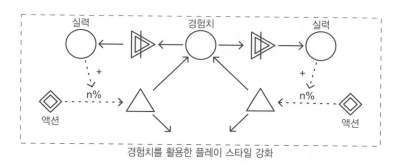

경험치를 활용한 플레이 스타일 강화

구성 요소

- 성공하면 플레이어 캐릭터나 액션에 관계된 유닛의 속성 중 일부가 변하는, 플레이어가 수행할 수 있는 액션들
- 액션의 성공 확률에 영향을 주며 시간이 지날수록 커지는 능력 자원
- **능력을 향상시키는 데 사용할 수 있는 선택적 경험치 자원:** 일부 게임에서는 이런 것을 스킬 포인트라 부르며, 별도로 거래할 수 없는 경험치 포인트 자원을 포함한다.

협력

- 능력은 액션의 성공 확률에 영향을 준다.

- 액션을 시도하면 경험치 포인트가 생성되거나 능력이 직접적으로 향상된다.
  액션에 반드시 성공해야만 하는 게임도 있고, 그렇지 않은 게임도 있다.

- 경험치 포인트를 능력 향상에 사용할 수 있도록 허용되는 경우도 있다.

결과

플레이 스타일 강화는 여러 세션에 걸쳐 오랜 시간 플레이하는 게임에 가장 적합하다.

플레이 스타일 강화는 게임에 다양한 전략과 플레이 스타일을 활용할 수 있을 때만 제대로 작동할 수 있다. 전략이 하나뿐이거나 몇 안 될 때는 플레이어들이 똑같은 전략만을 사용해 게임이 단조로워진다.

플레이 스타일 강화는 플레이어에게 최소최대min-max적 행동 방식을 유도한다. 최소최대적 행동 방식이란, 플레이어들이 가능한 한 강력한 아바타나 유닛을 얻을 수 있도록 허용해주는 최선의 방식을 찾으려고 노력한다는 뜻이다. 최소최대적 액션이 성공적이라면 이는 지배적 전략으로 자리잡는다. 지배적 전략은 피드백의 위력이 여러 액션과 전략 간에 고르지 않을 때 발생한다.

플레이 스타일 강화는 초보자보다는 노련한 플레이어들에게 유리한데, 숙련된 플레이어일수록 자신이 가진 옵션과 어떤 액션을 취했을 때 장기적으로 발생할 결과에 대해 더 잘 알고 있기 때문이다.

플레이 스타일 강화는 게임플레이에 더 많은 시간을 투입할 수 있는 플레이어에게 더 큰 보상을 준다. 이 경우에는 게임플레이에 쏟은 시간이 다양한 실력수준을 보완해주는데, 이는 이상적일 수도 있지만 원치 않는 부작용이 될 수도 있다.

플레이어가 게임을 하면서 나중에 전략을 새로 바꾸는 것은, 이전에 다른 플레이 스타일에 한 투자의 혜택을 잃게 되므로 비효율적 선택이 된다.

적용

플레이 스타일 강화를 적용할 때는 경험치 포인트를 사용할지 그렇지 않을 것인지가 중요하다. 경험치 포인트를 사용할 때는 성장과 액션 사이에 직접적인 연관이 없어, 플레이어가 하나의 전략으로 경험치를 쌓아, 다른 전략을 수련할 기술을 올릴 수 있다. 한편, 경험치 포인트를 사용하지 않는다면 액션의 빈도에 대한 피드백의 균형이 잘 잡혀 있어야 한다. 즉, 자주 수행하는 액션은 드물게 수행할 수 있는 액션보다 피드백이 약하게 적용되어야만 한다.

롤 플레잉 게임은 플레이 스타일 강화 패턴을 중심으로 구축된 게임의 정수라고 할 수 있다. 이런 게임에서 피드백 루프는 보통, 아바타를 너무 빨리 키울 수 없게끔 상당히 느리며, 점증적 도전과 동적 마찰, 혹은 정지 메커니즘으로 균형이 조정된다. 사실, 이런 게임은 대부분 처음에는 성장이 빠르다가 점차 속도가 느려지는 방식으로 밸런싱이 이루어지는데, 일반적으로 투자해야 하는 경험치 포인트가 기하급수적으로 커지기 때문이다.

또한 액션을 성공적으로 수행해야만 피드백을 생성하게 될지 여부도 결정해야 한다. 이 결정은 플레이어의 행동 양식에 엄청난 파급력을 가져올 수 있다. 성공이 필수 조건일 경우, 피드백 루프의 영향력이 커진다. 이럴 때는 플레이어에게 주어진 과제의 난도가 액션의 성공에도 영향을 끼치고, 플레이어에게 다양한 난도의 과제에 성공하도록 도전함으로써 아바타를 훈련시킬 수 있게 하는 것이 가장 좋다. 성공하지 못하더라도 경험치 포인트를 획득할 수 있다면 플레이어들은 게임 후반의 더 어려운 단계에 가서 방치해뒀던 능력을 연마할 기회가 생긴다. 하지만 이럴 때, 특히 액션 수행에 위험이 거의 따르지 않는다면 플레이어들이 기회가 생길 때마다 특정 액션만을 수행하게 되어, 의도치 않게 비현실적이고 우스꽝스러운 결과를 낳을 수도 있다.

예제

많은 펜 앤 페이퍼 롤 플레잉 게임에는 플레이 스타일 강화가 적용되어 있다. 예를 들어 〈워해머 판타지 롤 플레이Warhammer Fantasy Role-Play〉와 〈뱀파이어: 마스커레이드Vampire: The Masquerade〉에서 플레이어들은 게임의 목표를 달성할 때 경험치 포인트를 획득한다. 이 경험치 포인트는 캐릭터의 능력을 향상하는 데 사용할 수 있다. 흥미롭게도, 오리지널 롤 플레잉 게임 〈던전 앤드 드래곤〉에는 플레이 스타일 강화가 없다. 〈던전 앤드 드래곤〉에서 플레이어들은 다음 레벨로 진행하기 위해 모아야 하는 경험치 포인트를 획득한다. 하지만 플레이어는 레벨 업할 때 캐릭터의 능력을 어떻게 향상할지 선택할 수 없고, 캐릭터의 능력은 플레이어의 플레이 스타일이나 선호도에 따라 맞춰지지 않는다.

컴퓨터 롤 플레잉 게임 〈엘더스크롤 IV: 오블리비언〉에서 아바타의 진행은 액션에 직접 연결되어 있다. 아바타의 능력은 연관된 액션을 몇 번이나 수행했는지에 따라 향상된다. 〈엘더스크롤 IV: 오블리비언〉은 경험치 포인트가 없는 플레이 스타일 강화를 적용한 예다.

〈문명 III〉에는 플레이어가 게임을 승리할 방법이 여러 가지 있다. 플레이어는 선택한 군사적, 경제적, 문화적, 혹은 과학적 우위 전략을(혹은 그 조합을) 강화하는 방식으로 도시를 발전시키고, 해당 전략에 맞는 불가사의를 잠금해제한다. 〈문명 III〉에서는 여러 자원이 경험치 포인트의 역할을 한다. 돈과 생산이 그 예다. 이런 자원은 게임의 한 가지 전략에 결합되어 있지 않다. 한 도시에서 생성된 돈을 게임 속 다른 도시의 생산을 늘리는 데 사용할 수도 있다.

연관 패턴

플레이 스타일 강화가 액션의 성공에 달려있을 때는 강력한 피드백이 형성된다. 이럴 때는 정지 메커니즘을 이용해 능력의 새로운 업그레이드 비용을 올리는 경우가 많다.

다중 피드백

- **유형:** 기타
- **의도:** 한 게임플레이 메커니즘이 여러 피드백 메커니즘에 영향을 미치며, 각각 다른 특징을 갖는다.
- **동기:** 플레이어의 액션이 동시에 여러 피드백 루프를 활성화한다. 그 중 일부 피드백 루프는 더욱 뚜렷해진다. 이로써 액션의 정확한 결과나 성공 여부가 단기적으로는 예측 가능하지만 장기적으로는 예상하지 못한 결과를 가져오게 된다.

적용 가능성

다중 피드백은 다음과 같을 때 사용한다.

- 게임의 난도를 높이고 싶을 때
- 플레이어가 현재의 게임 상태를 읽어내는 능력을 강조하고 싶을 때

구조

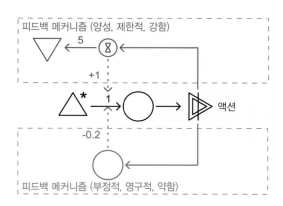

구성 요소

- 플레이어에 의해 활성화될 수 있는 액션
- 액션에 의해 활성화되는 다중 피드백

협력

액션은 궁극적으로 다시 액션에 영향을 주는 여러 피드백 메커니즘을 활성화한다.

결과

플레이어의 입장에서 다중 피드백 루프는 단일 피드백 루프보다 파악하기 더 어렵다. 결과적으로 이 패턴을 사용하면 게임이 더 어려워진다.

액션에 의해 활성화되는 피드백 루프에 플레이 도중 변화하는 동적인 특징이 있을 때는(자주 이렇게 된다), 게임 도중 밸런스가 상당히 변화할 수 있기 때문에 플레이어가 현재의 특징을 읽을 수 있어야 한다는 점이 매우 중요해진다. 다중 피드백 루프 사이에 적정한 균형점을 찾는 것은 이 패턴을 활용하는 게임에 있어 매우 중요한 문제다.

적용

다중 피드백이 적용된 게임을 만들 때는 반드시 다양한 피드백 루프의 특징이 서로 달라야 한다. 특히, 패턴이 효력을 발휘하려면 피드백의 속도가 다양해야 한다. 아니면 시간에 따라 피드백의 특징이 변화하도록 해도 좋다. 이런 면에서 플레이 스타일 강화와 정지 메커니즘을 하나 이상의 피드백 루프에 추가하는 것은 좋은 디자인 전략이 된다. 다중 피드백 조합 중 가장 흔히 쓰이는 것은 빠른 건설적 양성 피드백을 느린 부정적 피드백과 결합하는 것이다. 이렇게 하면 단기적 이득과 장기적 이득 사이에 균형을 잡을 수 있다.

예제

〈심시티〉의 경제에는 많은 다중 피드백 메커니즘이 들어 있다. 예를 들어, 도시는 에너지를 필요로 하므로 플레이어들은 발전소를 지어야 한다. 단기적으로 발전소는 주거, 상업, 공업 구역에 동력을 제공하며 경제 성장을 자극한다. 하지만 장기적으로는 공해를 배출하며 주변 구역에 부정적 영향을 끼친다. 마찬가지로, 도시의 성장을 위해서는 도로 같은 기반 시설이 필요한데 도시가 커질수록 교통 체증과 공해 같은 문제를 유발한다. 보드 게임 〈리스크〉에서 공격을 감행하면 다양한 속도와 강도의 세 가지 양성 피드백 루프가 가동된다(6장의 〈리스크〉에 대한 논의 참조). 가장 뚜렷한 것은 군대를 사용해 더 많은 땅을 차지하면 플레이어가 군대를 더 크게 양성할 수 있다는 점이다. 카드는 느린 피드백을 적용해, 공격에 성공한 플레이어는 카드를 한 장 획득하고, 카드 세 장의 특정 조합은 추가적인 군대를 준다. 마지막 피드백은 대륙 정복에서 온다. 대륙은 플레이어에게 턴마다 보너스 군대를 주고, 이는 빠르고 강력한 피드백 루프이긴 하지만 엄청난 투자를 해야만 얻을 수 있는 혜택이다.

연관 패턴

플레이 스타일 강화와 정지 메커니즘은 시간이 흐름에 따라 변화를 가져오는 피드백 루프를 보장하기에 좋은 방식이다.

거래

- **유형:** 기타

- **의도:** 플레이어 사이의 거래를 허용해 멀티플레이어 역학과 부정적이며 건설적인 피드백을 도입한다.

- **동기:** 플레이어들이 중요한 자원을 거래할 수 있도록 허용한다. 일반적으로 선두 플레이어일수록 협상이 더 까다로워지고, 뒤진 플레이어들은 서로 도

와 선두를 따라잡을 수 있게 된다. 거래는 자원의 흐름이 불안하고, 혹은 플레이어 간에 자원이 균등하게 배분되지 않았을 때 특히 잘 작동한다.

적용 가능성

거래는 다음과 같을 때 사용한다.

- 게임에 멀티플레이어 역학을 도입하고 싶을 때
- 부정적이며 건설적인 피드백을 도입하고 싶을 때
- 플레이어들이 전투가 아닌 상거래를 통해 서로 상호작용하도록 장려해 소셜 메카닉을 도입하고 싶을 때

협력

플레이어들은 거래 메커니즘을 통해 거래할 수 있는 자원을 교환할 수 있다.

구조

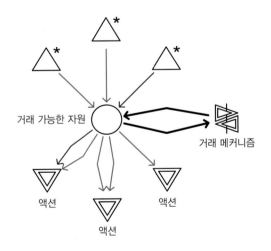

구성 요소

▪ 플레이어 사이에 자원이 거래될 수 있게 하는 거래 메커니즘

▪ 교환하거나 다양한 방식으로 사용할 수 있는 거래 가능한 여러 자원

▪ 거래 가능한 자원을 활용해야 하는 액션

결과

거래는 게임을 느리게 만드는 것은 아니지만, 일반적으로 뒤진 플레이어들이 따라잡을 수 있도록 하는(파괴적 피드백이 아니기 때문에) 부정적 피드백을 도입한다. 거래는 소셜 활동과 물물교환에 뛰어난 플레이어들에게 유리하다.

적용

보드 게임에서 거래는 굉장히 적용하기 쉽다. 단순히 플레이어가 언제 어떻게 자원을 거래할 수 있는지 지정하기만 하면 된다. 멀티플레이어 컴퓨터 게임에서도 거래는 적용하기 쉽다. 하지만 컴퓨터가 제어하는 캐릭터가 연관되는 거래 메커니즘은 그리 간단하지 않다.

성공적인 거래 메커니즘을 적용하려면 복수의 거래 가능한 자원이 필요하며, 이런 자원의 생산 속도에 변동이 있거나 적어도 플레이어 간의 자원 생산 속도가 달라야 한다. 거래는 거래하는 주체들 사이에 자원의 분포가 불균등할 때만 제대로 작동할 수 있다. 또한 플레이어들이 다양한 방향으로 액션을 선택하면서 자원 분포의 불균형이 더욱 커지기 때문에, 거래 가능한 자원을 소모하는 많은 액션을 포함시키고 다양한 종류의 자원을 한 번에 소모하는 액션을 만들 수 있게 해준다.

예제

⟨카탄의 개척자⟩에서 플레이어들은 불확실한 동적 엔진을 구축하게 된다. 자원을 생산하는 마을과 도시는 이를 이용해 더 많은 마을과 도시를 건설하게된다. 이런 엔진의 무작위성은 모든 플레이어가 현재 자기 턴인 플레이어와자원을 거래할 수 있게 함으로써 부분적으로 상쇄된다. 교환 비율은 서로 동의 하에 정하며, 일반적으로 자원이 얼마나 흔하고 플레이어가 몇등을 하고있는가에 따라 결정된다. 선두를 달리고 있는 플레이어는 자원에 더 많은 금액을 지불할 수 있다. 하지만 승리에 가까워질수록 거래를 성사시키기가 불가능해질 수도 있다.

⟨문명 III⟩에서 플레이어들은 전략적 자원, 돈, 지식을 교환할 수 있다. 이는거래하는 두 당사자 모두에게 이익이 되며, 약한 문명들이 빠르게 앞선 문명을따라잡을 수 있게 해준다.

연관 패턴

소모전은 건설적이 아니라 파괴적인 특징의 멀티플레이어 피드백에 대한 대안이 될 수 있다.

일꾼 배치

- **유형:** 기타

- **의도:** 플레이어가 게임에서 다양한 메커니즘을 활성화하거나 개선하기 위해한정된 자원(일꾼)을 제어한다.

- **동기:** 몇 가지 메커니즘이 복잡하고 동적인 게임의 핵심을 형성한다. 플레이어는 한정된 자원(일꾼)을 어떻게 분배해 이런 메커니즘을 활성화할지 선택해야 한다. 수가 한정되어 있기 때문에 플레이어는 게임 메커니즘을 가장 효율적으로 가동할 수 있게끔 일꾼의 분배를 변경해야만 한다.

적용 가능성

일꾼 배치는 다음과 같을 때 사용한다.

- 플레이어의 과제로 거듭되는 세부 작업을 도입하고 싶을 때

- 변화하는 상황에 플레이어가 적응하도록 만들고 싶을 때

- 타이밍을 성공적인 전략에 있어 결정적인 요인으로 도입하고 싶을 때

- 간접적인 분쟁을 발생시키는 우회적인 메커니즘을 만들고 싶을 때

구조

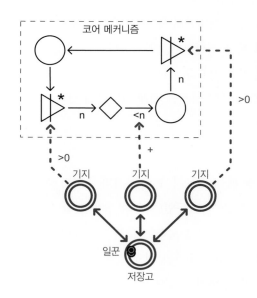

노트 코어 메커니즘으로 변환 엔진을 넣은 구조는 예제일 뿐이다. 일꾼 배치는 충분히 복잡한 메커니즘이라면 어디에나 적용할 수 있다. 일꾼 배치에는 특정 메커니즘을 활성화하거나 향상하도록 일꾼을 배정할 몇 개의 기지만 있으면 된다.

구성 요소

- 보통 여러 메커니즘이 합쳐진 복잡한 구조의 코어 메커니즘

- 코어 엔진을 활성화하거나 향상하는 여러 기지

- 다양한 기지에 배정할 수 있는 일꾼 자원

- 어디에도 배정되지 않은 일꾼들을 모아 두는 선택적 일꾼 저장고

협력

일꾼들은 다양한 기지에 배치되어 코어 메커니즘을 활성화하거나 향상한다. 일꾼들은 코어 메커니즘을 가동시킨다. 일꾼들을 다른 기지로 이동시키는 것이 비교적 쉬워서, 코어 메커니즘의 행동 양식을 빠르게 변경할 수 있다.

결과

일꾼 배치는 플레이어가 기지들 간에 일꾼을 이동시키는 데 시간을 투입하도록 만든다. 게임의 속도는 이 작업이 가능한 정도여야 하며, 플레이어는 일꾼의 분포를 변경해야 하는 게임 이벤트에 대비할 수 있어야 한다.

일꾼 배치는 코어 메커니즘의 행동 양식이 때때로 일꾼의 작업이 변경돼야 하도록 작동할 때 가장 적합하다. 따라서 다양한 게임플레이 단계가 존재하는 복잡한 게임에 잘 어울린다. 일꾼 배치는 보통 플레이가 계속 일꾼들을 관리하도록 만들며, 그 결과 게임 경제를 쉽게 장악하게 된다.

적용

일꾼 배치를 적용할 때는 일꾼의 수와 기지의 숫자가 적절하게 균형 잡혀 있어야 한다. 게임에서 상당 기간 동안 일꾼의 수에 변함이 없는데 일꾼과 기지 수가 균형 잡혀 있으면 일꾼의 분포를 꾸준히 변경해야 하는 경우와는 달리 이런 분포가 고착화된다. 일꾼의 숫자가 비교적 적을 때는 플레이어가 더 자주 배치를 변경해야 하는 반면, 숫자가 많으면 그럴 필요성이 줄어든다.

일꾼의 수가 많을 때나 플레이어가 추가로 일꾼을 생산할 수 있는 게임이라면, 모든 기지에 일꾼이 충분해 더 이상 일꾼 분포를 바꿀 이유가 없는 경우가 생기지 않도록 주의해야 한다. 이런 일을 막으려면 여러 일꾼들을 하나의 기지에 배치해 효율을 더욱 높일 수 있게 허용하면 된다. 이 패턴의 구조 다이어그램에서 가운데에 있는 기지가 바로 이렇다.

일꾼 배치 패턴을 적용한 많은 게임은 플레이어들이 같은 기지를 놓고 경쟁하도록 만든다. 예를 들어, 플레이어는 똑같은 금광에 일꾼을 배치해 경제의 동력이 되는 골드를 생산해야 한다. 플레이어들이 같은 기지를 두고 경쟁할 때는 일꾼들을 기지에서 제거할 수 있는 메커니즘을 포함하는 것이 중요하다. 간단히는 모든 일꾼이 매 턴 이후 자동으로 저장고로 돌아가도록 하거나, 플레이어가 적의 일꾼을 제거하도록 허용하는 더욱 직접적인 액션을 넣으면 된다. 기지를 둔 경쟁은 플레이어들이 중요한 기지를 막음으로써 다른 플레이어의 계획을 방해하도록 만드는 미묘하고 간접적인 경쟁 상황을 만들어낸다.

일꾼 배치는 시스템에 동적 마찰을 추가할 기회를 제공한다. 동적 마찰은 일꾼 배치로 자원을 소모하거나 일꾼을 기지에 배치하는 비용이 꾸준히 오를 때 생겨난다. 두 경우 모두 더 많은 일꾼을 배치하면 더 많은 자원이 소모되므로, 더 많은 일꾼을 투입하는 이득이 상쇄된다. 동시에 일꾼을 배치하는 데에 자원이 소모되므로(그리고 비용이 점차 늘어나므로) 일꾼의 분포를 변경하면 손해가 발생한다. 이로 인해 적응성이 떨어지며 사전에 잘 계획할수록 이득이 되는 버전의 일꾼 배치가 만들어진다.

예제

〈스타크래프트〉의 일꾼은 다양한 과제에 배정할 수 있는 우주 건설 차량(SCV) 유닛이다. SCV는 게임의 두 가지 주요 자원인 미네랄이나 가스를 채취하거나, 플레이어 기지로 사용될 건물을 건설하고 복구할 수 있다. 플레이어는 원하는 만큼 SCV를 만들고, 많은 SCV 유닛을 동일한(혹은 유사한) 과제에 배정할 때가 많다. 〈스타크래프트〉에서는 모든 플레이어가 맵의 똑같은 장소에서 자원을 채취할 수 있기 때문에 기지를 둔 경쟁이 발생한다. 어떤 레벨에서는 이것이 중요한 특징이 되지만, 대부분의 레벨에서는 비교적 안전하고 일부 자원을 독점할 수 있는 곳에서 게임을 시작하게 된다. 그림 B.16은 〈스타크래프트〉의 일꾼 배치 메카닉이다.

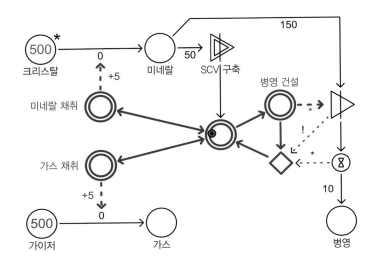

보드 게임 〈아그리콜라Agricola〉에서 플레이어들은 18세기 농장을 건설해 경영한다. 플레이어는 하나, 혹은 두 개의 가족으로 시작한다. 그리고 가족 구성원은 일꾼이 된다. 일꾼은 작물 제배, 울타리 짓기, 나무나 다른 자원 수집 등 여러 과제에 배정할 수 있다. 턴마다 플레이어는 일꾼들에게 새로운 과제를 배정한다. 중요한 과제는 점점 늘어가는 가족을 먹여살리기에 충분한 식량을 구하는 것이다. 〈아그리콜라〉에서 플레이어는 똑같은 기지를 두고 경쟁하며, 각 과제에는 일꾼 하나만 배치할 수 있다. 한 턴에 어떤 플레이어도 특별한 과제를 수행하지 않으면 해당 과제에서 생성되는 자원은 그대로 쌓인다(예를 들어, 아무도 나무를 수집하지 않으면 나무 더미가 쌓인다). 따라서 각 과제가 주는 상대적인 이득은 계속해서 바뀐다. 그림 B.17은 〈아그리콜라〉의 일부 메커니즘을 보여준다.

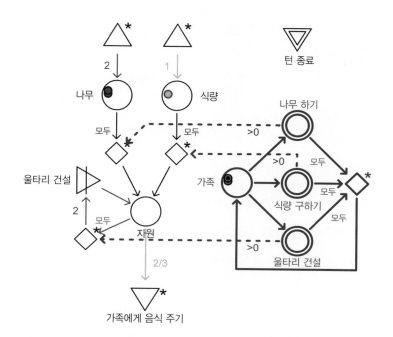

연관 패턴

▪ 일꾼 배치는 거의 모든 다른 패턴, 특히 변환 엔진, 구축성 엔진, 소모전, 군
비 경쟁 패턴을 정교화할 수 있다.

▪ 동적 마찰은 일꾼의 수에 의해 생겨나거나 일꾼 배치 패턴에 부정적 피드백
을 적용하는 좋은 방식인 일꾼 분포 변경에서 발생한다.

느린 싸이클

▪ **유형:** 기타

▪ **의도:** 서서히 다른 상태들의 싸이클이 진행되는 메커니즘으로, 게임의 메카
닉에 주기적인 변화를 준다.

- **동기**: 플레이어가 제어할 수 없는 느리게 작동되는 메커니즘을 도입함으로써, 게임의 경제가 다양한 단계로 변화하게 된다. 이를 위해서는 플레이어들이 더욱 융통성 있는 전략들을 도입하고 개발해야 한다.

적용 가능성

느린 싸이클은 다음과 같을 때 사용한다.

- 게임의 주기적 단계에 좀 더 변화를 주고 싶을 때
- 특정 전략의 강세를 완화하고 싶을 때
- 플레이어들이 변화하는 상황에 주기적으로 여러 전략을 적용하도록 강제하고 싶을 때
- 게임을 숙달하기까지 학습하는 기간을 좀 더 연장하고 싶을 때(느린 싸이클을 적용하면 플레이어들이 한 주기를 완전히 경험하는 과정이 자주 있지 않으므로, 이를 통한 학습이 더뎌진다)
- 플레이어들이 싸이클의 기간이나 진폭에 영향을 줄 수 있게 허용해 미묘하고 간접적인 전략적 상호작용을 도입하고 싶을 때

협력

느린 싸이클의 상태는 이 싸이클의 영향을 받는 메커니즘과 상호작용한다.

구조

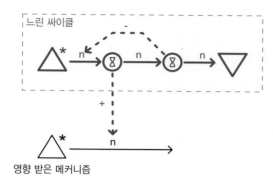

노트 이 구조는 예제일 뿐이다. 느린 싸이클을 구축하는 데에는 다양한 방법이 있으며, 이 싸이클은 다른 게임 메커니즘에 다양한 영향을 미칠 수 있다.

구성 요소

- 느린 싸이클 메커니즘은 두 (혹은 더 많은) 상태 사이를 오간다.
- 영향을 받는 메커니즘은 느린 싸이클의 상태에 따라 다르다.

결과

느린 싸이클의 영향은 특히 초보 플레이어라면 알아보기 어렵다. 이 때문에 플레이어들의 경험 차이에 따라 심한 편차를 보이는 장시간의 학습 곡선이 만들어진다.

대부분 플레이어는 느린 싸이클 메커니즘에 끼칠 수 있는 영향이 거의 없다. 그래서 플레이어에게 현재 싸이클의 상태가 어떤지를 분명히 알려주는 것이 중요하다. 게임 경제에 무작위적 변경을 유발하는 것처럼 보이는 느린 싸이클은 일반적으로 불공정하다고 평가된다.

적용

느린 싸이클은 다양한 방식으로 적용할 수 있다. 느린 싸이클은 두 가지 상태를 분명히 오갈 수도 있지만(예를 들어 주기적으로 한 메커니즘을 활성화하거나 비활성화한다), 두 상태 사이에서 점진적으로 변화할 수도 있다.

느린 싸이클은 모든 플레이어에게 동일한 영향을 줄 때가 가장 좋다. 이 싸이클은 플레이어가 게임 경제의 단계 변화를 예측하고 준비할 수 있는 능력이 있는지 시험한다. 게임 월드를 놓고 보면, 플레이어가 제어할 수 없는 계절, 조류, 사업의 주기 변화 같은 특징을 쉽게 느린 싸이클이라고 볼 수 있다.

느린 싸이클은 싸이클에 무작위적 기간을 도입해 덜 확정적으로 만들 수 있다. 이러려면 플레이어들이 싸이클의 현 상태에 더 주의를 기울여야 한다. 싸이클이 덜 확정적이 되도록 하는 다른 방법은 싸이클의 진폭을 무작위화하는 것이다. 예를 들어, 10턴에 한 번씩 잠깐 동안 에너지를 생산하는 느린 싸이클이 있다고 가정하자. 이 때, 생산되는 기간을 무작위화하거나 생산되는 자원의 수를 무작위화해도 싸이클의 주기에는 영향을 주지 않는다.

예제

본문 10장의 '메카닉의 다양한 구조에 집중'에서 언급했듯이, 〈스타크래프트 2〉는 다양한 레벨에서 다양한 느린 싸이클 메커니즘을 활용한다.

보드 게임 〈케일러스〉를 보면, 플레이어는 성과 부속 마을을 건설한다. 이 게임은 세 가지 단계로 나뉘며, 각 단계의 끝에 가면 플레이어는 성에 대한 공헌에 대한 보상을 받거나 공헌하지 못한 데에 대한 불이익을 받는다. 세 단계는 미묘한 느린 싸이클 메커니즘을 형성한다. 플레이어들은 일꾼들을 배치해 성의 건설을 도울 자원을 채취하는 경쟁도 벌여야 하므로 특히 성에 대해 어떤 공헌을 할 것인지 주의 깊게 계획해야 한다(〈케일러스〉는 일꾼 배치 패턴도 적용한 게임이다). 또한 여러 플레이어의 액션이 합쳐져서 현재의 싸이클이 가속되거나 느려지기도 한다. 싸이클을 예측하고, 다른 플레이어들의 계획에 싸이클이 어떤 영향을 주는지 아는 것이 이 게임에서는 효과적인 고급 전략이 된다.

연관 패턴

- 느린 싸이클은 정적 엔진, 정적 마찰, 정지 메커니즘 패턴을 정교화한다.
- 느린 싸이클은 게임의 경제 단계를 변화시키므로, 플레이어가 이런 변화에 대응하도록 해주는 일꾼 배치 패턴과 잘 결합된다.

부록 C

머시네이션 시작

요리스 도르만스가 만든 그래픽 편집기이자 시뮬레이터인 머시네이션 툴로 머시네이션 다이어그램을 만들고 시뮬레이션할 수 있다. 이 튜토리얼에서는 툴을 이용해 다이어그램 만드는 법을 연습하고 배울 수 있다. 우선 툴의 유저 인터페이스를 소개하고, 다이어그램을 만드는 방법을 차근차근 보여주겠다. 하지만 튜토리얼에서 다이어그램의 모든 요소가 왜 어떻게 작동하는 것인지 상세히 다루지는 않겠다. 머시네이션 다이어그램의 기본 요소들은 5장에 설명되어 있다. 6장에서는 몇 가지 고급 요소들을 다뤘으며 8장에서는 차트와 인공 플레이어 사용법을 설명했다. 이 책에 수록된 다이어그램은 www.peachpit.com/gamemechanics에서 내려받을 수 있다.

인터페이스

먼저 머시네이션 인터페이스를 살펴보자. 인터페이스는 크게 네 부분으로 나뉜다.

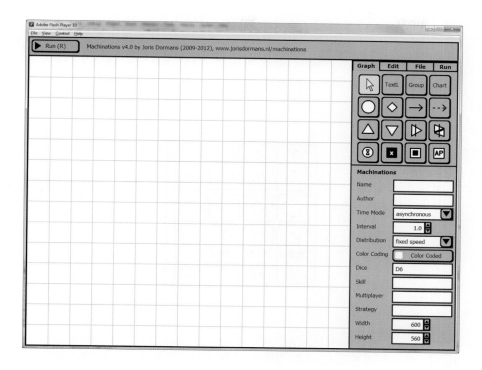

- 인터페이스 상단에는 타이틀 바가 자리하며, 버전 정보와 Run 버튼이 있다. 구동 버튼을 클릭하면 시뮬레이션이 구동되며, 한 번 더 누르면 멈춘다.

- 화면의 가장 큰 영역은 그림판이며, 여기에 다이어그램을 그리면 된다.

- Graph, Edit, File, Run 패널이 상단 우측에 탭으로 정리되어 있다. 그래프 패널에서는 그리기 도구를 선택할 수 있다. 편집 패널에는 cut, copy, paste 옵션이 있고, 파일 패널에서는 로컬 파일을 저장하고 열거나, 다이어그램을 확대 축소 가능한 벡터 그래픽(.SVG) 파일로 저장해 내보낼 수도 있다. 구동 패널에는 시뮬레이션 구동의 추가 옵션이 있다.

- element 패널이 하단 우측에 있다. 여기에서는 다이어그램의 노드와 연결의 속성을 변경할 수 있다. 요소 패널은 상황에 맞게 대응하며, 그림판 영역에서 현재 선택한 요소의 유형에 따라 변한다. 어떤 노드나 연결도 선택하지 않았을 때는 요소 패널에 다이어그램 전체의 속성을 변경하는 컨트롤만 표시된다.

그래프 패널

그래프 패널은 다이어그램에서 요소를 선택하거나 추가하는 16개의 버튼으로 구성되어 있다. 툴에 마우스 커서를 올리면 툴팁으로 기능에 대한 설명이 표시된다.

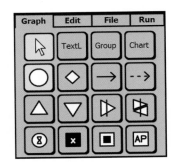

선택Select은 도구(화살표)로 다이어그램의 요소를 선택한다.

텍스트 라벨Text Label은 설명을 위해 다이어그램에 텍스트를 삽입할 때 사용한다. 시뮬레이션 자체에는 아무런 영향이 없다. 다이어그램의 요소에 라벨을 설정하는 데는 이 버튼을 사용할 수 없으며, 요소 패널로 가야 한다.

그룹 박스Group Box는 다이어그램에 사이즈를 조정할 수 있는 점선 박스를 삽입해준다. 시뮬레이션에는 영향을 미치지 않는다.

차트Chart는 시뮬레이션 구동으로부터 데이터를 수집해 다이어램에 사이즈를 조정할 수 있는 차트를 삽입해준다.

저장고는 다이어그램에 저장고를 삽입해준다.

게이트Gate는 다이어그램에 게이트를 삽입해준다.

자원 연결Resource Connection은 다이어그램에 자원 연결을 삽입해준다. 이 도구 버튼을 선택한 다음에는 다이어그램에서 지금 삽입해 생긴 새로운 자원 연결을 따라 자원을 보낼 노드를 클릭한다(새로운 연결은 이 노드의 출력이 된다). 그 다음 자원을 받을 다른 노드를 클릭한다.

상태 연결State Connection은 다이어그램에 상태 연결을 삽입해준다. 이 도구 버튼을 선택한 다음에는 다이어그램에서 새로운 상태 연결을 따라 상태를 전송할 노드를 클릭한다. 그 다음 이 상태 연결의 대상이 될 다른 노드나 자원 연결, 혹은 상태 연결을 클릭한다.

원천Source은 다이어그램에 원천을 삽입해준다.

고갈Drain은 다이어그램에 고갈을 삽입해준다.

변환Converter은 다이어그램에 변환을 삽입해준다.

거래Trader는 다이어그램에 거래를 삽입해준다.

지연Delay은 다이어그램에 지연을 삽입한다. 지연의 요소 패널에서 대기열Queue 버튼을 클릭하면 지연을 대기열로 변환할 수도 있다.

등록Register은 다이어그램에 등록을 삽입해준다.

종료 조건End Condition은 다이어그램에 종료 조건을 삽입해준다.

인공 플레이어Artificial Player는 다이어그램에 인공 플레이어를 삽입해준다. 다른 요소에 연결될 필요가 없으므로 편리한 곳에 두면 된다.

편집 패널

편집 패널에는 디지털 편집 툴에서 자주 보는 기능 버튼들이 있다. 이 기능들은 키보드 단축키로도 사용할 수 있으며, 단축키는 버튼에 적혀 있다. 머시네이션 툴의 기반 기술인 어도비 플래시는 **Ctrl** 키의 사용을 허용하지 않으므로, 키

보드 단축키는 그냥 알파벳 문자로 되어 있다. 예를 들어, 다이어그램에서 현재 선택한 요소를 복사하려면 그냥 C를 누르면 된다. 단축키는 대소문자를 구분하지 않는다.

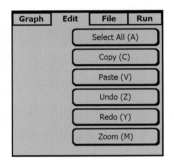

- Select All(단축키 A)은 다이어그램의 모든 요소를 선택해 하일라이트로 표시한다.

- Copy(단축키 C)는 선택한 요소를 클립보드에 모두 복사한다.

- Paste(단축키 V)는 클립보드에 있는 모든 요소를 복사된 순서대로 아래와 오른쪽 방향으로 다이어그램에 붙여넣는다.

- Undo(단축키 Z)는 이전에 한 동작들을 역순으로 취소해준다. 실행 취소 버튼은 New 버튼으로 현재 다이어그램을 지우는 경우나 Open 버튼으로 새 파일을 연 동작도 취소해준다(두 기능은 이후에 다시 설명하겠다).

- Redo(단축키 Y)는 이전에 실행 취소한 동작을 다시 실행한다.

- Zoom(단축키 M)은 확대와 축소를 토글해 선택하게 해준다. 머시네이션 다이어그램이 아주 클 때는 요소가 너무 작아서 편하게 작업하기 어렵다. 이 때 확대 기능을 사용하면 모든 요소를 표준 크기로 볼 수 있다. M 키를 다시 누르면 다시 축소된다.

위의 명령 외에도 키보드의 Backspace와 Delete(Del) 키로 다이어그램에서 현재 선택한 요소들을 삭제할 수 있다.

파일 패널

파일 패널에는 새로 비어 있는 다이어그램을 만들거나 다이어그램이 들어 있는
파일들을 저장하고 로딩하는 버튼이 있다.

> **주의: 브라우저를 닫으면 작업 내용이 사라질 수 있다!**
>
> 어도비 플래시의 또 한 가지 특징은 저장하지 않은 채로 다이어그램을 닫을 때 경고가 뜨
> 지 않는다는 점이다. 작업 내용을 저장하지 않은 채 브라우저나 독립형 플래시 플레이어를
> 닫을 때 경고가 뜨지 않으므로 작업한 사항을 잃게 된다. 다이어그램을 자주 저장하는 버
> 릇을 들여두자.

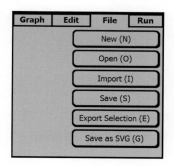

- **New**(단축키 N)는 현재의 머시네이션 다이어그램을 지우고 새로운 다이어그
  램을 시작한다. '머시네이션 툴은 작업 내용을 저장하지 않고 새로 만들기
  를 눌러도 경고를 띄우지 않는다.'는 점에 주의한다. 하지만 새로 만들기 버
  튼을 실수로 눌렀을 때는 편집 패널에 가서 실행 취소 버튼을 누르면 되돌릴
  수 있다.

- **Open**(단축키 O)은 다이어그램에서 현재의 머시네이션 다이어그램을 지우고
  머시네이션 파일에 있는 새로운 다이어그램을 로딩한다. '머시네이션 툴은
  작업 내용을 저장하지 않고 열기를 눌러도 경고를 띄우지 않는다.'는 점에
  주의한다. 하지만 열기 버튼을 실수로 눌렀을 때는 편집 패널에 가서 실행
  취소 버튼을 누르면 되돌릴 수 있다.

노트 대부분의 컴퓨터 아
트 툴은 사용자가 열어둔
파일 외에는 실행 취소나
다시 실행을 허용하지 않으
므로 이 점은 이미 친숙할
것이다.

- Import(단축키 I)는 현재 작업 중인 다이어그램에 다른 다이어그램을 가져오게 해준다. 가져온 다이어그램의 모든 요소는 선택된 상태로 불러오기 때문에 하나의 그룹으로 이리저리 옮길 수 있다.

- Save(단축키 S)는 다이어그램을 머시네이션 파일로 저장해준다.

- Export Selection(단축키 E)은 다이어그램의 일부를 새로운 머시네이션 파일로 내보낸다. 현재 선택한 요소만 내보내진다.

- Save as SVG(단축키 G)는 다이어그램을 확대 축소 가능한 벡터 그래픽(SVG) 파일로 저장한다. 이런 파일은 나중에 머시네이션으로 다시 로딩할 수는 없지만, 다이어그램을 다른 문서에 넣을 때 편리하다. 이 책에 수록된 머시네이션 다이어그램은 모두 SVG 파일로 저장했다. SVG 파일은 잉크스케이프 Inkscape라는 무료 오픈소스 편집 툴로 편집할 수 있다.

머시네이션 파일 정보

머시네이션 툴은 다이어그램을 확장 마크업 언어(XML) 파일로 저장한다. XML은 어떤 종류의 데이터든 컴퓨터와 사람이 모두 읽을 수 있는 텍스트 파일 형태로 저장하도록 설계된 개방형 문서 표준이다. 하지만 머시네이션의 XML 파일 포맷은 사람이 읽기에 쉽지 않다. 이 파일 포맷은 나중에 변경할 수도 있기에 여기에서 상세히 적지는 않겠다. 또한 머시네이션 파일은 머시네이션 자체 외의 텍스트 편집기나 다른 툴로 편집하지 않는 편이 좋다.

팁 잉크스케이프는 www.inkscape.org에서 내려받을 수 있다. 리눅스, 윈도우, 맥 OS X용이 제공된다.

구동 패널

구동 패널에서는 다이어그램을 어떻게 구동할지, 차트가 얼마나 많은 데이터를 한 번에 표시할지 변경할 수 있다. 구동 패널은 본 부록 후반의 '빠른 구동과 복수 구동' 단락에서 더 상세하게 알아보겠다. 또한 8장의 '복수 구동 시 데이터 수집' 단락도 참고하자.

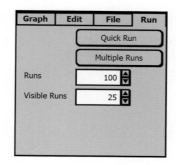

요소 패널

다이어그램의 각 요소와 머시네이션 다이어그램 전체에는 각각 요소 패널이 있다. 아무 요소도 선택하지 않은 상태에서는 다이어그램의 요소 패널이 표시된다. 그럼 요소 패널에 나타나는 박스의 기능과 설정을 알아보자. 많은 요소가 같은 박스를 공통으로 사용하므로, 중복되지 않게끔 알파벳 순으로 정리하고 괄호로 적용되는 요소를 넣었다.

- **Actions**는 턴제 다이어그램에서 노드가 사용하는 액션 수를 지정한다. 0도 유효한 숫자다(등록을 제외한 모든 노드 요소에 해당한다).

- **Actions/Turn**은 다이어그램 패널이 턴제 다이어그램일 때, 다음 턴으로 넘어가기 전에 사용할 수 있는 액션 수를 지정한다. 0으로 설정하면 플레이어가 턴 종료end turn라는 이름의 노드를 직접 발동하지 않는 한 새로운 턴이 시작되지 않는다. 인공 플레이어 패널에서는 액션/턴이 한 턴에서 인공 플레이어가 발동하는 횟수를 지정한다(인공 플레이어 노드와 다이어그램 패널에서만 해당되며, 시간 모드가 턴제일 때만 표시된다).

- **Activation**은 부록 후반에 나오는 '활성화 모드'와 5장의 '활성화 모드' 단락을 참고하자(등록과 종료 조건을 제외한 모든 노드 요소에 해당한다).

- **Author**는 다이어그램을 만든 이의 이름을 기록한다. 시뮬레이션 기능이 아니다(다이어그램 패널에만 해당한다).

- **Color Coding**은 다이어그램을 컬러 코딩할 것인지 선택하는 토글 메뉴다. 6장의 '컬러 코드 다이어그램'을 참고하자(다이어그램 패널에만 해당한다).

- **Color**는 요소의 색깔을 설정한다. 부록 후반의 '컬러 변경' 부분을 참고하자(모든 요소에 해당한다).

- **Dice**는 다이어그램의 모든 주사위 기호에 대한 기본값 무작위화를 설정한다(다이어그램 패널에만 해당한다).

- **Distribution**은 자원의 이동을 시각적으로 표시할 것인지 선택하는 토글 메뉴다. fixed speed고정된 속도와 instantaneous즉각 중 선택할 수 있다. 즉각을 선택하면 자원이 노드에서 노드로 점프하며, 자원 연결을 따라 이동하는 것은 보이지 않는다(다이어그램 패널에만 해당한다).

- **Height**는 그림판 영역의 높이를 픽셀 단위로 설정한다(다이어그램 패널에만 해당한다).

- **Interactive**는 등록이 상호성인지 수동적인지 결정하는 토글 메뉴다(등록 노드에만 해당한다).

- **Interval**은 다이어그램의 스텝당 초 수를 설정한다. 소수값도 넣을 수 있다(다이어그램 패널에만 해당하며, 시간 모드가 턴제가 아닐 때만 표시된다).

- **Formula**는 비상호성 등록의 값이 입력에서 계산될 때 해당 공식을 저장한다. 상호성 등록에는 해당하지 않는다(등록 노드에만 해당한다).

- **Label**은 노드에 이름을 붙이고, 자원 연결의 흐름 속도를 설정하며, 상태 연결에 다양한 종류의 값을 설정한다. 5장을 참고하자(모든 요소에 해당한다).

- **Max**는 저장고 하나가 담을 수 있는 최대 자원 개수를 설정한다. 기본값은 -1로, 무제한이라는 뜻이다(저장고 노드에만 해당한다).

- **Max. Value**는 상호성이든 수동적이든 등록이 표시할 수 있는 최대 값을 설정한다(등록 노드에만 해당한다).

팁 다이어그램의 라벨 텍스트에는 줄을 바꾸고 싶은 곳에 |로 수직선을 삽입해 줄을 바꿀 수 있다. 예를 들어, 포식자|출산율이라고 텍스트를 입력하면 포식자와 출산율이 두 줄로 가운데 정렬되어 표시된다.

- Min. Value는 상호성이든 수동적이든 등록이 표시할 수 있는 최대 값을 설정한다(등록 노드에만 해당한다).

- Multiplayer는 다이어그램에 있는 모든 멀티플레이어 기호의 기본값 무작위성을 설정한다(다이어그램 패널에만 해당한다).

- Name은 다이어그램의 이름을 기록한다. 시뮬레이션 기능이 아니다(다이어그램 패널에만 해당한다).

- Number는 시뮬레이션이 구동되기 시작한 시점에 이미 저장고에 들어 있는 자원의 개수를 설정한다(저장고 노드에만 해당한다).

- Pull Mode는 모든 노드가 자원을 당길지 밀어낼지 설정한다. 5장의 '자원 당기기와 밀어내기'를 참고하자(지연, 등록, 인공 플레이어를 제외한 모든 노드에 해당한다).

- Queue는 지연 노드를 대기열 노드로 변환할지 선택하는 토글 메뉴다(지연 노드에만 해당한다).

- Resources는 부록 후반에 나오는 '자원 박스 이해하기' 글을 참고하자(저장고, 원천, 변환에만 해당한다).

- Scale X는 차트의 가로축 비율을 정한다(차트에만 해당한다).

- Scale Y는 차트의 세로축 비율을 정한다(차트에만 해당한다).

- Script는 인공 플레이어 스크립트를 입력하는 박스다. 8장의 '시뮬레이션 플레이 테스트'를 참고하자.

- Skill은 다이어그램에 있는 모든 실력 기호에 대 기본값 무작위성을 설정한다(다이어그램 패널에만 해당한다).

- Starting Value는 상호성 등록 노드의 최초값을 설정한다(등록 노드에만 해당한다).

- **Step**은 상호성 등록 노드가 위 아래 화살표를 클릭할 때 얼마나 변하는지 그 양을 설정한다(등록 노드에만 해당한다).

- **Strategy**는 다이어그램에 있는 모든 전략 기호의 기본값 무작위성을 설정한다(다이어그램 패널에만 해당한다).

- **Thickness**는 많은 요소의 선 두께를 설정한다. 장식적인 기능이며, 시뮬레이션 기능은 아니다(그룹, 차트, 텍스트 라벨을 제외한 모든 요소에 해당한다).

- **Time Mode**는 다이어그램의 시간 모드를 설정한다. 비동기, 동기, 턴제를 선택할 수 있다. 5장의 '시간 모드'를 참고하자(다이어그램 패널에만 해당한다).

- **Display Limit**는 저장고에서 숫자로 전환되기 전까지 자원 토큰이 표시되는 수를 설정한다. 기본값은 25다. 장식적인 기능으로, 시뮬레이션 기능은 아니다(저장고 노드에만 해당한다).

- **Type**은 게이트가 확정적인지 비확정적인지를 결정한다. 5장의 '게이트'를 참고하자(게이트 노드에만 해당한다).

- **Width**는 그림판 영역의 너비를 픽셀 단위로 설정한다(다이어그램 패널에만 해당한다).

다이어그램 생성

그럼 이제부터 실제로 머시네이션 다이어그램을 함께 만들면서 머시네이션 툴을 좀 더 자세히 설명하겠다. 튜토리얼을 함께 연습하려면 머시네이션 툴을 열고 다음 지시를 따르면 된다.

요소 추가, 선택, 삭제

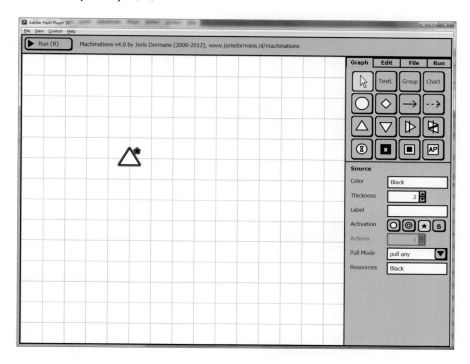

다이어그램에 노드를 추가하는 것은 아주 간단하다. 그래프 패널에서 그리고 싶은 노드 유형을 선택하고 그림판 영역을 클릭하면 노드가 추가된다. 여러 번 클릭하면 여러 노드가 추가된다. 머시네이션 툴은 자동으로 이전에 마지막으로 추가한 노드를 선택해 요소 패널에 속성을 표시한다.

1. 원천 도구 △를 클릭한다. 그 다음 그림판 영역의 왼쪽 아무 곳이나 클릭한다.

   클릭할 때 Shift 키를 누르고 있으면 추가적인 요소를 선택할 수 있다. Shift 키를 누르면 자동으로 그래프 패널에서 선택 도구가 선택된다. 또한 다른 아트 툴과 마찬가지로 다이어그램의 요소들 주위로 박스를 그려서 요소들을 한 번에 선택할 수도 있다.

요소를 삭제하려면 그래프 패널의 선택 도구로 선택한 다음 Delete 키나 Backspace 키를 누르면 된다.

현재 선택한 요소를 모두 선택 해제하려면 다이어그램의 빈 공간을 한 번 클릭하면 된다.

2. 원천의 오른쪽에 저장고 도구◯를 선택한 다음 그림판 영역을 클릭해 저장고를 하나 추가한다.

연결 추가

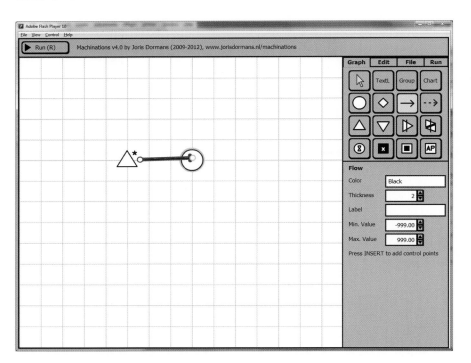

연결도 비슷한 방식으로 추가한다. 먼저, 그래프 패널에서 자원 연결 도구를 선택한다. 그 다음 연결을 시작하고자 하는 노드를 클릭한 다음 연결을 끝내고 싶은 노드를 클릭한다. 자원 연결은 한 방향으로만 자원을 보내므로, 이 순서대로 입력해야만 한다. 연결은 양쪽 끝의 노드들에 부착되며, 어느 노드든 이동시키면 늘어난다.

3. 자원 연결 도구 ⟶ 를 선택한 다음, 먼저 입력한 원천을 클릭한 다음 입력한 저장고를 클릭한다.

다이어그램의 한 요소(노드 혹은 다른 연결의 라벨)에서 연결을 끝내면, 해당 요소는 마우스 커서가 지나갈 때 하이라이트되어 표시된다. 어떤 요소도 하이라이트되지 않는다면 새로운 연결이 제대로 부착되지 않은 것이다.

또한 그림판 영역 어디에서나 연결을 시작하고 끝낸 후 나중에 제대로 연결해도 된다. 이 때는 다이어그램의 빈 곳을 클릭해 연결을 시작한 다음, 다른 빈 곳을 더블 클릭해 연결을 그 곳에서 끝내면 된다(한 번만 클릭하면 다음 단락에서 설명할 연결의 중간 지점way point만 만들게 된다).

연결을 그리기 시작했는데 곡선이나 중간 지점(컨트롤 포인트라고도 부른다)을 추가해 연결을 더 예쁘게 그리고 싶다면, 다이어그램에서 곡선으로 표현하고 싶은 빈 부분에 마우스를 가져가서 한 번 클릭한다. 그러면 연결이 이 지점으로부터 계속된다. 중간 지점은 몇 개든 원하는 만큼 삽입할 수 있다. 연결을 끝내고 싶을 땐 더블 클릭한다. 이미 완성된 연결을 입력했다면, 해당 연결을 선택하고 Insert 키나 W 키를 눌러서 중간 지점을 추가할 수 있다(매킨토시 사용자라면 W 키를 사용해야 한다).

연결의 시작과 끝 점은 선택한 다음 다른 노드로 끌고 가면 변경할 수 있다. 중간 지점들 역시 드래그해 다이어그램의 다른 곳으로 이동할 수 있다.

다이어그램 구동

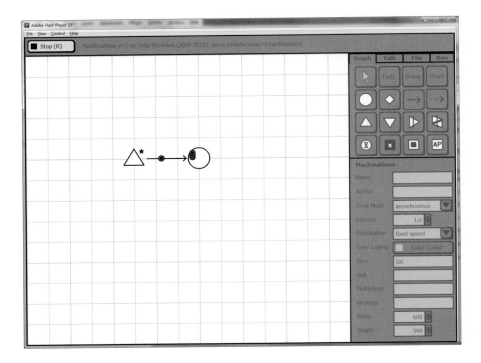

원천을 저장고에 연결했다면 다이어그램을 구동할 준비가 끝난 것이다.

4. 타이틀 바의 Run 버튼을 클릭한다.

이렇게 하면 원천이 자원 생산을 시작해 저장고에 쌓이고, Run 버튼은 Stop 버튼으로 변한다(저장고에 자원이 들어오는 게 보이지 않는다면 자원 연결이 제대로 부착되지 않은 것이다). 구동 중에는 다이어그램을 편집할 수 없으며, 모든 패널이 회색으로 사용 불가 처리된다.

5. Stop 버튼을 클릭해 시뮬레이션의 구동을 멈추자.

흐름 속도 변경

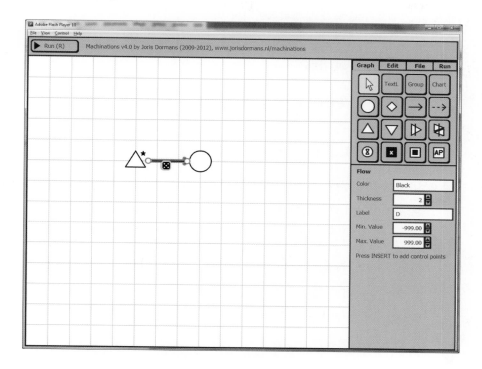

자원 연결에 라벨을 추가하면 흐름 속도를 변경할 수 있다. 이 튜토리얼의 예에서는 원천의 생산 속도가 자원 연결의 출력 라벨에 의해 결정된다.

6. 자원 연결을 선택한 다음 요소 패널의 라벨 박스에 D를 입력한다. 그리고 Run 버튼을 누른다.

이제 원천이 기본값인 1의 속도가 아니라 스텝(기본값은 1초)당 1에서 6까지 무작위 수의 자원을 생산한다.

7. Stop 버튼을 누른다.

비확정적 흐름 속도

자원 연결의 흐름 속도가 무작위적이거나 비확정적이라는 것을 표시하려면 라벨 박스에 영문자 하나 혹은 둘로 된 특수한 문자를 입력하면 된다. 각 특수 문자 값의 종류는 다음과 같다.

D: 주사위를 뜻한다. 라벨이 주사위 기호로 바뀐다. 비확정성이 무작위 숫자 생성기, 즉 주사위나 보드 게임의 휠, 혹은 컴퓨터 게임의 무작위 숫자 생성기에 의해 발생한다는 것을 뜻한다.

S: 실력을 뜻한다. 라벨이 조이스틱 기호로 바뀐다. 비확정성이 서로 다른 플레이어의 다양한 실력 수준에 의해 발생한다는 것을 뜻한다.

M: 멀티플레이어를 뜻한다. 라벨이 폰 두 개로 바뀐다. 비확정성이 플레이어 사이의 직접적인 전술적 상호작용, 그리고 플레이어는 서로 다른 플레이어가 어떤 행동을 할지 예측할 수 없는 데에서 발생한다는 것을 뜻한다.

ST: 전략을 뜻한다. 라벨이 전구 모양으로 바뀐다. 비확정성이 플레이어 간의 전략적 상호작용이나 한 플레이어의 전략 변화에서 발생한다는 것을 뜻한다.

이런 다양한 라벨은 다이어그램을 더 분명히 판독할 수 있게끔 고안된 것이다. 예를 들어, 플레이어의 자원 고갈 중 일부가 다른 플레이어의 공격적 액션에 의해 발생한다는 것을 표시하고 싶을 때는 이 고갈로 향하는 자원 연결에 M(멀티플레이어) 라벨을 사용하면 된다.

이런 기호의 차이는 장식적이라는 데에 주의하자. 기능적으로 머시네이션 툴은 이 모두를 똑같은 방식의 무작위 숫자 생성기로 적용한다.

그럼 이런 기호가 들어간 다이어그램을 구동하면 어떻게 되는지 살펴보자.

디폴트 무작위값 변경

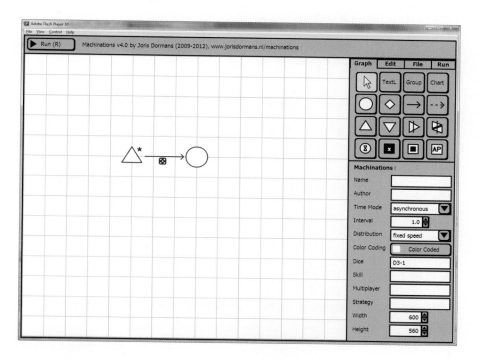

비확정성을 표시하기 위해 기호를 사용해 다이어그램을 구동하면 머시네이션 툴은 다이어그램의 요소 패널에 있는 박스 중 하나의 내용에 따라 무작위값을 생성한다(다이어그램에서 아무것도 선택하지 않으면 이 요소 패널이 보인다). 박스에는 주사위, 실력, 멀티플레이어, 전략 라벨이 붙는다. 각 박스는 다이어그램에서 이 유형의 기호가 어떤 행동 양식을 보일지 정의한다. 기본값으로 주사위 박스에는 D6(6면 주사위)이 들어가고, 나머지 박스들은 비어 있다. 박스가 비어 있다면 다이어그램을 구동할 때 해당 박스가 제어하는 어떤 기호든 0의 값을 생성하며, 이는 자원이 흐르지 않는다는 것을 뜻한다.

박스의 설정을 변경해 다이어그램의 모든 기호가 생성하는 값을 조정할 수 있다. 사용할 포맷은 5장의 '무작위 흐름 속도' 글에 설명되어 있다.

8. 그림판 영역의 빈 곳을 클릭해 모든 요소를 선택 해제하고, 주사위 박스에 D3-1이라고 입력한다.

이렇게 하면 가상의 3면 주사위를 굴려 나온 값에서 1을 뺀 무작위 값이 생성된다. 즉, 0에서 2까지의 숫자를 생성한다.

9. 다이어그램을 구동해 결과를 관찰한다. 준비가 되면 정지시킨다.

스텝(보통 1초)당, 0, 1, 2개의 자원이 생성될 것이다.

다음 스텝에서는 기호에서 퍼센트로 전환할 것이다.

10. 자원 연결을 선택하고 라벨 박스에 들어 있던 D3-1을 50%로 바꿔 넣는다.

이제 스텝당 원천이 자원을 생산할 확률이 50%가 됐다.

활성화 모드

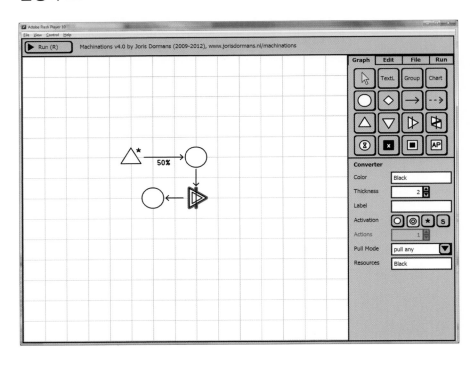

노드가 액션을 수행할 때는 이를 발동된다고 표현한다. 다이어그램의 각 노드는 노드가 언제 왜 발동되는지 결정해주는 네 가지 활성화 모드 중 하나로 설정할 수 있다. 노드의 활성화 모드를 변경하려면 노드를 선택한 다음 노드의 요소 패널에 있는 **Activation** 단어 옆의 작은 버튼 네 개 중 하나를 클릭하면 된다. 요소의 네 가지 노드 활성화 모드는 다음과 같다.

노트 기본값으로 원천과 인공 플레이어는 다이어그램에 처음 배치할 때부터 자동 활성화 모드로 설정된다. 나머지 노드는 기본값이 수동이다.

◉ 수동적Passive: 외부 프로세스에 의해서가 아니면 노드가 발동하지 않는다.

◉ 상호성Interactive: 플레이어가 클릭하면 노드가 발동된다.

★ 자동Automatic: 스텝마다 노드가 발동된다.

S 시작Starting: 다이어그램이 처음 구동될 때 한 번만 노드가 발동된다.

11. 변환 도구 ▶ 를 선택하고 이전에 삽입한 저장고 아래를 클릭해 다이어그램에 변환을 넣는다. 저장고에서 변환으로 자원 연결을 연결한다.

12. 변환의 왼쪽에 저장고 하나를 더 넣는다. 변환에서 새로운 저장고로 자원 연결을 연결한다.

13. 이제 변환을 선택한 다음 요소 패널에서 상호성 모드 버튼◉을 선택해 변환을 상호성 모드로 변경한다.

변환이 이제 한 줄이 아니라 두 줄로 변한다. 변환을 상호성 모드로 변경함으로써, 다이어그램이 구동 중일 때 클릭해 변환을 발동할 수 있게 됐다.

14. 다이어그램을 구동하고 몇 초 동안 자원이 위쪽 저장고에 쌓이도록 기다린 다음 변환을 몇 번 클릭한다.

변환이 발동되면 입력을 통해 자원을 당겨서 출력으로 새로운 자원을 생성한다.

상태 연결 추가

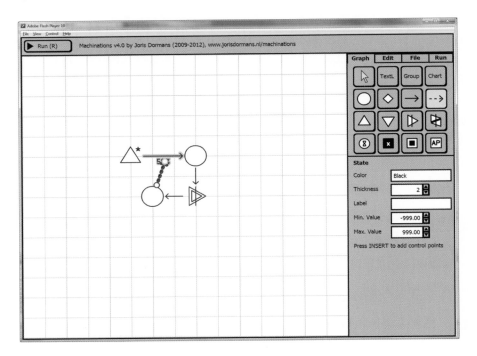

상태 연결은 자원 연결과 같은 요령으로(중간 지점 포함) 추가한다. 그래프 패널에서 상태 연결 도구를 선택하고, 상태 연결을 시작하고자 하는 노드를 클릭한 다음 끝내고자 하는 요소를 클릭한다. 상태 연결은 항상 노드에서 시작되어야 하지만 끝나는 곳은 노드나 두 가지 연결 중 어느 것이어도 관계 없다.

앞의 예시에서는 새로운 상태 연결을 아래쪽 저장고에서 시작해 원천의 출력에서 끝냈다.

15. 상태 연결 도구 →를 선택한 다음 아래쪽 도구를 클릭해 상태 연결을 시작하고, 위쪽 자원 연결(저장고가 아님)에서 끝낸다.

상태 연결은 이런 자원 연결에서 끝날 때가 많다. 이렇게 하면 상태 연결이 자원 연결의 흐름 속도에 영향을 줄 수 있다. 방금 추가한 상태 연결은 5장의 '상태 변경' 단락에서 소개한 네 가지 상태 연결 중 하나인 라벨 변경자다.

라벨 변경

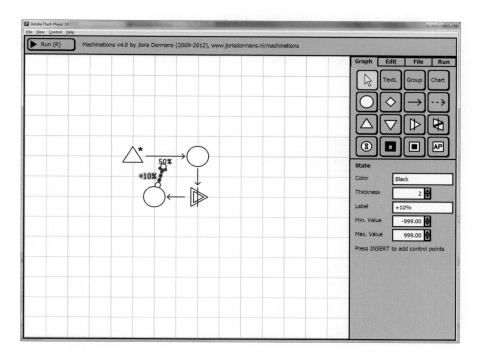

상태 연결의 라벨은 자동으로 +1로 설정된다. 이것은 아래쪽 저장고에 자원이 하나 추가될 때마다 원천의 출력 흐름 속도가 1씩 증가한다는 뜻이다. 하지만 흐름 속도는 현재 50%이기 때문에 상태 연결의 라벨을 +10%로 변경하는 편이 낫다.

16. 상태 연결을 선택한 다음 라벨 박스에 +10%를 입력한다.

17. 다이어그램을 구동하고, 가끔씩 변환을 클릭한다.

이제 저장고에 자원이 하나 모일 때마다 흐름 속도가 10% 증가한다. 아래쪽 저장고에 자원이 도달하면 원천 출력의 라벨에 어떤 변화가 일어나는지 관찰하자. 자원 연결의 라벨이 변화할뿐 아니라, 원천에서 자원을 더 많이 생산하는 것을 볼 수 있다.

어떤 연결의 라벨이든 근처 다른 곳으로 옮겨 다이어그램의 가독성을 높일 수 있다는 점을 기억하자.

18. 상태 연결의 왼쪽에 있는 +10% 라벨을 선택해, 다른 곳으로 드래그해보자.

구동 중 변경 적용

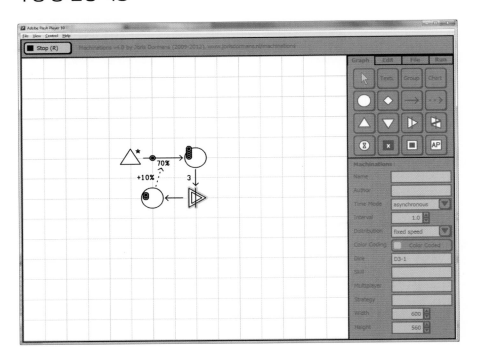

19. 변환의 입력 연결 라벨을 3으로 변경하자(변환으로 들어가는 자원 연결을 선택한 다음, 그 라벨 박스에 3을 입력한다).

이것은 변환이 위쪽 저장고에서 자원 세 개를 바꿔서 아래쪽 저장고로 자원 하나를 보낸다는 뜻이다.

20. 다이어그램을 다시 구동하고, 가끔 변환을 클릭한다.

차트 추가

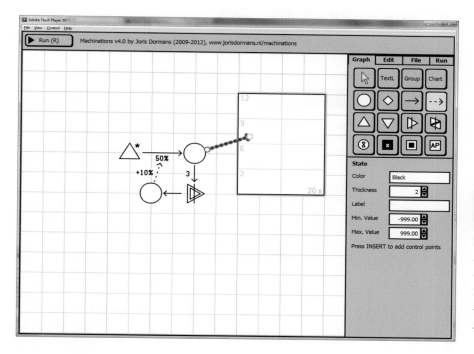

노트 이론적으로는 차트로 어떤 요소든 다 추적할 수 있지만, 자원(혹은 값)을 저장하는 노드는 저장고와 등록뿐이므로 이 두 요소의 추적 외에는 필요가 없다.

머시네이션 다이어그램은 차트에서 시간에 따른 저장고나 등록의 상태를 추적할 수 있게 해준다. 차트에 대해서는 8장의 '복수 구동 시 데이터 수집' 단락에서 상세하게 설명했다.

21. 그래프 패널에서 차트 도구 를 선택해 다이어그램에 차트를 넣는다. 차트의 모서리를 드래그하면 사이즈를 조정할 수 있다.

22. 차트의 위쪽에 있는 저장고에 상태 연결을 연결한다.

시각적으로 방해되지 않게끔, 저장고와 차트 사이의 상태 연결은 선택되지 않았을 때는 두 개의 작은 화살표로 표시된다.

23. 다이어그램을 다시 구동해, 차트가 위쪽 저장고의 자원 축적을 어떻게 추적하는지 확인한다.

팁 원한다면 상태 연결은 숨길 수 있다. 상태 연결을 선택한 다음 연결의 요소 패널에 있는 두께 박스에 0을 입력하기만 하면 된다. 하지만 이렇게 하면 사실상 다이어그램에서 구조의 일부가 숨겨지게 되니 주의하자. 다이어그램이 정말 복잡해서 잘 이해하기 힘들어졌을 때만 사용하길 권한다.

기본값으로 차트는 다이어그램이 구동할 때 x와 y축의 값이 자동으로 조정된다. 비율이 고정된 차트를 만들고 싶다면 차트의 요소 패널에서 X축 비율과 Y축 비율 박스에 숫자를 입력하면 된다.

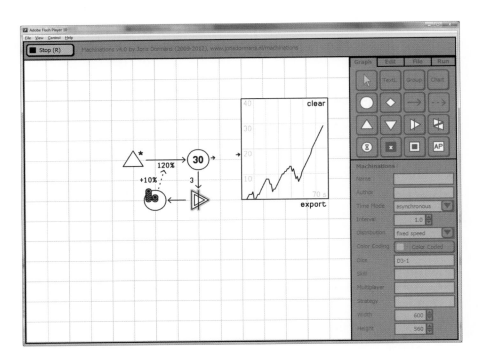

활성제 추가

지금까지 우리가 소개한 다이어그램에서는 원천에서의 흐름 속도가 100%를 초과할 수 있다. 머시네이션 다이어그램에서 100%를 넘어서는 퍼센트는 확률 1에 라벨에서 100%를 넘어서는 소수값을 더한 것으로 해석되기 때문에 허용된다. 다시 말해, 원천의 출력 흐름 속도가 130%라는 것은 스텝당 원천이 자원하나를 생산하고, 30%의 확률로 두 번째 자원을 생산할 수 있다는 뜻이다.

하지만 원천의 흐름 속도가 100%를 넘지 않게 하고 싶다면 플레이어가 변환을 다섯 번 이상 클릭하지 못하도록 막아야 한다. 그러려면 다섯 번을 넘게 되면 클릭하더라도 상호성 변환이 다시 발동하는 것을 막는 활성제를 추가해야 한다. 활성제는 상태 연결의 한 종류라는 점을 기억하자. 활성제는 대상(향하는 요소)이 작동하는 환경을 선언하며, 조건이 맞지 않을 때는 대상을 비활성화한다.

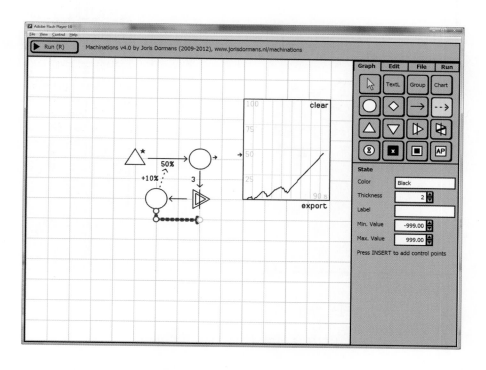

활성제는 변환의 아래쪽 저장고에 연결된다. 하지만 이 둘은 이미 연결되어 있기 때문에 다른 경로로 연결하는 편이 낫다.

24. 상태 연결 도구 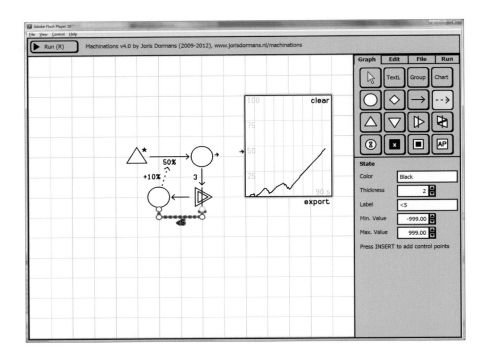 를 선택하고, 아래쪽 저장고를 클릭한 다음 다이어그램에서 저장고 밑에 비어 있는 부분을 한 번 클릭해 중간 지점을 만든다. 그 다음 변환을 클릭해 상태 연결을 완료한다.

25. 라벨을 <5로 바꿔서 활성제를 완료한다.

26. 다이어그램을 다시 구동해 어떻게 작동하는지 확인한다.

아래쪽 저장고의 자원이 5개 미만일 때만 변환을 클릭할 수 있을 것이다. 자원 수가 다섯 개 이상일 때는 변환이 비활성화된다.

비활성화된 요소는 다이어그램이 구동 중일 때 밝은 회색으로 그려진다. 따라서 다이어그램의 현재 상태를 더 잘 확인할 수 있다.

종료 조건 추가

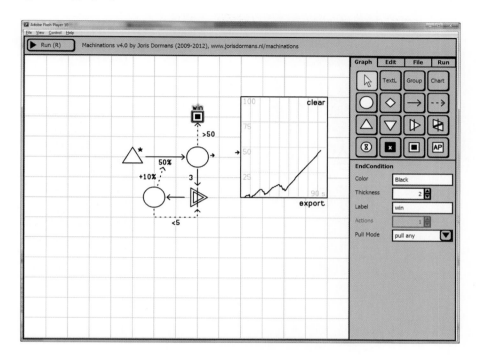

이제 종료 조건과 어떤 것이 시뮬레이션을 종료시키는지 지정하는 활성제를 추가해보자.

27. 종료 조건 도구▣를 선택하고, 다이어그램에서 위쪽 저장고 윗부분에 종료 조건을 추가한다. 라벨은 win이라고 넣는다. 위쪽 저장고에서 종료 조건으로 상태 연결을 넣는다. 새로운 상태 연결에는 >50이라는 라벨을 넣어, 플레이어가 50개의 자원을 모으면 승리한다는 것을 표시한다.

다이어그램을 더 깔끔하게 볼 수 있게끔 종료 조건의 라벨을 종료 조건 노드 위로 옮겼다.

28. 다이어그램을 구동하고, 원하면 변환을 클릭하되 멈추지는 않도록 유의하자.

종료 조건이 만족되면 다이어그램이 구동을 멈춘다.

인공 플레이어 추가

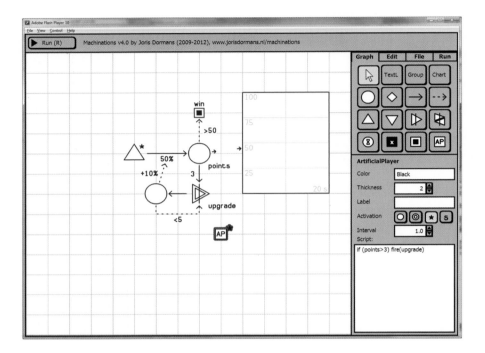

　머시네이션 다이어그램에서는 인공 플레이어를 정의할 수 있다. 인공 플레이어는 플레이 과정을 자동화하는 데에 활용된다. 인공 플레이어는 단순한 명령과 조건을 지정해 작동시킨다.

29. 인공 플레이어 도구 AP를 선택하고, 다이어그램에서 방해되지 않는 곳에 인공 플레이어를 배치한다.

　인공 플레이어는 위쪽 저장고에 5포인트 이상이 수집될 때마다 변환을 발동하도록 설정하겠다. 하지만 그러려면 위쪽 저장고와 변환 둘 다 이름이 있어야만 인공 플레이어가 발동시킬 수 있다.

30. 위쪽 저장고를 선택하고 라벨 박스에 points라고 입력한다. 변환을 선택한 다음 라벨 박스에 upgrade라고 입력한다.

31. 이제 인공 플레이어를 선택하고, 요소 패널의 스크립트 박스에 `if(points > 3) fire(upgrade)` 라고 입력한다.

32. 다이어그램을 다시 구동한다. 업그레이드 변환은 클릭하지 않는다.

편하게 앉아서 인공 플레이어가 모든 작업을 대신 하는 것을 감상하자.

추가 기능 사용

지금까지 설명한 모든 기능 외에도, 머시네이션 툴은 몇 가지 기능을 더 제공한다.

빠른 구동과 복수 구동

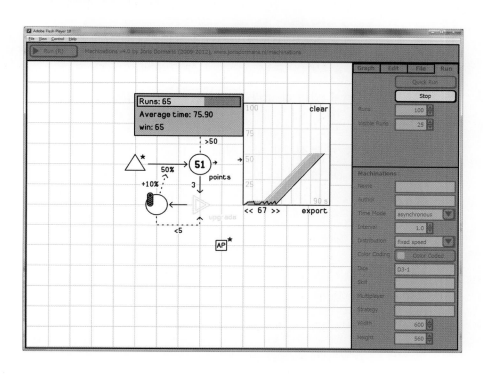

종료 조건과 인공 플레이어가 있는 다이어그램은 저절로 플레이가 일어나고 정지도 자동으로 하기 때문에 빠르게 여러 번 구동할 때 좋다. 이 기능은 많은 플레이 세션을 시뮬레이션해 데이터를 빠르게 수집할 때 특히 유용하다. 구동 패널에서 구동 박스는 툴이 얼마나 많은 구동을 실행할지 제어해주고, 구동 박스는 다이어그램에서 어떤 차트를 몇 번의 구동 동안 표시할지 제어한다.

33. 구동 패널로 전환하고 복수 구동 버튼을 클릭해 다이어그램의 복수 구동을 시작한다.

다이어그램을 여러 번 구동할 때는 툴이 어떤 종료 조건에 의해 다이어그램을 멈췄는지, 평균 소요 시간은 얼마였는지를 추적한다. 이 정보는 다이어그램이 아직 구동 중일 때는 팝업 박스로 표시된다. 구동이 끝나고 나면 차트에서는 검토할 수 있도록 구동별 데이터도 수집한다. 앞의 예에서는 원천의 생산 속도에 무작위성이 있으므로, 차트가 매번 조금씩 다르게 나타난다.

34. 구동 패널에서 리셋 버튼을 클릭해 다이어그램을 편집 가능한 상태로 되돌린다.

35. 차트의 상단 우측에 있는 clear라는 단어를 클릭해 수집한 모든 데이터를 지운다.

빠른 구동과 복수 구동 실행에 대한 상세한 내용은 8장의 '복수 구동 시 데이터 수집' 단락에서 찾아볼 수 있다.

색 변경

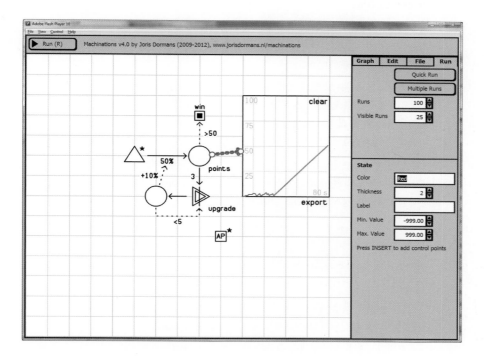

다이어그램의 요소와 자원의 색상은 변경할 수 있다. 색상을 바꾸고 싶은 요소를 선택하고 새로운 컬러를 설정하기만 하면 된다. 색상은 요소 패널의 컬러 박스에 컬러의 이름을 입력해서도 바꿀 수 있다.

머시네이션 툴에 사용할 수 있는 컬러 이름은 Black, White, Red, DarkRed, Orange, OrangeRed, Yellow, Gold, Green, Lime, Blue, LightBlue, DarkBlue, Purple, Violet, Teal, Gray, DarkGray, Brown이다. 이름은 대소문자를 구분하지 않는다.

컬러 코드 다이어그램 사용법은 본문 6장 '일반 메커니즘'의 '컬러 코드 다이어그램' 단락에서 설명했다.

팁 색상을 더 정밀하게 조절하려면 8자리 컬러표 이름을 사용할 수도 있다. 8자리 컬러표는 다음과 같은 표준 포맷을 반드시 지켜야 한다. 예: 0xff0000은 빨강, 0x00ff00은 녹색 등

자원 박스의 이해

저장고, 원천, 변환은 모두 요소 패널에서 특별한 자원 박스가 표시된다. 컬러 코드 다이어 그램에서는 색상이 정해진 자원에 대해 이 요소들의 기본적 행동 방식을 덮어쓰는 데에 이 자원 박스를 활용할 수 있다.

보통, 다이어그램에 저장고를 추가한 다음 컬러 박스에서 색상을 파란색으로 바꾸고 숫자 박스를 이용해 저장고 안에 있는 자원의 일부를 넣으려고 하면, 이런 자원은 파란색이 아 니라 검은색이 된다. 이것은 기본값으로 자원 박스에 black이라는 단어가 채워져 있기 때 문이다. 파란색 저장고에 파란색 자원을 넣으려면 자원 박스에 blue라고 입력해야 한다.

자원과 변환의 경우는 좀 더 복잡하다. 원천이나 변환이 생성하는 자원의 색상은 노드의 컬러가 아니라 노드의 출력 컬러에 의해 결정된다. 그래서 아래 그림처럼 하나의 원천에서 여러 색상의 자원이 생성될 수 있는 것이다.

원천은 검은색인데 두 자원 연결의 색은 빨강과 파랑이다. 원천을 클릭하면 두 가지 색상 의 자원이 하나씩 생산되어, 저장고에서 맞는 출력을 따라 이동한다.

하지만 자원이나 변환 노드와 출력의 색상이 같을 때는 출력을 따라 이동하는 자원의 색은 노드의 요소 패널에 있는 자원 박스의 색으로(기본값은 검정이다) 덮어쓰인다. 이전 다이어 그램에서 원천을 빨강으로 바꾸면 빨간색 출력을 따라 검은색 자원을 보내기 시작하지만 자원 박스에 녹색이라고 입력하면 원천이 빨간색 출력을 따라 녹색 자원을 생산한다. 하지 만 파란색 출력은 빨간색 원천과 매치되지 않으므로 파란색 출력을 통해서는 계속 파란색 자원이 생산된다.

텍스트 라벨과 그룹 박스 추가

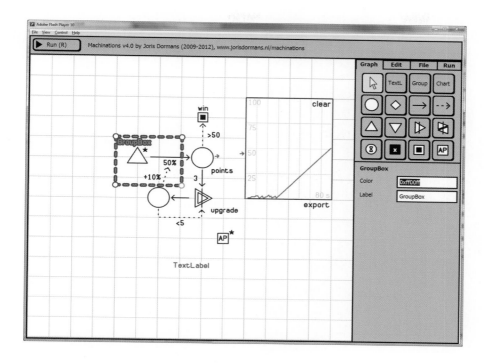

　마지막으로 머시네이션에는 TextL 버튼 으로 텍스트 라벨을 추가하고, 그룹 버튼 으로 그룹 박스를 넣을 수 있다. 이 요소들은 다이어그램의 행동 양식에는 영향을 주지 않는다. 하지만 특정 메커니즘을 구분해 다이어그램을 더 명확히 만드는 데 유용한 기능이다.

참고문헌

- Adams, Ernest. 2009. Fundamentals of Game Design, Second Edition. Berkeley, CA: Peachpit Press/New Riders.

- Alexander, Christopher, et al. 1977. A Pattern Language: Towns, Buildings, Construction. Oxford: Oxford University Press.

- Ashmore, Calvin, & Nitsche, Michael. 2007. "The Quest in a Generated World." In Situated Play: Proceedings of the 2007 Digital Games Research Association Conference, Tokyo, Japan, September 2007, pp. 503-509.

- Ball, Philip. 2004. Critical Mass: How One Thing Leads To Another. New York, NY: Farrar, Straus and Giroux.

- Beck, John C., and Wade, Mitchell. 2006. The Kids are Alright: How the Gamer Generation is Changing the Workplace. Boston, MA: Harvard Business Review Press.

- Bjork, Staffan, and Holopainen, Jussi. 2005. Patterns in Game Design. Boston, MA: Charles River Media.

- Bogost, Ian. 2006. Unit Operations: An Approach to Videogame Criticism. Cambridge, MA: The MIT Press.

- Caillois, Roger. 1958. Man, Play, and Games. Translated by Meyer Barash. Urbana, IL: University of Illinois Press.

- Chomsky, Noam. 1972. Language and Mind, Enlarged Edition. New York, NY: Harcourt Brace Jovanovich Inc.

- Church, Doug. 1999. "Formal Abstract Design Tools." Article in the Gamasutra webzine, 16 July 1999. Available at www.gamasutra.com/features/19990716/design_tools_01.htm (referenced May 18, 2012).

- Cook, Daniel. 2007. "The Chemistry of Game Design." Article in the Gamasutra webzine, July 19, 2007, at www.gamasutra.com/view/feature/1524/ (referenced May 9, 2012).

- Crawford, Chris. 1984. The Art of Computer Game Design. Berkeley, CA: McGraw-Hill/Osborne Media.

- Eco, Umberto. 1976. A Theory of Semiotics. Bloomington, IN: Indiana University Press.

- Eco, Umberto. 2004. On Literature. Translated by Martin McLaughin. London: Secker & Warburg.

- Elrod, Corvus. 2011. "So You Wanna Call Yourself a Game Designer?" Semionaut's Notebook website. Available at http://corvus.zakelro.com/2011/08/so-you-wanna-call-yourself-a-game-designer/ (referenced May 5, 2012).

- Fiske, John. 2011. Introduction to Communication Studies, Third Edition. New York, NY: Routledge.

- Fromm, Jochen. 2005. "Types and Forms of Emergence. "Cornell University Library website at http://arxiv.org/abs/nlin.AO/0506028 (referenced May 14, 2012).

- Gamma, Erich, et al. 1995. Design Patterns: Elements of Reusable Object-Oriented Software. Boston, MA: Addison-Wesley.

- Grunvogel, Stefan M. 2005. "Formal Models and Game Design."Game Studies, 5 (1). Available at gamestudies.org/0501/gruenvogel/ (referenced May 16, 2012).

- Guttenberg, Darren. 2006. "An Academic Approach to Game Design: Is It Worth It?" Article in the Gamasutra webzine, April 13, 2006, at www.gamasutra.com/view/feature/131070/student_feature_an_academic_.php (referenced May 9, 2012).

- Hopson, John. 2001. "Behavioral Game Design." Article in the Gamasutra webzine, April 27, 2001, at www.gamasutra.com/view/feature/3085/behavioral_game_design.php (referenced May 9, 2012).

- Jakobson, Roman. 1960. "Closing Statement: Linguistics and Poetics." In T. A.

- Sebeok (Ed.) Style in Language, pp. 350-378. Cambridge, MA: MIT Press.

- Jarvinen, Aki. 2003. "Making and Breaking Games: A Typology of Rules." In M. Copier, & J. Raessens (Eds.) Level Up Conference Proceedings: Proceedings of the 2003 Digital Games Research Association Conference, Utrecht, The Netherlands, November 2003, pp. 68-79.

- Jenkins, Henry. 2004. "Game Design as Narrative Architecture." In N. Wardrip-Fruin, & P. Harrigan (Eds.) First Person: New Media as Story, Performance and Game, (pp. 118-130). Cambridge, MA: MIT Press.

- Juul, Jesper. 2002. "The Open and the Closed: Games of Emergence and Games of Progression." In F. Mayra (Ed.) Proceedings of Computer Games and Digital Cultures Conference, Tampere, Finland, June 2002, pp. 323-329.

- Juul, Jesper. 2005. Half-Real: Video Games between Real Rules and Fictional Worlds. Cambridge, MA: MIT Press.

- Koster, Raph. 2005a. "A Grammar of Gameplay: Game Atoms-Can Games Be Diagrammed?" Lecture delivered at the Game Developers Conference, San Francisco CA, March 2005. Available at www.raphkoster.com/gaming/atof/grammarofgameplay.pdf (referenced May 18, 2012).

- Koster, Raph. 2005b. A Theory of Fun for Game Design. Scottsdale, AZ: Paraglyph Press.

- Kreimeier, Bernd. 2002. "The Case For Game Design Patterns." Article in the Gamasutra webzine, March 13, 2002, at www.gamasutra.com/view/feature/4261/the_case_for_game_design_patterns.php (referenced May 9, 2012).

- Kreimeier, Bernd. 2003. "Game Design Methods: A 2003 Survey." Article in the Gamasutra webzine, March 3, 2003. Available at www.gamasutra.com/view/feature/2892/game_design_methods_a_2003_survey.php (referenced May 18, 2012).

- LeBlanc, Marc. 1999. "Formal Design Tools: Feedback Systems and the Dramatic Structure of Completion." Lecture delivered at the Game Developers' Conference, San Jose CA, March 1999. Slides available at http://algorithmancy.8kindsoffun.com/cgdc99.ppt (referenced May 16, 2012).

- Peirce, Charles Sanders. 1932. Collected Papers of Charles Sanders Peirce, Volume 2, Elements of Logic. Cambridge, MA: Harvard University Press.

- Poole, Steven. 2000. Trigger Happy: The Inner Life of Videogames. London, UK: Fourth Estate.

- Rand, Ayn. 1964. The Virtue of Selfishness. New York, NY: Signet.

- Saint-Exupery, Antoine de. 1939. Wind, Sand and Stars. London: Heinemann.

- Saussure, Ferdinand de. 1915. Cours de Linguistique Generale. Translated in 1983 as Course in General Linguistics. Chicago, IL: Open Court Publishing Company.

- Shannon, Claude E. 1950. "Programming a Computer for Playing Chess." Philosophical Magazine, 41 (314), pp. 256-275.

- Sheffield, Brandon. 2007. "Defining Games: Raph Koster's Game Grammar." Article in the Gamasutra webzine, October 19, 2007, at www.gamasutra.com/view/feature/1979/defining_games_raph_kosters_game_.php (referenced May 9, 2012).

- Smith, Harvey. 2001. "The Future of Game Design." International Game Developers' Association website. Available at www.igda.org/articles/hsmith_future (referenced May 9, 2012).

- Smith, Harvey. 2003. "Orthogonal Unit Differentiation." Lecture delivered at the Game Developers' Conference, San Francisco, CA, 2003. Slides available in PowerPoint format at www.planetdeusex.com/witchboy/gdc03_OUD.ppt (referenced May 9, 2012).

- Vogler, Christopher. 1998. The Writer's Journey: Mythic Structure for Writers, Second edition. Studio City, CA: Michael Wiese Productions.

- Wardrip-Fruin, Noah. 2009. Expressive Processing. Cambridge, MA: MIT Press.

- Wolfram, Stephen. 2002. A New Kind of Science. Champaign, IL: Wolfram Media.

- Wright, Will. 2003. "Dynamics for Designers." Lecture delivered at the Game Developers' Conference, San Jose CA, March 2003. Slides available at www.slideshare.net/geoffhom/gdc2003-will-wright-presentation (referenced May 19, 2012).

찾아보기

에이콘출판의 기틀을 마련하신 故 정완재 선생님 (1935-2004)

Game Mechanics
팩맨, 문명, 스타크래프트 II 같은 친숙한 게임으로 살펴보는 고급 게임 디자인

인 쇄 | 2016년 3월 16일
발 행 | 2016년 3월 24일

지은이 | 어니스트 아담스 • 요리스 도르만스
옮긴이 | 고 은 혜

펴낸이 | 권 성 준
편집장 | 황 영 주
편 집 | 오 원 영
　　　　전 진 태
디자인 | 이 승 미

에이콘출판주식회사
서울특별시 양천구 국회대로 287 (목동 802-7) 2층 (07967)
전화 02-2653-7600, 팩스 02-2653-0433
www.acornpub.co.kr / editor@acornpub.co.kr

한국어판 ⓒ 에이콘출판주식회사, 2016, Printed in Korea.
ISBN 978-89-6077-839-9
ISBN 978-89-6077-144-4 (세트)
http://www.acornpub.co.kr/book/game-mechanics

이 도서의 국립중앙도서관 출판시도서목록(CIP)은 서지정보유통지원시스템 홈페이지(http://seoji.nl.go.kr)와
국가자료공동목록시스템(http://www.nl.go.kr/kolisnet)에서 이용하실 수 있습니다.(CIP제어번호: 2016007121)

책값은 뒤표지에 있습니다.